E

DICCIONARIO

PRÁCTICO

de AMERICANISMOS

𝒜 · Z

EVEREST

DICCIONARIOS

Diseño de cubierta: Jesús Cruz

© EDITORIAL EVEREST, S. A., 1996
· Carretera León-La Coruña, km 5 - LEÓN
ISBN: 84-241-1510 -4
Depósito legal: LE. 31-1997
Printed in Spain - Impreso en España

EDITORIAL EVERGRÁFICAS, S. L.
Carretera León-La Coruña, km 5
LEÓN (España)

Presentación

Editorial Everest saca a la luz -dentro de su nueva colección de Diccionarios Prácticos- el *Diccionario de Americanismos*. Pero, ¿qué entendemos por americanismo? El diccionario de la Real Academia de la Lengua define americanismo de la siguiente manera: «vocablo, giro, rasgo fonético, gramatical o semántico peculiar o procedente del español hablado en algún país de América.»

Americanismo es por tanto, toda aquella palabra procedente de una lengua indígena americana, como *chocolate, maíz, patata, tabaco,* etc. Algunas de estas voces han pasado a través del español a otros idiomas. Ya desde los primeros tiempos del descubrimiento los cronistas se encontraron con una fauna y una flora diferente a la de sus lugares de origen. Las cosas que allí encontraron se vistieron con los ropajes lingüísticos traídos de Castilla, Extremadura o Andalucía, intentando buscar un paralelismo entre las cosas nuevas y las ya conocidas.

El fenómeno más importante que ofrece el americanismo es el cambio semántico. Mientras que en castellano *taimado* significa 'bellaco, astuto, disimulado', el adjetivo *taimado*, tomado como americanismo significa 'persona obstinada en una idea, terco'. Esto nos pone de relieve la arbitrariedad del signo lingüístico; la relación significante-significado es pues convencional. Así, igual que en España entendemos que el gallo dice *quiquiriquí*, en Francia entienden *coquericó*, de la misma manera que *taimado* tiene un significado en España y en algunos países de América tiene otro.

El americanismo es algo propio de América pero que a su vez es una rica aportación al español. El hecho de que la flora y la fauna sean distintas a las españolas, hace que el campo semántico de este diccionario trate con extensión la zoología y la botánica de las tierras americanas. Se han evitado las acepciones propias del español, que se pueden encontrar en cualquier diccionario lexicográfico, y los gentilicicios, haciendo hincapié en las palabras y giros peculiares de los países americanos. Las entradas van acompañadas, cuando proceda, de su etimología; en las acepciones se señala la categoría gramatical, el estrato del habla y la materia en que se registra su uso. Cuando se trata de un americanismo de uso no generalizado se indica, además, el país o países en que se utiliza.

Deseamos que este *Diccionario Práctico de Americanismos* sirva para el enriquecimiento del vocabulario de sus usuarios, y de alguna manera contribuya a la fecundidad y la exaltación de la expresión léxica de nuestro fecundo idioma: el español.

EDITORIAL EVEREST

Abreviaturas

A

adj.	adjetivo
adv.	adverbio, adverbial
adv. m.	adverbio de modo
adv. neg.	adverbio de negación
adv. t.	adverbio de tiempo
Agr.	Agricultura
al.	alemán
alter.	alteración
amb.	ambiguo
Amér. C.	América Central
Amér. del N.	América del Norte
Amér. del S.	América del Sur
Ant.	Antillas
ant.	antiguo, anticuado
apóc.	apócope
ár.	árabe
arag.	aragonés
arauc.	araucano
Arg.	Argentina
art.	artículo
ast.	asturiano
aum.	aumentativo
azt.	azteca

B

Bot.	Botánica
Bras.	Brasil

C

cat.	catalán
celtolat.	celtolatino
Chil.	Chile
cl.	clásico
Col.	Colombia
comp.	compuesto
compar.	comparativo
conj.	conjunción
contracc.	contracción
Cub.	Cuba

D

dem.	demostrativo

Dep.	Deporte
Der.	Derecho
despect.	despectivo
desus.	desusado
dialect.	dialectal
dim.	diminutivo

E

Ec.	Ecuador
Econ.	Economía
El Salv.	El Salvador
escand.	escandinavo
Etn.	Etnología
expr.	expresión

F

fam.	familiar
fig.	figurado
fr.	francés
fra.	frase
fránc.	fráncico
fut.	futuro

G

gall.	gallego
gasc.	gascón
Gastr.	Gastronomía
Geol.	Geología
germ.	germánico
gót.	gótico
gr.	griego
GRA.	Observaciones gramaticales
Guat.	Guatemala

H

hispanoár.	hispanoárabe
hispanolat.	hispanolatino
Hond.	Honduras

I

imperat.	imperativo
Impr.	Imprenta

indicat.	indicativo	Por antonom.	Por antonomasia
inf.	infinitivo	Por ext.	Por extensión
ingl.	inglés	port.	portugués
interj.	interjección	pref.	prefijo
ital.	italiano	prep.	preposición
		prerrom.	prerromano
L		pres.	presente
lat.	latín, latino	pret. imperf.	pretérito imperfecto
LOC.	locuciones	pret. perf.	pretérito perfecto
	y frases hechas	pron.	pronombre
loc.	locución	proven.	provenzal
M		**Q**	
Med.	Medicina	Quím.	Química
Metal.	Metalurgia		
metát.	metátesis	**R**	
Méx.	México	Rep. Dom.	República Dominicana
Min.	Minería		
Miner.	Mineralogía	**S**	
Mit.	Mitología	s. amb.	sustantivo ambiguo
mozár.	mozárabe	s. f.	sustantivo femenino
Mús.	Música	s. m.	sustantivo masculino
		sin.	sinónimo
N		sing.	singular
n.	neutro	subj.	subjuntivo
n. p.	nombre propio	suf.	sufijo
Náut.	Naútica	sup.	superlativo
neerl.	neerlandés		
neg.	negación	**T**	
Nic.	Nicaragua	Taur.	Tauromaquia
Numism.	Numismática		
		U	
O		Ur.	Uruguay
occit.	occitano		
onomat.	onomatopeya	**V**	
or.	origen	v. aux.	verbo auxiliar
		v. cop.	verbo copulativo
P		v. impers.	verbo impersonal
p. p.	participio pasivo	v. intr.	verbo intransitivo
P. Ric.	Puerto Rico	v. prnl.	verbo pronominal
p. us.	poco usado	v. tr.	verbo transitivo
Pan.	Panamá	var.	variante
Par.	Paraguay	vasc.	vasco
part.	partícula	Ven.	Venezuela
Per.	Perú	Veter.	Veterinaria
pers.	persona, personal	vulg.	vulgar, vulgarismo
pl.	plural		
pl. n.	plural neutro	**Z**	
poét.	poético	Zool.	Zoología

aba *s. m., Bot., Cub.* Arbusto de la isla de Pinos, cuyas hojas poseen valor medicinal contra la parálisis.

ababillarse *v. prnl., Méx. y Chil.* Enfermar un animal de la babilla.

abacorar *v. tr.* **1.** *Cub.* Avasallar, supeditar. **2.** *Ven. y P. Ric.* Acosar, perseguir.

abadesa (del lat. del s. VI *abatissa*) *s. f., Chil.* Mujer que dirige un lenocinio.

abajeño, ña (de *abajo*) *adj.* **1.** *Méx.* Procedente o natural de las regiones bajas. **GRA.** También s. m. y s. f. **2.** *Méx.* Perteneciente o relativo a ellas.

abajera (de *bajero*) *s. f., Arg.* Sudadero, pieza que se pone sobre el lomo de la cabalgadura para protegerlo y absorber el sudor.

abalanzarse (de *a-* y *balanza*) *v. prnl., Arg. y Ur.* Encabritarse un caballo.

abalaustrar (de *a-* y *balaustre*) *v. tr., Cub.* Poner o figurar balaustres.

abalear *v. tr.* **1.** *Amér. del S.* Balear, disparar con bala sobre alguien. **2.** *Amér. del S.* Herir o matar a balazos.

abandonado *s. m., Per.* Calavera, vicioso.

abanicar *v. tr., P. Ric.* Tratar con severidad a una persona.

abanico (der. de *abano*) *s. m., Cub.* Cierto dispositivo que consta de una pieza de madera en forma de abanico, empleado para señalar una desviación en las líneas de ferrocarril.

abarajar (de *barajar*) *v. tr., Arg., Par. y Ur.* Parar con el cuchillo golpes de un adversario.

abarbechar *v. tr., Chil.* Barbechar, dejar barbecho un campo.

abarrajado, da *adj., Chil. y Per.* Libertino, audaz, desvergonzado.

abarrajarse (de *abarrar*) *v. prnl., Chil. y Per.* Envilecerse.

abarrotado, da *adj.* **1.** *Cub.* Se dice de una forma particular del juego de malilla. **2.** *Cub. y Chil.* Se dice de la tienda en que, además de sus artículos ordinarios, se venden otros productos comestibles de los que se acostumbra guardar en fardos o abarrotes.

abarrotar *v. tr.* **1.** *Cub.* En el juego de la malilla, ganar con cartas inferiores. **2.** *Arg., Cub., Ec., Per. y Ven.* Abaratarse una mercancía por su gran abundancia. **3.** *Cub., Chil., Guat. y P. Ric.* Monopolizar un género de comercio. **4.** *Chil.* Proveer, abastecer.

abarrotes *s. m. pl., Amér. del S. y Cub.* Diversos artículos alimenticios y domésticos de primera necesidad, como papel, especias, velas, cerillas, etc.

abarrotero, ra *s. m. y s. f., Méx.* Persona que tiene tienda o despacho de abarrotes.

abastero (de *abastar*) *s. m.* **1.** *Chil.* Persona que se dedica a comprar reses vivas y a vender la carne al por mayor. **2.** *Cub.* Abastecedor.

abatatado, da *adj., Arg.* Avergonzado.

abatatamiento *s. m., Arg., Par. y Ur.* Acción de abatatar o abatatarse.

abatatar (de *batata*) *v. tr., Arg., Par. y Ur.* Turbar, apocar. **GRA.** Se usa más como v. prnl.

abatí (del guaraní *abatí*) *s. m.* **1.** *Amér. del S.* Maíz. **2.** *Arg. y Par.* Bebida alcohólica destilada del maíz.

abatido, da *adj., Cub.* Se dice de cualquier caja, pipa u otro receptáculo desarmado o en piezas.

abayuncar *v. tr., Cub.* Colocar a una persona en un trance difícil, acorralarla, estrecharla.

abejón (aum. de *abeja*) *s. m., C. Ric.* Cualquier insecto coleóptero.

abejonear *v. intr., Rep. Dom.* Zumbar como el abejón.

abejoneo *s. m., Rep. Dom.* Murmurio, acción de abejonear.

abey *s. m., Bot., Ant.* Árbol leguminoso, de unos 20 m de altura, con hojas alternas y ovaladas, que sirven para la alimentación de los ganados, y cuya madera se usa en carpintería.

abicharse (de *bicho*) *v. prnl.* **1.** *Arg. y Ur.* Agusanarse la fruta. **2.** *Arg. y Ur.* Criar gusanos las heridas de una persona o de un animal.

abisagrar *v. tr., Chil.* Dar brillo al calzado con la bisagra.

abismarse (de *abismo*) *v. prnl., Chil., Hond. y Méx.* Asombrarse.

ablande (de *ablandar*) *s. m., Arg. y Ur.* Rodaje de un automóvil.

abocastro *s. m., Per.* Monstruo horrible.

abocinarse (de *bozo*) *v. prnl., Chil.* Ensancharse el agujero del cubo de las ruedas de modo que el eje quede como jugando dentro de él.

abogaderas *s. f. pl., Amér. del S.* Argumentos capciosos.

abombarse (de *a-* y *bomba*) *v. prnl.* **1** *Chil.* Embriagarse. **2.** *Amér. del S., Méx., P. Ric. y Ven.* Empezar a corromperse una cosa. **3.** *Arg., Chil., Ec. y Nic.* Embriagarse. **4.** *Arg.* Quedar una caballería imposibilitada para caminar, a causa del calor y del cansancio.

abonero, ra *s. m. y s. f., Méx.* Comerciante callejero y ambulante que vende por abonos, o pagos a plazos, principalmente entre las clases populares.

abonuco *s. m.* Babunuco.

aborlonado, da (de *a-* y *borlón*) *adj.* Acanillado.

aborregarse (de *a-* y *borrego*) *v. prnl., Per.* Ponerse tonto.

abra (del fr. *havre*, y éste del neerl. *havene*, puerto) *s. f.* **1.** Espacio desmontado, claro en un bosque. **2.** *Bot., Col.* Hoja de puerta o ventana. **3.** *Nic. y Rep. Dom.* Trocha, camino abierto entre la maleza.

abrandecosta *s. m., Bot., Cub.* Árbol silvestre de madera compacta y de color parecido a la caobilla.

abreboca *s. m.* **1.** *Ec. y Ven.* Aperitivo. **2.** *Arg.* Papanatas, persona distraída.

abreviarse (del lat. *abbreviare*) *v. prnl., C. Ric.* Darse prisa.

abriboca *adj.* **1.** *Arg. y Ur.* Distraído, que está con la boca abierta. ‖ *s. f.* **2.** *Arg. y Cub.* Planta tintórea. ‖ *s. m. y s. f.* **3.** Persona simple y fácil de engañar.

abrigadero *s. m.* Lugar donde se oculta gente de mal vivir.

abrigador, ra *adj., Méx.* Encubridor de un delito o falta. **GRA.** También s. m. y s. f.

abrir (del lat. *aperire*) *v. intr.* **1.** *Equit., Arg., Cub., Chil., Méx. y Per.* Desviarse el caballo de la línea que seguía en la carrera. **2.** *Arg. y Ven.* Apartarse, desviarse, hacerse a un lado. **3.** *Amér. C., Ant., Arg., Col., Ec., Méx. y Ur.* Irse de un lugar, huir, salir precipitadamente. **4.** Desistir de algo, volverse atrás, separarse de una compañía o negocio.

abrochar (de *a-* y *broche*) *v. tr.* **1.** Agarrar a alguien para castigarlo. ‖ *v. prnl.* **2.** *Chil. y Méx.* Trabarse cuerpo a cuerpo en una pelea.

abrojillo *s. m., Bot., Arg.* Hierba anual, con tallos ramosos, espinas trífidas amarillas en la base de las hojas, y cuyo involucro fructífero elipsoide, cubierto de espinas ganchudas, se adhiere fácilmente a la lana.

abuje *s. m., Cub.* Ácaro de color rojo que se cría en las hierbas, de donde se propaga a las personas y les produce un picor insoportable.

aburrada *s. f., Méx.* Yegua destinada a la cría de mulas.

abusado, da *adj., Guat. y Méx.* Alerta, atento.

acá (del quichua *aka*) *s. f., Arg.* Excremento.

acabangarse *v. prnl., Amér. C.* Sentirse acongojado.

acabe (de *acabar*) *s. m.* **1.** *Col.* Acción y efecto de acabar, fin, término. **2.** *P. Ric.* Fiesta que los recolectores y demás peonaje de las haciendas de cagé celebran después de terminada la recolección del grano.

acabiray *s. m., Arg.* Especie de buitre, de color pardo oscuro.

acaguasarse *v. prnl., Cub.* Medrar poco el tallo de la caña de azúcar y multiplicarse en cambio sus hojas.

acahé *s. m., Par.* Variedad de picaza.

acahual (del náhuatl *acahualli*) *s. m.*
1. *Bot., Méx.* Especie de girasol, muy común en México. **2.** *Méx.* Hierbas altas, silvestres, de que suelen cubrirse los barbechos.

acalorado, da *adj.* **1.** *fig., Cub.* Ardiente, apasionado. **2.** *fig., Cub.* Sofocado, enardecido.

acalote (del náhuatl *acalohtli*, zanja o canal por donde navegan las canoas, de *acalli*, canoa, y *ohtli*, camino) *s. m., Méx.* Parte de las aguas en los ríos y lagunas que se limpia de hierbas flotantes para abrir paso a las embarcaciones de remos.

acamaya *s. f., Zool., Méx.* Especie de papagayo.

acantinflado, da *adj., Chil.* Que habla a la manera peculiar del actor mexicano Cantinflas.

acantolis *s. m., Zool., Ant.* Reptil que tiene el lomo lleno de tubérculos puntiagudos.

acapacle *s. m., Bot., Méx.* Especie de caña medicinal, de la cual hay tres especies.

acápite (de la fra. lat. *a capite*, desde la cabeza) *s. m.* Párrafo, especialmente en textos legales.

acaraira *s. f., vulg., Cub.* Caraira, gavilán.

ácaro *s. m.* **ácaro de moho** *Zool., Cub.* Variedad de ácaro que ataca las hojas y los frutos de ciertas plantas.

acasanate *s. m., Méx.* Pájaro negro del tamaño del estornino, que hace estragos en las milpas.

acaserado, da *adj.* **1.** *Chil. y Per.* Parroquiano habitual. **2.** *Chil. y Per.* Apegado a su casa.

acaserarse (de *a* y *casero*) *v. prnl.* **1.** *Chil. y Per.* Hacerse parroquiano de una tienda. **2.** *Chil. y Per.* Aquerenciarse. **3.** *Chil. y Per.* Quedarse en casa.

acatanca (del quichua *aka*, excremento, y *tankay*, empujar) *s. f.* **1.** *Arg., Bol., Chil. y Per.* Catanga, escarabajo pelotero. **2.** *Arg., Bol., Chil. y Per.* Excremento.

acatar (de *a-* y el ant. *catar*, mirar) *v. tr., Amér. C., P. Ric. y Ven.* Caer en la cuenta, echar de ver, advertir.

acatarrar (de *a-* y *catarro*) *v. tr., Méx.* Hostigar, importunar.

acayote *s. m., Méx.* Pipa de los antiguos mexicanos.

acayura *s. f., Bras. y Ven.* Palmera cuyas hojas se emplean como abanicos.

acedera (de *acedo*) *s. f., Bot., Ec.* Planta de la familia de las oxalidáceas, que se usa para ensaladas.

aceitero *s. m., Bot., Ant.* Árbol de madera muy dura, compacta y amarilla, que admite hermoso pulimento.

achacana *s. f., Bot., Bol. y Per.* Alcachofa de raíz comestible.

achachairu *s. m., Bol.* Arbusto silvestre y fruto del mismo. El fruto es una drupa de dos semillas, de sabor agridulce y cáscara amarilla.

achajuanarse (de *a-* y *chajuán*) *v. prnl.* Rendirse de cansancio las bestias cuando hace demasiado calor o están muy gordas.

achamparse *v. prnl.* **1.** *Chil.* Arraigar como la champa. **2.** *Chil.* Con la preposición "con", quedarse o alzarse con una cosa ajena.

achanchar (de *a-* y *chanchar*) *v. tr.* **1.** *Chil.* Dejar sin movimiento posible una ficha en el juego de damas. **GRA.** También v. prnl. **2.** *Chil.* En el juego de dominó, dejar sin posible salida una ficha doble. **GRA.** También v. prnl. **3.** *fig., Chil.* Degenerar una persona en su educación o cualidades. **4.** Apoltronarse, hacer vida sedentaria. **5.** Debilitarse, perder el vigor ordinario.

achaparrado, da *adj., Hond.* Se dice de la persona que se apoca espiritualmente.

achaplinarse *v. prnl., Chil.* Tomar una actitud vacilante, parecida a la que utilizaba en sus personajes el actor cinematográfico Charles Chaplin.

achicar (de *a-* y *chico*) *v. tr.* **1.** *Col.* Matar, privar de la vida. **2.** *Col.* Atar, amarrar. **3.** *Chil.* Enchiquerar. **4.** *P. Ric.* Sujetar un animal con cuerda o soga.

achicharrar (de *a-* y *chicharrón*) *v. tr., Chil. y Per.* Estrujar, aplastar.

achichinque (del náhuatl *achichincle*, de *atl*, agua, y *chichinqui*, que chupa) *s. m.* **1.** *Méx.* Obrero que se ocupa de achicar el agua en las minas. ‖ *adj.* **2.** *Méx.* Se dice de quien acompaña a un superior y sigue ciegamente sus órdenes. **GRA.** También s. m.

achicopalarse *v. prnl., Méx.* Abatirse, desanimarse.

achiguarse (de *a-* y *chigua*, cesto) *v. prnl., Arg. y Chil.* Combarse una cosa, echar panza una persona.

achinado, da *adj.* **1.** Se aplica a la persona que por sus rasgos físicos se parece a los chinos. **GRA.** También s. m. y s. f. **2.** En sentido extensivo se aplica a toda persona aplebeyada.

achiote (del náhuatl *achíotl*) *s. m.* Pasta tintórea.

achiquitar *v. tr., Col., Guat., Méx. y Rep. Dom.* Achicar, empequeñecer. **GRA.** También v. prnl.

achira (voz quichua) *s. f.* **1.** *Bot.* Planta alismácea de América del Sur, de tallo nudoso y flor colorada. **2.** *Bot.* Esta misma flor. **3.** *Bot., Per.* Planta canácea de raíz comestible. **4.** *Chil.* Cañacoro.

achogcha (del quichua *achugcha*) *s. f., Bot., Ec.* Planta de cápsula comestible que se usa mucho para la alimentación.

acholado, da *adj.* **1.** Se dice de la persona que tiene la tez del color de la del cholo. **GRA.** También s. m. y s. f. **2.** *Chil.* Corrido de vergüenza.

acholamiento *s. m., Cub. y Amér. del S.* Acción y efecto de acholarse.

acholar (de *a-* y *cholo*) *v. tr.* **1.** *Chil., Ec. y Per.* Correr, avergonzarse, amilanar. **GRA.** También v. prnl. ‖ *v. prnl.* **2.** Parecerse alguien al cholo.

acholloncarse *v. prnl., Chil.* Cholloncarse, ponerse en cuclillas.

acholole *s. m., Méx.* Agua sobrante del riego y que se escurre del campo.

achololear (de *acholole*) *v. intr., Méx.* Escurrir agua los surcos del riego.

achuchar (de *chucho*) *v. intr., Arg. y Ur.* Tiritar, estremecerse de frío o de fiebre. **GRA.** También v. prnl.

achucharrar (de *achuchar*) *v. tr.* **1.** *Col., Chil. y Hond.* Achuchar, aplastar. ‖ *v. prnl.* **2.** *Méx.* Amilanarse, acobardarse.

achucharse (voz onomatopéyica) *v. prnl.* Contraer la enfermedad llamada chucho.

achucuyar (de or. desconocido) *v. tr., Amér. C.* Abatir, acobardar.

achunchar *v. tr., Bol., Chil., Ec. y Per.* Avergonzar. **GRA.** También v. prnl.

achuntar (de *chonta*, árbol de cuya madera se hacían flechas) *v. tr., fam. y vulg., Bol. y Chil.* Acertar, dar en el blanco. **GRA.** También v. intr.

achura (voz quichua) *s. f.* Despojos, menudo o intestino de una res.

achurador, ra *s. m. y s. f., Arg.* Persona que achura.

achurar (de *achura*) *v. tr.* **1.** *Amér. del S.* Quitar las achuras a la res. **GRA.** También v. intr. **2.** *fam., Arg.* Herir o matar a tajos a una persona o animal.

acigarrado, da *adj., Chil.* Se dice de lo que participa de alguno de los efectos que produce el cigarro en los fumadores.

aciguatado, da *adj., fig. y fam., C. Ric.* Triste, decaído.

aciguatarse (de *ciguato*) *v. prnl., fig. y fam., C. Ric.* Entristecerse.

acionera *s. f., Arg.* Pieza de metal o de cuero, fija en la silla de montar y de la que cuelga la ación.

acitrón (de *a* y el lat. *citreum*, cidra) *s. m., Méx.* Tallo de la biznaga, descortezado y confitado.

acivilarse *v. prnl., Chil.* Contraer matrimonio civil prescindiendo del canónico.

aclararse (del lat. *acclarare*, de *ad*, a, y *clarus*, claro) *v. prnl., Chil.* Purificarse un líquido, posándose las partículas sólidas que lleva en suspensión.

aco *s. m.* **1.** *Col.* Harina de cebada tostada. **2.** *Bot., Ven.* Árbol leguminoso.

acocil (del náhuatl *acuitzilli*, de *atl*, agua, y *cuitzilli*, que se retuerce) *s. m., Méx.* Especie de camarón de agua dulce.

acodillado, da *adj., Arg.* Se dice del caballo con pequeñas manchas blancas en los codillos.

acodillar *v. tr.* **1.** *Arg.* Talonear el caballo en los codillos. ‖ *v. prnl.* **2.** *Chil.* Enfermar de cinchera una caballería.

acolchado *s. m., Arg.* Cobertor relleno de plumón o de otras cosas, que se pone sobre la cama para adorno o abrigo.

acolchonar (de *a-* y *colchón*) *v. tr.* Acolchar.

acolitar *v. intr.* Desempeñar las funciones de acólito. **GRA.** También v. tr.

acollaramiento *s. m., Arg., Chil. y Ur.* Acción de unir dos o más bestias o cosas. Por ext., se aplica también a personas.

acollarar (de *a-* y *collar*) *v. tr.* **1.** *Arg.* Unir dos seres o cosas. ‖ *v. prnl.* **2.** *vulg., Arg.* Amancebarse.

acomedido, da *adj.* Servicial, oficioso.

acomedirse *v. prnl.* Ofrecerse a prestar un servicio gratis.

acompañado *s. m., Ec.* Guarnición generalmente de hortalizas.

aconcharse (de *a-* y *concha*) *v. prnl.* **1.** *Chil.* Posarse un líquido. **2.** *fig., Chil.* Normalizarse una situación. **3.** *Méx.* Establecerse, fijar el domicilio en casa ajena, para vivir y aun comer de balde.

acoplado *s. m., Amér. del S.* Vehículo sin motor destinado a ir remolcado.

acoplar (del lat. *ad,* a, y *copulare,* juntar) *v. tr.* **1.** *Arg., Chil., Par. y Ur.* Unir, agregar uno o varios vehículos a un tractor. **2.** *Fís., Arg., Chil., Par. y Ur.* Combinar el funcionamiento de dos aparatos o sistemas de modo que produzcan el resultado conveniente. ‖ *v. prnl.* **3.** *Arg.* Unirse a otra u otras personas para acompañarlas.

acorar (del cat. *acorar*) *v. tr., P. Ric.* Sujetar, detener, acorralar.

acordado, da (de *acordar*) *adj.* **1.** Se dice del terreno en forma conveniente para la siembra de hortalizas. ‖ *s. f.* **2.** *Méx.* Santa Hermandad establecida el año 1710 para coger y juzgar a los salteadores de caminos. **3.** *Méx.* Cárcel en que se custodiaban estos reos.

acordonado, da *adj.* **1.** *Méx.* Enjuto, delgado. **2.** *Amér. C.* Se dice del terreno en forma conveniente para la siembra de hortalizas.

acosijar *v. tr., Méx.* Agobiar.

acostarse (de *a* y *cuesta*) *v. prnl., Amér. C.* Parir la mujer.

acote (de *acotar*) *s. m.* Acotamiento.

acotejar (de *a-* y *cotejar*) *v. tr.* **1.** *Col., Cub., Ec. y Rep. Dom.* Colocar objetos ordenadamente, arreglar. **2.** *Col.* Estimular, incitar. ‖ *v. prnl.* **3.** *Cub. y Ec.* Arreglarse con alguien. **4.** *Cub. y Ec.* Convivir maritalmente. **5.** *Cub. y Ec.* Obtener un empleo. **6.** *Cub., Ec. y Rep. Dom.* Ponerse cómodo.

acotejo *s. m.* **1.** *Cub.* Acción y efecto de acotejar. **2.** *Rep. Dom.* Comodidad.

acreencia *s. f.* Crédito, deuda, saldo a favor del acreedor.

acriollarse *v. prnl., Amér. del S.* Adquirir un extranjero los usos y costumbres de la gente del país.

acuadrillar (de *a-* y *cuadrilla*) *v. tr., Chil.* Acometer muchos a uno.

acuartarse (de *cuarto*) *v. prnl., Cub.* Dar por terminado un incidente personal.

acuate *s. m., Zool., Méx.* Culebra acuática.

acudiente *s. m. y s. f., Col. y Pan.* Persona que sirve de tutor a uno o varios estudiantes.

acuerdo (de *acordar*) *s. m., Arg.* Consejo de ministros. **GRA.** Se usa principalmente con los v. "estar", "quedar" y "ponerse".

acuilmarse *v. prnl., Amér. C.* Afligirse, acobardarse.

acullicar (de *acullico*) *v. intr., Arg. y Bol.* Coquear.

acullico (del quichua *akulliku*) *s. m., Arg. y Bol.* Pequeña bola hecha con hojas de coca, cuyo jugo se extrae presionándola entre los molares y el interior de las mejillas.

acumuchar *v. tr., Chil.* Acumular, amontonar. **GRA.** También v. prnl.

acundangarse *v. prnl., Cub.* Acobardarse.

acupalla *s. f., Col.* Planta que sirve de alimento al ganado.

acusetas *s. m., Amér. C. y Col.* Acusete.

acusete (de *acusar*) *adj., Amér. del S. y Cub.* Acusón, soplón.

acutí (voz guaraní) *s. m., Zool., Arg. y Par.* Acure.

administrador *s. m., Cub.* Mayoral.

adobes, descansar haciendo *loc., fig., Méx.* Se dice del que emplea en trabajo diferente del habitual el tiempo destinado al descanso.

adobera (de *adobe*) *s. f.* **1.** *Méx.* Queso en forma de adobe. ‖ *adj.* **2.** *Arg.* Se dice del pie muy grande de las personas.

adobero (de *adobe*) *s. m., Arg.* Alfarero.

adobo (de *adobar*) *s. m., Méx. y Ven.* Carne adobada.

adobón *s. m., Amér. del S.* Parte de una tapia que se hace de una vez.

adorote *s. m., Amér. del S.* Angarillas aovadas.

adulete, ta (de *adular*) *adj.* Adulón.

afanador, ra *s. m. y s. f., Méx.* Persona que en los establecimientos públicos de beneficiencia o correccionales se emplea en las faenas más penosas.

afarolamiento *s. m., Cub., Chil. y Per.* Acción y efecto de afarolarse.

afarolarse *v. prnl., fam., Cub., Chil. y Per.* Enojarse, exaltarse, hacer aspavientos.

afate *s. m., El Salv., Guat. y Nic.* Ahuate.

afiebrarse *v. prnl.* Contraer la fiebre; acalenturarse.

afilador, ra *adj.* **1.** *Arg. y Ur.* Se dice de la persona aficionada a afilar o flirtear. **GRA.** También *s. m. y s. f.* ‖ *s. m.* **2.** *Chil. y Méx.* Amoladera, piedra de afilar.

afilar *v. tr.* **1.** *Arg., Par. y Ur.* Flirtear. **2.** *vulg., Chil.* Realizar el acto sexual.

afincar (de *a-* y *fincar*) *v. tr., Cub.* Colocar dinero sobre bienes inmuebles.

afine *adj., Méx.* Se aplica a la operación de quitar las impurezas de la semilla de una cosecha.

aflatarse *v. prnl., Hond. y Nic.* Afligirse, apesadumbrarse.

aflautar (de *a-* y *flauta*) *v. tr.* Adelgazar, afinar la voz o un sonido cualquiera.

aflijón, na *adj., Chil.* Se dice de la persona que se aflige fácilmente.

afollador *s. m., Méx.* Follador, persona que sopla con el fuelle en una fragua.

africana *s. f., Bot., Cub.* Planta asclepiadácea con flor en forma de estrella y olor fétido.

afrontilar (de *a-* y *frontil*) *v. tr., Méx.* Atar una res vacuna al poste o bramadero para poder domarla o matarla.

afuereño, ña *adj., Col., Ec., Guat. y Méx.* Forastero, que es o viene de afuera. **GRA.** También *s. m. y s. f.*

agacharse *v. prnl.* **1.** *Cub.* Huirse. **2.** *Méx.* Callar maliciosamente.

agache *s. m., Col.* Embuste, gazapo. ‖ **LOC. de agache** *Ec.* De segundo orden, de poco valor. **pasar de agache** *Ec.* En el juego, pasar disimuladamente.

agachona *s. f., Zool., Méx.* Ave acuática que abunda en las lagunas próximas a la ciudad de México.

agallas *s. f. pl.* **1.** *fam., Ec. y Col.* Cicatería. **GRA.** Se usa también con el v. "tener". **2.** *fam., Per.* Astucia. **GRA.** Se usa más con el v. "tener".

agallado, da (de *agalla*) *adj., Chil.* Garboso, varonil.

agallón (de *agalla*) *s. m., Col.* Agalla, excrecencia vegetal.

agalludo, da (de *agalla*) *adj.* **1.** *fam., Arg., Chil. y P. Ric.* Se dice de la persona animosa y resuelta. **2.** *Cub. y P. Ric.* Avariento, ambicioso. **3.** *Chil.* Astuto, sagaz, de inteligencia precoz.

agama *s. f., Zool., Cub.* Especie de cangrejo.

agarrón *s. m.* **1.** Acción de agarrar y tirar con fuerza. **2.** Riña, diputa.

agenciero, ra *adj., Chil.* Dueño de una casa de préstamos.

agracejo (de *agraz*) *s. m., Bot., Cub. y P. Ric.* Árbol de la familia de las anacardiáceas, de seis a siete m de altura. Se cría en terrenos bajos y en las costas. Su fruto lo comen los animales.

agravión, na *adj., Chil.* Susceptible.

agregado, da *s. m. y s. f.* Persona que ocupa una propiedad agrícola por arrendamiento o cesión gratuita.

agrimensor (del lat. *agrimensor*, de *ager*, campo, y *mensor*, medidor) *s. m., Cub.* Gusano pequeño, verdoso y muy perjudicial para la agricultura.

agrioso, sa *adj., Cub.* De sabor que tiende a agrio o parecido a éste.

agua (del lat. *aqua*) *s. f.* **agua café** *Ec.* Café preparado con mucha agua con el que se hace la esencia, típico modo ecuatoriano de preparar el café. ‖

LOC. ¡agua! o ¡aguas! *Guat. y Méx.* Voz de alarma, generalmente usada para avisar de la presencia de cualquier tipo de autoridad.

aguacafé (de *agua* y *café*) *s. f., Ec.* Agua café.

aguacate (del náhuatl *awákatl*) *s. m.* **1.** Esmeralda de figura de perilla. **2.** *fig., Guat.* Persona floja o poco animosa. **GRA.** También adj.

aguacatillo *s. m., Bot.* Árbol de la familia de las lauráceas, de madera blanquecina, corteza rojiza, flores pequeñas y amarillentas, fruto negruzco cuando está maduro, que comen los cerdos.

aguacero (de *aguaza*) *s. m., Zool., Cub.* Insecto parecido a la luciérnaga.

aguachacha *s. f., C. Ric. y Nic.* Aguachirle, bebida insípida, sin fuerza ni sustancia.

aguachada *s. f., Hond.* Refresco mal preparado.

aguachar¹ (de *aguacha*) *v. tr.* **1.** *Chil.* Captarse la voluntad de alguien por medio de palabras lisonjeras. ‖ *v. prnl.* **2.** *Chil.* Encariñarse, acaserarse. **3.** *Arg. y Chil.* Engordar el caballo por haber estado pastando ocioso una temporada larga.

aguachar² (de *a-* y *guacho*, cría de animal) *v. tr.* **1.** *Chil.* Domesticar un animal. ‖ *v. prnl.* **2.** *Chil.* Amansarse, aquerenciarse.

aguacil *s. m., Zool., Arg. y Ur.* Libélula, caballito del diablo.

aguada (de *agua*) *s. f., Chil.* Abrevadero.

aguadija (de *agua*) *s. f., Col.* Nombre vulgar de diversas orquídeas.

aguado, da *adj.* **1.** *Ec. y Guat.* Débil, desfallecido. **2.** *Méx. y Ven.* Se dice de las frutas jugosas, pero desabridas.

aguadulce (de *agua* y *dulce*) *s. m., C. Ric.* Aguamiel.

aguaí (del guaraní *aguá*, achatado, e *í*, pequeño) *s. m.* **1.** *Bot.* Nombre de varias especies de plantas del Chaco, del Paraguay y de la Mesopotamia argentina, de la familia de las sapotáceas, cuya madera se utiliza con fines industriales y cuyo fruto se emplea para hacer confituras. **2.** Fruto de estas plantas.

aguaitacaimán (de *aguaitar* y *caimán*) *s. m., Cub.* Ave zancuda, de unos 40 cm de largo; tiene la cabeza adornada de plumas largas de color verde metálico y la garganta y el pecho blancos con manchas oscuras. Se alimenta de pececillos y de moluscos.

aguaitada *s. f., Chil.* Aguaitamiento, acecho.

aguaitar (del cat. *aguaitar*, de *guaita*, vigía) *v. tr.* **1.** *Arg.* Vulgarismo provincial por pelear muchos contra uno. **2.** *Col.* Acechar, esperar.

aguaite *s. m., Chil.* Espera, aguaitamiento.

aguaje (de *agua*) *s. m.* **1.** *Méx.* Abrevadero. **2.** *Col., Ec. y Guat.* Aguacero. **3.** *Amér. C.* Reprimenda larga.

aguajero, ra *adj., Rep. Dom.* Se dice de quien hace o dice aguajes.

aguají *s. m., Gastr., Cub.* Salsa hecha a base de ají.

agualoja *s. f.* Aloja.

agualotal *s. m., Amér. C.* Aguazal, pantano.

aguamiel (de *agua* y *miel*) *s. f.* **1.** *Ven.* Agua preparada con la caña de azúcar o papelón. **2.** *Méx.* Jugo del magüey, que, fermentado, produce el pulque.

aguanés, sa *adj., Chil.* Se aplica a la res vacuna que tiene ambos costillares de un mismo color, pero distinto del lomo y de la barriga.

aguaraibé *s. m., Bot., Arg.* Aguaribay.

aguararparse *v. prnl.* Tomar calidad o sabor de guarapo la caña de azúcar, la fruta o un líquido.

aguaribay (de *aguaraibá*) *s. m., Arg.* Turbinto.

aguasarse *v. prnl., Arg. y Chil.* Tomar los modales y costumbres del guaso.

aguasol *s. m., Méx.* Rastrojo del maíz.

aguatarse *v. prnl., Méx.* Herirse con aguates.

aguatero, ra *s. m. y s. f.* **1.** Aguador. **2.** *Méx.* Conjunto de espinas, sitio donde éstas abundan.

aguay *s. m.* **1.** *Bot., Arg.* Árbol sapotáceo, con tronco de varios metros de altura, de frutos agridulces, del tamaño de un higo. Se emplean sus frutos para confituras. **2.** *Bot., Arg.* Fruto de este árbol.

aguayo (voz aimara) *s. m., Bol.* Pieza cuadrada de lana de colores, que las mujeres utilizan como complemento de su vestidura. También la usan para llevar a los niños o cargar algunas cosas.

aguililla (dim. de *águila*) *adj.* Se dice del caballo veloz en el paso.

aguilillo (dim. de *águila*) *adj., Amér. del S.* Aguililla.

aguilón (de *águila*) *s. m., Col. y Ec.* Caballo de paso duro y pesado.

aguilote *s. m., Méx.* Tomate de raíz venenosa.

aguinaldo (del ant. *aguilando*, y éste del lat. *hoc in anno*, en este año) *s. m., Bot., Cub.* Bejuco silvestre convolvuláceo que florece por Navidad.

agüío *s. m., Zool., C. Ric.* Pájaro de canto muy variado y agradable.

agüita (de *agua*) *s. f., Ec. y Chil.* Infusión de hierbas u hojas medicinales, que se bebe después de las comidas. ‖ **LOC. estar como el agüita** *Ec.* Saberse bien una cosa, saberse de memoria las lecciones los niños.

agujeta (de *aguja*) *s. f., Ven.* Alfiler largo y de adorno usado por las mujeres para sujetar el sombrero. **2.** *Ec.* Aguja de hacer punto o tejer.

agujetero, ra (de *agujeta*) *s. m. y s. f.* Canuto para guardar las agujas.

agujón (de *aguja*) *s. m., Cub. y P. Ric.* Pez común del mar de las Antillas de carne poco estimada.

agutí *s. m., Zool., Arg. y Par.* Animal parecido al cobayo o conejillo de Indias, propio de América Central y del Sur, que vive en regiones de bosque.

ahogadora *s. f., C. Ric. y Nic.* Ahorcadora, avispa.

ahogo (de *ahogar*) *s. m., Col.* Salsa con la que se sazona la comida.

ahorcadora *s. f., Zool., Guat. y Hond.* Especie de avispa grande. Se llama así por creer el vulgo que la persona a quien le pica en el cuello puede morir por asfixia.

ahuate (del náhuatl *auatl*) *s. m., Hond. y Méx.* Espina muy pequeña que, a modo de vello, tienen algunas plantas, como la caña de azúcar y el maíz.

ahuchar (de *huchar*) *v. tr., Col. y Méx.* Azuzar, achuchar, instigar.

ahuesar *v. intr.* **1.** *Per.* Perder prestigio o calidad en una profesión. **GRA.** También v. prnl. ‖ *v. prnl.* **2.** *Chil. y Per.* Se dice del artículo de comercio que no se vende por haber pasado de moda o haberse averiado.

ahuevar *v. tr., Col., Nic., Pan. y Per.* Atontar, acobardar. **GRA.** También v. prnl.

ahuevazón *s. f., Pan.* Embobamiento.

ahuizote (de *Ahuitzotl*, octavo rey de México) *s. m.* **1.** *Zool., Méx.* Nombre que se aplicaba a un batracio que, según creencia vulgar, es animal mágico. **2.** *Amér. C.* Brujería, sortilegio. **3.** *Méx.* Persona que molesta y fatiga continuamente y con exceso.

ahulado (de *a-* y *hule*) *s. m.* **1.** *Amér. C.* Tela o prenda impermeable por estar untada con hule o goma elástica. **GRA.** También adj. **2.** *Amér. C.* Chanclo.

aíllo (voz aimara) *s. m., Bol. y Per.* Se dice de las boleadoras hechas con bolas de cobre, usadas por los indígenas.

aine (del aimara *ayne*) *s. m., Bol.* Préstamo en dinero o especie que, entre las colectividades quichuas y aimares, ha de ser devuelto duplicado al año de recibido.

airampo (voz quichua) *s. m., Arg. y Per.* Planta tintórea, especie de cacto, cuya semilla da un color carmín, con el que se colorean los helados.

aire (voz cubana) *s. m., Zool., Cub.* Mamífero insectívoro, nocturno, con la cola casi desprovista de pelo.

aisa (del quichua *aisa*, tirón) *s. f., Arg., Bol. y Per.* Derrumbe que, en el interior de una mina, obstruye la salida al exterior.

aislador *s. m., Méx.* Se aplica en especial este nombre a la pieza de vidrio que inserta en un pivote se fija a los postes telegráficos, para sostener el alambre y aislarle.

aité s. m., Bot., Cub. Árbol de la familia de las rubiáceas de madera muy dura que se emplea en ebanistería.

ajacho s. m., Bol. Bebida muy fuerte, hecha de ají y chicha.

aje (del náhuatl axén) s. m., Méx. Especie de cochinilla de la que se obtiene una sustancia que da un color amarillento.

ajear (de ajo, palabrota) v. tr., Cant., Bol., Ec., Méx. y Per. Proferir ajos o palabrotas.

ajiaco (de ají) s. m., Gastr., Amér. del S. y Cub. Especie de olla podrida, en caldo con legumbres, carne en pedazos, y cuyo principal condimento es el ají.

ajipa (del quichua asipa) s. f., Bot., Bol. y Per. Planta papilionácea con tubérculos de zumo azucarado.

ajobachado, da (de ajobar) adj., Rep. Dom. Agotado por el calor excesivo o por un trabajo duro.

ajolote (del náhuatl axolotl) s. m., Zool., Méx. Anfibio con branquias externas muy largas, cuatro extremidades y cola comprimida lateralmente; de unos 30 cm de largo; vive en algunos lagos de América del Norte y su carne es comestible.

ajonjear v. tr., Col. Mirar a un niño.

ajonjeo s. m., Col. Acción y efecto de ajonjear a un niño.

ajonjolí (del ár. al-yulyulín, el coriandro, el sésamo) s. m., Ven. Cierta tenia del cerdo en estado de larva.

ajorrar (de a- y jorro) v. tr., P. Ric. Molestar, atosigar.

ajotar (de ahotar) v. tr., Amér. C. y Ant. Hostigar.

ajustón s. m., Ec. Apretón.

alabado s. m., Méx. Canto devoto que en algunas haciendas acostumbran entonar los trabajadores al comenzar y al terminar la tarea diaria. || **LOC. al alabado** fam., Chil. Al amanecer.

alabar (del lat. alapari, jactarse, de alapa, bofetada) v. intr., Méx. Cantar el alabado.

alaco s. m. **1.** Amér. C. Trebejo, trasto. **2.** Amér. C. Harapo, guiñapo. **3.** Amér. C. Persona o animal de poco valer, escuálido.

alagartado, da adj. **1.** Guat. y Nic. Usurero, avaro. **2.** C. Ric. Acaparador.

alagartarse (de a- y lagarto) v. prnl. **1.** Méx. Apartar la bestia los cuatro remos, extendiéndolos, de suerte que disminuya de altura. **2.** C. Ric., Guat. y Nic. Hacerse avaro u obrar con avaricia, usurear, tacañear.

alambrillo s. m., Bot., Cub. Planta herbácea, parecida al helecho común, correosa y fuerte, aunque delgada.

alamedero s. m., Méx. Guarda de una alameda.

alarife (del ár. al-'arîf, el maestro, el entendido, el oficial) s. m. **1.** Arg. y Ur. Persona astuta o pícara. || adj. **2.** Ur. Jactancioso, seguro de sí mismo.

alasita s. f., Arg. y Bol. Feria popular en la que los artesanos venden, entre otros objetos, figuras de barro de pequeño tamaño, llamadas "ekekos", nombre del dios aimara de la abundancia. **GRA.** Se usa también en pl.

alaste adj., C. Ric. y Nic. Resbaladizo, viscoso.

albahaquilla (de albahaca) s. f. **1.** Bot., Cub. Nombre vulgar del arbusto conocido también por "filigrana de sábana". || **2. albahaquilla de Chile** Bot. Arbusto leguminoso, indígena de Chile. Sus hojas, flores y tallo se usan en infusión, como medicamento.

albarazado, da (de albarazo) adj. **1.** Méx. Se dice del descendiente de china y jenízaro, o vicecersa. **GRA.** También s. m. y s. f. **2.** Méx. Se dice de una especie de uva de ollejo jaspeado.

albarda (del ár. al-bárda'a) s. f., Amér. C. Silla de montar de cuero crudo, que usan los campesinos.

albardear (de albarda) v. tr., Méx. y Amér. C. Domar caballos salvajes.

albardón (de albarda) s. m. **1.** Arg. y Bol. Loma o faja de tierra que sobresale en las costas explayadas o entre lagunas, esteros o charcos. **2.** Méx. Silla de montar inglesa, llana. **3.** Hond. Albardilla, o caballete de los muros.

albazo s. m. **1.** Ec. y Méx. Alborada, acción de guerra. **2.** Chil. y Per. Alborada, música al amanecer y al aire libre.

albino, na (de *albo*) *adj., Méx.* Se dice del descendiente de morisco y europea, o viceversa.

alboroto (de *alborotar*) *s. m., Amér. C.* Rosetas de maíz tostadas con miel.

albricias (del ár. *al-bisâra*, la buena nueva) *s. f. pl., Méx.* Agujeros que los fundidores dejan en la parte superior del molde para que salga el aire al tiempo de entrar el metal.

alcachofa (del hispanoár. *harsûfa, hursûfa,* cardo comestible, alcachofa) *s. f., fig., Chil.* Bofetada, guantada.

alcamar (del aimara *alcamarí*) *s. m.* Especie de ave de rapiña de Perú.

alcantarilla (dim. de *alcántara*) *s. f., Méx.* Arca de agua de forma cúbica.

alcaparra (voz mozárabe emparentada con el lat. *capparis* y con el ár. *kâbar*) *s. f.* Nombre de diversas plantas de características parecidas a las de la alcaparra.

alce (de *alzar*) *s. m.* **1.** Acción de alzar en dicho juego. **2.** *Cub.* Acción de recoger la caña de azúcar después de cortada, y cargarla en los vehículos.

alcojolado, da *adj., Rep. Dom.* Se dice de la fruta o de la caña de azúcar raquítica, que no llega a madurar.

alcuza (del ár. *al-kûza,* la vasija) *s. f.* Vinagreras, jarrillos para el aceite y vinagre del servicio de mesa.

alemas (del ár. *al-húmà,* cosa prohibida) *s. f. pl., Bol.* Baños públicos.

alepantado, da *adj., Ec.* Ensimismado, embobado, distraído.

alfajor (del hispanoár. *hasú,* de la raíz *h-s-w,* rellenar) *s. m.* **1.** *Gastr., Arg. y Chil.* Golosina compuesa de dos piezas de masa más o menos fina, adheridas una a otra con dulce de leche u otra especie de dulce. **2.** *Gastr., Rep. Dom. y Ven.* Pasta hecha de harina de yuca, papelón, piña y jengibre. **3.** *vulg., Arg.* Facón, daga grande.

alfalfar *v. tr., Arg. y Chil.* Sembrar un terreno de alfalfa.

alfandoque *s. m.* **1.** *Gastr.* Pasta hecha con melado, queso y anís o jenjibre. **2.** *Col.* Especie de alfeñique hecho de panela.

alferado (de *alférez*) *s. m., Arg. y Bol.* Cargo que corresponde al alférez, persona que sufraga los gastos de una fiesta religiosa.

alférez (del ár. *al-fâris,* el jinete) *s. m.* **1.** *Amér. del S.* Persona que era elegida para pagar los gastos en un baile o en una fiesta en general. **2.** *Bol. y Per.* Cierto cargo municipal en los pueblos de indígenas. **3.** *Guat. y Hond.* Entre personas que son de confianza, palabra con que se designa a una de ellas, sin nombrarla.

alfiler (del ár. *al-hilâl*) *s. m., Bot.* Árbol leguminoso, indígena de Cuba, cuya madera se emplea en la construcción.

alfilerillo *s. m.* **1.** *Bot., Arg. y Chil.* Planta herbácea que se usa como forraje y que en el centro de sus hojas tiene un apéndice en forma de alfiler. **2.** *Bot., Méx.* Nombre común a varias plantas de las cactáceas que tienen púas largas. **3.** *Zool., Méx.* Insecto que ataca a la planta del tabaco.

algarrobillo *s. m., Bot., Arg.* Algarroba, fruto.

algodón *s. m.* **algodón coyuche** *Bot., Méx.* Nombre vulgar que se da a una variedad de algodón cultivado en varias partes del país.

algorra *s. f., Med., Chil.* Alhorre, erupción bucal de los recién nacidos.

alhondigaje (de *alhóndiga*) *s. m., Méx.* Almacenaje.

alhorra *s. f., Cub.* Tizón de los cereales.

aliblanca *s. f.* **1.** *Col.* Pereza, desidia, modorra. **2.** *Ant.* Especie de paloma salvaje.

alicates (del ár. *al-laqqâ,* tenazas) *s. m.* **1.** *fig., P. Ric.* Cómplice. **2.** *Rep. Dom.* Persona influyente que asegura a otra la estabilidad en su cargo u oficio.

alicurco, ca *adj., Chil.* Astuto, ladino.

alifa (de or. incierto) *s. f., Méx.* Caña de azúcar de dos años.

aliñador, ra *s. m. y s. f., Chil.* Algebrista de huesos.

aliñar (del lat. *ad,* a, y *lineare,* poner en línea, en orden) *v. tr., Chil.* Arreglar o concertar los huesos dislocados.

alistador, ra (de *alistar,* preparar y coser las piezas del calzado) *s. m. y s.*

f., C. Ric. y Nic. Operario que prepara y cose las piezas del calzado.

alistar (de *a-* y *listo*) *v. tr., C. Ric. y Nic.* Preparar y coser las piezas del calzado.

alitranco *s. m., C. Ric. y Hond.* Hebilla que en la parte trasera tienen los pantalones y chalecos para ajustarlos a la cintura.

allegado, da *adj., Chil.* Se dice de la persona que vive en casa ajena, a costa o al amparo de su dueño. **GRA.** También s. m. y s. f.

almágana *s. f.* **1.** *Hond.* Almádana. **2.** *Hond.* Persona perezosa.

almijarra *s. f., Amér. del S.* Palo horizontal del que tira la caballería en molinos, norias, etc.

almizcle (de *almizque*, del ár. *al-misk*) *s. m., Hond.* Sustancia grasa que algunas aves tienen en una especie de bolsa, junto a la cola, y que utilizan para untar sus propias plumas cuando llueve para hacerlas más impermeables.

almohadilla (dim. de *almohada*) *s. f.* **1.** *Chil.* Acerico. **2.** *Chil.* Agarrador.

almorrana (del lat. tardío *haemorrheuma*, y éste del gr. *haîma*, sangre, y *rheûma*, influjo) *s. f., Bot., Cub.* Planta indígena, llamada también tomate de mar.

almuerzo (del lat. vulg. *admordium*, de *admordere*, morder ligeramente) *s. m., Bol.* Caldo o primer plato del almuerzo, comida principal.

aloja (del lat. tardío *aloxinum*) *s. f., Arg.* Bebida refrescante hecha de algarroba blanca, molida y fermentada en agua.

alojado, da *s. m. y s. f., Chil.* Huésped.

alón, na (de *ala*) *adj., C. Ric., Cub. y Chil.* Aludo, de grandes alas.

alorarse *v. prnl., Chil.* Ponerse de color loro, es decir, amulatado o negro a causa del sol o de los vientos.

altear (de *alto*) *v. tr.* **1.** *Ec.* Elevar, dar mayor altura a alguna cosa, como un muro, etc. ‖ *v. intr.* **2.** *Chil.* Subir a los árboles para explorar.

altillo (dim. de *alto*) *s. m., Arg. y Ec.* Desván o sobrado.

altipampa (de *alto* y *pampa*) *s. f., Arg. y Bol.* Altiplanicie.

altozano *s. m.,* Atrio de una iglesia.

alúa *s. f., Bot., Arg.* Cocuyo.

alunarse (de *a-* y *luna*) *v. prnl., Col.* Enconarse las mataduras.

aluzar *v. tr.* **1.** *Col., Guat., Méx., P. Ric. y Rep. Dom.* Alumbrar, llenar de luz y claridad. **2.** *P. Ric.* Examinar al trasluz, especialmente los huevos.

alverjado *s. m., Chil.* Guisado de alverjas o guisantes.

alverjilla *s. f., Bot., Ec.* Guisante de olor, variedad de la almorta.

alzado, da *adj.* **1.** *Amér. del S.* Se dice de los animales que se hacen montaraces y, en algunas partes, de los que están en celo. **2.** *fig., Arg., Chil., Méx. y P. Ric.* Engreído y soberbio. **3.** *Ant. y Méx.* Rebelde, sublevado.

alzarse (del lat. vulg. *altiare*, de *altus*, alto) *v. prnl.* Fugarse y hacerse montaraz el animal doméstico.

alzo *s. m.* **1.** *Amér. C.* Alzado, hurto o robo. **2.** *Guat. y Hond.* Victoria obtenida por el gallo de pelea.

amacayo (de or. desconocido) *s. m., Bot.* Flor de lis, planta amarilidácea.

amachinarse (de *a-* y el ant. *machín*, hombre rústico) *v. prnl., Amér. C., Col. y Méx.* Amancebarse.

amadrinar (de *a-* y *madrina*) *v. tr.* **1.** *Amér. del S.* Acostumbrar al ganado caballar a que vaya en tropilla detrás de la yegua madrina. ‖ *v. prnl.* **2.** *Per.* Aquerenciarse los animales.

amagamiento *s. m.* Quebrada estrecha y honda.

amallarse *v. prnl., Chil.* Alzarse, retirarse del juego el que está ganando.

amanal *s. m., Méx.* Alberca, estanque.

amancay (del quichua *amánkay*, azucena) *s. m.* **1.** *Bot., Chil. y Per.* Planta amarilidácea, especie de narciso amarillo. **2.** *Bot., Chil. y Per.* Flor de esta planta.

amancaya *s. f., Bol.* Amancay.

amansadero, ra *s. m. y s. f., Chil.* Vulgarismo por tahonero, panadero.

amansador, ra *s. m.* **1.** *Chil., Ec. y Méx.* Picador. **2.** Domador de caballos. ‖ *s. f.* **3.** *Arg.* Palenque u horcón donde se amarran los potros o redomones para desbravarlos. **4.** *fig., Arg. y Ur.* Antesala, espera prolongada.

amanzanar (de *a-* y *manzana*) *v. tr., Arg.* Dividir un terreno en manzanas o espacios cuadrados de tierra.

amarradijo *s. m.* **1.** *Guat. y Hond.* Nudo mal hecho. **2.** *Col.* Amarradura.

amarrado, da *adj., Chil.* Se dice de la persona poco expedita en sus actos y movimientos.

amasandería *s. f., Chil.* Tahona o panadería.

amasia (del lat. *amasia*) *s. f., Méx. y Per.* Querida, concubina.

amasiato (de *amasia*) *s. m., Méx. y Per.* Concubinato.

amatar *v. tr., Ec.* Causar mataduras a una bestia por ludirle el aparejo.

amate (del náhuatl *amatl*, papel; porque de su albura lo fabrican los indígenas) *s. m., Bot.* Higuera de México. Su jugo se usa como resolutivo.

amauta (voz quichua) *s. m.* **1.** Sabio, entre los peruanos de la antigüedad. **2.** *Bol. y Per.* Persona anciana y experimentada que, en las comunidades indígenas, dispone de autoridad moral y de ciertas facultades de gobierno.

ambucia *s. f., Chil.* Ansia en el comer, voracidad grande.

ambuciento, ta *adj., Chil.* Hambriento, voraz, ansioso.

amelcochado, da *adj.* De color rubio.

amelcochar *v. tr.* **1.** Dar a un dulce el punto espeso de la melcocha. **GRA.** También v. prnl. ‖ *v. prnl.* **2.** *fig., Bol., C. Ric., Ec., Hond., Méx. y Par.* Reblandecerse. **3.** *Cub.* Acaramelarse, derretirse amorosamente.

ameritado, da *adj.* Merecedor, benemérito.

ameritar (de *a-* y *mérito*) *v. intr.* **1.** Dar méritos. **2.** Merecer, contraer méritos.

amesquité *s. m., Méx.* Variedad de amate.

amiguero, ra *adj.* **1.** *Bol. y Ec.* Se dice de la persona dada a entablar amistades sin detenerse en reparos, diferencias de clases, etc. **2.** *Bol. y Ec.* Se dice de la persona que gasta demasiado tiempo en conversaciones con los amigos.

amo (de *ama*) *s. m., Chil. y Méx.* Nuestro Amo, el Santísimo Sacramento.

amojosado, da *adj., Bol.* Cubierto de moho, enmohecido.

amol (del mismo or. que *amole*) *s. m., Bot., Guat. y Hond.* Planta sarmentosa sapindácea, que, machacada, se usa para envarbascar.

amolado, da *adj., Per.* Se dice de la persona que molesta reiteradamente.

amostazarse (de *a-* y *mostaza*) *v. prnl., Ec. y Hond.* Avergonzarse.

amotetarse *v. prnl., Nic.* Agruparse, amontonarse.

ampalagua *s. f., Zool., Arg. y Ur.* Serpiente de gran tamaño, que se alimenta de animales vivos y es inofensiva para el hombre.

ampararse (del lat. vulg. *canteparare*, prevenir) *v. prnl.* **1.** *Arg. y Chil.* Llenar las condiciones con que se adquiere el derecho de sacar o beneficiar una mina. **2.** *Arg. y Chil.* Valerse del favor o protección de alguien. **3.** *Arg. y Chil.* Defenderse, guarecerse.

ampolleta (dim. de *ampolla*) *s. f., Chil.* Bombilla eléctrica.

amurriñarse (de *a-* y *morriña*) *v. prnl., Veter., Hond.* Contraer un animal la morriña o comalia.

amusgarse (del lat. vulg. *mussicare*, del lat. *mussare*, murmurar) *v. prnl., Hond.* Avergonzarse, encogerse.

anacahuita *s. m., Bot., Ur.* Árbol ornamental de ramillas colgantes y follaje persistente de color verde claro. Sus semillas tienen sabor picante, por lo que también se le suele llamar árbol pimienta. Es planta medicinal.

anaco (del quichua *anacu*) *s. m.* Tela que a modo de manteo rodean a la cintura las indias del Ecuador y Perú.

anaiboa *s. m., Cub.* Jugo que contiene la catibía y es perjudicial.

anamú *s. m., Bot., Cub., P. Ric. y Ven.* Planta silvestre fitolacácea, de flores blancas de ocho estambres en largas espigas. La planta huele a ajo y lo mismo la leche de las vacas que la comen.

anchoveta s. f., Per. Especie de sardina.

anclote s. m., Méx. Barril pequeño.

ancón (del lat. ancon, -onis, codo, ángulo) s. m., Méx. Rincón de un cuarto.

ancuco s. m., Bol. Turrón de maní o almendras.

ancuviña s. f. Sepultura de los indígenas chilenos.

anda s. f., Chil., Guat. y Per. Andas.

andadas s. f. pl. 1. Chil. Acción y efecto de andar. 2. Hond. y Méx. Paseo largo, caminata.

andarivel (del cat. andarivell, y éste del ital. andarivello) s. m. 1. Cub. Batea usada para pasar los ríos, palmeándola con ayuda del andarivel. 2. Ec. En deportes, pista delineada con cuerdas, que debe seguir un corredor o nadador.

andavete s. m. 1. Bol. Jarro para tomar chicha. 2. Bol. Recipiente en cuyos bordes hay varios vasos llenos de licores diferentes que se han de beber sin que se mezcle el contenido de los vasos pequeños con el del vaso grande.

andén (de una base romance andagine, de or. incierto, probablemente alter. del lat. indago, -inis, cerco, influido por andar) s. m. 1. Guat. y Hond. Acera de calle. ‖ s. m. pl. 2. Bol. y Per. Bancales en las laderas de un monte.

andenería s. f., Per. Conjunto de andenes o bancales.

andinismo s. m. Deporte de montaña que consiste en escalar los Andes.

andón, na adj., Col., Cub. y Ven. Andador. Se dice de las caballerías.

andullo (del fr. andouille, y éste del lat. tardío inductilis, de inducire, meter dentro) s. m. 1. Cub. Pasta de tabaco para mascar. 2. Amér. del S. Cualquier hoja grande destinada a envolver.

ánforas (del lat. amphora, y éste del gr. amphoreys, vaso grande de dos asas) s. f. pl., Méx. Urna para votaciones.

angarrio s. m., Col. Esqueleto.

angelón s. m., Bot., P. Ric. y Ven. Planta escrofulariácea, de flores moradas, que se usa como sudorífico.

angola s. f., Hond. Leche agria.

anguilla (del lat. anguilla) s. f., Zool. Anguila, pez.

angurriento, ta (de angurria) adj., Arg. Afanoso, ansioso, codicioso.

anime (voz americana) s. m. 1. Bot. Curbaril. 2. Resina de esta planta.

animita s. f., Zool., Cub. Aguacero, insecto.

aniñado, da adj., vulg., Chil. Animoso, guapo.

anó (voz tupí-guaraní) s. m., Zool., Arg. y Par. Pájaro de color negro, de la familia de los cucúlidos.

ante (del lat. ante) s. m. 1. Per. Bebida alimenticia y muy refrigerante que se usa en Perú, hecha a base de frutas, vino, canela, azúcar, nuez moscada y otros ingredientes. 2. Méx. Postre que se hace en México, de bizcocho mezclado con dulce de huevo, coco, almendra, etc. 3. Amér. C. y Méx. Almíbar hecho con harina de garbanzos, frijoles, etc.

antejardín s. m., Col. Espacio libre comprendido entre la línea de demarcación de una calle y la de construcción de un edificio.

antellevar v. tr., Méx. Llevar ante sí, atropellar.

anticucho s. m., Gastr., Arg., Bol. y Per. Comida consistente en trocitos de carne, vísceras, etc. ensartados, asados y sazonados con distintos tipos de salsa.

anticuco adj., C. Ric., Hond. y Nic. Muy antiguo.

añangotarse v. prnl., Rep. Dom. Ñangotarse, ponerse en cuclillas.

añapanco s. m., Bol. Cacto pequeño y redondo.

añas s. f., Zool., Per. Especie de zorra.

añero, ra adj., Chil. Vecero, que da fruto en años alternos.

añil (del ár. an-níl, la planta del índigo) s. m., Cub. Azulejo, pez.

añilal s. m., Col. Sitio plantado de añil.

apa, al (del quichua apa, carga) loc. adv., Chil. A la espalda, a cuestas.

apachar v. tr., El Salv. Aplastar, apachurrar.

apacheta s. f. Montón de piedras colocadas por los indígenas peruanos en las mesetas de los Andes, como signo de devoción a la divinidad.

apachugarse *v. prnl., Chil.* Vulgarismo por alebrarse.

apacorral *s. m., Bot.* Árbol gigantesco de Honduras, cuya corteza, muy amarga, se emplea como remedio medicinal.

apancle *s. m., Méx.* Acequia.

apaniaguado, da *adj., Col., P. Ric. y Ven.* Confabulado.

apaniaguarse *v. prnl., Col., P. Ric. y Ven.* Confabularse.

apante (del nahuatl *apantí*) *s. m., El Salv.* Acequia.

apañar (de *a-* y *paño*) *v. tr., Arg., Bol., Nic. y Per.* Encubrir, disculpar a alguien.

aparatarse (de *aparato*) *v. prnl., Col.* Encapotarse el cielo, anunciar lluvia, nieve o granizo inminente.

aparatero, ra *adj., Chil.* Aparatoso, exagerado.

aparqui *s. m., Per.* Manta remendada.

aparragarse *v. prnl.* **1.** *Chil. y Hond.* Agazaparse las personas o animales. **2.** *C. Ric.* Arrellenarse.

apartado *s. m.* **1.** *Min., Méx.* Operación de apartar metales. **2.** *Méx.* Edificio dependiente de la fábrica de la moneda donde se hace esta operación.

aparte *s. m., Arg.* Separación que se hace en un rodeo, de cierto número de cabezas de ganado.

apasanca (voz quichua) *s. f., Zool., Arg. y Bol.* Araña de gran tamaño, velluda y muy venenosa, afín a la tarántula.

apasito *adv. m., Cub.* Despacito.

apaste (del náhuatl *apaztli*) *s. m., Guat., Hond. y Méx.* Lebrillo hondo de barro y con asas.

apastillado, da *adj., Méx.* De color blanco con un tinte rosado.

apatronarse *v. prnl.* **1.** *Chil.* Tomar patrón para ponerse a su servicio. **2.** *Chil.* Amancebarse la mujer.

apealar (de *a-* y *peal*) *v. tr.* Manganear.

apegualar *v. intr., Arg. y Chil.* Hacer uso del pegual.

apelmazar (de *a-* y *pelmazo*) *v. tr., El Salv., Méx. y Nic.* Apisonar.

apenarse *v. prnl.* Sentir vergüenza.

apendejarse *v. prnl.* **1.** *Col. y Pan.* Hacerse bobo. **2.** *Cub. y Nic.* Acobardarse.

apensionarse *v. prnl.* **1.** *Arg. y Chil.* Entristecerse, apesadumbrarse. **2.** *Col.* Inquietarse, sobresaltarse.

apepú (del guaraní *apepú*, cáscara agrietada) *s. m.* **1.** *Bot., Arg. y Per.* Planta rutácea, naranjo agrio, de corteza gris oscura, ramas con espinas, flores blancas perfumadas y frutos de corteza rugosa, anaranjada rojiza, pulpa amarga y de mucho jugo. De las flores se extrae aceite esencial, agua de azahar y esencia de nerolí. Con la fruta se hacen confituras. **2.** *Bot., Arg. y Per.* Fruto de este árbol.

aperar (del lat. vulg. *appariare*, emparejar, preparar, der. de *par, paris*, par) *v. tr.* **1.** *Chil.* Proveer de instrumentos y herramientas de cualquier oficio. **2.** Abastecer, proveer de bastimentos o de otras cosas necesarias. **3.** *Arg., Nic. y Ur.* Ensillar, colocar el apero.

apercollar (de *a-* y el lat. *per collum*, por el cuello) *v. tr., Ec.* Exigir insistente y violentamente algo, especialmente de carácter económico.

apereá (voz guaraní) *s. m., Zool., Arg.* Mamífero roedor de la Argentina, parecido al conejo, pero con boca de rata, que vive en manadas entre los matorrales.

apero (de *aperar*) *s. m.* **1.** *Arg., Chil., P. Ric. y Ven.* Recado de montar más lujoso que el común, propio de la gente del campo. **2.** *Arg.* Por ext., cualquier recado de montar.

apestillar (de *pestillo*) *v. tr.* **1.** *Arg. y Chil.* Asir a alguien de tal forma que no se pueda escapar. ‖ *v. prnl.* **2.** *P. Ric.* Tener al lado una joven a su novio.

api (voz quichua) *s. m., Gastr., Arg. y Bol.* Mazamorra de maíz morado triturado, sazonada con varios ingredientes.

apichonado, da *adj., fam., Chil.* Amartelado, enamorado.

apiñonado, da (de *a-* y *piñón*) *adj., Méx.* De color de piñón.

apiojarse (de *a-* y *piojo*) *v. prnl., Col.* Enflaquecerse.

apirgüiñarse *v. prnl., Veter., Chil.* Padecer pirgüín el ganado.

apiri (voz quichua) *s. m.* Operario que transporta mineral en las minas.

apisonadora *s. f.* Aplanadera.

aplanacalles (de *aplanar* y *calle*) *s. m.* y *s. f.*, *Guat.* y *Per.* Azotacalles.

aplanadora *s. f.* Apisonadora.

aplastar (voz de creación expresiva) *v. tr.*, *Arg.* y *Ur.* Reventar a un caballo. **GRA.** Se usa más como v. prnl.

aplatanarse (de *a-* y *plátano*) *v. prnl.*, *Ant.* y *Filip.* Acriollarse, adoptar un extranjero las costumbres del país.

aplazado *adj.*, *Arg.*, *Chil.*, *El Salv.*, *Nic.*, *Par.* y *Ur.* Suspenso, dicho de un examen. **GRA.** También s. m.

aplazar (de *a-* y *plazo*) *v. tr.* **1.** *Arg.*, *Chil.*, *El Salv.*, *Nic.*, *Par.* y *Ur.* Suspender a un examinando. ‖ *v. prnl.* **2.** *Rep. Dom.* Hablando de la mujer, amancebarse, vivir en concubinato.

apolismar *v. tr.* **1.** *Cub.*, *Pan.* y *P. Ric.* Estropear, magullar. **2.** *C. Ric.* Holgazanear. ‖ *v. prnl.* **3.** *C. Ric.*, *P. Ric.* y *Ven.* Acobardarse, estar atontado. **4.** *Col.*, *Guat.* y *P. Ric.* Quedarse pequeño, raquítico, no crecer.

apolvillarse *v. prnl.*, *Chil.* Atizonarse los cereales.

aporreado *s. m.*, *Gastr.*, *Cub.* Guiso de carne de vaca con manteca, tomate, ajo y otras especias.

apotrerar *v. tr.* **1.** *Chil.* Dividir una hacienda o fundo en potreros. **2.** *Cub.* Poner el ganado en un potrero.

apoyar (del ital. *appoggiare*) *v. intr.*, *Col.* y *Chil.* Rebalsarse.

aprevenir *v. tr.*, *Col.* y *Guat.* Prevenir.

apuchincharse *v. prnl.*, *fam.*, *Cub.* Saciarse, hartarse.

apunarse (de *a-* y *puna*) *v. prnl.*, *Amér. del S.* Padecer puna o soroche.

apuntarse (de *a-* y *punto*) *v. prnl.*, *Méx.* Hablando del trigo y otros cereales, nacerse, entallecerse.

aquerenciado, da *adj.*, *Méx.* Enamorado.

aquintralarse *v. prnl.* **1.** *Chil.* Cubrirse de quintral las plantas y arbustos. **2.** *Chil.* Contraer los melones y otras plantas la enfermedad llamada quintral.

araguato *s. m.*, *Zool.*, *Col.* y *Ven.* Mono con pelaje de color leonado oscuro, pelo hirsuto en la cabeza y barba grande.

aragüirá (del guaraní *ara*, día, luz, y *güirá*, pájaro) *s. m.*, *Zool.*, *Arg.* Pajarillo de la Argentina, de lomo rojizo y pecho y copete de hermoso color rojo subido.

arandela (del fr. *rondelle*, dim. de *rond*, redondo) *s. f.*, *Amér. del S.* Chorrera y vueltas de la camisola.

araña (del lat. *aranea*) *s. f.*, *Chil.* Carruaje ligero y pequeño parecido al bombé.

arasá (voz guaraní) *s. m.* **1.** *Bot.*, *Arg.*, *Par.* y *Ur.* Árbol mirtáceo, con la copa ancha y frondosa, madera consistente y flexible, y fruto amarillo dorado, comestible. **2.** *Bot.*, *Arg.*, *Par.* y *Ur.* Fruto de este árbol del que se hacen confituras.

araticú (del guaraní *araticú*) *s. m.*, *Arg.*, *Par.* y *Ur.* Nombre que en la zona guaraní se da a varias plantas de la familia de las anonáceas. Su fruto es una baya pulposa parecida a la chirimoya.

aravico *s. m.* Poeta de los antiguos peruanos.

arción (del lat. *arcio, -onis*, de *arcus*) *s. m.*, *Arq.*, *Col.* y *Méx.* Dibujo ornamental que imita una red.

arcionar (de *arción*) *v. tr.* **1.** *Col.* y *Méx.* Sujetar el jinete al arzón o arción de la silla una res vacuna, dando vueltas a la soga con que la ha lazado. **GRA.** También v. intr. **2.** *Méx.* Levantar el jinete la pierna, con arción o arzón y estribo, sobre la cola de un vacuno para sujetar ésta a la silla y derribarlo.

areito (voz taína) *s. m.* **1.** *Ant.* Canto popular de los antiguos indígenas de las Antillas y América Central. **2.** *Ant.* Danza que se bailaba con este canto.

arepa (del cumanagoto *erepa*, maíz) *s. f.*, *Gastr.* Torta hecha de maíz, huevos y manteca.

arepita (dim. de *arepa*) *s. f.*, *Gastr.* Tortita de maíz, papelón y queso.

argel (del ár. *aryál*) *adj.* **1.** *Arg.* y *Par.* Se dice del caballo mañoso y que se considera de mala suerte. **GRA.** También s. m. **2.** *Arg.* y *Par.* Se dice de la persona o cosa que no tiene gracia ni inspira simpatía. **GRA.** También s. m. y s. f.

argolla (del ár. *al-gulla*, el collar, las esposas) *s. f.* **1.** *Arg.*, *Bol.*, *Col.*, *Chil.*

y Guat. Anillo de matrimonio que es simplemente un aro. **2.** *C. Ric. y Per.* Camarilla, grupo cerrado y homogéneo de personas que, por lo general subrepticiamente, influyen sobre las autoridades o en determinado medio.

árguenas (del lat. *arguenilla,* del lat. *angariae*) *s. f., Chil.* Árganas.

arguenero, ra *s. m. y s. f., Chil.* Persona que hace o vende árguenas.

aribibi *s. m.* **1.** *Bol.* Planta herbácea parecida al pimiento. Sus frutos, muy picantes, se usan como condimento. **2.** *Bol.* Fruto de esta planta.

aricoma *s. f., Bol. y Per.* Tubérculo algo mayor que la patata, que se come crudo.

arincarse *v. prnl., Chil.* Estreñirse.

aríque *s. m., Cub.* Tira de yagua que se usa para atar.

ariquipe *s. m., Gastr., Col.* Dulce de leche.

arisquear (de *arisco*) *v. intr., Arg. y Ur.* Mostrarse indócil, arisco.

armada (del lat. *armata,* f. de *armatus,* armado) *s. f., Amér. del S.* Forma en que se dispone el lazo para lanzarlo.

armador, ra *adj., Méx.* Se dice de la bestia que tiene la manía de armarse o plantarse.

armarse *v. prnl., Amér. C., Ant. y Guat.* Plantarse un animal; aplicándose a personas, negarse, obstinarse.

arnaucho *s. m., Per.* Ají pequeño y picante.

arpillador *s. m., Méx.* Persona que tenía por oficio arpillar.

arpillar (de *arpiller*) *v. tr., Méx.* Cubrir fardos o cajones con arpillera.

arquear (de *arca*) *v. tr., Chil. y P. Ric.* Hacer el arqueo de una caja u oficina.

arracacha (del quichua *racacha*) *s. f.* **1.** *Bot.* Planta umbelífera de América Meridional, semejante a la chirivía. **2.** *fig., Col.* Sandez, salida de pie de banco.

arracacho, cha (de *arracacha*) *adj., Col.* Sandio, torpe, simple.

arraigar (del lat. *ad,* a, y *radicare*) *v. tr., Méx.* Notificar a una persona que no salga de la población bajo determinada pena.

arranchar (cruce con *arrancar*) *v. tr., Chil., Ec. y Per.* Quitar violentamente algo a alguien.

arrancharse (de *rancho,* vivienda campesina) *v. prnl.* **1.** *Pan.* Domiciliarse en una casa, a título de amigo, pero con disgusto de sus dueños, y sin mostrar disposición a salir de ella. **2.** *Col. y Chil.* Negarse a hacer algo. **3.** *Méx. y Ven.* Acomodarse a vivir en algún sitio o alojarse en forma provisional. **4.** *Cub.* Demorarse demasiado en un lugar.

arranquera *s. f., Cub. y Méx.* Falta de dinero habitual o pasajera.

arrastre *s. m., Min., Méx.* Molino donde se pulverizan los minerales de plata.

arrayador *s. m.* Rasero para las medidas.

arrayano, na (de *rayano*) *adj., Rep. Dom.* Se dice del que vive en la zona fronteriza o es oriundo de ella.

arreada *s. f.* **1.** *Arg. y Méx.* Robo de ganado. **2.** *Arg., Méx. y Ur.* Acción y efecto de arrear o llevarse violentamente el ganado. Por ext. se aplica a las personas.

arreador *s. m.* **1.** *Arg., Col. y Per.* Látigo de mango corto y lonja larga, destinado a arrear. **2.** *Arg., Col. y Per.* Vareador de aceituna. **3.** *Arg., Col. y Per.* Jornalero que acompaña al ganado de tránsito.

arrear (de *arre*) *v. intr., Arg. y Méx.* Llevarse violenta o furtivamente ganado ajeno.

arrebato *s. m., Bol.* Enfermedad súbita y grave.

arrejonado, da *adj., Chil.* Temerario, arriesgado.

arremuesco *s. m., Col.* Arrumaco.

arrenquín (de *arnequín,* var. de *arlequín*) *s. m.* **1.** Caballería en que va montado el arriero. **2.** *Chil.* Ayudante que llevan los arrieros y viajeros.

arreo *s. m., Arg., Chil., Par. y Ur.* Acción y efecto de separar una tropa de ganado y conducirla a otro lugar.

arretranca *s. f., Col., Ec. y Méx.* Retranca, freno.

arribeño, ña *adj.* Se aplica al que procede de tierras altas. **GRA.** También *s. m. y s. f.*

arrieraje (de *arriero*) *s. m.* Gremio o colectividad de arrieros.

arrimado, da *s. m. y s. f.* **1.** Persona que vive en casa ajena, a costa o al amparo de su dueño. **2.** *P. Ric.* Persona que mediante la concesión de un pedazo de tierra donde tiene su casa, siembra en parte para sí y en parte para el dueño de la propiedad.

arrimo (de *arrimar*) *s. m.* **1.** *Cub.* Cerca que divide las heredades unas de otras. **2.** *Cub.* Báculo o cosa parecida.

arritranco (de *retranca*) *s. m., Cub. y P. Ric.* Trasto viejo o inútil.

arrodajarse (de *a-* y *rodaja*) *v. prnl., Amér. C.* Sentarse con las piernas cruzadas al estilo de los musulmanes.

arrodillada *s. f., Chil.* Genuflexión.

arrollado *s. m., Chil.* Carne de puerco que, cocida y aderezada, se acomoda en rollo atándola con un hilo.

arrope (del ár. *ar-rubb*, el jugo de frutas cocido) *s. m., Arg.* Dulce hecho con la pulpa de algunas frutas, hervida lentamente hasta que adquiere consistencia de jalea.

arrotado, da *adj., Chil.* Se dice de la persona que tiene aire o modales de roto, persona de clase baja.

arrufar (del mismo or. que *rufián*) *v. intr., Ven.* Embravecerse, irritarse.

artemisal (de *artemisa*) *s. m.* Terreno plantado de artemisas.

artillero (de *artillería*) *s. m., Bol.* Borracho habitual, especialmente el que consume licores fuertes.

aruco *s. m., Col. y Ven.* Ave zancuda, que tiene una especie de cuerno en la frente.

aruera (del port. *aroeira*) *s. f., Ur.* Aguaribay.

arveja (del lat. *ervilia*) *s. f.* **1.** *Bot., Chil.* Algarroba. **2.** *Chil.* Arvejo, guisante.

asemillar (de *a-* y *semilla*) *v. intr., Chil.* Hablando de plantas como la vid, el olivo, etc., estar fecundándose la flor.

aserruchar *v. tr., Col., Chil., Hond. y Per.* Cortar o dividir con serrucho la madera u otra cosa.

asicar *v. tr., Rep. Dom.* Hostigar, fastidiar.

asiento *s. m.* Territorio o población de las minas.

asignatario, ria *s. m. y s. f.* Persona a quien se asigna la herencia o el legado.

asistencia *s. f., Méx.* Pieza para recibir las visitas de confianza.

asocio (de *asociar*) *s. m., Amér. C., Arg., Col. y Ec.* Asociación, colaboración. Se usa principalmente en la locución "en asocio de".

asoleada (de *asolearse*) *s. f., Col., Chil. y Guat.* Insolación.

asolear (de *a-* y *sol*) *v. tr., Veter., Méx.* Contraer asoleo los animales.

asomadera *s. f., Rep. Dom.* Acción de asomarse reiteradamente.

asorocharse (de *a-* y *soroche*) *v. prnl., Amér. del S.* Padecer soroche.

aspa (del gót. *haspa*) *s. f.* **1.** *Min., Chil.* Extensión o cabida de una mina. **2.** *Arg., Bol., Ur. y Ven.* Cuerno, asta.

astillero (de *astilla*) *s. m., Méx.* Lugar del monte en que se hace corte de leña.

asuntar *v. intr., Ur.* Pensar, reflexionar, argumentar.

atadero (de *atar*) *s. m., Méx.* Cenojil, liga para sujetar las medias.

atagallar (de or. desconocido) *v. intr.* **1.** *Cub. y Rep. Dom.* Trabajar afanosamente, atosigado por diversos apremios. ‖ *v. tr.* **2.** *Cub. y Rep. Dom.* Ansiar, desear con vehemencia.

ataja *s. f., Arg.* Ataharre.

atajada *s. f.* **1.** *Chil., Per. y Ur.* Acción de atajar o impedir. **2.** *Chil., Per. y Ur.* Acción de ir por un atajo. **3.** *Chil., Per. y Ur.* Acción de impedir el curso de una cosa.

atajador, ra *adj., Chil.* Persona que guía la recua de ganado.

atajaprimo *s. m., Cub.* Baile popular de farsa, variedad del zapateado criollo.

atajona *s. f., Hond.* Látigo.

atapialar *v. tr., Ec.* Tapar, cercar.

atapuzar *v. tr., Ven.* Atestar, llenar mucho.

atarantapayos (de *atarantar* y *payo*) *s. m., Méx.* Espantavillanos.

atarjea (de or. arábigo, pero de etim. incierta, probablemente de *tayriya*, acción de cubrir con tejas o ladrillos) *s. f., Méx.* Canalito de mampostería que sirve para conducir agua.

atarragar *v. tr., Col., Méx. y Ven.* Hartar de comida.

atecomate *s. m., Méx.* Vaso para beber agua.

atejo *s. m., Col.* Atado, lío.

atembado, da *adj., fam., Col.* Atolondrado, atontado.

atembar *v. tr., Col.* Atolondrar, aturdir.

ateperetarse *v. prnl., Hond.* Obrar sin tino, atolondrarse.

atepocate (del náhuatl *atepocatl*) *s. m., Zool., Méx.* Renacuajo.

aterrillarse *v. prnl., Cub.* Asolearse.

atibar (del lat. *stipare*, estibar, con cambio de pref.) *v. tr., Náut.* Estibar la carga del barco.

atiemposo, sa *adj., Rep. Dom.* Oportuno en servir con eficacia.

atierre (de *aterrar*) *s. m., Méx.* Acción de llenar de tierra.

atingencia *s. f.* Relación, conexión.

atingido, da *adj., Bol.* Se dice de la persona que está pasando por un momento difícil en lo económico.

atojar *v. tr., Cub., C. Ric. y Guat.* Azuzar a los animales.

atol *s. m., Cub., Guat. y Ven.* Atole.

atole, dar con el dedo *loc., Guat. y Méx.* Engañar, embaucar a aguien.

atoleadas (de *atole*) *s. f. pl.* Fiestas familiares que se celebran en Honduras y en las que se obsequia a los invitados con atole de elote.

atolería (de *atole*) *s. f.* Lugar donde se hace o vende atole.

atolero, ra (de *atole*) *s. m. y s. f.,* Persona que hace o vende atole.

atolillo (de *atole*) *s. m., Gastr., C. Ric., Nic. y Hond.* Gachas de harina de maíz, azúcar y huevo.

atopile (del náhuatl *atl*, agua, y *topilli*, criado, alguacil) *s. m., Méx.* Persona que en las haciendas de caña tiene por oficio hacer diariamente la distribución general de las aguas para los riegos.

atorrante (de *atorrar*) *s. m., Arg.* Vago, callejero, holgazán, pordiosero.

atorrar (de or. incierto, probablemente de *torrar*, tostar, requemar) *v. intr.* **1.** *Arg.* Hacer vida de atorrante, haraganear. **2.** *Arg.* Dormir.

atortillar *v. tr., Chil.* Atortujar.

atracada *s. f., Cub. y Méx.* Atracón.

atracador *s. m., Cub.* Sablista.

atracar[1] (de or. desconocido) *v. tr., Chil.* Zurrar, golpear, tratar con severidad.

atracar[2] (de or. incierto) *v. intr., Chil. y Per.* Adherirse a la opinión de otro.

atracón (de *atracar*) *s. m., Chil.* Empellón, empujón.

atramojar *v. tr., Col.* Atraillar los perros.

atrancarse (de *a-* y *tranca*) *v. prnl., Méx.* Obstinarse alguien en su opinión.

atrapamoscas *s. m., Bot.* Planta americana droserácea, cuyas hojas tienen numerosas glándulas y seis pelos sensitivos. Cuando un insecto toca estos pelos, las dos mitades del limbo de la hoja giran sobre el nervio central y se juntan, aprisionando al insecto.

atraque (de *atracar*, comer y beber en exceso) *s. m., Rep. Dom.* Apuro, necesidad apremiante.

atrasarse (de *atrás*) *v. prnl., Chil.* Dejar de crecer las personas, los animales o las plantas.

atravesado, da *adj., Nic.* Se dice de la persona que se expresa de manera disparatada, incongruente o confusa.

atrenzo *s. m.* Conflicto, apuro, dificultad.

atrincar *v. tr.* **1.** *Col., C. Ric., Cub., Chil., Ec., Méx., Nic., Rep. Dom. y Ven.* Trancar, sujetar, asegurar con cuerdas y lazos. **2.** *Cub., Méx. y Nic.* Apretar.

atrojarse (de *a-* y *troj*) *v. prnl., fig. y fam., Méx.* No hallar alguien salida en algún empeño o dificultad.

atufado, da *adj., Bol. y Ec.* Atolondrado, que ha perdido la serenidad necesaria para hacer algo.

atuna *s. f., Per.* Espátula o paleta para remover el maíz.

aumento (del lat. *augmentum*) *s. m., Méx.* Posdata de una carta.

aunche *s. m., Col.* Desecho, residuo.

auquénido *s. m., Zool., Per.* Denominación popularizada de los camélidos de los Andes meridionales, que comprende cuatro especies: llama, alpaca, guanaco y vicuña.

aurero (de *aura*) *s. m., Cub.* Lugar donde se reúnen muchas auras.

ausol (del náhuatl *at*, agua, y *soloni*, hervir ruidosamente) *s. m.*, *El Salv.* Solfatara, fuente termal.

auspiciar (de *auspicio*) *v. tr.* Patrocinar, favorecer, escudar, amparar.

auspicioso, sa *adj.* Favorable, de buen augurio o indicio.

autocarril (de *auto-* y *carril*) *s. m.*, *Bol.*, *Chil.* y *Nic.* Autovía, automotor.

avance *s. m.* **1.** *Cub.* Vómito. **2.** *Méx.* Botín de guerra.

avanzar (del lat. *abantiare*) *v. intr.* **1.** *Col.* Ganar o tomar en la guerra. **2.** *Méx.* Robar. **3.** *Cub.* Vomitar.

aventado, da *adj.*, *Col.* y *Per.* Arrojado, audaz, atrevido.

aventar (de *a-* y *viento*) *v. tr.* **1.** *Cub.* Exponer el azúcar al aire y sol. ‖ *v. prnl.* **2.** *Extr.* y *P. Ric.* Empezar a corromperse las carnes comestibles.

aventurero, ra (de *aventura*) *adj.* **1.** *Cub.* Se dice del maíz, etc., que se produce fuera del tiempo apropiado para su cultivo. **2.** *Méx.* Se dice del trigo que se siembra de secano. ‖ *s. m.* **3.** *Méx.* Mozo que se alquilaba ocasionalmente para conducir animales.

averiguar *v. intr.*, *Amér. C.* y *Méx.* Discutir.

aviador, ra (de *aviar*) *adj.* **1.** Se dice de la persona que presta dinero o efectos a labrador, ganadero o minero. **2.** Se dice de la persona que costea labores de minas.

aviar (del lat. *ad*, para, y *via*, camino) *v. tr.* **1.** Prestar dinero o efectos a labrador, ganadero o minero. **2.** *Chil.* Costear las labores de una mina con el fin de que continúe la explotación de la misma para así resarcirse de los préstamos hechos a su dueño.

avillar *v. tr.*, *vulg.*, *Méx.* Cohechar, sobornar.

avío (de *aviar*) *s. m.* Préstamo en dinero o efectos, que se hace al labrador, ganadero o minero.

avispar (de la raíz expresiva *visp*, como el ital. *vispo*, vivo, despabilado) *v. tr.*, *Chil.* Inquirir, avizorar. **GRA.** También v. prnl.

avispón, na *adj.*, *Col.* Avispado, agudo.

avocastro *s. m.*, *Chil.* y *Per.* Persona muy fea.

ayahuasca *s. f.*, *Bot.*, *Ec.* y *Per.* Planta narcótica, que tomada en infusión embriaga y produce visiones fantásticas.

ayapana *s. f.*, *Bot.* Planta que crece a orillas del Amazonas. Sus hojas se usan como sudoríficas.

ayate (del nahuatl *ayatl*, tela rala de hilo de maguey) *s. m.*, *Méx.* Tela rala de hilo de maguey, de palma, henequén o algodón.

ayllu (voz aimara) *s. m.*, *Etn.*, *Bol.* y *Per.* Parcialidad en que se divide una comunidad indígena, cuyos componentes son generalmente de un linaje.

ayocote (del náhuatl *avecotli*) *s. m.*, *Méx.* Especie de fríjol más grueso que el común.

ayote (del náhuatl *ayotli*) *s. m.*, *Bot.*, *Amér. C.* Calabaza, fruto.

ayotera (de *ayote*) *s. f.*, *Bot.*, *Amér. C.* Planta cucurbitácea que se cría en Honduras.

ayúa (voz guaraní) *s. f.* **1.** *Bot.* Árbol rutáceo americano, de madera blanda, que se raja con facilidad y está cubierta de púas. **2.** *Bot.* Fruto compuesto de cinco cápsulas unidas por la parte inferior y rojas cuando están maduras.

ayuiné *s. m.*, *Bot.*, *Arg.* Especie de laurel, cuya corteza huele a excremento humano.

azacuán *s. m.*, *Zool.*, *Guat.* y *El Salv.* Especie de milano.

azafate (del ár. *as-sáfat*, la cesta, el canastillo) *s. m.*, *Col.* Jofaina de madera.

azarearse (de *azor*) *v. prnl.* **1.** *Chil.*, *Guat.* y *Hond.* Turbarse, avergonzarse. **2.** *Chil.* y *Per.* Irritarse, enfadarse.

azocar (de or. incierto, parece der. del arag. *zoca*, cepa) *v. tr.*, *Cub.* Apretar demasiado una cosa.

azolve *s. m.*, *Méx.* Lodo o basura que obstruye un conducto de agua.

azotado *s. m.*, *Chil.* Atigrado, acebrado.

azotarse (de *azote*) *v. prnl.*, *Bol.* Arrojarse con prontitud.

azotera (de *azote*) *s. f.* **1.** Látigo con varios ramales. **2.** Parte del látigo con que se castiga a las bestias.

B b

baba¹ (del lat. vulg. *baba*, voz expresiva creada por el lenguaje infantil con la repetición de la sílaba *ba*, para expresar el babeo, mezclado con balbuceo, de los niños pequeños) *s. f., P. Ric.* Palabrería, dicho insustancial.

baba² *s. f., Zool., Col. y Ven.* Reptil del orden de los cocodrilos, familia de los aligatóridos, que pertenece al mismo género que el caimán, aunque es una especie más pequeña y de carne comestible.

babada (de *baba*) *s. f., P. Ric.* Tontería.

babeador (de *babear*) *s. m., Ec.* Babero.

babieco, ca (del mismo or. que *babieca*) *s. m. y s. f., Ec.* Babieca.

babilla (dim. de *baba*) *s. f., Med., Méx.* Humor que por desgarradura de los tejidos, o fractura de los huesos, se extravasa e impide la buena consolidación.

babiney (voz indígena) *s. m., Cub.* Fangal, lodazal; lagunajo de aguas turbias, formado principalmente por las de lluvia.

babosa (de *baba*) *s. f.* **1.** *Zool., Cub.* Molusco testáceo de concha redonda. **2.** *Cub.* Enfermedad, por lo común mortal, del ganado vacuno. **3.** *Cub.* Parásito que la produce. **4.** *Zool., Ven.* Especie de culebra.

babosada *s. f.* **1.** *fam., Guat. y Méx.* Simpleza, bobería, acto o dichos necios, propios del baboso. **2.** *El Salv.* Sujeto o cosa despreciable o de ninguna significación.

baboseado, da *adj., Méx.* Se dice del asunto o negocio tratado por muchas personas.

babosear (de *baboso*) *v. intr., fig., Méx.* Tratar mal a las personas, o burlarse de ellas.

baboso, sa (de *baba*) *adj.* **1.** *fig., Amér. del S.* Bobo, tonto. ‖ *s. m.* **2.** *Amér. del S.* Budión. ‖ *adj.* **3.** *fig. y fam., Arg. y Ur.* Adulador, interesado.

baboyana (voz indígena) *s. f., Zool., Cub.* Lagarto pequeño, de cola muy larga, fina y azulada.

babucha, a *loc., Arg. y Ur.* A cuestas.

babujal *s. m.* **1.** *Cub.* Espíritu maligno que según creencia vulgar, se introduce en el cuerpo de las personas. **2.** *Cub.* Persona que tiene pacto con el diablo.

babunuco (voz antillana) *s. m., Cub.* Rodete de trapos, hojas o cortezas de plátanos que llevan en la cabeza los trabajadores para cargar bultos.

bacalao (de or. incierto, quizá del gasc. *cabilhau*, der. de *cap*, cabeza) *s. m., fig., Chil.* Persona miserable y mezquina que no recompensa los servicios que se le prestan.

bacán (voz caribe) *s. m.* **1.** *Gastr., Cub.* Masa hecha con carne de puerco, tomate y ají, envuelta en hojas de plátano. **2.** *Arg.* Rufián.

bacaray *s. m., Arg. y Ur.* Ternero nonato, que ha sido extraído del vientre de la madre al tiempo de matarla.

bachaco (voz caribe) *s. m., Zool., Ven.* Insecto parecido a la hormiga, pero más corpulento que ésta.

bachata *s. f., Cub. y P. Ric.* Juerga, holgorio.

bachatear (de *bachata*) *v. intr., Cub. y P. Ric.* Divertirse, bromear.

bachatero, ra (de *bachata*) *s. m. y s. f., Cub. y P. Ric.* Persona a quien le gusta bromear y divertirse.

bachicha *s. m. y s. f.* **1.** *Arg., Chil. y Per.* Apodo con que se designa al italiano, particularmente el corrompido por influencia del castellano. ‖ *s. m.* **2.** *Chil.* Lengua italiana. ‖ *s. f. pl.* **3.** *Méx.* Resto o sobra que dejan los bebedores en los vasos. **4.** *Méx.* Colilla de cigarro.

bachillerear *v. intr., Méx.* Dar a alguien repetidas veces el tratamiento de bachiller.

bacona *s. m., Bot.* Árbol silvestre de Cuba, de madera amarillenta, dura y de grano fino.

bacuey (voz caribe) *s. m., Bot., Cub.* Planta silvestre, a cuyas hojas se atribuye poder estimulante para la fecundidad de la mujer.

badulaquear *v. intr., Chil. y Per.* Bellaquear.

badulaquería *s. f., Ec., Chil. y Per.* Bellaquería.

bagá (voz caribe) *s. m., Bot., Cub.* Árbol anonáceo, de hojas elípticas y lustrosas, con fruto globoso que sirve de alimento a toda clase de ganado. Sus raíces se usan como corcho en las redes, boyas, etc.

bagaje (del fr. *bagage*) *s. m., Amér. del S.* En general y vulgarmente, equipaje.

bagatela (del ital. *bagattella*, de or. incierto) *s. f.* **1.** *Chil.* Billar romano. **2.** *Mús., Chil.* Composición musical escrita en un género ligero.

bagazal (de *bagá*) *s. m., Cub.* Terreno en que abundan los bagaes o bagás.

bagre (quizá del mozár., y éste del lat. *pagrus*, especie de pagel) *s. m. y s. f., Amér. del S.* Persona lista.

bagual, la (de *Bagual*, cacique indígena argentino) *adj.* **1.** *Arg., Bol. y Ur.* Bravo, indómito. ‖ *s. m.* **2.** *Chil.* Hombrote, zopenco. **3.** *Arg., Bol. y Ur.* Potro o caballo no domado. ‖ *s. f.* **4.** *Arg.* Canción popular argentina que se canta en corro con acompañamiento de tambor o caja.

bagualada *s. f.* **1.** *Arg.* Manada de baguales, caballada. **2.** *fig., Arg.* Burrada, necedad.

baguarí (del guaraní *mbaguarí*, nombre genérico de cigüeñas y garzas) *s. m., Zool.* Especie de cigüeña, de un metro de longitud aproximadamente, de cuerpo blanco y alas y cola negras.

bailanta *s. f., Arg.* Fiesta de las zonas rurales en la que se baila.

bailante *s. m., Arg.* Orgía nocturna de gente pobre.

bajaca *s. f., Ec.* Cinta que las mujeres suelen llevar en el peinado.

bajada (de *bajar*) *s. f., Col.* Mitad de un cordero partido en canal.

bajador, ra (de *bajar*) *adj.* **1.** *Chil.* Se dice de las bebidas fuertes, tomadas como estomacales. ‖ *s. m.* **2.** *Chil.* Gamarra o engallador.

bajagua *s. m., Méx.* Tabaco de mala calidad.

bajante *s. f., Amér. del S.* Descenso del nivel de las aguas.

bajareque (del taíno *babareque*) *s. m.* **1.** *Cub.* Casucha miserable. **2.** Pared de palos entretejidos con cañas y barro. **3.** *Pan.* Llovizna menuda propia de sitios altos.

bajativo (de *bajar*) *s. m.* **1.** *Bol., Chil., Ec. y Per.* Copa de algún licor que se bebe después de las comidas. **2.** *Bol., Chil. y Ur.* Tisana.

bajera *s. f.* **1.** *Arg. y Ur.* Pieza del recado de montar que consiste en una pequeña manta colocada sobre el lomo de la cabalgadura. **2.** *Amér. C., Col., Méx. y Ven.* Hojas inferiores de la planta del tabaco, que son de mala calidad.

bajial (de *bajío*) *s. m., Per.* Lugar bajo en las provincias litorales, que se inunda en el invierno.

bajío (de *bajo*) *s. m.* Terreno bajo.

bajoca (del cat. *bajòca*) *s. f., Bot., Arg.* Chaucha.

bajonado (de or. taíno) *s. m., Zool., Cub.* Pez del mar Caribe, parecido a la dorada.

balaca *s. f., desus., Amér. C.* Baladronada, fanfarronada.

balacada *s. f., Ec. y Arg.* Balaca.

balacera *s. f., Amér. del S.* Tiroteo.

baladrón, na (del lat. *balatro, -onis*) *adj., vulg.* Pícaro y bellaco.

balagre (alter. de *baladre*) *s. m., Hond.* Bejuco que sirve para hacer nasas.

balance (del ant. *balanzar*) *s. m.* **1.** *Cub.* Vulgarismo por mecedora. **2.** *Col.* Vulgarismo por negocio, asunto.

balancearse (de *balanzar*) *v. prnl., Cub.* Vulgarismo por mecerse.

balancín (dim. de *balanza*) *s. m., Per.* Carruaje del tipo de la calesa.

balandro (de *balandra*) *s. m., Cub.* Barco pescador, aparejado de balandra, que se usa en la isla de Cuba.

balanzón *s. m., Méx.* Cogedor de la balanza para los granos, lentejas, garbanzos, etc. que se van a pesar.

balaquear *v. intr., Arg. y Bol.* Baladronear.

balaquero, ra *adj., Arg. y Bol.* Baladrón, fanfarrón.

balasto (del ingl. *ballast*, lastre) *s. m., Col.* Capa de grava o de piedra machacada, que se tiende sobre la explanación de las carreteras para colocar sobre ellas el pavimento.

balay (del port. *balaio*, retama, escoba) *s. m.* **1.** *Amér. del S.* Cesta de mimbre o carrizo. **2.** *Col.* Cedazo de bejuco. **3.** *Cub. y Rep. Dom.* Plato de madera, especie de batea, con que se avienta el arroz antes de cocerlo.

balayar *v. tr., Amér. del S. y Ant.* Aventar los granos con el balay.

balcarrotas (de or. desconocido) *s. f. pl.* **1.** *Méx.* Mechones de pelo que los indígenas de México dejaban colgar a ambos lados de la cara, llevando rapado el resto de la cabeza. **2.** *Col.* Patillas.

balconear *v. tr.* **1.** Mirar, observar con curiosidad desde los balcones, ventanas o puertas de una casa, o desde un paraje público o sitio visible, lo que otro está haciendo. **2.** *fig. y fam., Arg.* Mosquetear, observar a los que juegan, situados los observadores alrededor de una mesa de billar o de otro juego.

baldado *s. m., C. Ric.* Contenido de un cubo o balde.

baldo, da *adj., vulg., Col.* Se dice de la persona que está baldada.

baldomero *s. m., Bot., Cub.* Árbol silvestre, de madera dura y fina que se usa en carpintería.

balear (de *bala*) *v. tr.* Tirotear, herir o matar a balazos.

baleo *s. m., Amér. del S.* Acción de balear o tirotear.

balero (de *bala*) *s. m.* **1.** Boliche, juguete. **2.** *fam., Arg. y Ur.* Cabeza humana.

balita (dim. de *bala*) *s. f., Amér. del S.* Canica para jugar.

balotaje (del fr. *ballottage*) *s. m.* Resultado de una votación.

balsa (voz prerromana) *s. f., Bot.* Árbol del género de la ceiba y del cual hay algunas variedades que producen algodón utilizable, fibra corriente de la corteza y madera ligera, con la cual se hacen cayucos de poca duración.

balsamillo *s. m., Cub.* Incienso de playa.

balsón *s. m., Chil.* Barzón, correa que ata el arado al yugo.

balumba (del cat. *volum*, volumen, y éste del lat. *volumen*) *s. m., vulg., Ec.* Alboroto, asonada.

balumoso, sa *adj., Hond.* Que abulta mucho.

baluquero, ra *s. m. y s. f., Amér. del S.* Falsificador de moneda.

balustre *s. m., Amér. del S.* Barbarismo por palustre, perteneciente a laguna o pantano.

bamba *s. f.* **1.** *Numism., Amér. C.* Moneda de un peso. **2.** *Numism., Ven.* Moneda de plata de medio peso. **3.** *Col.* Protuberancia en el tronco de un árbol.

bambador *s. m., Hond.* Faja de cuero o de fibra que, sujeta a la frente, sirve para llevar grandes pesos a la espalda.

bambita (de *bamba*) *s. f., Numism., Guat.* Moneda de medio real.

bambuche *s. m., Ec.* Cada una de las figuras de barro que solían ponerse en las balaustradas de las azoteas.

bambuco (de *Bambuc*) *s. m.* **1.** *Mús., Col.* Baile popular en Colombia. **2.** *Mús., Col.* Tonada de este baile.

bambudal *s. m., Ec.* Plantío de bambúes.

banana (de or. incierto, parece ser procedente de una lengua del oeste de África) *s. m., Bot., Arg. y Ur.* Plátano, planta.

bananal *s. m., Amér. del S.* Conjunto de plátanos o bananos que crecen en un lugar.

bananar *s. m., Amér. del S.* Bananal.

bananero *s. m., Amér. del S.* Fruta, variedad de plátano, que se come cruda.

banda (de or. incierto) *s. f.* **1.** *Cub.* Cada una de las dos partes en que se divide la res, cuando se descuartiza después de quitada la piel. **2.** *Guat.* Vulgarismo por franja y también por hoja de puerta o ventana.

bandado, da (de *banda*) *s. m. y s. f., Per.* Persona que, terminados los estudios universitarios, recibía el título de maestro y la banda distintiva del mismo.

bandear (de *banda*) *v. tr.* **1.** Atravesar, pasar de parte a parte, taladrar. **2.** Cruzar un río de una parte a otra. **3.** *Guat.* Perseguir a alguien con cierta solicitud; pretender o enamorar a una mujer.

bandeja (del port. *bandeja*) *s. f., Méx.* Jofaina.

banderilla *s. f.* **1.** *Bot., Cub.* Planta de jardín con flores rojas. **2.** *Chil., Méx. y P. Ric.* Petardo, chasco, fracaso.

banderillazo *s. m., fig., Col. y Méx.* Petardo, parche, sablazo.

banderola (voz catalana) *s. f., Arg., Par. y Ur.* Montante, ventana larga y angosta, generalmente de una sola hoja, formada transversalmente en la parte superior de las puertas.

bandurria (del lat. tardío *pandurium*, y éste del gr. *pandûra*, guitarra de tres cuerdas) *s. f., Zool., Arg. y Ur.* Ave zancuda acuática, de color negro y pico largo y delgado.

bangaño, ña *s. f.* **1.** *Amér. C., Col. y Cub.* Fruto de ciertas cucurbitáceas como la güira. ‖ *s. m.* **2.** *Col. y Cub.* Vasija hecha del epicarpio duro de estos frutos. **3.** *Col. y Cub.* Por ext., cualquier vasija grande y tosca. **4.** *Col. y Cub.* Por ext., cualquier fruto cuyo epicarpio sirve para tales usos y cualquier fruto deforme.

banqueta *s. f., Méx.* Acera de la calle.

banqueteado, da *adj., Ec.* Mal usado por desvergonzado, descarado.

banquillo *s. m.* **1.** *Cub.* Cada una de las piezas en que descansan los ejes de los cilindros. **2.** *Ec.* Mal usado por patíbulo, cadalso.

banquina *s. f., Arg. y Ur.* Arcén, franja lateral de un camino, comprendida entre el pavimento y el campo.

bañadera *s. f.* **1.** Baño, pila para tomar el baño. **2.** *Arg.* Autocar descubierto.

bañado *s. m., Amér. del S.* Terreno húmedo y anegadizo.

bañador (del lat. *balneator, -oris*) *s. m., Ec.* Bañista.

bañarse (del lat. *balneare*) *v. prnl., Cub.* Tener buena suerte, buen éxito.

baqueteado, da *adj., Arg. y Ur.* Se dice de la cosa o prenda muy usada.

baquetudo, da *adj., Cub.* Pachorrudo, calmoso.

baquía (quizá del ár. *baqîya*, el resto, lo restante) *s. f., Amér. del S.* Habilidad y destreza para obras manuales.

baquianía (de *baquía*) *s. f., Ven.* Capacidad y experiencia para los trabajos agrícolas o para servir de guía en los viajes.

baquiar (de *baquía*) *v. tr., Méx.* Adiestrar a alguien.

baracutey, ya (voz caribe) *adj., Cub.* Se dice del ave que se cría o queda sin compañera, y también de la persona que vive sola o viuda.

baraja *s. f., Bot., Hond.* Arbusto de raíz purgante, usada para curar las enfermedades venéreas.

barajar (de or. incierto) *v. tr.* **1.** *Arg., Par. y Ur.* Tomar en el aire un objeto que se arroje. **2.** *Arg.* Parar los golpes del adversario. **3.** *Chil.* Impedir, estorbar, confundir, embrollar.

barajo *s. m.* **1.** *Amér. del S.* Baraje o barajadura. **2.** *Chil.* Vulgarismo por badajo. ‖ *interj.* **3.** ¡Caramba!

barajustar *v. intr.* **1.** *Guat., Col. y Ven.* Corcovear un caballo o mula. ‖ *v. prnl.* **2.** *Hond.* Marcharse, irse, dispersarse, especialmente salir una bestia de estampía. **3.** *Hond.* Embestir, arremeter.

¡barajuste! *interj.* ¡Caramba!

baranda *s. f., Arg. y Ur.* Nombre con el cual se designan las amplias chapas lisas o cinceladas que circundan la base de los estribos de plata.

barandilla *s. f.* **1.** *Chil.* Mal usado por comulgatorio. **2.** *Méx.* Puente formado por un solo palo rollizo, con pasamanos o sin él, que sirve para salvar arroyos u otras corrientes menores de los campos.

barata[1] (de *baratar*) *s. f., Méx.* Barato, venta a bajo precio.

barata[2] (del lat. *blatta*) *s. f., Zool., Chil., Per. y Zam.* Cucaracha.

baratero, ra *adj.* **1.** *Col.* Que vende barato. **2.** *Chil.* Regatón, regatero.

baratez *s. f., Cub. y Ur.* Baratura.

baratía *s. f., Col.* Baratura.

barbacoa (voz caribe) *s. f.* **1.** Zarzo que sirve de camastro, sostenido por puntales. **2.** Andamio en que se ponen los muchachos para guardar los maizales. **3.** Casita construida sobre árboles o estacas. **4.** Tablado o zarzo en lo alto de las casas donde se guardan granos, frutos, etc. **5.** *Méx.* Conjunto de palos de madera verde que puestos sobre un hueco, sirven a modo de parrilla para asar carne. **6.** *Gastr., Méx.* Carne asada de este modo. **7.** *C. Ric.* Emparrado o armazón sobre el que se extienden las plantas enredaderas.

barbadina (de *Barbados*) *s. f., Bot., Per.* Granadilla, planta pasiflórea.

barbaján (quizá del ital. *barbagianni*, cierta ave nocturna de rapiña, tonto, torpe) *adj., Cub. y Méx.* Tosco, rústico, brutal. **GRA.** También s. m. y s. f.

barbasco (del lat. *verbascum*) *s. m.* **1.** *Bot.* Verbasco, gordolobo. **2.** *Bot.* Nombre vulgar de diversas plantas que por sus cualidades narcóticas sirven principalmente para envenenar las aguas y matar peces.

barbear *v. tr.* **1.** *fig., Méx.* Coger una res vacuna por el hocico y el cuerno y torcerle el cuello hasta derribarla. ‖ *v. tr.* **2.** *Méx.* Adular interesadamente.

barbera *s. f., fam., Amér. del S.* Navaja de afeitar.

barbero (de *barba*) *s. m.* **1.** *Méx.* Sujeto adulador. **2.** *Zool., Méx.* Pez acantopterigio del mar Caribe.

barbijo (de *barba*) *s. m.* **1.** *Arg., Per., Ur. y Bol.* Barbiquejo, pañuelo. **2.** *Arg. y Ur.* Herida de la cara hecha a cuchillo.

barbiquejo (der. de *barbico*, dim. de *barba*) *s. m., Amér. del S. y P. Ric.* Pañuelo que, a modo de venda, se pasa por debajo de la barba y se ata por encima de la cabeza o a un lado de la cara.

barboquejo *s. m., Cub.* Agujeta, correa o cinta para atar las botas, el corsé, etc.

barbote *s. m., Arg.* Barrita de plata que, embutida en el labio inferior, llevan algunos indígenas como insignia.

barbuchín *adj., Guat.* Barbilampiño.

barbucho, cha *adj., Chil.* Que tiene la barba gruesa, pero rala.

barchilón, na (de *Barchilón*, apellido de un español caritativo que vivió en Perú en el s. XVI) *s. m. y s. f., Amér. del S.* Enfermero de un hospital.

barcina *s. f.* **1.** *Méx.* Herpil. **2.** *Méx.* Carga o haz grande de paja.

barcino, na *adj.* **1.** *Amér. del S.* Se dice del hijo de albarazado y mulata, o viceversa. **2.** *Arg.* Se dice del político que cambia fácilmente de partido.

barco (de *barca*) *s. m., Hond.* Mambira, vasija grande ancha de boca.

barganal *s. m., Chil.* Varganal.

bárgano *s. m., Chil.* Várgano.

barjoleta *adj.* Tonto, mentecato.

barra (voz prerromana) *s. f.* **1.** Prisión a modo de cepo. **2.** Cada una de las acciones o participaciones en que se dividía una empresa para el laboreo de alguna mina. **3.** *Chil.* Marro, juego en que los jugadores forman dos bandos. **4.** *Arg., Ec. y Chil.* Público que concurre a presenciar las sesiones de un tribunal. **5.** *Arg., Ur. y Per.* Pandilla de amigos que suelen reunirse para conversar o solazarse.

barraca (vocablo primitivamente catalán, de or. desconocido, quizá prerromano) *s. f., Arg., Chil. y P. Ric.* Edificio en que se depositan cueros, cereales u otros efectos destinados al tráfico.

barrajar *v. tr., Arg.* Derribar con fuerza a una persona o cosa.

barrenillo (de *barreno*) *s. m.* **1.** *Cub.* Terquedad. **2.** *Zool., Méx.* Insecto cuyas larvas se desarrollan dentro del fruto y son una plaga terrible del chile cultivado.

barreno (de *barrena*) *s. m., fig., Chil.* Tema o manía. ‖ **LOC. llevarle el barreno a alguien** *fig. y fam., Méx.* Acomodarse a su gusto, aparentando aceptar sus opiniones.

barrero s. m., Arg., Bol. y Par. Terreno salitroso que lamen los ganados cuando se alimentan de pastos muy dulces.

barreta s. f., Méx. Especie de piqueta que usan los albañiles.

barretón s. m., Amér. del S. Azadón de minero.

barriada s. f., Per. Barrio marginal, generalmente de construcciones pobres y precarias.

barrial[1] (de un adj. hispanolatino *barrialis terra*, tierra arcillosa, barrosa, der. del prerrom. *barrum*, barro) adj. **1.** Méx. Se dice de la tierra gredosa o arcillosa. ‖ s. m. **2.** Barrizal.

barrial[2] adj. Perteneciente o relativo al barrio.

barrida s. f., Chil. Barrido o barreduras.

barrigón, na s. m. y s. f., Cub. Hijo o hija de corta edad.

barril (de una base *barrica*, cuyo or. exacto se desconoce) s. m., Chil. Nudo que por adorno se hace en las riendas.

barrillero, ra s. m. y s. f., Méx. Buhonero.

bartolear (de Bartolo, hipocorístico de Bartolomé) v. intr., Chil. Flojear, tener pereza.

bartolina s. f., p. us., Méx. Calabozo estrecho y oscuro.

bartular (de *bártulos*) v. intr., Chil. Bartulear.

bartulear (de *bártulos*) v. intr., Chil. Cavilar, devanarse los sesos.

bartuleo s. m., Chil. Acción de bartulear.

barzón (de *brazón*, der. de *brazo*) s. m., C. Ric. Correa con que se uncen los bueyes al yugo.

bascosidad s. f., Ec. Palabra soez.

bascoso, sa adj., Ec. Soez, indecente, de mal gusto.

basilisco (del lat. *basiliscus*, y éste del gr. *basilískos*, reyezuelo) s. m., Zool., Ec. Reptil saurio inofensivo, de color verde muy hermoso y del tamaño de una iguana pequeña.

basta (del v. germánico *bastjan*, zurcir) s. f., Per. Bastilla, dobladillo.

bastar (del germ. *bastjian*, zurcir, pespuntar) v. tr., ant., Ven. Bastear.

bastidor (de *bastir*) s. m., Cub. Colchón de tela metálica.

bastillear v. tr., Chil. Bastillar.

basto (del lat. vulg. *bastum*, postverbal de *bastare*, llevar) s. m. **1.** Amér. del S. Almohadilla o piezas de cuero sobre las que descansa la silla de montar. **2.** Ec. Mal usado por baste.

bastón (del lat. tardío *bastum*) s. m., Chil. Trozo largo de masa, del cual se va cortando la porción necesaria para hacer un pan.

bastonero s. m., Chil. Mal usado por maestro de ceremonias.

basura (del lat. vulg. *versura*, de *verrere*, barrer, *versus*) s. f., Cub. Desperdicios utilizables del tabaco en rama.

basural s. m., Chil. Basurero, sitio en que se echa la basura.

basuriento, ta adj., Chil. Sucio, inmundo.

basurita s. f., Cub. Vulgarismo por propina.

bata[1] (quizá del ár. *wádda*, poner) s. f., Per. Ropón que se pone al niño a quien se administra el bautismo.

bata[2] (de *batir*) s. f. **1.** Chil. Pala para jugar a la pelota. **2.** Chil. Pala de las lavanderas.

batacazo (onomat.) s. m. **1.** Arg., Chil., Par., Per. y Ur. Triunfo inesperado de un caballo en unas carreras. **GRA.** Se usa más en la expr. "dar el batacazo". **2.** Arg., Chil., Par., Per. y Ur. Por ext., se dice de cualquier otro suceso o triunfo afortunado y sorprendente.

batallero, ra s. m. y s. f., fam., Méx. Bullebulle.

batán (de or. incierto, quizá del ár. *battân*) s. m. **1.** Per. Caderas de una persona. ‖ s. m. **2.** Per. Piedra lisa sobre la que se muele a mano en las cocinas.

batata (voz taína) s. f., fam., Arg. Timidez, vergüenza.

batatazo s. m., Chil. Suerte en las carreras de caballos, cuando gana el que tenía menos probabilidades. **GRA.** Se usa especialmente con el v. "dar".

batatilla s. f., Bot., Ven. Planta cucurbitácea, cuyos tallos sarmentosos salen del ápice de una raíz tuberosa muy gruesa.

batato, ta *adj., fam., Col.* Se dice de la persona gruesa y de poca estatura.

bate *s. m., Gastr., Méx.* Bebida regional de Tepic, que se prepara con la chía gorda o confitura.

batea (del ár. *bâtiya*, gamella) *s. f., Amér. del S.* Artesa para lavar.

batería (del fr. *batterie*, der. de *battre*, batir) *s. f., Col.* Conjunto de pisones de un molino minero.

batey (voz caribe) *s. m., Cub.* Lugar ocupado por las casas de vivienda, barracones, almacenes, etc., en los ingenios y fincas de campo de las Antillas.

bateya *s. f., Guat.* Vulgarismo por batea, bandeja.

batiboleo (de *batir* y *bolear*) *s. m., fam., Méx.* Bulla, batahola.

batición *s. f., Cub. y Méx.* Batida, acción de batir.

baticola (de *batir*, rozar, y de *cola*) *s. f.* **1.** Ataharre. **2.** Taparrabo.

baticolearse *v. prnl., Hond.* Ludirse la cola una caballería para el uso de la baticola.

batida *s. f.* **1.** *Cub.* En las riñas de gallos, acometida. ‖ *s. m.* **2.** *P. Ric.* Pelea.

batido *s. m., Gastr., Ven.* Melaza batida con queso y anís.

batidor *s. m., Guat. y Hond.* Chocolatera, vasija en que se bate el chocolate.

batilongo *s. m., Cub.* Bata larga de mujer, sin ceñir a la cintura.

batir (del lat. *battuere*) *v. tr., Chil. y Guat.* Aclarar la ropa después de jabonada.

batista (del fr. *batiste*, procedente de *Baptiste*, nombre del primer fabricante de esa tela) *s. f.* **1.** *Cub.* Tejido de algodón con revés blanco. **2.** *Cub.* Ave de rapiña diurna.

bato (probablemente der. de *batueco*, huevo duro) *s. m., Zool., Arg.* Ave zancuda del tamaño del flamenco, de cuerpo blanco y hermoso collar rojo.

bató *s. m., Hond.* Embarcación más grande que la canoa.

batro *s. m., Bot., Chil.* Planta tifácea, parecida a la anea.

batuque (voz brasileña) *s. m., Amér. del S.* Confusión, gresca, barullo.

batuquear *v. tr., Col., Cub. y Guat.* Batir, mover con ímpetu alguna cosa.

baulería *s. f., Cub.* Taller en que se hacen baúles.

bausa *s. f., Per.* Ociosidad, holgazanería.

bausán (de la raíz expresiva *bab-*) *s. m., Chil. y Per.* Vagabundo, ocioso.

bauyúa *s. f., Bot., Cub.* Árbol lauráceo, de buena madera, llamado también aguacatillo.

baya (del fr. *baie*, y éste del lat. *baca*, *baga*) *s. f.* **1.** *Zool., Cub.* Molusco marino con dos valvas y de figura triangular. **2.** *Bot., Cub.* Variedad de la planta llamada güiro. **3.** *Chil.* Chicha de uva.

bayahonda *s. f., Bot., Amér. del S.* Especie de algarrobo.

bayetilla *s. f., Chil.* Bayeta algo más fina que la común.

bayo (del lat. *badius*) *s. m., fam., Chil.* Féretro.

bayoya *s. f., Zool., Cub.* Nombre de un lagarto.

bayú *s. m., Cub.* Casa de lenocinio.

bayúa *s. f., Cub.* Ayúa.

bayunco, ca (de *bayuca*) *adj., Amér. C.* Grosero, rústico.

bebedera *s. f., Col.* Acción de beber repetida o prolongadamente.

bebedero *s. m.* **1.** *Col., Ec. y Méx.* Abrevadero. **2.** *Col., Ec. y Méx.* Piezas de tela que se ponen en los extremos de un vestido, por la parte de dentro, para reforzarlo.

bebendurria *s. f., Per.* Borrachera.

bebezón *s. f.* **1.** *Col.* Borrachera. **2.** *Cub.* Bebida de licores espiritosos.

bejuca *s. f., Zool., Col.* Culebra venenosa.

bejuquear *v. tr., Ec., Guat., Méx., Nic., Per. y P. Ric.* Varear, apalear a alguna persona o animal.

bejuqueda *s. f., Per.* Paliza.

belduque (de *Bois-le-Duc*, ciudad de Holanda de donde proceden estos cuchillos) *s. m., Col., Chil. y Méx.* Cuchillo grande de hoja puntiaguda para llevar al cinto.

bellaco, ca (de or. incierto) *adj., Arg.* Se dice de la cabalgadura que tiene resabios y es difícil de gobernar.

bellaquear *v. intr.* **1.** *Arg.* Encabritarse los caballos. **2.** *Arg.* Resistirse a hacer algo una persona.

bellasombra (de *bella* y *sombra*) *s. f., Arg.* Ombú.

belloto (de *bellota*) *s. m., Bot., Chil.* Árbol de la familia de las lauráceas, cuyo fruto es una especie de nuez que sirve de alimento a los animales.

bemba *s. f.* **1.** *Cub.* y *Ven.* Bembo, boca de labios gruesos y abultados. **2.** *Per.* Hocico, jeta.

bembo, ba (voz africana) *s. m.* **1.** *Cub.* Bezo. ǁ *adj.* **2.** *Méx.* Bobo, simple.

bembón, na *adj., Cub.* Bezudo. **GRA.** Se aplica a personas.

bembrillo *s. m., Méx.* Vulgarismo por membrillo.

bembudo, da *adj., Cub.* Bembón.

beneficiar *v. tr., Cub., Chil., P. Ric.* y *Ven.* Descuartizar una res y venderla al menudeo.

bengalina *s. f., Chil.* Muselina, tela.

benteveo *s. m., Zool., Arg.* Bienteveo, pájaro.

bequista *s. f., Hond.* Becario.

berbecí *s. m., Col.* Persona que se enfada por poco.

berbén *s. m., Med., Méx.* Loanda, escorbuto.

berbería *s. f., Bot., Hond.* Adelfa.

berengo, ga *adj., Méx.* Bobo, cándido.

bermejal *s. m., Cub.* Extensión grande de terreno bermejo.

bernegal (del ital. ant. *vernicare*, barnizar, o de otra forma romance afín) *s. m., Ven.* Tinaja en que se recibe el agua que destila el filtro.

bernia *s. f., Hond.* Haragán, cachazudo.

berrear (del lat. *verres*, verraco, por la voz de este animal) *v. tr., Ec.* Enojar, enfadar. **GRA.** También v. prnl.

berreo *s. m., Ec.* Berrinche.

berrinchudo, da *adj., Guat.* y *Méx.* Que se emberrincha con facilidad.

betabel *s. m., Bot., Méx.* Remolacha.

betónica (del lat. *vettonica*) *s. f., Bot., Cub.* y *P. Ric.* Planta de la que se hace aguardiente aromático.

betún (del cat. *betum*, y éste del lat. *bitumen*) *s. m.* **1.** *Cub.* Agua saturada de sustancia de los nervios y venas de las hojas de tabaco, usada para humedecer el tabaco en rama. **2.** *Gastr., Chil.* Mezcla de azúcar y clara de huevo batida con que se bañan muchas clases de dulces.

betunear *v. tr., Cub.* Humedecer con betún el tabaco en rama.

biajaca *s. f., Zool., Cub.* Pez de los ríos y lagunas de Cuba, de unos 30 cm de longitud.

bibelot (voz francesa) *s. m., Ven.* Alhaja, cosa preciosa.

bibí[1] *s. m., Bot., Arg.* Planta liliácea, de florecillas amarillas y moradas, cuyo tubérculo crudo tiene un gusto semejante al coco, y cocido se asemeja al de la castaña.

bibí[2] (voz zapoteca) *s. m., Bot., Méx.* Planta sapindácea, llamada también jaboncillo, bolito o boliche.

bibicho (quizá de *micho*) *s. m., Zool., Hond.* Gato, animal.

bibijagua *s. f.* **1.** *Zool., Cub.* Hormiga grande muy perjudicial para las plantas y árboles. **2.** *fig., Ant.* Persona muy activa y trabajadora.

bibijagüero *s. m., Cub.* Hormiguero de bibijaguas.

bibona *s. f., Bot., Cub.* Árbol silvestre de Cuba, de madera blanca, no utilizable en carpintería.

bicha (del lat. *bestia*, bestia) *s. f., Col.* Bicho.

biche (del zapoteca *bichi*, rubio, amarillo) *adj.* **1.** *Col.* Se dice de la fruta verde, y de las personas canijas. **2.** *Méx.* Vacío, fofo.

bicheadero *s. m., Arg.* Atalaya.

bicoca (del ital. *bicócca*, de or. incierto) *s. f., Chil.* Vulgarismo por capirotazo.

bicoque *s. m., Bol.* Golpe dado en la cabeza con los nudillos de los dedos.

bicoqueta *s. f., Per.* Gorro alto que usan algunos religiosos.

bienteveo (de la fra. *bien te veo*) *s. m., Zool., Arg.* y *Ur.* Pájaro de un palmo de longitud, lomo pardo, pecho amarillo y una mancha blanca en la cabeza.

bife (del ingl. *beefsteak*, bistec de carne de vaca) *s. m.* **1.** *Arg., Chil.* y *Ur.* Bistec. **2.** *Arg., Per. y Ur.* Bofetada. **3.** *fig. y fam., Arg.* Inflamación de la nalga, producida a causa de montar a caballo.

bigote (del al. *bî God*, por Dios) *s. m., Méx.* Croqueta.

biguá (del guaraní *mbiguá*) *s. f., Zool., Arg. y Bras.* Ave palmípeda acuática.

bijagua (voz caribe) *s. f., Bot., Cub.* Árbol silvestre de la familia de las marantáceas.

bijáguara (voz caribe o del azt. *pitzahuac*, cosa delgada) *s. f., Bot., Cub.* Árbol ramnáceo, de madera rojiza muy resistente.

bijao (voz taína) *s. m., Bot.* Planta musácea americana, de hojas muy grandes que se usan para envolver alimentos o para cubrir los techos de las viviendas rústicas.

bijarro *s. m., vulg., Col.* Guijarro.

bijaura (voz indígena) *s. f., Bot., Cub.* Floripondio, arbusto.

bijirita *s. f.* **1.** *Zool., Cub. y P. Ric.* Pájaro, de la familia de los sílvidos, de color aceitunado, parecido al canario. ‖ *s. m.* **2.** *Cub.* Cubano de padre español. **3.** *Cub.* Cometa pequeña de papel.

bíjugo *s. m., Zool.* Pajarito de Guatemala.

bilabarquín *s. m., Ec.* Berbiquí.

billarda (del fr. *billard*, de *bille*, palo, taco) *s. f., Hond.* Trampa para la caza de lagartos.

billetero *s. m.* **1.** *Méx. y Pan.* Persona que se dedica a vender billetes de lotería. **2.** *P. Ric.* Persona que lleva la ropa con remiendos.

bilma (de *bidma*) *s. f., Cub., Chil., Méx. y El Salv.* Bizma.

bilmar *v. tr., Cub., Chil., Méx. y El Salv.* Bizmar.

bilocarse (de *bi-* y el lat. *locare*, colocar, de *locus*, lugar) *v. prnl., Arg.* Chiflar.

bilongo (voz africana) *s. m., Cub.* Brujería, mal de ojo.

bimba (voz de creación expresiva) *s. f., Hond.* Persona de estatura elevada.

bimbalete (quizá de *gimbalete*) *s. m., Méx.* Artificio para sacar agua de un pozo.

bincha *s. f., Arg., Bol. y Per.* Vincha.

bingarrote *s. m., Méx.* Aguardiente destilado del binguí.

binguí *s. m., Gastr., Méx.* Bebida que se extrae del tronco del maguey, asado y fermentado en una vasija que haya tenido pulque.

birabira *s. f., Bot., Arg., Chil. y Per.* Flor silvestre de la que se hace una infusión parecida al té.

biraró *s. m., Bot.* Árbol americano de la familia de las bignoniáceas, parecido al lapacho.

biriquí *s. m., Per.* Vulgarismo por berbiquí.

birloche *s. m., Guat.* Birlocho.

birondo *adj., Ec.* Lirondo.

birria (de or. dialect. leonés, procedente de un lat. vulg. *verrea*) *s. f., Col.* Capricho, obstinación.

birriñaque *s. f., Hond.* Bollo de pan, mal hecho.

bisteque *s. m., Gastr., Hond. y Ven.* Bistec.

bitoque (de or. incierto, seguramente del gasc. *bartoc*, de or. incierto) *s. m., fig., Col., Chil. y Méx.* Cánula de la jeringa.

bizbirindo, da *adj., Méx.* Vivaracho, alegre.

bizcochería *s. f., Col. y Méx.* Tienda donde se venden bizcochos, azucarillos, etc.

bizcorneta *adj., Col. y Méx.* Bizco.

biznaga (del mozár. *bisnâqa*, y éste del lat. *pastinaca*, zanahoria) *s. f., Bot., Méx.* Planta cactácea, que consiste en un tallo muy corto sin hojas.

blandengue *s. m., Arg.* Soldado armado con lanza que defendía los límites de la provincia de Buenos Aires.

blanqueada *s. f., Méx.* Blanqueo.

blanqueado *s. m., Chil.* Blanqueo.

blanquillo *s. m.* **1.** *Chil. y Per.* Durazno de cáscara blanca. **2.** *Zool., Chil.* Pez de color rojizo por el lomo y plateado por el vientre.

bobeta *adj., Arg.* Bobalicón.

bobito *s. m., Zool., Cub.* Pájaro de pequeño tamaño, muy parecido al papamoscas.

bobo (del lat. *balbus*, balbuciente) *s. m.* **1.** *Cub.* Mona, juego de naipes. **2.** *Zool., Guat. y Méx.* Pez de río, de carne blanca y muy exquisita.

bocabajo *s. m.* **1.** *Cub. y P. Ric.* Castigo de azotes que se daba a los esclavos. **2.** *Cub. y P. Ric.* Persona aduladora y servil.

bocadillo *s. m.* **1.** *Gastr., Col. y Ven.* Dulce de guayaba envuelto en hojas de plátano. **2.** *Gastr., Hond. y Méx.* Dulce de coco o de boniato.

bocadito *s. m., Cub.* Cigarrillo con envoltura de hojas de tabaco en vez de papel.

bocado *s. m., Arg., Chil. y Per.* Correa que se ata a la quijada inferior de la caballería y que hace las veces de freno.

bocatería *s. f., Ven.* Baladronada.

bocatero, ra *adj., Cub., Hond. y Ven.* Hablador, fanfarrón.

bocatoma (de *boca* y *tomar*) *s. f., Chil.* Bocacaz, boquera.

bochar *v. tr., fig. y fam., Rep. Dom., Ur. y Ven.* Dar boche, meter la canica en el hoyo.

boche[1] (de *bocha*) *s. m., fig., Ven.* Bochazo.

boche[2] (der. regresivo de *bochinche*) *s. m.* **1.** *Chil.* Bochinche. **2.** *Chil.* Fiesta bulliciosa. **3.** *Chil. y Per.* Pendencia. **4.** *fig. y fam., Ven.* Repulsa, desprecio.

bochinchero, ra *adj.* Que toma parte en los bochinches o los promueve. **GRA.** También s. m. y s. f.

bocón *s. m.* **1.** *Zool.* Especie de sardina del mar Caribe. **2.** *Amér. del S.* Trabuco, arma de fuego.

bodega (del lat. *apotheca*, y éste del gr. *apothéké*, depósito, almacén) *s. f.* **1.** *Cub. y Ven.* Abacería. **2.** *Chil.* En los ferrocarriles, almacén que sirve para guardar las mercancías.

bodegaje *s. m., C. Ric., Chil. y Nic.* Almacenaje.

bodoque (del ár. *bunduq*, avellana, bolita, y éste del gr. *káryon pontikón*, nuez del mar Negro, avellana) *s. m.* **1.** *fig., Méx.* Chichón. **2.** *fig., Méx.* Cosa mal hecha.

bofetada (del ant. *bofete*, y éste de *bofar*, soplar, de or. onomatopéyico) *s. f., Chil.* Puñetazo.

bofo (de la onomat. *buf*) *s. m., Hond.* Boj, bolo de madera.

bogar (del lat. *vocare*, quizá a través del cat.) *v. tr., Min., Chil.* Quitar la escoria al metal.

bogue *s. m., Chil.* Carruaje semejante a la victoria.

boiquira *s. f., Zool., Amér. del S.* Culebra de cascabel.

bojedad *s. f., Méx.* Simpleza, bobería.

bojote *s. m., Col., Ec., Hond., P. Ric. y Ven.* Lío, bulto, envoltorio, paquete.

bojotear *v. tr., Ven.* Envolver o liar alguna cosa.

bojotero *s. m., Col.* Persona que en los trapiches forma bojotes de bagazo para echarlos a la hornilla.

bola (del occit. ant. *bola*, y éste del lat. *bulla*) *s. f.* **1.** *Chil.* Cometa grande y circular. **2.** *Méx.* Tumulto, riña. ‖ *s. f. pl.* **3.** *Cub. y Chil.* Argolla, juego. ‖ **LOC. dar, o darle, a la bola** *fig., Col. y Méx.* Atinar.

bolacha (del port. *bolacha*) *s. f., Bol.* Bola de caucho en bruto.

bolada *s. f.* **1.** *Col.* Jugarreta. **2.** *Cub.* Engaño, embuste. **3.** *Arg. y Ven.* Encuentro u oportunidad para un negocio. **4.** *Per.* Rumor.

bolado (de *bola*) *s. m., Hond.* En el billar, lance hecho con destreza y habilidad.

bolazo *s. m., fig., Arg., Par. y Ur.* Disparate.

boleado, da *adj.* **1.** *fig., Arg.* Aturullado, confundido. ‖ *s. f.* **2.** *Arg.* Partida de caza cuyo objeto es bolear gamos u otros animales.

bolear (de *bola*) *v. tr.* **1.** *Arg.* Echar las boleadoras a un animal. **2.** *fig., Arg.* Enredar, aturullar a alguien. **GRA.** También v. prnl.

bolero (de *bola*) *s. m.* **1.** *C. Ric.* Boliche. **2.** *Méx.* Limpiabotas.

boleta (del ital. ant. *bolletta*, dim. de *bolla*, y éste del lat. *bulla*, bola) *s. f.* **1.** *Amér. del S.* Papeleta para votar o para otros usos. **2.** *Chil.* Borrador que dan las partes al notario, para una escritura pública.

boletería *s. f., Amér. del S.* Taquilla, despacho de billetes.

boletero, ra *s. m. y s. f., Amér. del S.* Persona que vende boletos.

boleto (de *boleta*) *s. m., Arg. y Par.* Contrato preliminar de compraventa.

boliche (de *bola*) *s. m.* **1.** *Amér. del S.* Tienda de baratijas, y también establecimiento comercial de escasa importancia. **2.** *Chil.* Casa de juego. **3.** *P. Ric.* Tabaco de clase inferior.

bolichear (de *boliche*) *v. intr., Arg.* Ocuparse en negocios de poca importancia.

bolichero, ra (de *boliche*) *s. m. y s. f., Arg., Par. y Ur.* Persona que posee o está encargada de un boliche o establecimiento comercial de escasa importancia.

bolilla *s. f.* **1.** *Arg., Par. y Ur.* Bolita numerada que se usa en los sorteos. **2.** *Arg., Par. y Ur.* Cada uno de los temas numerados en que se divide el programa de una materia.

bolillo *s. m., Col.* Especie de baqueta de madera o caucho que usa la policía.

bolista *s. m. y s. f., Méx.* Persona que anda metida en bolas o tumultos.

bolita *s. f.* **1.** *Arg.* Armadillo. **2.** *Chil.* Balota.

bolito *s. m., Bot., Per.* Árbol de la familia de las sapindáceas.

bollén *s. m.* **1.** *Bot.* Árbol chileno, de la familia de las rosáceas, cuya madera, que es muy dura, se emplea para hacer mangos y en la construcción de casas. **2.** Madera de este árbol.

bollo (del lat. *bulla*, bola) *s. m.* **1.** *Col.* Tamal. **2.** *Chil.* Porción de barro con que se hace una teja.

bolo *s. m., Méx.* Regalo que hace el padrino de un bautizo a los niños asistentes.

bolón *s. m., Chil.* Piedra de tamaño regular que se emplea en los cimientos de las construcciones.

bolsear *v. tr.* **1.** *Amér. C. y Méx.* Quitarle a alguien furtivamente del bolsillo el reloj o el dinero. **2.** *Chil.* Pedir a

alguien u obtener de él hábilmente alguna cosa. **3.** *Arg., Bol. y Per.* Entre amantes, dar calabazas.

bolseo *s. m., Chil.* Acción de bolsear.

bolsero, ra *s. m. y s. f., Chil.* Persona gorrona.

bolsico *s. m., Chil.* Bolsillo de los vestidos.

bolsicón *s. m., Ec.* Saya de bayeta que llevan las mujeres del pueblo.

bolsicona *s. f., Ec.* Mujer que usa bolsicón.

bolsiquear *v. tr., Amér. del S.* Quitarle a alguien furtivamente las cosas del bolsillo.

bolsón *s. m.* **1.** *Amér. del S.* Vade. **2.** *Bol.* Bolsa. || *adj.* **3.** *Col.* Bolonio, tonto.

bomba (der. regresivo de *bombarda*) *s. f.* **1.** *Col., Hond. y Rep. Dom.* Pompa, burbuja. **2.** *Numism., Cub.* Moneda de plata. **3.** *Ec., Guat., Hond. y Per.* Borrachera. **4.** *Cub. y Méx.* Chistera, sombrero.

bombacha (de *bomba*) *s. f., Amér. del S.* Calzón o pantalón bombacho.

bombear (de *bomba*) *v. tr.* **1.** *Arg.* Explorar el campo enemigo. **2.** *Arg.* Espiar. **3.** *Col.* Despedir, expulsar.

bombera (de *bomba*) *s. f., Cub.* Sosera, sosería.

bombilla (dim. de *bomba*) *s. f.* **1.** *Méx.* Cucharón. **2.** *Arg., Bol. y Per.* Cánula o tubo usado para sorber el mate.

bombo, ba (de *bomba*) *adj., Cub.* Soso.

bominí *s. m., Bot.* Árbol silvestre de Cuba, cuya madera da resina por incisión.

boneta (de *bonete*) *s. f., Méx.* Especie de capota que usan las mujeres.

bonetón *s. m., Chil.* Juego de prendas muy parecido al de la pájara pinta.

bongo *s. m.* **1.** Especie de canoa usada por los indígenas de América Central. **2.** *Cub.* Barca de pasaje.

boniatillo *s. m., Cub.* Cafiroleta hecha sin coco.

boquear (de *boca*) *v. intr., C. Ric.* Enseñar a un caballo a que obedezca a la rienda.

boqueriento, ta *adj.* **1.** *Chil.* Que padece boqueras. **2.** *Chil.* Se dice de la persona astrosa y despreciable.

boqueta *s. m., Col.* Persona que tiene el labio hendido.

boqui *s. m., Bot.* Especie de enredadera de Chile, de la familia de las vitáceas, cuyo tallo se emplea para cestos y canastos.

boquiflojo, ja *adj., Méx.* Charlatán.

boquilla *s. f., Ec.* Rumor.

boratera *s. f., Arg. y Chil.* Yacimiento de borato.

boratero, ra *adj.* **1.** *Chil.* Perteneciente o relativo al borato. ‖ *s. m.* **2.** *Chil.* Persona que trabaja o negocia en borato. ‖ *s. m. y s. f.* **3.** *Ar. y Chil.* Yacimiento de bórax.

bordejada *s. f., Ven.* Bordada.

bordejear *v. intr., Ven.* Bordear.

bornear (del fr. *bornoyer*, de *borgne*, tuerto) *v. tr., Méx.* En el juego del boliche, arrojar la bola de modo que, tomándolos de través, derribe el mayor número posible.

borococo *s. m., Cub.* Confusión, enredo.

borona (de or. incierto, seguramente prerromano) *s. f., Col., C. Ric. y Ven.* Migaja de pan.

borrado, da *adj., Per.* Picado de viruelas.

borrasca (del gr. ático *borrâs*, viento del Norte, var. de *Boréas*, bóreas) *s. f., fig., Min., Méx.* Carencia de mineral útil en el criadero.

borregaje *s. m., Chil.* Vulgarismo por borregada.

borrego (de *borra* por la lana de que está cubierto) *s. m., fig., Cub. y Méx.* Pajarota.

borroniento, ta *adj., vulg., Chil.* Borroso.

boruga *s. f., Gastr., Cub. y Rep. Dom.* Requesón que se bate con azúcar y se toma como refresco.

boruquiento, ta *adj., Méx.* Bullicioso, alegre, ruidoso.

bostear (de *bosta*) *v. intr., Arg., Chil., Per. y Ur.* Excretar el ganado vacuno o el caballar, y por ext., cualquier animal.

botado, da *adj., Amér. del S.* Expósito.

botador *s. m., Amér. del S.* Derrochador, manirroto.

botalomo *s. m., Chil.* Instrumento de hierro con que los encuadernadores forman la pestaña en el lomo de los libros.

botalón (alter. del ant. *botaló*, contracc. de la fra. *bota a ló*, echa hacia barlovento) *s. m., Col.* Palo clavado en el suelo al que puede asegurarse una caballería o una res vacuna.

botar (del gasc. ant. *botar*, del fr. ant. *boter*, golpear, empujar, y éste del fránc. *botan*, empujar, golpear) *v. tr., Amér. del S.* Despedir, echar a una persona de un empleo.

botella (del fr. *bouteille*, y éste del lat. *butticula*, dim. del lat. tardío *buttis*) *s. f., Cub.* Sinecura.

botellería *s. f., vulg., Col., Guat. y Hond.* Botillería.

botellón *s. m., Méx.* Damajuana.

botija (del lat. tardío *butticula*, dim. de *buttis*, tonel) *s. f., Bot., Cub.* Nombre de varios árboles silvestres, de madera poco apreciada.

botiquín (dim. de *botica*) *s. m., Ven.* Tienda de licores o de géneros al por menor.

botocudo, da *adj., Etn.* Se dice de cada uno de los miembros de ciertos pueblos amerindios de Brasil que se deforman el labio inferior. **GRA.** También s. m. y s. f.

botonar *v. intr., Cub. y Chil.* Abotonar.

botoncillo *s. m., Bot., Cub.* Planta compuesta de flores de color anaranjado y hojas dentadas.

bototo (de *bota*) *s. m.* **1.** Calabaza para llevar agua. **2.** *Chil.* Zapato grande y vulgar. **GRA.** Se usa más en pl.

boyar (de *boya*) *v. intr., Amér. del S.* Flotar.

boyé *s. m., Zool., Bol.* Culebra como el majá de Cuba, que se tiene en las plantaciones para que las limpie de alimañas.

boyero (de *buey*) *s. m., Zool., Arg. y Ur.* Pájaro pequeño que se posa en el lomo del ganado vacuno o caballar cuando está pastando.

bozalillo *s. m., Ec. y Méx.* Especie de almártaga o jáquima.

braguero (de *braga*) *s. m.* **1.** *Méx.* Cuerda que rodea el cuerpo del toro, y a la que se agarra el que lo monta en pelo. **2.** *Per.* Gamarra.

braguetero (de *bragueta*) *adj., Chil.* Se dice del hombre pobre que se casa por interés con una mujer rica.

bramadero *s. m.* Poste que se pone en los corrales, y al cual se atan los animales para herrarlos, domesticarlos o matarlos.

bramera *s. f., Chil.* Bravera.

brava *s. f.* **1.** *Cub.* Apócope de bravata. **2.** *Cub.* Sablazo con cierta imposición.

bravatear *v. intr., Chil.* Bravear.

bravo, va (de or. incierto, probablemente del lat. *barbarus*, bárbaro, fiel, salvaje) *adj., Cub.* Trapacero, ambicioso.

brazada *s. f., Col., Chil. y Ven.* Braza, medida de longitud.

breque (var. de *breca*) *s. m., Amér. del S.* Vagón de equipaje en un ferrocarril.

brete (del occit. *bret*, trampa de coger pájaros, y éste del gót. *brid*, tabla) *s. m., Arg.* Corral donde se marcan, matan, curan, etc. los animales.

breva (del ant. *bebra*, y éste del lat. *bifera*, higuera breval, del adj. *bifer, -ra, -rum*, que da fruto dos veces, der. de *ferre*, dar fruto, con el pref. *bi-*) *s. f., Cub. y El Salv.* Tabaco en rama, elaborado a propósito para mascarlo.

brillazón *s. m., Arg.* Espejismo.

brisa (de or. incierto) *s. f.* **1.** *fig. y fam., Cub.* Apetito. ‖ *s. f. pl.* **2.** *Ven.* Vientos alisios o del Este.

brisera (de *brisa*) *s. f.* Especie de guardabrisa usado en América.

brisero *s. m., Col.* Brisera.

brocearse (de *broza*) *v. prnl., Min., Amér. del S.* Esterilizarse una mina, por cortarse o perderse la veta o por salir el metal de mala ley.

broceo *s. m., Min., Amér. del S.* Acción y efecto de brocearse.

brochar *v. tr., Cub.* Tirar con el tejo al hito o brocha.

broche (del fr. *broche*, y éste del mismo or. que *broca*) *s. m.* **1.** *Chil.* Instrumento de metal en forma de tenacilla, que sirve para mantener unidos pliegos de papel. ‖ *s. m. pl.* **2.** *Ec. y P. Ric.* Gemelos de camisa.

brollo *s. m., Ven.* Aféresis de embrollo.

bronquear (de *bronco*) *v. tr., Cub.* Reprender con dureza, reñir.

broquel (del ant. fr. *bocler*, der. de *bocle*, y éste del lat. *buccula*) *s. m., Col., Ec. y Ven.* Brocal, pretil.

broquelona *s. f., fam., Zool., Bol.* Garrapata, arácnido.

brota *s. f., Chil.* Brotadura.

bruja (de or. desconocido, seguramente prerromano) *s. f.* **1.** *Bot., Cub.* Nombre de tres plantas afines que se distinguen por las denominaciones de brujita amarilla, blanca o rosada. **2.** *Zool., Cub.* Mariposa, la mayor de las de color oscuro. ‖ *s. m.* **3.** *fig., Cub.* Méx. Sablista, petardista.

brujo (de *bruja*) *adj.* **1.** *Chil.* Falso, fraudulento. **2.** *Cub. y P. Ric.* Empobrecido. **GRA.** También s. m. ‖ *s. m.* **3.** *Méx.* Chamán o poseedor de conocimientos ancestrales.

brulote (del fr. *brûlot*, de *brûler*, quemar) *s. m., Chil.* Dicho ofensivo, palabrota.

bruñido, da *adj., Amér. C.* Molesto. **GRA.** También s. m. y s. f.

bruñir (del occit. ant. *brunir*) *v. tr., Guat.* Amolar, fastidiar.

brusca (de or. incierto, quizá céltico) *s. f.* **1.** *Bot., Ven.* Planta las papilonácea, que crece en los alrededores de Caracas y cuya raíz se usa en cocimiento como remedio contra los dolores reumáticos y el cólico uterino. **2.** *Cub.* Chamarasca, leña menuda.

brusela (del fr. *pucelle*, doncella) *s. f., Chil.* Especie de tripe. **GRA.** Se usa más en pl.

bruto, ta (del lat. *brutus*, estúpido) *adj., Chil.* Se dice del gallo del país en contraposición al de raza inglesa.

búcaro (del lat. *poculum*, vaso, taza, a través del dial. mozárabe) *s. m., Bot., Hond.* Especie de lirio.

buchaca (de *burjaca*) *s. f.* **1.** *Cub. y Méx.* Bolsa de la tronera de la mesa de billar. **2.** *fam., Hond.* Cárcel.

buche (voz expresiva de formación paralela a la de varias palabras extranjeras que significan 'barriga', 'objeto abultado', constituidas por una *b* seguida de vocal, por lo común *u*, y de una africada) *s. m.* **1.** *Ec.* Sombrero de copa. **2.** *Méx.* Bocio, papera.

buchería *s. f., Cub.* Dicho o acción propia de un buche o golfo.

buchinche *s. m., Cub.* Café o taberna de aspecto pobre.

buchipluma *adj., Ant.* Se dice de la persona que promete pero no cumple.

buchón, na (de *buche*) *adj.* **1.** *Cub.* Bonachón. **2.** *Ven.* Se dice de la persona de gran capital, adquirido principalmente por medios ilícitos en las esferas gubernamentales.

bucul *s. m., Guat.* Jícara grande y de forma casi esférica, hecha del fruto del jícaro.

budare *s. m., Ven.* Plato usado en Venezuela para cocer el pan de maíz.

bufa (del ital. *buffa*, voz de creación expresiva) *s. f., Cub.* Borrachera.

búfano (de *búfalo*) *s. m., Bot., Cub.* Árbol oleáceo, indígena de Cuba.

bufeo *s. m., Arg. y Per.* Marsopla o delfín.

buitreada *s. f., Chil.* Vomitada.

buitrear *v. intr., Chil.* Vomitar algo que se acaba de comer.

buitrón *s. m., Col.* Chimenea.

buja (var. de *buje*) *s. f., Méx.* Buje.

bujarra *s. f., Ven.* Bujarrón.

bulla (de *bullir*) *s. f., Per.* Ruido en general.

bullado, da *adj., Chil.* Ruidoso, que da que hablar o decir.

bullaranga (var. de *bullanga*) *s. f., Hond. y Ven.* Bullanga.

bullarengue (der. de *bollo*) *s. m., Cub.* Cosa fingida o postiza.

bullebulle (de *bullir*) *s. m., fam., Col.* Persona inquieta y entrometida.

bullir (del lat. *bullire*) *v. intr., Méx.* Embromar, dar cantaleta.

bulto (del lat. *vultus*, rostro) *s. m., Col., Hond. y Méx.* Cartapacio, bolsa.

bululú (de creación expresiva u onomatopéyica) *s. m., Ven.* Alboroto, escándalo.

buna *s. f., Zool., Col.* Hormiga de picadura irritante.

bunga *s. f.* **1.** *Cub.* Orquesta de pocos instrumentos. **2.** *Cub.* Mentira, engaño.

buniatillo *s. m., Cub.* Dulce de boniato.

buquenque *s. m., Col. y Cub.* Alcahuete.

buraca *s. f., Bol.* Zurrón de cuero más largo que ancho.

burear *v. tr., Col.* Burlar.

burén *s. m., Cub.* Hornillo, especie de cazoleta, destinada a cocinar las tortas de cazabe.

burio *s. m., Bot., Hond.* Árbol de cuya corteza se hacen cordeles.

burlisto, ta *adj., Hond.* Burlón.

buró (del fr. *bureau*) *s. m., Méx.* Mesa de noche.

burrero *s. m., Méx.* Dueño o arriero de burros.

burrión *s. m.* **1.** *Guat. y Hond.* Colibrí. **2.** *Guat. y Hond.* Picaflor.

burro *s. m., Méx.* Escalera de tijera.

burucuyá *s. f., Arg.* Murucuyá.

busaca *s. f., Col. y Ven.* Buchaca.

busca *s. f., Cub. y Méx.* Provecho que se saca de algún empleo o cargo.

buscaniguas *s. m., Col. y Guat.* Buscapiés.

buscapleitos *s. m. y s. f.* Buscarruidos, picapleitos.

buscar (de or. desconocido) *v. tr., Chil. y Méx.* Irritar, provocar.

busquillo *s. m., fam., Chil. y Per.* Buscavidas, persona diligente.

butagamba *s. f., Col.* Gutagamba.

butifarra (del cat. *botifarra*) *s. f., Gastr., Per.* Trozo de pan, dentro del que se pone un trozo de jamón y un poco de ensalada.

butuco, ca *adj., Hond.* Rechoncho.

C c

caaminí (del guaraní *caá*, hierba, y *mirí*, pequeña, en polvo) *s. m., Arg. y Par.* Variedad de la yerba mate, elaborada, bien molida, sin palillos.

cabalgar *adj., vulg., Chil.* Caballar.

caballada *s. f.* Animalada.

caballazo (de *caballo*) *s. m.* **1.** *Chil. y Méx.* Encontrón que da un jinete a otro. **2.** *Per.* Reprensión áspera, regañina.

caballerango *s. m., Méx.* Caballerizo.

caballerito *s. m., Bot., Hond.* Planta cuya cocción se usa para curar las calenturas.

caballerote *s. m., Zool., Cub.* Pez acantopterigio, de carne muy apreciada.

caballete (de *caballo*) *s. m., Miner., Méx.* Caballo, masa de roca estéril.

caballito *s. m.* **1.** *Méx.* Mecedor de los niños pequeños. **2.** *Per.* Balsa compuesta de dos o tres odres unidos entre sí, en la cual puede navegar un solo hombre. ‖ **3. caballito de siete colores** *Zool., Per.* Nombre de hermoso coleóptero que, al cogerlo, deja la mano impregnada de fragancia como la del almizcle. **4. caballito de totora** Haz de totora, de tamaño suficiente para que, puesta sobre él a horcajadas una persona, pueda mantenerse a flote. **5. caballito de totora** *Per.* Embarcación hecha de haces de totora destinada al transporte.

cabalonga *s. f.* **1.** *Bot., Méx. y Cub.* Haba de San Ignacio. **2.** *Bot., Cub.* Arbusto de flores amarillas.

cabañuelas (de *cabaña*) *s. f. pl., Bol.* Primeras lluvias de verano. ‖ **LOC. estar cogiendo cabañuelas** *Ven.* Estar alguien sin oficio ni beneficio.

cabarga *s. f., Amér. del S.* Envoltura de cuero que se pone al ganado vacuno en vez de herradura, para el paso de los Andes.

cabeceador *s. m.* **1.** *Col. y Chil.* Que cabecea o mueve la cabeza como negándose a obedecer. **2.** *Méx.* Gamarra del caballo.

cabecear (de *cabeza*) *v. intr.* **1.** *Chil.* Formar las puntas o cabezas de los cigarros. **2.** *Dep., Arg. y Ur.* En el fútbol, golpear la pelota con la cabeza. ‖ *v. tr.* **3.** *Cub.* Unir cierto número de hojas de tabaco, atándolas por los pezones. **4.** *Cub.* Reforzar las ropas cosiendo listas en los extremos.

cabeciduro, ra (de *cabeza* y *duro*) *adj., Col. y Cub.* Testarudo.

cabello (del lat. *capillus*) *s. m.* **1. cabello de ángel** *Bot., Cub., Guat. y Méx.* Planta enredadera de ramas larguísimas, especie de clemátide. **2. cabello de ángel** *Gastr., Col., Méx., P. Ric. y Ven.* Huevos hilados. **3. cabello de ángel** *Gastr., Arg., Chil., Per. y Ur.* Fideos finos.

cabero, ra (de *cabo*) *adj., Méx.* Se dice de la persona, animal o cosa que está en el último lugar.

cabestrear *v. tr.* Llevar del cabestro.

cabezada *s. f.* Arzón de la silla de montar.

cabezón *s. m.* **1.** *Chil.* Cabezudo o espiritoso. **2.** *Zool., Cub.* Pececillo de cabeza ancha y ojos pequeños.

cabezote *s. m.* **1.** *Zool., Cub.* Pececito parecido al cabezón, pero de tamaño mayor. **2.** *Cub.* Piedra de figura irregular que se emplea en mampostería.

cabildante *s. m., Amér. del S.* Regidor o concejal.

cabinera *s. f., Col.* Azafata de avión.

cabra (del lat. *capra*) *s. f.* **1.** *Col. y Cub.* Dado falso. **2.** *Col., Cub. y Ven.* Trampa en el juego de dados o en el dominó. **3.** *Chil.* Carruaje ligero de dos ruedas. **4.** *Chil.* Tentemozo. **5.** *Chil.* Cabrilla de los carpinteros.

cabrear (de *cabra*) *v. intr.* **1.** *Chil.* Jugar saltando y brincando. ‖ *v. tr.* **2.**

Per. Esquivar engañosamente, sobre todo en juegos deportivos o infantiles.

cabrero (del lat. *caprarius*) *s. m., Zool., Cub.* Pájaro poco más grande que el canario.

cabriola (del ital. *capriola*) *s. f., Méx.* Salto que da el caballo, soltando un par de coces mientras está en el aire.

cabritos (de *cabra*) *s. m. pl., Chil.* Rosetas de maíz.

cabro (del lat. *caper, -pri*) *s. m., Bol., Chil. y Ec.* Niño, jovencillo.

cabrón (aum. de *cabra*) *s. m.* Rufián que trafica con prostitutas.

caburé (voz guaraní) *s. m., Zool., Arg., Bol., Par. y Ur.* Ave de rapiña, menor que el puño, aturde con su chillido a los pájaros de tal manera que no huyen al acercárseles ella para devorarlos.

cacaguatal *s. m., Guat.* Cacahual.

cacahuatero, ra *s. m. y s. f., Méx.* Persona que vende cacahuetes en tiendas ambulantes.

cacahuero (de *cacao*) *s. m.* Propietario de huertas de cacao, y por ext. individuo que se ocupa especialmente en esta almendra, como cultivador, zarandero, cargador de sacos de ella o negociante exportador.

cacalota *s. f., Hond.* Deuda.

cacalote (del náhuatl *cacalotl*) *s. m.* **1.** *Zool., Méx.* Cuervo, pájaro carnívoro. **2.** *Amér. C.* Rosetas de maíz.

cacao[1] (del náhuatl *kakáwa*) *s. m., Numism., Nic.* Moneda ínfima de los nahoas, que consistía en granos de cacao.

cacao[2] (onomat. de la voz del gallo que huye) *s. m., Col., Guat., Méx. y Ven.* Se usa en la frase **pedir cacao**, pedir alafia o misericordia.

cacarañar *v. tr., Méx.* Pellizcar una cosa blanda dejándola llena de hoyos semejantes a las cacarañas.

cacarico *s. m., Zool., Hond.* Cangrejo.

cacarizo, za *adj., Méx.* Cacarañado, lleno de cacarañas.

cacaste *s. m., C. Ric. y Hond.* Cacaxtle.

cacaxtle (del náhuatl *cacaxtli*) *s. m., Méx. y Guat.* Armazón de madera, de una u otra forma, para llevar algo a cuestas.

cacaxtlero, ra *s. m. y s. f., Méx.* Persona que transporta algo en cacaxtle.

cacha, hacer la *loc., fig., El Salv.* Hacer lo posible por conseguir algo.

cacha (de *cacho*) *s. f., Col.* Cacho, cuerna o aliara.

cachaco, ca *s. m.* **1.** *Col., Ec. y Ven.* Lechuguino, petimetre. **2.** *Col.* Hombre joven, elegante y atento. **3.** *desp., Per.* Policía, militar en general. ‖ *s. m. y s. f.* **4.** *P. Ric.* Nombre que se da a los españoles de buena posición económica en la zona campesina de la isla.

cachada[1] (de *cachar*) *s. f., Col., Ec., El Salv., Hond., Nic. y Ur.* Cornada, golpe dado con el cuerno.

cachada[2] (de *cachar*) *s. f., Arg., Par. y Ur.* Acción y efecto de cachar, hacer objeto de una broma a una persona.

cachador, ra *adj.* **1.** *Arg., Par. y Ur.* Relativo a la cachada. **2.** *Arg., Par. y Ur.* Se dice de la persona que toma el pelo a otra o que es aficionada a ello.

cachafaz *s. m., Arg.* Pícaro y sin vergüenza.

cachampa *s. f., Zool., Chil.* Pez de Chile, parecido a la liza.

cachaña *s. f.* **1.** *Zool., Chil.* Loro pequeño. **2.** *Chil.* Burla, fisga. **3.** *Chil.* Molestia, impertinencia.

cachañar (de *cachaña*) *v. tr., Chil.* Hacer burla.

cachañear *v. tr., Chil.* Cachañar.

cachañero, ra *adj., Chil.* Que hace burla o fisga.

cachapa *s. f., Ven.* Panecillo de maíz.

cachar[1] (de *cacha*, cuerna) *v. tr., Amér. C., Col., Chil. y Ec.* Cornear, dar cornadas.

cachar[2] *v. tr.* **1.** *Arg., Nic. y Ur.* Agarrar, asir. **2.** *Amér. C.* Hurtar. **3.** *Arg. y Chil.* Sorprender a alguien, descubrirle. **4.** *Chil.* Sospechar. ‖ *v. prnl.* **5.** *Arg., C. Ric., Ec., Par. y Ur.* Burlarse de una persona, tomarle el pelo.

cachar[3] (del ingl. *to catch*) *v. tr., Amér. C., El Salv. y Ven.* En algunos juegos, coger al vuelo una pelota que un jugador lanza a otro. Por ext., agarrar cualquier objeto pequeño que una persona arroja por el aire a otra.

cacharpari (del mismo or. que *cacharpas*) *s. m.* **1.** *Per.* Convite que por despedida se ofrece al que va a emprender un viaje. **2.** *Per.* Baile que se celebra con este motivo.

cacharpas (del quichua *cacharpayani*, despachar) *s. f. pl., Amér. del S.* Trebejos, trastos de poco valor.

cacharpearse *v. prnl., Chil.* Adornarse alguien con las mejores prendas y zarandajas.

cacharpero, ra (de *cacharpa*) *s. m. y s. f., Chil.* Persona que vende cacharpas, chamarilero.

cachaza (de *cacha*) *s. f., Chil. y Méx.* Cachada, cornada.

cachazudo *s. m., Cub.* Gusano de cabeza negra y dura; es muy perjudicial a los tabacales.

cache *adj., Arg.* Mal arreglado o ataviado.

cachear (de or. desconocido) *v. tr., Chil.* Acornear, amurcar.

cachencho *s. m., Chil.* Persona bobalicona.

cacheo *s. m.* **1.** *Bot., Rep. Dom.* Palma de cuya médula se prepara una bebida fermentada. **2.** *Rep. Dom.* Bebida que se saca de esta palma.

cachería *s. f., Guat. y El Salv.* Comercio o tienda al por menor.

cachero, ra *adj.* **1.** *El Salv.* Pedigüeño, ansioso. **2.** *Ven.* Mentiroso, chancero.

cachetada *s. f., Col., Chil., Per. y P. Ric.* Bofetada.

cachete (del lat. *capulus*, puño) *s. m.* **1.** *Chil.* Cacha, nalga. **2.** *fig., P. Ric.* Disfrute gratuito de algo.

cachetear *v. tr.* **1.** *Chil.* Acachetear. ‖ *v. prnl.* **2.** *fam., Chil.* Comer en abundancia y a gusto.

cachetero *s. m., Col.* Peso fuerte.

cachetón, na (de *cachete*) *adj., Col., Chil. y Méx.* Cachetudo.

cachicamo (voz tamanaca) *s. m., Zool., Col. y Ven.* Armadillo.

cachicha *s. f., Hond.* Berrinche, enojo.

cachifa *s. f., Col.* Menores, es decir, clase tercera en los estudios de gramática.

cachifo, fa *adj., Col. y Ven.* Menorista, muchacho joven.

cachila *s. f., Zool., Arg. y Ur.* Pájaro pequeño de color pardo que anida en cuevas que hace en la tierra. Con frecuencia vuela de modo muy característico: asciende verticalmente y se deja caer de la misma manera, y repite el vuelo varias veces subiendo cada vez más hasta llegar a gran altura.

cachimba (del quimbundo *kichima*, hoyo, poza) *s. f.* **1.** *Arg.* Cacimba o fosa que se hace en la playa para captar agua potable. **2.** *Hond.* Cápsula de arma de fuego que está vacía.

cachimbo (de *cachimba*) *s. m.* **1.** Cachimba. **2.** *Cub.* Ingenio de azúcar pequeño. **3.** *desp., Per.* Guardia nacional. **4.** *Per.* Músico de banda militar o pueblerina. **5.** *Per.* Estudiante de enseñanza superior que cursa el primer año. ‖ **LOC. chupar cachimbo** *Ven.* Fumar en pipa. | *fam., Ven.* Chuparse el niño, durante la lactancia, algún dedo de la mano.

cachinflín *s. m., Hond.* Buscapiés.

cachiporra (de *cach-* o *caz-*, de or. desconocido, y *porra*) *s. f.* **1.** *Zool., Cub.* Ave zancuda. ‖ *adj.* **2.** *Chil.* Farsante, vanidoso.

cachiporrearse (de *cachiporra*, vanidoso) *v. prnl., Chil.* Jactarse, alabarse de alguna cosa.

cachiporrero *s. m., fam., Chil.* Cetrero o capellán de coro.

cachipuco, ca *adj., Hond.* Se dice de la persona que tiene un cachete más abultado que otro.

cachirla *s. f., Arg. y Ur.* Cachila.

cachirulo *s. m.* Forro exterior del pantalón hecho con paño o gamuza.

cacho¹ (del lat. vulg. *cacculus*, de *caccabus*, olla) *s. m., Arg., Par. y Ur.* Racimo de bananas.

cacho² (voz americana) *s. m.* **1.** Cuerno de animal. **2.** *Chil. y Guat.* Cuerna o aliara. **3.** *Arg.* Racimo de plátanos. **4.** Vasija de cuerno. **5.** *Chil.* Artículo de comercio que no se vende. **6.** *Arg. y Chil.* Cubilete de los dados. **7.** *Ven.* Chanza, burla.

cachorrada *s. f., Ven.* Dicho o hecho propio de persona cachorra.

cachorro, rra (del lat. vulg. *cattulus*) *adj.* **1.** *Cub.* Se dice de la persona rencorosa y mal intencionada. **2.** *Ven.* Se aplica a la persona hosca y respondona.

cachua *s. f., Bol., Ec. y Per.* Baile de los indígenas.

cachuar (de *cachua*) *v. intr., Per.* Bailar la cachua.

cachucha (de *cachucho*) *s. f., fam., Chil.* Bofetada.

cachudo, da (de *cacho*) *adj.* **1.** *Col., Chil., Ec. y Méx.* Se dice del animal que tiene los cuernos grandes. **2.** *Chil.* Mañero, ladino.

cachumbo *s. m., Col.* Tirabuzón del cabello.

cachureco, ca *adj., Méx.* Torcido, deformado.

cacique (voz antillana) *s. m., Zool.* Pájaro parecido al mirlo, notable por su colorido.

cacle *s. m., Méx.* Sandalia tosca de cuero, usada en México.

cacomite (del náhuatl *cacomitl*) *s. m., Bot., Méx.* Planta iridácea, oriunda de México, cuya raíz, que es tuberculosa y feculenta, se come cocida.

cacomiztle *s. m., Zool., Méx.* Carnívoro nocturno, de la clase de los basárides.

cacorro *s. m., Col.* Hombre afeminado, marica.

cacota *s. f., Col.* Residuos que quedan después de descerezar el café.

caculear (de *caculo*) *v. intr., fig., P. Ric.* Mariposear.

caculo *s. m., Zool., P. Ric.* Especie de escarabajo dañino, cuya larva es blanca, de cabeza negra, gruesa y deforme. Vive en la tierra durante tres años, y destroza toda clase de plantas.

cacunda *s. f., Arg.* Parte superior del espinazo cuando es algo abultado.

cacuy (voz onomatopéyica) *s. m., Zool., Arg.* Ave nocturna de unos 30 cm de largo, de color plomizo, pico corto, ojos negros con los párpados ribeteados de amarillo, cuyo canto se asemeja a un lamento en el que parece repetir "¡cacuy!, ¡cacuy!".

cadejo[1] (de or. incierto) *s. m., Arg.* Guedeja, melena.

cadejo[2] *s. m., Zool., Hond.* Cuadrúpedo fantástico que acometía a los que hallaba por las calles de noche.

cadete (del fr. *cadet*) *s. m., Amér. del S.* Aprendiz de comercio.

cadi *s. m., Bot., Ec.* Especie de palmera de Ecuador, cuyas hojas, gigantescas, se usan para el techado de las casas.

cadillo (del lat. *catellus*, perrillo) *s. m., Chil.* Pelusilla volátil de ciertas plantas que se pega a la ropa.

caedizo, za *adj., Col. y Hond.* Saledizo, colgadizo.

cafetalista *s. m. y s. f., Cub.* Persona dueña de un cafetal.

cafetear (de *café*) *v. intr.* **1.** *Pan.* Tomar café mientras se vela un difunto. ‖ *v. tr.* **2.** *fig., Pan.* Matar a una persona. **3.** *fig. y fam., Arg.* Reprender.

cafiroleta *s. f., Gastr., Cub.* Dulce hecho de boniato, coco rallado y azúcar.

cafuche *s. m.* **1.** *Col.* Saíno. **2.** *Col.* Especie de tabaco.

cagalera (de *cagalar*) *s. f.* **1.** *Col.* Cagalar. **2.** *Hond.* Árbol espinoso que sirve para setos.

cagón, na (de *cagar*) *s. m.* **1.** *Zool., Cub.* Pez llamado también cotorro. ‖ *adj.* **2.** *Cub.* Aguaitacaimán.

caguane *s. m., Zool., Cub.* Molusco marino muy parecido al caguará.

caguaní *s. m., Bot., Cub.* Árbol de Cuba llamado también jocuma amarilla.

caguará *s. m., Zool., Cub.* Molusco marino generalmente univalvo.

caguarero (de *caguará*) *s. m., Zool., Cub.* Ave rapaz de Cuba que se alimenta de caguaraes.

caguayo *s. m., Zool., Cub.* Lagartija, reptil.

cague *s. m. Zool.* Especie de ganso, común en Chiloé y en Magallanes.

cáhuil *s. m., Zool., Chil.* Ave chilena parecida a la gaviota.

caico *s. m., Cub.* Arrecife grande que llega a veces a formar isletas.

caicobé *s. f., Bot., Arg. y Ur.* Sensitiva.

caigua *s. f., Bot., Per.* Planta cucurbitácea, indígena de Perú, cuyos frutos, rellenos de carne picada, constituyen un plato usual en dicho país.

caima *adj.* Soso, desabrido.

caimanera *s. f., Cub.* Lugar frecuentado por los caimanes. Suele ser en las márgenes de los ríos.

caime *s. m.* **1.** *Bot., Cub.* Planta que produce un tubérculo que suelen comer los campesinos. **2.** *Bot., Cub.* Dicho tubérculo.

caimitillo *s. m., Bot., Cub.* Árbol sapotáceo, cuyo fruto es semejante a la aceituna.

caimito (voz haitiana) *s. m.* **1.** *Bot.* Árbol silvestre de las Antillas, de la familia de las sapotáceas, de fruta redonda, del tamaño de una naranja, de pulpa azucarada. **2.** *Bot.* Árbol del Perú, de la misma familia que el anterior, pero de distinta especie. **3.** *Bot.* Fruto de estos árboles.

cairel (del occit. *cairel*, pasamano) *s. m., Bot., Cub.* Planta leguminosa cuyos tallos se utilizan como soga.

cairo *s. m., Cub.* Mecha tosca de algodón que usan los labriegos para alumbrarse.

caisimón *s. m., Bot., Cub.* Planta silvestre cuyas hojas se usan como medicamento casero.

caite *s. m., Amér. C.* Cacle.

caja (del lat. *capsa*, a través del cat. *caixa* u occit. *caissa*) *s. f.* **1.** *Chil.* Lecho de los ríos. ‖ **2. caja de dientes** *Col. y Rep. Dom.* Dentadura postiza.

cajero, ra (del lat. *capsarius*) *s. m. y s. f., Arg.* Músico que toca la caja.

cajeta (de *caja*) *s. f.* **1.** *C. Ric., Guat. y Méx.* Caja redonda con tapa, que se usa para echar postres y jaleas. **2.** *Gastr., Amér. C.* Dulce de leche, fruta y huevo, con miel, clavo de olor, anís o canela, batido hasta que cuaja.

cajete *s. m., El Salv., Guat. y Méx.* Cazuela o escudilla de barro.

cají (voz cubana) *s. m., Zool.* Pez del mar Caribe, de unos 30 cm de largo, cola ahorquillada, y de color morado y amarillo.

cajón (de *caja*) *s. m.* **1.** *Chil.* Cañada larga por cuyo fondo corre algún río o arroyo. **2.** *Méx. y Per.* Correspondencia que llegaba de España en los galeones. **3.** *Méx. y Per.* Comercio, tienda de abacería.

cajonero *s. m.* **1.** *Méx.* Dueño de un cajón o tienda. **2.** *Min., Méx.* Operario que recibe o amaina las vasijas en que se extraen las aguas.

cajonga (voz americana) *s. f., Hond.* Tortilla grande de maíz mal molido.

cajuela *s. f., Bot., Cub.* Árbol silvestre, euforbiáceo, de buena madera y color amarillo pardusco.

cajuil *s. m., Bot.* Árbol propio de la isla de Santo Domingo, de madera excelente para la maquinaria. En otras partes de América se llama también marañón.

calabacero *s. m., Bot., C. Ric.* Árbol de Costa Rica de cuyo fruto se hacen las vasijas llamadas guacales o jícaras. Este árbol se llama también jícaro vulgarmente.

calabazo (de *calabaza*) *s. m.* **1.** *Mús., Cub.* Instrumento musical hecho del guiro largo, amargo, ahuecado. **2.** *Náut., Cub.* Calabaza, buque pesado.

calabozo (de *calagozo*) *s. m., Cub.* Especie de hoz con que se chapean las hierbas inútiles.

calador, ra *s. m.* **1.** *Arg., Chil. y Méx.* Punzón o barrena acanalada para sacar muestras de las mercaderías sin abrir los bultos que las contienen, a fin de conocer su clase o calidad. **2.** *Chil.* Punzón o aguja grande para abrir los sacos, barriles, etc., y robar el contenido sin que se conozca. ‖ *s. f.* **3.** *Ven.* Piragua grande.

calaguala *s. f., Bot.* Helecho medicinal originario del Perú.

calaguasca *s. f., Col.* Aguardiente.

calalú *s. m.* **1.** *Gastr., Cub.* Potaje compuesto de hojas de la planta de su nombre, verdolaga, calabaza, bledo y otros vegetales picados y cocidos con sal, vinagre, manteca y otros condimentos. **2.** *Bot., Cub.* Planta amarantácea comestible. **3.** *El Salv.* Quingombó.

calamaco (del arauc. *kelü*, rojo, y *makuñ*, poncho) *s. m.* **1.** *Méx.* Fríjol. **2.** *Méx.* Mezcal.

calamara *s. f., Bot., Cub.* Árbol de madera compacta y dura.

calambreña s. f., Bot., Cub. Árbol silvestre cuya madera se emplea sólo para quemar su fruto es comestible. Se cría en terrenos pobres.

calamorro s. m., Chil. Zapato grueso y de forma grosera.

calapé s. m., Gastr. Tortuga asada en su concha.

calar (del lat. tardío calare, bajar, descender, y éste del gr. chalâno) v. tr. **1.** Col. Apabullar, cachifollar. **2.** Méx. Sacar con el calador una muestra de un fardo. **3.** Náut., Méx. Arriar o bajar un objeto resbalando sobre otro, sirviéndose de un aro u otro medio adecuado para guiar su movimiento.

calato, ta adj., Per. Desnudo, en cueros.

calazo s. m., Guat. Golpe o cachada que recibe el trompo en el juego.

calce (de calzar) s. m., Guat., P. Ric. y Méx. Pie de un documento.

calceto adj., Zool., Col. y C. Ric. Se dice del pollo calzado. **GRA.** También s. m.

calcha (del arauc. calcha, pelos interiores) s. f. **1.** Chil. Cerneja. **GRA.** Se usa más en pl. **2.** Zool., Chil. Pelusa o pluma que tienen algunas aves en los tarsos. **3.** Arg. y Chil. Conjunto de las ropas de vestir y cama de los trabajadores.

calchacura (del arauc. calcha y cura, pelo o barba de la piedra) s. f., Bot., Chil. Nombre de varios líquenes de aplicación en medicina.

calchón, na adj. **1.** Chil. Se dice del ave que tiene calchas. **2.** Chil. Se dice de la caballería que tiene muchas cernejas.

calchona (de calchón) s. f. **1.** Mit., Chil. Ser fantástico y maléfico que atemoriza a los caminantes y solitarios. **2.** Chil. Bruja. **3.** Chil. Diligencia, coche. **4.** Chil. Mujer vieja y fea.

calchudo, da adj., Chil. Calchón.

caldera (del lat. caldaria) s. f., Arg. Cafetera, tetera y vasija para hacer el mate.

caldillo (dim. de caldo) s. m. **1.** Gastr., Méx. Picadillo de carne con caldo, sazonado con orégano y otras especias. **2.** Gastr., Chil. Caldo en cuya composición entran de preferencia pescados y mariscos, cebolla y patatas.

caldo (del lat. calidus, caliente) s. m. **1.** Méx. El jugo o guarapo de la caña. **2.** Bot., Méx. Maravilla o flor de muerto. **GRA.** Se usa más en pl.

calduda (de caldo) s. f., Gastr., Chil. Empanada caldosa de huevos, pasas, aceitunas, etc.

calé s. m., Numism., Col. y Ec. Moneda de cuartillo de real.

calentura s. f. **1.** Cub. Descomposición lenta por fermentación que sufre el tabaco apilado. **2.** Bot., Cub. Nombre de una planta silvestre, de tallo cilíndrico, hojas lanceoladas, alternas y lustrosas, y florecilla anaranjada.

calenturiento, ta adj., Chil. Tísico.

calesita s. f., Arg., Bol., Par. y Ur. Tiovivo.

caleta (de cala) s. f. **1.** Barco que va tocando, fuera de los puertos mayores, en las calas o caletas. **2.** Ven. Gremio de porteadores de mercancías, especialmente en los puertos de mar.

caletear (de caleta) v. intr., Chil. Tocar un barco en todos los puertos de la costa y no sólo en los mayores. Por ext., se aplica también al avión y al ferrocarril.

caletero, ra (de caleta) adj. **1.** Chil. Se dice de la embarcación que va tocando las caletas. ‖ s. m. **2.** Ven. Trabajador que pertenece a la caleta.

caliche s. m. **1.** Quím., Bol., Chil. y Per. Nitrato de sosa, salitre de sosa o nitrato cúbico. **2.** Bol., Chil. y Per. Calichera. **3.** Per. Barrera, tierra que queda después de haber sacado el salitre.

calichera (de caliche) s. f., Chil. Yacimiento de caliche; terreno en que hay caliche.

calilla (de cala) s. f. **1.** Chil., Guat. y Hond. Persona molesta y pesada. **2.** fam., Amér. C., Chil. y Per. Molestia, pejiguera. **3.** Chil. Calvario, serie de adversidades. **4.** fam., Chil. Deuda.

calimba s. f., Cub. El hierro con que se marca a los animales. .

calimbar (de calimba) v. tr., Cub. y Méx. Herrar, marcar.

calinda s. f., Cub. Baile de estilo africano.

calla s. f., Agr., Chil. Palo puntiagudo usado para sacar plantas de la tierra junto con sus raíces y abrir hoyos para sembrar.

calladito s. m., Chil. Baile popular que se ejecutaba sin emplear el canto.

callampa (del quichua *callampa*) s. f. **1.** Bot., Chil. Seta, hongo. **2.** fig. y fam., Chil. Sombrero de fieltro. **3.** Extremo de la regadera.

callana (voz quichua) s. f. **1.** Vasija utilizada para tostar maíz, trigo, etc. **2.** Manchas callosas que se dice tienen en las nalgas los descendientes de negros zambos. **3.** Escoria metalífera que puede beneficiarse. **4.** Metal. Crisol para ensayar metales. **5.** fig., Chil. Reloj de bolsillo muy grande. **6.** Per. Tiesto.

callapo (del aimara *callapu*) s. m. **1.** Min., Chil. Entibo, madero que se utiliza para apuntalar. **2.** Min., Chil. Grada de escalera en la mina. **3.** Per. Parihuela.

calle (del lat. *callis*, senda, camino) s. f., Méx. y Per. Tramo de una vía urbana comprendido entre dos esquinas.

callecalle s. amb., Bot., Chil. Nombre de una planta irídea, de flores blancas. Es medicinal.

calmil (del náhuatl *calli*, casa, y *milli*, sementera) s. m., Méx. Tierra sembrada junto a la casa del labrador.

calo s. m., Ec. Caña gruesa y alta que contiene agua en su interior.

calote s. m., Arg. Vulgarismo por engaño, estafa.

calotear (de *calote*) v. tr., Arg. Vulgarismo por dar calote, estafar.

calotero, ra (de *calote*) adj., Arg. Engañador, estafador.

caloto s. m., Amér. del S. Metal proveniente de la campana de un pueblo colombiano así llamado y que, según el vulgo, tenía ciertas virtudes.

calpixque (del náhuatl *calli*, casa, y *pixqui*, guardián) s. m., Méx. Mayordomo a quien los encomenderos encargaban del gobierno de los indígenas, de su repartimiento y del cobro de los tributos.

calpul s. m. **1.** Guat. Reunión, conciliábulo. **2.** Hond. Montículo que señala los antiguos pueblos de indígenas aborígenes.

calquín (voz pampa) s. m., Zool., Arg. Variedad mediana del águila, que vive en los Andes patagónicos.

calucha s. f., Bot., Bol. La segunda corteza o corteza interior del coco, almendra o nuez.

caluma s. f. **1.** Per. Cada una de las gargantas o estrechuras de la cordillera de los Andes. **2.** Per. Puesto o lugar de indígenas.

calungo s. m., Col. Especie de perro de pelo crespo.

caluro s. m., Zool., Amér. C. Ave trepadora, de plumaje verde y negro por el cuerpo y negro y blanco por las alas, pico delgado y encorvado hacia la punta.

caluyo s. m., Bol. Baile indígena, zapateado y con mudanzas.

calzador s. m., Bol. Lapicero, instrumento en que se coloca el lápiz.

calzar (del lat. *calceare*) v. tr., Col. y Ec. Empastar un diente o muela.

calzón (de *calza*) s. m., Bot., Méx. Enfermedad de la caña de azúcar, debida a falta de agua.

calzonarias (de *calzón*) s. f. pl., Col. Tirantes.

calzoneras (de *calzón*) s. f. pl., Méx. Pantalón abotonado de arriba abajo por ambos costados.

camagua (del náhuatl *camahuac*) adj. **1.** Bot., Amér. C. y Méx. Se dice del maíz que empieza a madurar. ‖ s. f. **2.** Bot., Cub. Árbol de madera blanca y fuerte. Su fruto sirve de alimento a varios animales.

camagüira s. f., Bot., Cub. Árbol silvestre, de buena madera, compacta, dura y de color amarillo con vetas.

camahueto s. m., Mit., Chil. Animal acuático, fantástico, al cual se atribuyen fuerzas colosales y misteriosas.

camal (del lat. *camus*, freno, bozal) s. m., Per. Matadero.

camalara s. f., Bot., Cub. Árbol silvestre, de buena madera amarilla verdosa, capaz de pulimento.

camaleón (del lat. *chamaleon, -onis,* y éste del gr. *chamailéon*) *s. m.* **1.** *Zool., Bol.* Iguana. **2.** *Zool., Cub.* Lagarto verde, grande, que trepa con ligereza a los árboles. **3.** *Zool., C. Ric.* Ave de rapiña.

camalero *s. m.* **1.** *Per.* Matarife. **2.** *Per.* Traficante en carnes.

camalote (de or. incierto, quizá var. de *camelote*) *s. m.* **1.** *Bot.* Planta acuática pontederiácea, de tallo largo y hueco, hoja en forma de plato y flor azul. **2.** *Bot.* Conjunto de estas plantas que, enredadas con otras de diferente clase, forman como islas flotantes. **3.** *Bot.* Planta gramínea que abunda en las costas de México, cuyo tallo contiene una médula con la que se hacen flores y figuras para adornar cajas de dulces. **4.** *Bot., Arg., Par. y Ur.* Nombre común a varias plantas acuáticas y especialmente a ciertas de la familia de las pontederiáceas que abundan en las orillas de ríos, arroyos, lagunas, etc. Son por lo general de hojas y flores flotantes.

camambú (voz guaraní que significa 'ampolla') *s. m., Bot., Arg.* Planta silvestre, de flor amarilla y una frutilla como ampolla blanca y muy dulce.

camanance (del náhuatl *camac,* boca, y *nance,* fruto) *s. m.* Hoyuelo que se forma a cada lado de la boca en algunas personas cuando se ríen.

camanchaca *s. f., Chil. y Per.* Niebla espesa y baja que reina en el desierto de Tarapacá.

camao *s. m., Zool., Cub.* Paloma pequeña, silvestre, de color pardo.

camareta (de *cámara*) *s. f., Arg., Bol., Chil. y Per.* Mortero usado en las fiestas populares y religiosas para disparar bombas.

camareto *s. m., Agr., Cub.* Cierto aje o boniato que tiene el sarmiento morado.

camarico (voz quichua) *s. m.* **1.** *fig. y fam., Chil.* Lugar preferido de una persona. **2.** *fig., Chil.* Amorío, enredo amoroso.

camarón (der. del lat. *cammarus,* y éste del gr. *kámmaros*) *s. m.* **1.** *C. Ric.* Propina o gratificación. **2.** *Per.* Cama-

león, persona que muda con facilidad de pareceres o doctrina. **3.** *Rep. Dom.* Espía, persona que acarrea en secreto, datos, noticias, etc., para transmitirlos a quien interesa.

camaronear *v. intr., Per.* Mudar de opinión o de bando por favor o interés.

camaronero *s. m., Per.* Martín pescador.

camarotero, ra (de *camarote*) *s. m. y s. f., Chil.* Camarero que sirve en los camarotes de los barcos.

camarú (voz guaraní) *s. m., Bot.* Árbol de Brasil y otros países de América del Sur, de madera parecida a la del roble.

camaza *s. f., Amér. C.* Fruta del camacero, especialmente cuando ha sido aserrada y preparada como la totuma.

cambado, da (del port. *cambado*) *adj., Arg.* Se dice del estevado o patizambo.

cambalache (cruce de *cambio* con el bajo lat. *combinatio,* combinación) *s. m., Arg.* Prendería.

cambar (del port. *cambar*) *v. tr., Arg. y Ven.* Combar, encorvar.

cambará (voz guaraní) *s. m., Bot.* Árbol de América del Sur, de hoja verde y blanca y flor también blanca, cuya corteza se emplea como febrífugo.

cambeto, ta (de *camba*) *adj., Ven.* Patiestevado.

cambiador, ra *adj.* **1.** *Chil. y Méx.* Guardagujas. ‖ *s. m.* **2.** *Chil.* Pieza que sirve para mudar en las máquinas la cuerda que cae de la polea fija a la mudable y viceversa.

cambiavía (de *cambiar* y *vía*) *s. m. y s. f., Cub. y Méx.* Guardagujas.

cambímbora *s. f., P. Ric.* Abertura u hoyo profundo e irregular en la tierra, por lo general cubierto de vegetación y peligroso para el hombre y el ganado.

cambrún *s. m., Col.* Cierta clase de tela de lana.

cambucha (de *camba*) *s. f., Chil.* Cambucho, cometa pequeña y sin palillos con que juegan los niños.

cambucho (de *camba*) *s. m.* **1.** *Chil.* Cucurucho. **2.** *Chil.* Cesta o canasto donde se echan los papeles inútiles, o se guarda la ropa sucia. **3.** *Chil.* Chiribitil, tugurio. **4.** *Chil.* Forro de paja que se pone a las botellas para que no se quiebren. **5.** *Chil.* Cometa pequeña y sin palillos con que juegan los niños.

cambuí (voz guaraní) *s. m.* **1.** *Bot., Arg.* Árbol de tronco liso semejante al guayabo, que da semillas coloradas en racimos. **2.** *Bot., Arg.* Fruto de este árbol.

cambujo, ja (de *cambuj*) *adj.* **1.** *Méx.* Se dice del descendiente de zambaigo y china, o viceversa; hoy se aplica a cualquier persona de color muy moreno. **2.** *Méx.* Se dice del ave de color muy oscuro.

cambullón (del port. *cambulhâo*) *s. m.* **1.** *Col. y Méx.* Cambalache, trueque de cosas de poco valor. **2.** *Per.* Enredo, trampa, cambalache de mal género. **3.** *Chil.* Confabulación de aspecto político.

cambute *s. m.* **1.** *Bot., Cub.* Cambutera. **2.** *Bot., Cub.* Nombre del fruto y la flor de la cambutera. **3.** *Zool.* En las costas del Pacífico y Costa Rica, caracol grande y comestible.

cambutera *s. f., Bot., Cub.* Nombre de un bejuco silvestre de hojas alternas y cuya flor roja tiene figura de estrella. Es trepadora y se cultiva en los jardines.

cambuto, ta *adj., Per.* Pequeño, rechoncho, grueso.

camelar (voz gitana) *v. tr., Méx.* Ver, mirar, acechar.

camelia (del lat. botánico *camellia*, creado por Linneo en honor del misionero *Camelli*, que la trajo de Insulindia a Europa) *s. f., Bot., Cub.* Amapola.

camerá *s. f., Zool., Col.* Especie de conejo silvestre.

camíbar *s. m.* **1.** *C. Ric. y Nic.* Copayero. **2.** *C. Ric. y Nic.* Bálsamo de copaiba.

cámica *s. f., Chil.* Declive del techo.

camilucho, cha *adj.* Se dice del indígena jornalero del campo. **GRA.** También s. m. y s. f.

caminí *s. m., Bot., Arg., Par. y Ur.* Variedad muy apreciada de la yerba mate.

camino (del lat. vulg. *camminus*) *s. m.* **1. camino seronero** *Cub.* Vereda por donde sólo puede pasar una caballería con serón abierto. **2. camino**

trillado, o trivial *Cub.* El que es común, usado y frecuentado.

camisola (del cat. *camisola*, dim. de *camisa*) *s. f., Chil.* Blusa que usan las mujeres especialmente para peinarse.

camisón (de *camisa*) *s. m.* **1.** *C. Ric. y Ant.* Camisa de mujer. **2.** *Col., Chil. y Ven.* Vestido, traje de mujer, excepto cuando es de seda negra.

camoatí (del guaraní *caba*, avispa, y *atí*, reunión) *s. m.* **1.** *Zool.* Nombre que se da en el Río de la Plata a una especie de avispa. **2.** *Arg.* Panal que fabrica este insecto.

camochar (del lat. *caput*, cabeza, y *mutilare*, mochar) *v. tr., Hond.* Desmochar los árboles y otras plantas.

camones (de *cama*) *s. m. pl., Cub.* Pina, trozo de madera curvo de las ruedas.

camonadura (de *camón*) *s. f., Cub.* Conjunto de camones.

camorrear *v. intr., Arg.* Fastidiar, atosigar.

camotal (de *camote*) *s. m.* Terreno plantado de camotes.

camote (del náhuatl *kamótli*) *s. m.* **1.** *Bot.* Batata. **2.** Bulbo. **3.** *fig., Méx.* Desvergonzado, bribón. **4.** *fig., El Salv.* Verdugón, cardenal. **5.** *fig., Ec. y Méx.* Persona tonta, boba. ‖ **LOC. tomar alguien un camote** *fig. y fam.* En algunos lugares de América, tomar afecto o cariño a una persona, generalmente del otro sexo. **tragar camote** *fig. y fam., Méx.* Expresarse con dificultad por no saber o no querer hacerlo claramente.

camotear (de *camote*) *v. intr., Méx.* Andar vagando sin acertar con lo que se busca.

camotero, ra (de *camote*) *adj., Méx.* Se dice de la persona que vende camotes.

camotillo (de *camote*) *s. m.* **1.** *Gastr., Per.* Dulce de camote machacado. **2.** *Bot., C. Ric.* Yuquilla, planta de la familia de las acantáceas. **3.** *Méx.* Madera de color violado, veteada de negro. **4.** *Bot., El Salv., Guat. y Hond.* Cúrcuma, planta monocotiledónea.

campanearse (de *campana*) *v. prnl., Arg. y Col.* Contonearse.

campanero (de *campana*) *s. m.* **1.** *Zool., Arg. y Ven.* Pájaro del género de los mirlos, que imita el sonido de una campana. **2.** *Zool., Arg. y Ven.* Insecto ortóptero de cuerpo prolongado.

campaña (del lat. vulg. *campania*, llanura) *s. f.* Campo.

campañista *s. m., Chil.* Pastor que cuida de los animales en las fincas que tienen campaña, cerros o montañas.

campeada *s. f., Chil.* Acción de campear, salir al campo en busca de una persona, animal o cosa.

campear (de *campo*) *v. intr., Chil. y Arg.* Salir al campo en busca de una persona, animal o cosa.

campechana (de *Campeche*, estado de México) *s. f.* **1.** *Cub. y Méx.* Bebida compuesta de diferentes licores mezclados. **2.** *Ven.* Hamaca. **3.** *Ven.* Mujer pública.

camperear *v. tr., Ur.* Campear, buscar por el campo.

campero, ra *adj.* **1.** Se dice del animal muy adiestrado en el paso de los ríos, montes, zanjas, etc. **2.** *Méx.* Se dice de cierto andar del caballo a modo de trote, pero muy suave. **3.** *Arg.* Se dice de la persona muy práctica en el campo y del animal adiestrado en el paso de ríos y caminos que son peligrosos.

campirano, na *adj.* **1.** *C. Ric.* Patán, rústico. **2.** *Méx.* Campesino. **GRA.** También s. m. y s. f. **3.** *Méx.* Entendido en las faenas del campo. **4.** *Méx.* Diestro en el manejo del caballo y en domar o sujetar a otros animales. **GRA.** También s. m. y s. f.

campista *s. m.* **1.** *Min.* Partidario o arrendador de minas. ‖ *s. m. y s. f.* **2.** Persona que recorre por oficio los bosques o sabanas para ver el ganado de los hatos.

camuatí (voz guaraní) *s. m.* **1.** *Zool., Arg.* Camoatí. **2.** *Arg.* En las barrancas del Paraná, rancho de leñadores y caleros.

camuliano, na (del náhuatl *camiliui*) *adj., Hond.* Se dice de las frutas que empiezan a madurar.

camungo *s. m., Zool., Per.* Chajá.

cana[1] (del lat. *canna*, caña) *s. f., Bot., Cub.* Una de las variedades del guano silvestre, parecido al coco; su tronco se emplea en cercas.

cana[2] *s. f., vulg., Col.* Cárcel.

canaca (voz de Oceanía) *s. m. y s. f.* **1.** *Chil.* Nombre despectivo que se da a la persona de raza amarilla. **2.** *Chil.* Persona que regenta un burdel.

canacuate (del náhuatl *canautli*, pato, y *coatl*, culebra) *s. m., Zool., Méx.* Cierta serpiente acuática de gran tamaño.

canaleta (de *canal*) *s. f.* **1.** *Chil.* Canal pequeña. **2.** *Arg., Bol., Chil. y Par.* Canalón, conducto que recibe y vierte el agua de los tejados.

canalí *s. m., Cub.* Remo o paleta hecho de palma cana, utilizada para impulsar y dirigir la canoa.

canario *s. m.* **1.** *fig., Chil.* En los hoteles, persona que da buenas propinas. **2.** *Bot., C. Ric.* Planta de flores amarillas que crece en los terrenos pantanosos.

canastero, ra *s. m. y s. f.* **1.** *Chil.* Vendedor ambulante que lleva en canastos su mercancía. **2.** *Chil.* Mozo de las panaderías, que traslada el pan en canasto. ‖ *s. m.* **3.** *Zool., Chil.* Ave indígena, que fabrica su nido en forma de canasto alargado.

canastita (dim. de *canasta*) *s. f., Zool., Arg.* Avecita de laguna, más chica que el chorlito, fina y bien proporcionada.

cancagua (voz mapuche) *s. f., Chil. y Ec.* Arenilla consistente, usada para ladrillos, hornos, braseros, y también como cemento en las construcciones.

cancán *s. m., C. Ric.* Especie de loro que no aprende a hablar.

cancaneado, da *adj., C. Ric. y Cant.* Se dice de la persona picada de viruelas.

cancanear (de la onomat. *can can*) *v. intr., Col. y Méx.* Tartajear, tartamudear.

cancaneo *s. m.* **1.** *fam., Méx., C. Ric. y Nic.* Tartajeo, tartamudeo. **2.** *Cub.* Trepidación y ruido del motor que empieza a fallar.

cancel (del lat. *cancellus*, celosía) *s. m., Méx.* Persiana.

cancelario (del lat. *cancellarius*) *s. m., Bol.* Rector de universidad.

cancha¹ (del quichua *káncha*, recinto, cercado) *s. f.* **1.** En general, terreno, espacio, local o sitio llano y desembarazado. **2.** Corral o cercado espacioso para depositar ciertos objetos. **3.** Hipódromo. **4.** Paraje en el que el cauce de un río es más ancho y desembarazado. **5.** *Col.* Lo que cobra el dueño de una casa de juego. **6.** *Ur.* Senda o camino. ‖ **LOC. abrir cancha** *fig., Arg., Chil., Par. y Ur.* Abrir paso, dejar campo libre. **abrir, o dar cancha a alguien** *fig., Arg., C. Ric., Chil. y Par.* Estar en su elemento.

cancha² (del quichua *cancha*, maíz tostado) *s. f.* **1.** *Gastr., Per.* Maíz tostado. ‖ *s. f. pl.* **2.** *Per.* Rosetas de maíz.

canchalagua (del arauc. *kachánlawen*) *s. f., Bot.* Planta americana gencianácea que se emplea como excelente depurativo de la sangre.

canchamina *s. m., Chil.* Cancha o patio cercado en una mina para recoger el mineral y escogerlo.

canchaminero *s. m., Chil.* Persona que trabaja en una canchamina.

canchear (de *cancha*) *v. intr., Amér. del S.* Buscar algún pretexto o entretenimiento para no trabajar seriamente.

cancheo *s. m., Chil.* Acción y efecto de canchear.

canchero, ra *adj.* **1.** *Arg., Par. y Ur.* Ducho y experto en determinada actividad. **2.** *Per.* Se dice del clérigo de misa y olla que por cualquier medio saca dinero a sus feligreses. **3.** *Chil.* Se aplica al trabajador encargado de una cancha. **4.** *Chil.* Se aplica al que señala los tantos en el juego. **5.** *Chil.* Se aplica al muchacho maletero.

cancho (de *cancha*) *s. m., fam., Chil.* Paga que exigen por el más ligero servicio algunas personas, especialmente abogados y clérigos.

canchón *s. m.* **1.** *Per.* Cancha grande. **2.** *Per.* Coto, dehesa.

canco (del mapuche *can*, cántaro, y *co*, agua) *s. m.* **1.** *Chil.* Especie de olla hecha de greda. **2.** *Chil.* Maceta, tiesto. **3.** *Bol.* Nalga. ‖ *s. m. pl.* **4.** *Chil.* Caderas anchas en la mujer.

cancona (del mapuche *canque*, posaderas) *adj., Chil.* Se dice de la mujer que tiene caderas anchas. **GRA.** También *s. f.*

candado (del lat. tardío *catenatus*) *s. m.* **1.** *Col.* Perilla de la barba. ‖ *s. m. pl.* **2.** Las dos concavidades inmediatas a las ranillas que tienen las caballerías en los pies.

candallero *s. m., Min., Amér. del S.* Almohadilla o cojinete que recibe los ejes de los tornos.

candeleja *s. f., Chil. y Per.* Arandela del candelero.

candelejón *s. m., Per., Col. y Chil.* Tonto, simplón que cansa y aburre con sus impertinencias.

candelilla (de *candela*) *s. f.* **1.** *Cub.* Especie de bastilla, costura. **2.** *Zool., Cub.* Insecto perjudicial al tabaco. **3.** *Zool., Amér. C. y Chil.* Luciérnaga, gusano de luz. **4.** *Arg. y Chil.* Fuego fatuo.

candelón *s. m., Bot., Ant. y Méx.* Nombre que se da a un árbol de madera fuerte y muy dura.

candinga *s. f.* **1.** *Chil.* Cansera, majadería, machaqueo. **2.** *Hond.* Chanfaina, enredo, baturrillo. **3.** *Méx. y Nic.* Diablo.

candombe (voz de or. africano) *s. m.* **1.** Baile de origen africano de movimientos muy vivos. **2.** Lugar donde se ejecuta este baile. **3.** Tambor prolongado de un solo parche que se golpea con las manos para acompañar este baile.

candonga (de *candongo*) *s. m.* **1.** *Hond.* Lienzo en dobleces con que se faja el vientre a los niños recién nacidos. **2.** *Náut., Hond.* Vela triangular que algunas embarcaciones latinas largan en el palo de mesana para capear el temporal. ‖ *s. f. pl.* **3.** *Col.* Pendientes, arracadas.

caneca (del port. *caneca*, y éste del lat. *canna*, caña) *s. f.* **1.** *Arg.* Vasija o balde de madera. **2.** *Cub.* Medida de capacidad para líquidos, equivalente a 24 l. **3.** *Ec.* Alcarraza. **4.** *Ven.* Botella de barro vidriado larga y cilíndrica para cerveza o ginebra. **5.** *Col.* Cubo o lata de la basura. **6.** *Cub.* Botella de barro llena de agua caliente, que sirve de calentador.

caneco, ca (del port. *caneco*, y éste del lat. *canna*, caña) *adj., Bol.* Que está ebrio, achispado.

caneicitos (dim. de *Caney*, pueblo de Cuba) *s. m. pl., Cub.* Diversión popular en la que, a semejanza de las del pueblo que le da nombre, hay música, rifas, venta de dulces, etc.

canelilla (de *canelo*) *s. f., Bot.* Árbol que se cría en la costa sur de la isla de Cuba.

canelillo (de *canelo*) *s. m., C. Ric.* Canelo, madera.

canelo, la (del ital. *cannella*, y éste del lat. *canna*, caña) *s. m.* **1.** *Bot., Chil.* Árbol magnoliáceo que alcanza hasta 15 m de altura. **2.** *Bot., C. Ric.* Planta laurácea cuya madera se usa en ebanistería. ‖ *s. f.* **3.** *Col.* Fuerza, vigor.

canelón (de *canela*) *s. m.* **1.** *Arg.* Capororoca. **2.** *Méx.* Cachada que se da con un trompo en otro. **3.** *Ven.* Rizo hecho en el pelo por medio de tenacillas.

canequita (dim. de *caneca*) *s. f., Cub.* Medida de capacidad para líquidos equivalente a 4,884 litros.

caney (voz taína) *s. m.* **1.** *Cub.* Recodo de un río. **2.** *Cub.* Especie de bohío cónico con garita en su cumbre. **3.** *Ven.* Choza redonda construida con palos y cañas.

canfín (del ingl. *candle fine*) *s. m., C. Ric.* Petróleo.

canfinflero *s. m.* Rufián.

canga (de *ganga*) *s. f., Miner., Amér. del S.* Mineral de hierro con arcilla.

cangagua *s. f., Col. y Ec.* Tierra que se usa para hacer adobes.

cangalla¹ (de *canga*) *s. m. y s. f.* **1.** *Col.* Persona o animal enflaquecidos. **2.** *Arg., Ur. y Per.* Persona pusilánime y cobarde. **3.** *Bol.* Aparejo con albarda.

cangalla² (de *canga*, mineral de hierro) *s. f., Arg. y Chil.* Desperdicios de los minerales.

cangallar (de *cangalla*) *v. tr.* **1.** *Chil.* Robar en las minas metales o piedras metalíferas. **2.** *Chil.* Por ext., defraudar el fisco.

cangallero (de *cangalla*) *s. m.* **1.** *Chil. y Per.* Ladrón de minerales o metales en la misma mina donde trabaja. **2.** *Chil. y Per.* Persona que compra cangalla robada. **3.** *Per.* Vendedor de objetos a bajo precio.

cangre *s. m., Cub.* Trozo del tallo de la yuca destinado a la reproducción.

cangrejal *s. m., Arg.* Terreno pantanoso e intransitable por la abundancia de ciertos cangrejillos negruzcos que en él se crían.

cangrejero *s. m., Zool., Guat.* Carnívoro parecido al perro, y que se alimenta de cangrejos.

cangrina *s. f., Veter., Cub.* Carbunco, enfermedad del ganado.

cangro (del lat. *cancer, cancri*, cangrejo) *s. m., Med., Col., Guat. y Méx.* Cáncer, enfermedad.

canguil *s. m., Bot., Ec.* Maíz pequeño muy estimado.

canilla (del lat. *cannella*, dim. de *canna*, caña) *s. f.* **1.** *Arg.* Grifo o espita. **2.** *Arg. y Col.* Pantorrilla. **3.** *fig., Méx.* Fuerza física. **4.** *Per.* Juego de dados.

canillita *s. m., Arg., Bol., Par., Per., Rep. Dom. y Ur.* Vendedor callejero de periódicos.

canilludo, da *adj., Amér. del S., Guat. y Rep. Dom.* Zanquilargo, persona de canillas o piernas largas.

canime *s. m., Bot., Col.* Árbol que produce un aceite que es medicinal.

canistel *s. m.* **1.** *Bot., Cub.* Árbol de hoja lanceolada con fruto de figura oblonga, semejante al mango; es comestible. **2.** *Bot., Cub.* Fruto de este árbol.

canjura *s. f., Hond.* Veneno tan activo como la estricnina.

canjuro *s. m., Bot., C. Ric.* Árbol de cuyo fruto se alimentan los pavones silvestres.

canoa (voz antillana) *s. f.* **1.** Especie de cajón de forma oblonga que sirve para usos diversos, como recoger mieles en los trapiches, dar de comer a los animales, etc.; o cualquier especie de canal, de madera o metal, para poder conducir el agua. **2.** *Bot., Chil.* Vaina grande y ancha de los coquitos de la palmera. **3.**

Chil. y C. Ric. Canal del tejado, que generalmente es de cinc. **4.** *Chil. y Nic.* Especie de artesa que sirve para dar de comer a los animales y otros usos.

canoero *s. m., Méx. y Arg.* El que trajina con una canoa o es dueño de ella.

canquén (del mapuche *canqueñ*) *s. m., Zool., Chil.* Ganso silvestre, con la cabeza y cuello blancos, el pecho, plumas y cola bermejos, y las patas negras y anaranjadas. En algunos lugares es doméstico.

cansera (de *cansar*) *s. f., Col. y Chil.* Tiempo perdido en algún empeño.

cansí *s. m., Cub.* Entre los indígenas de la época precolombina, bohío o choza del cacique.

canso, sa (de *cansar*) *adj., Amér. C. y Amér. del S.* Cansado.

cantaletear (de *cantaleta*) *v. tr.* **1.** *P. Ric.* Repetir las cosas hasta producir fastidio. **2.** *Méx.* Dar cantaleta o chasco.

cántaro (del lat. *cantharus*, y éste del gr. *kántharos*) *s. m., Méx.* Piporro.

cantil (de *canto*) *s. m.* **1.** Borde de un despeñadero. **2.** *Zool., Guat.* Especie de culebra grande.

cantimpla *adj., Arg.* Se dice de la persona callada y medio tonta, y que a veces ríe sin motivo.

cantimplora (del cat. *cantimplora*, de *canta i plora*, canta y llora) *s. f.* **1.** *Guat.* Papera. **2.** *Col.* Frasco de la pólvora.

cantinas (del ital. *cantina*, de or. desconocido) *s. f. pl.* **1.** *Méx.* Dos bolsas cuadradas de cuero, con sus tapas, que se colocan unidas junto al borrén trasero de la silla de montar y sirven para llevar comida. **2.** *Méx.* Por ext., bolsa de la silla de montar.

canto (de or. incierto, probablemente prerromano) *s. m., Col.* Regazo.

cantón[1] (de *canto*) *s. m., Hond.* Parte alta aislada en medio de una llanura.

cantón[2] (de *Cantón*, ciudad de China) *s. m., Méx.* Tela de algodón que imita al casimir y tiene los mismos usos.

cantor, ra (del lat. *cantor, -oris*) *adj.* **1.** *Arg.* Pobre, desmedrado. ‖ *s. f.* **2.** *fam., Chil.* Bacín, bacinilla.

cantú *s. m., Bot., Per.* Planta polemoniácea de jardín que da unas flores muy hermosas.

cantúa *s. f., Gastr., Cub.* Dulce seco, compuesto de boniato, coco, ajonjolí y azúcar moreno.

canturria *s. f., Per.* Canturía, canto monótono.

cantuta (voz quichua) *s. f., Bot., Amér. del S.* Clavellina, clavel de flores sencillas.

canutazo *s. m., Cub.* Soplo, delación.

canutero *s. m., Amér. C.* Mango de la pluma de escribir.

canuto[1] (del lat. vulg. *cannutus*, y éste del lat. *canna*, caña) *s. m.* **1.** *Hond.* Mango de la pluma de escribir. **2.** *Gastr., Méx.* Sorbete de leche, huevo y azúcar, cuajado en moldes que tienen la forma de canuto. **3.** *Zool., Méx.* Tubo formado por la tierra que se adhiere a los huevos que la langosta y otros ortópteros depositan después de haber introducido verticalmente el abdomen en el suelo.

canuto[2] (de *Canut*, famoso pastor protestante) *s. m., Chil.* Nombre que el pueblo da a los ministros o pastores protestantes, y por ext., a los fieles de este culto.

caña (del lat. *canna*, caña) *s. f.* **1.** Bebida alcohólica destilada de la caña de azúcar. **2.** Parte de la bota que cubre desde la pantorrilla hasta el talón. ‖ **3.** **caña agria** *Bot., C. Ric.* Nombre de varias especies de plantas cingiberáceas, cuyo jugo, extraído por maceración e infusión, se usa en medicina como diurético. **4.** **caña amarga** *Bot., C. Ric.* Planta gramínea de América tropical, con tallos derechos, de unos dos m de altura, hojas prolongadas y aserradas finamente, y flores unisexuales en panojas difusas. **5.** **caña brava** *Bot., Col., C. Ric., Hond., Per. y Ven.* Gramínea silvestre muy dura, con cuyos tallos se hacen tabiques y se emplean en los tejados para sostener las tejas. **6.** **caña danta** *Bot., C. Ric.* Nombre de una variedad de palmera.

cañada (del lat. *canna*, caña) *s. f., Arg., Par. y Ur.* Terreno bajo entre lomas, cuchillas o sierras, bañado de agua a trechos o en toda su extensión, y con vegetación propia de tierras húmedas.

cañadón (aum. de *cañada*) *s. m., Arg., Cub. y Ur.* Caudal de aguas profundo entre dos lomas o sierras.

cañaduz (del lat. *canna*, caña, y el ant. *duz*) *s. f., Bot., Col.* Caña de azúcar.

cañahua *s. f., Per.* Especie de mijo, utilizado como alimento por los indígenas, y con el que, fermentado, se hace chicha.

cañahuatal *s. m.* Terreno plantado de cañahuate.

cañahuate *s. m., Bot., Col.* Árbol que se produce en Colombia, especie de guayaco.

cañamazo (del lat. *cannabaceus*, de *cannabum*, cáñamo) *s. m., Bot., Cub.* Planta silvestre, gramínea, permanente y muy común, que comen los animales.

cáñamo (del hispanolat. *cannabum*, por *cannabis*) *s. m.* **1.** *Bot.* Nombre que se da a varias plantas textiles. **2.** *C. Ric., Chil. y Hond.* Bramante, cordel delgado.

cañazo *s. m.* **1.** Aguardiente de caña. **2.** *Cub.* Herida que se produce el gallo en las cañas o piernas. ‖ **LOC. darse cañazo** *fig. y fam., Cub.* Engañarse, chasquearse.

cañero, ra *adj.* **1.** *Méx.* Se dice de lo que sirve para los trabajos de la caña. ‖ *s. m.* **2.** *Hond.* Persona que tiene hacienda de caña de azúcar y destila el aguardiente.

cañifla *s. f., C. Ric. y Hond.* El brazo o pierna flacos o enjutos.

cañilla (de *caña*) *s. f., Chil.* Palito o cañita en que los muchachos envuelven el hilo de las cometas.

cañinque *adj.* Enclenque.

cañón (de or. incierto, probablemente der. de *calle*, del lat. *callis*, camino estrecho) *s. m.* **1.** *Col.* Tronco de un árbol. **2.** *Per.* Camino, tierra por donde se transita. **3.** *Per.* Camino, vía construida para transitar. **4.** *Méx.* Cañada. **5.** *Méx.* Paso áspero y estrecho entre montañas.

cañonera *s. f.* Pistolera.

cañuela (de *caña*) *s. f., Chil.* Cañilla.

cañutillo *s. m., Bot., Cub.* Planta silvestre muy común, de la familia de las commelináceas, de hojas pequeñas y flores de color azul celeste.

cao (del lat. *cavum*) *s. m., Zool., Cub. y Rep. Dom.* Ave carnívora muy semejante al cuervo, aunque más pequeña. Es domesticable.

capa (del lat. tardío *cappa*, especie de tocado de cabeza) *s. f., Hond.* Zurra, azotaina.

capá (voz americana) *s. m., Bot.* Árbol de las Antillas, semejante al roble, y cuya madera es muy usada en la construcción de buques, por no atacarle la broma.

capacete *s. f., Cub.* Pieza de paño que cubre por delante el quitrín o volante para resguardar del sol, polvo o lluvia.

capacho (del lat. vulg. *capaceum*, y éste del lat. *capere*, contener) *s. m.* **1.** *Bot., Ven.* Cierta planta cuya raíz es comestible y de uso en medicina. **2.** *Bot., Ven.* Raíz de esta planta.

capararoch *s. m., Zool.* Ave nocturna de rapiña, que vive en América.

caparro *s. m., Zool., Per. y Ven.* Mono lanoso con pelo blanco.

capasurí *s. m., Zool., C. Ric.* Venado que tiene los cuernos cubiertos por la piel.

capeada *s. f., Guat.* Acción de capear o hacer novillos un estudiante.

capeadera *s. f., Guat.* Acción reiterada de capear o hacer novillos.

capeador, ra *s. m. y s. f., Guat.* Estudiante que capea o hace novillos.

capelo (del ital. *cappello*) *s. m.* **1.** Fanal, campana de cristal para resguardar del polvo. **2.** *Her.* Timbre del escudo de los prelados, consistente en el sombrero forrado de gules y los cordones pendientes con 15 borlas, en los cardenales; sombrero de sinople para los arzobispos y obispos, y negro o sable para los abades.

capi (voz quichua) *s. m.* **1.** *Bot., Amér. del S.* Maíz. **2.** *Chil.* Vaina de simiente cuando está tierna.

capia (voz quichua) *s. f.* **1.** *Bot., Arg., Col. y Per.* Especie de maíz de grano dulce y tierno. **2.** *Gastr., Arg. y Col.* Masa hecha con harina de capia y azúcar.

capiatí (del guaraní *capití*, pasto, y *ati*, espina, espinoso) *s. m., Bot., Arg.* Planta de uno a dos m de altura, y cuyas hojas se utilizan como remedio en algunas enfermedades de la boca.

capibara *s. m., Arg.* Carpincho.

capicatí (del guaraní *capití catí*, pasto oloroso) *s. m., Bot., Arg. y Par.* Planta americana ciperácea, de raíz aromática.

capiguara (del guaraní *capiiguá*) *s. m., Arg. y Bol.* Carpincho.

capín *s. m., Bot., Amér. del S.* Planta gramínea forrajera.

capincho *s. m., Arg.* Carpincho.

capingo *s. m., Arg.* Capa corta y airosa.

capio *s. m., Col.* Capia.

capirotada *s. f.* **1.** *Gastr.* Plato criollo que se hace con carne, maíz tostado y queso, manteca y especias. **2.** *Méx.* Entre el vulgo, la fosa común del cementerio.

capirucho (cruce de *caperucho* con *capirote*) *s. m., El Salv.* Boliche, juego de niños. Tiene la forma de un cono truncado.

capisayo (de *capa* y *sayo*) *s. m., Col.* Camiseta.

capitá *s. m., Zool., Amér. del S.* Pajarillo de cuerpo negro y cabeza de color rojo muy encendido.

capitán (del bajo lat. *capitanus*) *s. m., Méx.* Jefe de comedor en un restaurante.

capitaneja *s. f., Bot., C. Ric. y Nic.* Planta perenne que se emplea en la medicina rural.

capitulear *v. intr., Chil. y Per.* Cabildear.

capituleo *s. m., Chil. y Per.* Cabildeo.

capitulero, ra *adj., Chil. y Per.* Se dice de la persona electorera que busca votos o que forma grupos. **GRA.** También s. m. y s. f.

caporal (del ital. *caporale*, y éste del lat. *caput*, cabeza) *s. m., Ven.* Capataz de una estancia de ganado.

capororoca (del guaraní *cad* y *pororog*, hierba que estalla) *s. m., Bot., Arg.* Árbol mirsináceo, de tronco empinado, ramas altas y hojas de color verde oscuro que, arrojadas al fuego, estallan ruidosamente.

capote (del fr. *capot*, y éste del lat. *cappa*, capa) *s. m.* **LOC. dar capote a alguien** *fig. y fam., Chil. y Méx.* Engañarlo, burlarlo. **de capote** *Méx.* Ocultamente, a escondidas.

capotera *s. f.* **1.** *Hond.* Percha para la ropa. **2.** *Ven.* Maleta de viaje hecha de lienzo y abierta por los extremos.

captor, ra (del lat. *captor*) *adj.* Se dice de la persona que hace una presa marítima.

capuchino, na *adj.* **1.** *Bot., Chil.* Se dice de la fruta muy pequeña. ‖ *s. m.* **2.** *Zool., Amér. del S.* Nombre de varios monos.

capuera (del port. brasileño *capueiro*, y éste del guaraní *cácuera*) *s. f., Arg. y Par.* Terreno desbrozado, parte de selva que se ha talado y limpiado para el cultivo; huerta.

capujar *v. tr.* **1.** *Arg.* Coger una cosa que viene por el aire. **2.** *Arg.* Decir algo antes que otro.

capulí (de *capulín*) *s. m.* **1.** *Bot., Cub.* Capulina, cereza del capulí. **2.** *Bot., Per.* Fruto de una planta solanácea, parecido a una uva, que se emplea como condimento.

capulina (de *capulí*) *s. f.* **1.** *Bot.* Cereza que produce el capulí. **2.** *Bot., Cub.* Árbol silvestre, frutal, de la familia de las tiliáceas, de madera dura, cuya fruta globosa es comestible. **3.** *Zool., Méx.* Araña negra muy venenosa. **4.** *Méx.* Ramera.

capultamal *s. m., Méx.* Tamal o torta de capulí.

caquino (del lat. *chachinnus*) *s. m., Méx.* Risa muy ruidosa, carcajada. **GRA.** Se usa más en pl.

cara (de or. incierto, quizá del lat. *cara*, y éste del gr. *kára*, cabeza) *s. f., Per.* Tiña.

carablanca *s. m., Zool., Col. y C. Ric.* Mono, que se llama también en Colombia "mico maicero".

caraca s. f., Gastr., Cub. Especie de bollo de maíz.

caracará (voz guaraní, onomat. del canto de esta ave) s. m., Zool., Arg. y Ur. Carancho, ave rapaz de la familia de las falcónidas.

caracas s. m., fig., Méx. Chocolate.

caracatey s. m., Zool., Cub. Ave crepuscular, de color ceniciento salpicado de verde y con una mancha blanca. Se alimenta de mosquitos y en su canto parece repetir la palabra "crequeté", por lo cual algunos le dan este nombre.

caracha (voz quichua) s. m., Veter., Chil. y Per. Enfermedad de los pacos o llamas y otros animales, que es parecida a la roña o sarna. En el Perú se llama también así la sarna de las personas. **GRA.** También s. f.

carachento, ta adj., Amér. del S. Carachoso.

carachoso, sa adj., Per. Sarnoso.

carachupa s. f., Per. Zarigüeya.

caracolí s. m., Bot., Col. Anacardo, árbol.

caracú (voz guaraní) s. m., Arg. Hueso con tuétano que se echa en algunos guisos.

carago s. m., Bot., C. Ric., El Salv. y Hond. Carao.

caraguatá (voz guaraní) s. f. **1.** Bot. Especie de agave o pita del Río de la Plata y otros lugares de América. Es textil. **2.** Filamento producido por esta planta textil.

caraguay s. m., Zool., Bol. Lagarto grande.

caraira s. f., Zool., Cub. Ave de rapiña, diurna, especie de gavilán, de color leonado y cabeza negra. Es muy voraz y posee una vista de gran perspicacia.

caramanchel (de cámara) s. m. **1.** Arg. Figón, merendero. **2.** Col. Tugurio. **3.** Chil. Cantina. **4.** Ec. Caja de vendedor ambulante, que la sitúa en los soportales para vender sus chucherías. **5.** Per. Cobertizo para resguardarse de la intemperie.

caramañola (del fr. carmagnol, y éste de Carmagnola, ciudad del Piamonte) s. f., Arg. y Chil. Caramayola.

caramarama s. f., Bot., Cub. Planta forrajera, perenne.

caramayola (de caramañola) s. f., Chil. Vasija de aluminio, en forma de cantimplora, que usan los soldados para llevar agua.

carámbano (del lat. vulg. calamulus, de calamus, caña, palito) s. m., Bot., Nic. Carao.

carambolero, ra s. m. y s. f., Arg. y Chil. Carambolista.

carambolí s. m., Bot., Cub. Flor de color anaranjado muy subido, que se produce en ramilletes.

caramelear v. tr., fig. y fam., Col. Dilatar engañosamente la solución de un asunto.

carameleo (de caramelear) s. m., fig. y fam., Col. Acción y efecto de caramelear.

caramera s. f., Ven. Dentadura mal ordenada.

caramillo (del lat. calamellus, cañita) s. m. **1.** Bot., Bol. Planta del mismo género y usos de la barrilla, con tallo erguido y hojas agudas. **2.** Bol. Montón mal hecho.

carancho s. m. **1.** Zool., Bol., Arg. y Ur. Ave de rapiña, de la familia de las falcónidas, de medio m de longitud, de cabeza blancuzca, capucho pardo, pico de color salmón y pecho y alas pardas. Se alimenta de animales muertos, insectos, reptiles, etc. **2.** Zool., Per. Búho, ave rapaz nocturna.

carandaí (voz guaraní que significa 'fruta redonda') s. m., Bot., Arg. Especie de palmera que produce cera vegetal; sus hojas dan fibras con las que se hacen sombreros y pantallas. Su madera se emplea en construcción.

caranegra adj. **1.** Zool., Arg. Se dice de una oveja de raza especial por el color de su cara. **GRA.** También s. f. ‖ s. m. **2.** Zool., Col., C. Ric. y Ven. Especie de mono negro.

caranga s. f., Hond. Carángano.

carángano s. m. **1.** Col., C. Ric., Cub., Ec. y Ven. Cáncano. **2.** Col. Instrumento consistente en un trozo de guadua como de tres varas, con una

tira de la corteza casi de la misma longitud, levantada sobre dos uñas, la
cual se golpea con un palillo, que en
la música de los negros de los Chaco-
es hace la voz de bajo.

caraña (voz americana) *s. f.* **1.** Resina
medicinal de ciertos árboles terebintá-
ceos americanos, sólida, quebradiza,
gris amarillenta, algo lustrosa y de
mal olor. **2.** *Bot., C. Ric.* Nombre de
los árboles que la producen.

carao *s. m.* **1.** *Bot., Amér. C.* Árbol tropical, copado y alto, que da flores en
racimos rosados y un fruto leñoso,
como de medio m de largo, con unas
celdillas que contienen una especie
de melaza, de propiedades tónicas y
depurativas. **2.** *Zool., Arg.* Caraú.

caráota *s. f., Bot., Ven.* Alubia o judía.

carapachay *s. m., Arg. y Pan.* Leña-
dor, carbonero.

carapacho (de or. desconocido) *s. m.,
Gastr., Cub.* Guiso que se hace en la
misma concha de los mariscos.

carapucho (de *capa*) *s. m., Bot., Per.*
Planta gramínea, cuyas semillas em-
briagan y producen delirio.

carapulca (voz peruana) *s. f., Gastr.,
Per.* Guiso hecho de carne, papa seca
y ají.

carate *s. m., Col.* Caratea.

caratea *s. f., Med., Col. y C. Ric.* Enfermedad escrofulosa, propia de los países cálidos y húmedos de América,
común en Nueva Granada.

carato[1] *s. m., Bot.* Jagua, árbol.

carato[2] *s. m., Gastr., P. Ric. y Ven.* Bebida refrescante que se hace con arroz
o maíz molido, o con el jugo de la piña o de la guanábana, y aderezada
con azúcar blanco o papelón y agua.

caraú (voz guaraní, del grito de esta
ave) *s. m., Zool., Arg.* Ave zancuda,
de unos 35 cm de alto, de pico largo y
encorvado, y color castaño oscuro.

caravana (del persa arabizado *ka-
rawân*, recua) *s. f.* **1.** *Cub.* Cierta
trampa para cazar pájaros. **2.** *Hond. y
Méx.* Reverencia, cortesía, por lo común afectada. ‖ *s. f. pl.* **3.** *Arg., Bol. y
Chil.* Pendientes, arracadas.

carayá (voz guaraní) *s. m., Zool., Arg.
y Col.* Mono grande, aullador, de color negro.

carayaca *s. m., Ven.* Carayá.

carbonada *s. f., Gastr., Arg., Chil. y
Per.* Guiso nacional compuesto de
pedazos de carne, rebanadas de choclos, zapallo, papas y arroz.

carboncillo (dim. de *carbón*) *s. m.,
Bot., C. Ric.* Árbol de flores rosadas
adornadas de largos filamentos.

carbonera *s. f.* **1.** *Col.* Mina de hulla.
2. *Bot., Hond.* Cierta planta de jardín.

carbonería (de *carbonera*) *s. f., Chil.*
Instalación destinada en los campos a
hacer carbón de leña mediante el empleo de hornos.

carbonero *s. m., Bot., Cub. y P. Ric.*
Árbol mimosáceo, de madera dura,
compacta, blanquecina y correosa.

carbonero, tiznar al *loc., fig. y
fam., Méx.* Engañar al que se da de
advertido y astuto.

carbunco (del lat. *carbunculus*) *s. m.,
Zool., C. Ric.* Cocuyo, insecto.

carca *s. f.* Olla en que se cuece la chicha.

carcaj (del fr. ant. *carcais*, y éste del
persa *tarkas*) *s. m.* Funda de cuero en
que se lleva el rifle al arzón de la silla.

carcamán, na *adj.* **1.** *Cub.* Se aplica
al extranjero de baja condición o a
persona despreciable. ‖ *s. m. y s. f.* **2.**
Arg. y Per. Persona de muchas pre-
tensiones y poco mérito.

cardillo *s. m., Méx.* Viso o reflejo del
sol, producido por un espejo, con el
que se entretienen los niños.

cardón (de *cardo*) *s. m.* **1.** *Bot., Chil.*
Planta bromeliácea cuyo tallo es el
chagual. **2.** *Bot., Arg.* Cardo que sirve
para setos vivos y como planta forrajera. **3.** *Bot., Bol.* Cardo de gran tamaño.
4. *Bot., C. Ric., Méx. y Per.* Planta cactácea de la que existen varias especies.

cardona *s. f., Bot., Cub.* Especie de
cacto que se cría en la costa.

cardonal *s. m., Arg. y Chil.* Sitio en
que abundan los cardones.

cardume (del gall. y port. *cardume*) *s.
m., Chil.* Multitud y abundancia de
cosas.

careador *s. m., Rep. Dom.* Persona que cuida del gallo durante la riña.

carear *v. tr.* Poner frente a frente dos gallos para conocer su modo de pelear.

careicillo *s. m., Bot., Cub.* Arbusto silvestre de hojas ásperas y flores blancas en ramillete.

careto, ta (de *careta*) *adj., El Salv., Hond. y Nic.* Se dice de la persona que tiene la cara sucia y pringada.

carey (voz antillana) *s. m.* **1.** *Bot., Cub.* Bejuco de hojas anchas y tan ásperas que se usan como lija. **2.** *Bot., Cub.* Arbusto de las costas empleado en bastones por la semejanza que su madera tiene con la materia córnea del quelonio del mismo nombre.

cargador *s. m.* **1.** *Chil.* Sarmiento algo recortado que se deja para que lleve el peso del nuevo fruto. **2.** *Guat.* Cohete muy ruidoso. **3.** *Col.* Banda o cuerda de cuero, fique, etc., que sirve para sujetar una maleta o bulto análogo que se lleva a la espalda.

cargazón *s. f.* **1.** *Arg.* Obra mecánica tosca o mal rematada. **2.** *Chil.* Abundancia de árboles y otras plantas.

cargo *s. m., Chil.* Certificado que el pie de los escritos pone el secretario judicial para señalar el día o la hora en que fueron presentados.

cargosear *v. tr., Arg., Chil. y Ur.* Importunar, molestar.

cargoso, sa *adj., Arg., Chil., Par. y Per.* Gravoso.

carguero, ra *s. m. y s. f., Arg.* Bestia de carga.

cari (del mapuche *cari*, verde) *adj.* **1.** *Arg. y Chil.* De color pardo claro o plomizo. **2.** *Arg.* Se dice del plumaje de las gallináceas cuyo color está formado por manchas blancas y rojas. || *s. m.* **3.** *Chil.* Pimienta de la India.

cariaco (del caribe *cariacu*) *s. m.* **1.** *Cub.* Baile popular, parecido a la titundia, que se caracteriza por doblar las piernas hacia atrás hasta tocar con las nalgas. **2.** *Gastr.* Bebida fermentada de jarabe de caña, de cazabe y de patatas.

cariblanca *s. m., Col. y C. Ric.* Cara-blanca.

cariblanco *s. m., Zool., Col. y C. Ric.* Especie de jabalí, más pequeño que el europeo y más feroz y cauteloso que el saíno. Vive en grandes manadas.

caricari (voz caribe) *s. m., Zool.* Halcón brasileño que se alimenta de reptiles, ratones, pajarillos e insectos.

caricato (del ital. *caricato*) *s. m.* Caricatura.

caridad (del lat. *caritas, -atis*) *s. f., Méx.* Comida de los pobres.

carilampiño, ña (de *cara* y *lampiño*) *adj., Chil. y Per.* Barbilampiño.

carimba *s. f., Cub.* Calimba.

carimbo (de *calimbo*) *s. m., Bol.* Hierro para marcar las reses.

cariño (del dialect. *cariñar*, del lat. *carere*, carecer) *s. m., Chil. y Nic.* Regalo, obsequio.

cario, ria *adj.* Guaraní.

caripelado *s. m., Col.* Especie de mono.

carite *s. m., Zool., Cub.* Pez parecido al pez sierra, aunque más largo y delgado.

cariucho (voz quichua) *s. m., Gastr., Ec.* Guiso de carne y patatas con ají.

carlanca (del lat. vulg. *carcannum*, collar) *s. f.* **1.** *Col. y C. Ric.* Grillete. **2.** *Ec.* Especie de trangallo o palo que se cuelga a los animales en la cabeza para que no puedan entrar en los sembrados. **3.** *Chil. y Hond.* Molestia causada por alguna persona machacona y fastidiosa. **4.** *Hond.* Persona de tal condición.

carlanga (de *carlanca*) *s. f., Méx.* Pingajo, harapo, guiñapo.

carlón *s. m., Arg.* Carló.

carmelita (del monte *Carmelo*, de Israel) *adj., Cub. y Chil.* Se dice del color pardo, castaño claro o acanelado, por alusión al del hábito de los carmelitas.

carnauba *s. f.* Carandaí.

carnaza (de *carne*) *s. f., fig., Col., C. Ric., Hond. y Méx.* Víctima inocente que sufre el daño que incumbe a otro.

carne (del lat. *caro, carnis*) *s. f.* Cerne.

carneada *s. f.* **1.** Acción y efecto de carnear. **2.** Lugar en que carnean las reses.

carnear *v. tr.* **1.** Matar y descuartizar las reses para aprovechar su carne. **2.** *fig., Chil.* Engañar a alguien perjudicándole en sus intereses. **3.** *Méx.* Herir y matar con arma blanca en un combate o en un alcance.

carneraje *s. m., Arg., Chil. y Ur.* Conjunto de carneros.

carnero (de *carne*) *s. m.* **1.** *Zool., Bol. y Per.* Llama. **2.** *Arg. y Chil.* Persona que no tiene voluntad ni iniciativa.

carnero, ra *s. m. y s. f., Arg., Chil. y Par.* Persona que no se adhiere a una huelga o protesta de sus compañeros o que desiste de ella. **GRA.** También adj.

carnicería *s. f., Ec.* Matadero.

caro *s. m., Gastr., Cub.* Comida que se hace con huevas de cangrejo y cazabe, y también las mismas huevas.

caroba *s. f.* **1.** *Bol.* Planta cuyas hojas se emplean en medicina contra la escrófula. **2.** *Bot., Arg.* Árbol a cuya corteza se atribuyen propiedades medicinales.

carolina *s. f., Cub.* Cuyá.

caroto *s. m., Bot.* Árbol de madera pesada, propio de Ecuador.

carozo (del lat. vulg. *carudium*, nuez) *s. m.* Hueso o coraza del durazno y otras frutas.

carpa (de or. incierto) *s. f.* **1.** Tienda de campaña. **2.** *Arg. y Ur.* Tienda de playa.

carpanta (de or. desconocido) *s. f., Méx.* Pandilla o trulla de gente alegre o maleante.

carpe (del lat. *carpinus*) *s. m., Bot., Cub.* Árbol silvestre, alto y tortuoso, de madera muy dura.

carpidor (de *carpir*) *s. m., Arg., Ec. y P. Ric.* Instrumento usado para carpir.

carpincho *s. m., Zool.* Roedor anfibio que vive en Brasil, Paraguay y otros países americanos, a orillas de los ríos y lagunas. Su carne es poco apreciada.

carpir (del lat. *carpere*, tirar, arrancar) *v. tr.* Limpiar o escardar la tierra con el carpidor.

carraca (de la onomat. *crac*) *s. f., Col.* Mandíbula o quijada seca de algunos animales.

carraco (de la onomat. *carr-*, expresiva de la voz cascada del viejo decrépito)

s. m. **1.** *Zool., Col.* Aura, ave. **2.** *Zool., C. Ric.* Ánade más pequeño que el común, con la cabeza y el cuello tornasolados y las alas de color oscuro.

carramplón (de la onomat. *crampl*) *s. m.* **1.** *Mús., Col.* Instrumento musical de origen africano. **2.** *Col.* Clavo saliente en las suelas de los zapatos.

carrao *s. m.* **1.** *Zool., Ven.* Ave zancuda y de pico largo. ‖ *s. m. pl.* **2.** *Col. y Cub.* Zapatos ramplones.

carrasca (de la onomat. *crasc*) *s. f., Mús.* Instrumento musical de origen africano, consistente en un bordón con muescas que se rasca al compás con un palillo.

carrascal *s. m., Chil.* Pedregal.

carrasco *s. m.* Extensión grande de terreno cubierto de vegetación leñosa.

carrasposa (de la onomat. *crasp*) *s. f., Bot., Col.* Cierta planta de hojas ásperas, y de ahí el nombre que tiene.

carrasposo, sa (de la onomat. *crasp*) *adj., Col. y Ven.* Se dice de lo que es áspero al tacto, que raspa la mano.

carrendilla *s. f., Chil.* Sarta, hilera.

carretada *s. f., Méx.* Medida que se usa para vender y comprar cal, y que consta de doce cargas de diez arrobas cada una.

carretear[1] (de *carreta*) *v. intr., Cub.* Gritar las cotorras y loros sobre todo cuando son jóvenes.

carretear[2] (de la onomat. *carr*, de su canto) *v. intr., Cub.* Gritar las cotorras y loros, sobre todo cuando son jóvenes.

carretela (del ital. *carrettella*, y éste de *carro*) *s. f., Chil.* Vehículo de dos ruedas que se dedica al acarreo de bultos.

carretilla *s. f.* **1.** *Arg. y Ur.* Carro común de dimensiones menores que la carreta. **2.** *Chil.* Carreta. **3.** *Arg. y Chil.* Quijada, mandíbula, carrillera. **4.** *Bot., Arg.* Fruto del trébol de carretilla que se enreda entre la lana de las ovejas.

carretillero *s. m., Arg.* Carretero, persona que conduce un carro.

carretón *s. m., Bot., Col.* Planta leguminosa silvestre o que se cultiva para forraje.

carretonaje s. m. **1.** Chil. Transporte en carretón. **2.** Chil. Precio de cada uno de estos transportes.

carretonero (de carretón) s. m., Bot., Col. Trébol.

carricillo (de carrizo) s. m. **1.** Bot., Cub. Nombre vulgar de una planta ramosa que se utiliza como hierba de pasto. **2.** Bot., C. Ric. Gramínea trepadora, común en las breñas.

carriel (del proven. carnier, morral de caza) s. m. **1.** Col., Ec. y Ven. Garniel, maletín de cuero. **2.** C. Ric. Bolsa de viaje con compartimientos para papeles y dinero. **3.** C. Ric. Ridículo.

carrilano s. m. **1.** Chil. Operario del ferrocarril. **2.** Chil. Ladrón, bandolero.

carrilera s. f. **1.** Cub. Apartadero de una vía férrea. **2.** Col. Emparrillado.

carriquí s. m., Zool., Col. Pájaro de la familia de los córvidos, de cola amarilla y muy arisco.

carrizo (del lat. vulg. cariceum, de carex, -icis) s. m., Bot., Arg., P. Ric. y Ven. Planta de la familia de las gramíneas, de tallos nudosos, que contienen en su interior agua dulce y fresca.

carro¹ (del lat. carrus) s. m. **1.** Pan., P. Ric. y Ven. Carreta. **2.** Impr., Pan., P. Ric. y Ven. Plancha de hierro en que se coloca la forma que se ha de imprimir.

carro² s. m., Bot., C. Ric. Árbol que da fruta comestible y vive en la vertiente del Pacífico.

carrón s. m., Cub. Macizo de hierro colado usado en los ingenios.

carruajero, ra s. m. y s. f. Persona que fabrica carruajes.

cartera s. f. Bolso de las mujeres.

cartonera s. f., Zool. Especie de avispa americana cuyo nido se asemeja a una cajita de cartón.

caruata s. f., Ven. Especie de pita o agave, con la que se hacen cuerdas muy fuertes.

caruto s. m. **1.** Bot. Nombre de una planta, especie de jagua, propia de la región del Orinoco. **2.** Bot., Ven. Árbol de cuya corteza se extrae una especie de azúcar medicinal para los ojos.

cas (voz indígena) s. m. **1.** Árbol que crece en las costas templadas de Costa Rica, de unos 12 m de altura, de buena madera y un fruto semejante a la guayaba redonda, pero excesivamente ácido, que se usa para refrescos. **2.** Este fruto.

casa (del lat. casa, choza) s. f. **1. casa de altos** Chil., Hond., Par. y Ur. La que tiene varios pisos. **2. casa de asistencia** Méx. Casa de huéspedes. **3. casa de cadena** Per. Casa que gozaba del derecho de asilo. **4. casa de calderas** Cub. Edificio contiguo al trapiche donde están los utensilios necesarios para la fabricación del azúcar. **5. las casas** Arg., Chil. y Ur. En una estancia, el casco o edificio principal.

casabe s. m. **1.** Zool., Cub. Pez del mar Caribe que tiene un palmo de largo; es de color amarillento y no tiene escamas. ‖ **2. casabe de bruja** Bot., Cub. Especie de hongo.

casabillo s. m., Cub. Lunar blanco en el rostro, y por lo común cerca de los ojos.

casaisaco s. m., Bot., Cub. Vegetal parásito que se adhiere al tronco de las palmeras, con el que algunos pájaros construyen sus nidos.

casal (del lat. casale) s. m., Arg. y Ur. Pareja de macho y hembra.

casampulga s. f., Zool., El Salv. y Hond. Araña venenosa del tamaño de un guisante, patas cortas y abdomen de color rojo.

cascabela s. f., Zool., C. Ric. Crótalo o serpiente de cascabel.

cascalote s. m., Bot. Árbol americano mimosáceo, muy alto y grueso, cuyo fruto abunda en tanino y se emplea para curtir y en medicina como astringente.

cascarillal s. m., Per. Lugar poblado de muchos árboles silvestres de quina.

cascarillo (de cascarilla) s. m., Bot., Per. Arbusto que produce la quina o cascarilla.

cascarón (de cáscara) s. m., Bot., Arg. y Ur. Árbol que produce una goma de color rojizo.

cascás s. m., Zool., Chil. Insecto coleóptero que llama la atención por sus mandíbulas en forma de gancho.

casco (de cascar) s. m. **1.** Chil. Suelo de una propiedad rústica sin contar los edificios y plantaciones. || **2. casco de mula** Guat. Especie de tortuga.

casilla (dim. de casa) s. f. **1.** Cub. Trampa para cazar pájaros. **2.** Ec. Retrete. **3.** Chil. y Per. Apartado de correos.

casimba s. f., Cub. y Per. Cacimba, hoyo en la playa para buscar agua potable.

casimpulga s. f., Nic. Casampulga.

casineta (del fr. cassinette) s. f. **1.** Arg. Tejido delgado de lana que se usaba para forros. **2.** Arg. Casinete.

casinete s. m. **1.** Arg., Chil. y Hond. Cierta tela de calidad inferior al casimir. **2.** Ec. y Ven. Pañete barato.

caspiroleta s. f. **1.** Gastr. Bebida refrescante hecha de leche, canela, huevos, azúcar, aguardiente y algún ingrediente aromático. **2.** Cub. Cafiroleta.

casquillo (dim. de casco) s. m. **1.** Herradura. **2.** Soporte metálico de una lámpara eléctrica. **3.** Hond. Forro que se pone a los sombreros.

casquite adj. **1.** Ven. Agriado, aplicado a la bebida llamada carato. **2.** Ven. Por ext., se dice de la persona de mal carácter.

castaña (del lat. castanea) s. f. **1.** Cub. Pieza que sirve de chumacera a la maza mayor de los trapiches. **2.** Méx. Barril pequeño.

castellanizar v. tr., Guat. y Méx. Enseñar la lengua castellana a los indígenas.

castilla (de Castilla, de donde procedía esta tela) s. f., Chil. Bayetón, tela de lana con mucho pelo.

castillejo s. m., Méx. Cada una de las dos armazones verticales de hierro colocadas a ambos lados del trapiche o molino de cañas, en las cuales descansan los ejes de los cilindros moledores o mazas.

castrón (de castrar) s. m., Cub. Puerco grande castrado.

castuga s. f., Zool. Cierto insecto lepidóptero.

casulla (del bajo lat. casubla, capa con capucha) s. f., Hond. Grano de arroz que conserva la cáscara, entre los demás ya descascarillados.

cata¹ s. f. **1.** Col. y Méx. Calicata. **2.** Col. Cosa oculta o encerrada. **3.** Arg. Acción de catear. **4.** Arg. Cordel con un plomo en el extremo para medir alturas.

cata² s. f., Arg. Acción de catear o explorar.

cata³ (abrev. de Catalina, aplicado como apodo a esta ave) s. f. **1.** Zool., Arg. y Chil. Cotorra, perico. **2.** Bol. Catita. **3.** Méx. Catarinita.

catabre s. m., Col. Vasija de calabaza en que se lleva el grano para sembrarlo.

catabro s. m., Col. Catabre.

catalineta s. f., Zool., Cub. Pez de color amarillo con fajas oscuras, cola ahorquillada y escamas ásperas.

catalufa (del ital. ant. cataluffa, cierto paño fabricado en Venecia) s. f., Cub. Catalineta.

cataluja s. f., Cub. Catalineta.

catana¹ s. f. **1.** Arg. y Chil. Sable, en especial el viejo y largo y el que usaban los policías. **2.** Cub. Cosa pesada, tosca y deforme.

catana² (de Catalina) s. f., Zool., Ven. Loro verde y azul.

catanga (del quichua aka, excremento, y tankay, empujar) s. f. **1.** Zool., Arg. Escarabajo, insecto. **2.** Col. Nasa, canasto para pescar. **3.** Arg. y Bol. Carrito tirado por un caballo para el transporte de frutas.

catarinita s. f. **1.** Zool., Méx. Variedad de la cotorra. **2.** Zool., Méx. Coleóptero pequeño y de color rojo.

catata s. f., Cub. Mate amarillo grande.

catatán s. m., fam., Chil. Castigo corporal.

catatar v. tr. Hechizar, fascinar.

cataté adj., Cub. Se aplica a la persona fatua, despreciable o insignificante. **GRA.** También s. m. y s. f.

cateada (de catear) s. f., fam., Chil. Acción y efecto de catear.

cateador, ra s. m. y s. f. **1.** Min., Amér. del S. Persona que hace catas para hallar minerales. || *s. m.* **2.** *Mín., Amér. del S.* Martillo de punta y mazo que usan los mineros para romper los minerales que van a estudiar.

catear (de *cata*) *v. tr.* **1.** *Arg., Chil. y Per.* Reconocer o explorar los terrenos en busca de alguna veta minera. **2.** Allanar la casa de alguien.

catete *s. m., Chil.* Nombre que el vulgo da al demonio.

catey *s. m.* **1.** *Zool., Cub.* Perico, ave trepadora. **2.** *Bot., Rep. Dom.* Nombre de una de las especies de palmera.

catibía *s. f., Cub.* Raíz de la yuca, rallada, prensada y exprimido el anaiboa. Se hace con ella una especie de panatela.

catibo *s. m., Zool., Cub.* Pez de forma de anguila, especie de murena, negra y amarilla, que se cría en aquellos ríos y tiene cerca de un m de largo.

catiguá *s. m., Bot.* Árbol meliáceo, propio de la provincia de las Corrientes, en Argentina.

catimbao *s. m.* **1.** *Chil. y Per.* Máscara o figurón que sale en la procesión del Corpus. **2.** *Chil.* Persona ridículamente vestida. **3.** *Chil.* Payaso. **4.** *Per.* Persona obesa y de corta estatura.

catinga (voz guaraní) *s. f.* **1.** Olor fuerte y desagradable que despiden algunos animales y plantas. **2.** *desp., Chil.* Nombre que dan los marinos a los soldados de tierra.

catingoso, sa *adj., Arg.* Se aplica a lo que tiene catinga o mal olor.

catire, ra (voz caribe) *adj., Col. y Ven.* Se dice del individuo rubio que tiene el pelo rojizo y ojos verdes o amarillentos.

catita (dim. de *Catalina*) *s. f.* **1.** *Arg. y Bol.* Especie de loro, de color verde claro brillante y remos azules. **2.** *Chil.* Otra especie de loro pequeño.

catite *s. m., Méx.* Especie de tela de seda.

catitear *v. intr., Arg.* Oscilar o moverse la cabeza en los ancianos.

cativí *s. f., Med., Hond.* Especie de herpe que produce unas manchas moradas en todo el cuerpo.

cativo *s. m., Bot., C. Ric. y Nic.* Árbol colosal que llega a 60 m de altura; tiene flores blancas y produce abundante fruto de una sola semilla; su resina se usa para curar llagas.

cato *s. m., Bol.* Medida agraria equivalente a 40 varas en cuadro.

catoche *s. m., fam., Méx.* Mal humor, displicencia.

catorro *s. m.* **1.** *Méx.* Golpe, encuentro violento. **2.** *Méx.* Efecto que produce este golpe.

catraca *s. f., Zool., Méx.* Ave semejante al faisán.

catrín *s. m., Méx., Guat. y Nic.* Elegante, bien vestido.

catrintre *s. m.* **1.** *Gastr., Chil.* Queso hecho de leche desnatada. **2.** *Chil.* Pobre mal vestido.

caturra *s. f., Zool., Chil.* Cotorra o loro pequeño.

catuto *s. m., Gastr., Chil.* Cierto pan de forma cilíndrica, hecho de trigo machacado y cocido.

catzo *s. m., Zool., Ec.* Especie de abejorro del que hay diferentes variedades.

cau-cau *s. m., Gastr., Per.* Guiso picante hecho con el estómago de la vaca cortado en trozos pequeños.

cauca *s. f.* **1.** *Bot., Col. y Ec.* Hierba forrajera que se siembra en los potreros cercados, para alimento de las bestias. **2.** *Gastr., Bol.* Bizcocho de harina de trigo.

caucel (del azt. *quauh-ocelotl*, tigre de árbol) *s. m., Zool., C. Ric. y Hond.* Gato montés de piel hermosa y manchada como el jaguar. Es inofensivo.

caucha *s. f., Bot., Chil.* Especie de cardo de hojas lanceoladas que se usa como antídoto de la picadura de la araña venenosa.

cauchau *s. m., Bot., Chil.* Fruto de la luma semejante en la figura y gusto a la murtilla.

caudillaje *s. m.* **1.** *Arg. y P. Ric.* Caciquismo. **2.** *Arg.* Conjunto de los caudillos.

cauje *s. m., Bot., Ec.* Árbol de litoral, de fruto muy agradable del tamaño del mamey, que se toma con cuchara.

caula (de or. desconocido) *s. f., Chil. y Hond.* Treta, engaño, ardid.

caulote *s. m., Bot., Amér. C.* Árbol malváceao, semejante al moral en la hoja y el fruto.

cauque *s. m.* **1.** *Zool., Chil.* Pejerrey grande. **2.** *fig., Chil.* Persona lista y viva.

cauquén *s. m., Chil.* Canquén.

causa (del quichua *causay*, el sustento de la vida) *s. f.* **1.** *fam., Chil.* Cualquier golosina que se toma a deshora; comida ligera. **2.** *Gastr., Per.* Puré de papas, aderezado con lechugas, aceitunas, ají, etc. Se come frío y es plato criollo.

causear (de or. desconocido) *v. intr.* **1.** *Chil.* Tomar el causeo; merendar. **2.** *Chil.* Comer a deshora fiambres. ‖ *v. tr.* **3.** *fig., Chil.* Vencer con facilidad a una persona. **4.** *Chil.* Comer, en general.

causeo *s. m., Chil.* Comida que se hace fuera de horas.

causeta (del lat. *capsa*, caja) *s. f., Chil.* Nombre de una hierba que nace entre el lino.

causuelo *s. m., Nic.* Caucel.

cay *s. m., Zool., Arg.* Caí, mono capuchino.

cayajabo *s. m.* **1.** *Cub.* Semilla muy dura, de color rojo oscuro. La utilizan los niños como canica. **2.** *Cub.* Mate amarillo.

cayama *s. f., Zool., Cub.* Ave zancuda acuática, que se alimenta de peces; construye su nido en la copa de los árboles.

cayana *s. f., Arg. y Col.* Callana, vasija.

cayanco *s. m., Hond.* Cataplasma de hierbas calientes.

cayapear *v. intr., Ven.* Reunirse muchos para atacar a alguien sobre seguro.

cayapona *s. f., Bot.* Planta americana cucurbitácea de fruto purgante.

cayarí *s. m., Zool., Cub.* Cangrejo de agua dulce, de color rojo, que vive en agujeros que abre en terrenos húmedos.

cayaya *s. f.* **1.** *Bot., Cub.* Arbusto silvestre de florecillas blancas en racimos y frutilla parecida a la pimienta. **2.** *Guat.* Especie de chachalaca.

cayota *s. f., Ast. y Arg.* Cayote.

cayuco, ca *s. m. y s. f.* **1.** *Cub.* Persona que tiene la cabeza comprimida por los lados y alargada hacia la frente. **2.** *Cub.* Rudo, ignorante.

cayumbo *s. m., Bot., Cub.* Especie de junco, que nace en las ciénagas y en los ríos.

cazadora *s. f., Zool., C. Ric.* Avecilla muy vivaz y de lindo plumaje de color amarillo; gorjea agradablemente.

cazaguate *s. m., Bot., Méx.* Planta semejante a la pasionaria.

cazueleja *s. f., C. Ric.* Especie de bandeja de hoja de lata, con un borde, en el que se pone el pez al echarlo en el horno.

cazuzo, za (de *gazuza*) *adj., Chil.* Hambriento.

cebador, ra *s. m. y s. f., Arg.* Persona que ceba el mate.

cebiche (de *cebo*) *s. m., Gastr., Per., Ec. y Pan.* Guiso común, hecho de pescado o marisco crudo, preparado en un adobo de jugo de limón o naranja agria, cebolla picada, sal y ají.

cebil *s. m., Bot., Arg. y Ur.* Árbol leguminoso, alto y corpulento, que da madera para la construcción; sus hojas las come el ganado en tiempos de escasez y su corteza es un enérgico curtiente.

cebolleta *s. f., Bot., Cub.* Especie de juncia de tubérculos parecidos a los de las chufas.

cebollón, na *s. m. y s. f., Chil.* Solterón.

cecesmil (del azt. *cecelic*, tierno, y *milli*, campo cultivado) *s. m., Hond.* Plantío de maíz temprano.

cecí *s. m., Cub.* Sesí.

cecina (del lat. vulg. *siccina*, carne seca, de *siccus*, seco) *s. f.* **1.** *Arg. y Par.* Tira de carne de vacuno. **2.** *Chil.* Embutido de carne. **3.** *Ec.* Loncha de carne fresca.

cecinar *v. tr., Ec.* Cortar la carne en forma de cecina.

cedro (del lat. *cedrus*, y éste del gr. *kédros*) *s. m.* **1. cedro del Líbano** *Bot.* El de mayor altura y hojas verde oscuro. **2. cedro dulce** *Bot., C. Ric.* Especie gigantesca.

cedrón *s. m.* **1.** *Bot., Arg., Chil. y Per.* Planta verbenácea, olorosa y medicinal. **2.** *Bot., Amér. C.* Planta que produce unas semillas muy amargas, usadas contra el veneno de las serpientes.

cédula (del lat. *schedula*, dim. de *scheda*, hoja de papel) *s. f.* **1. cédula de identidad** *Arg., Chil. y Ur.* Tarjeta de identidad. **2. cédula personal** *Arg., Chil. y Ur.* Documento oficial que expresa el nombre, profesión, domicilio y otros datos de cada vecino, y tenía diversos usos. **3. cédula real** *Arg., Chil. y Ur.* Despacho del rey, expedido por algún consejo o tribunal superior, en que se concede una merced o se toma alguna providencia. **4. cédula testamentaria** *Arg., Chil. y Ur.* Memoria, escrito simple considerado como parte integrante de un testamento.

cegua *s. f., Nic.* Cigua.

ceibón *s. m., Bot., Cub.* Árbol semejante a la ceiba, de unos 20 m de altura. Su madera es ligera.

ceja (del lat. *cilia*, pl. n. de *cilium*, ceja) *s. f.* **1.** *Cub.* Camino estrecho, senda o vereda en una faja de bosque. **2.** *Mús., Cub.* En los instrumentos de cuerda, listón que sobresale entre el clavijero y el mástil, para apoyo y separación de las cuerdas. **3.** Sección de un bosque cortado por un camino.

cele *s. m., C. Ric.* Celeque.

celeque (del azt. *celic*) *adj., El Salv., Hond. y Nic.* Se dice de las frutas tiernas o en leche.

celosa *s. f., Bot., Cub.* Arbusto verbenáceo, espinoso, de flores azuladas, en espiga, y madera amarilla, con vetas suaves, dura, compacta y pesada.

cemita *s. f., Gastr., El Salv. y Nic.* Pastel formado por dos capas de pan de salvado, con relleno de dulce, hecho con alguna fruta tropical.

cempoal *s. m., Bot., Méx.* Planta medicinal de flores amarillas. En Europa recibe el nombre de "clavel de las Indias".

cenaduría *s. f., Méx.* Fonda en que sirven comidas por la noche.

cenancle *s. m., Méx.* Mazorca del maíz.

cenata *s. f., Col. y Cub.* Cena copiosa y alegre entre amigos.

cenca *s. m., Per.* Nombre que se da a la cresta de las aves.

cencapa *s. f., Per.* Jáquima que se pone a la llama.

cenco *s. m., Zool.* Reptil del orden de los ofidios, que vive en América.

cencuate *s. m., Zool., Méx.* Culebra venenosa, de más de un m de largo y muy pintada.

cenícero *s. m., Amér. del S.* Cenízaro.

cenízaro *s. m., Bot., C. Ric.* Árbol de copa ancha, que se cubre de flores rosadas o rojas y cuya fruta sirve de alimento al ganado. Su madera es dura y fina.

cenote (del maya *tz'onot*, pozo, abismo) *s. m.* Depósito natural de agua subterránea, generalmente a gran profundidad de la tierra.

centella (del lat. *scintilla*) *s. f., Chil.* Ranúnculo.

centellero *s. m., Chil.* Centillero.

centillero (del lat. *scintilla*, centella) *s. m., Chil.* Candelabro de siete luces, que se usa en la exposición del Santísimo Sacramento.

central (del lat. *centralis*) *s. f., Cub., El Salv., Nic., P. Ric. y Rep. Dom.* Ingenio o fábrica de azúcar.

centrarco (del gr. *kéntron*, aguijón) *s. m., Zool.* Pez teleósteo, del suborden de los acantopterigios, que tiene muchas espinas en las aletas.

cenzonte (del azt. *centzóntli*, cuatrocientas voces) *s. m., Hond. y Méx.* Sinsonte.

ceoán *s. m., Zool., Méx.* Ave parecida al tordo, aunque mayor que él.

cepa (de *cepo*) *s. f.* **1.** *Hond.* Conjunto de variedades del plátano que tienen una raíz común. **2.** *Méx.* Foso, hoyo casi siempre grande. **3.** *Arq., Méx.* En los arcos y puentes, parte del machón desde que sale de la tierra hasta la imposta.

cepo (del lat. *cippus*) *s. m.* **cepo colombiano** Castigo militar que se ejecutaba oprimiendo al reo entre dos fusiles, o con uno solo, atándolo con las correas de un soldado.

cequión *s. m., Chil.* Canal o acequia grande.

cera (del lat. *cera*) *s. f.* **1. cera vegetal** *Hond.* La que se extrae de las semillas

de un arbusto denominado pimientilla. **2. cera virgen** *Hond.* La que aún
no ha sido melada. **3. cera virgen**
Hond. La que está sin labrar. **4. cera
toral** *Hond.* La que se emplea para
curar.

ceragallo *s. f., Bot., C. Ric.* Planta perenne herbácea, de la familia de las
lobeliáceas, de tallo ramoso y flores
amarillas y rojas.

cercado *s. m., Per.* División territorial
que comprende la capital de un Estado o provincia y los pueblos que de
aquélla dependen.

cerco (del lat. *circus*, círculo) *s. m.* Cerca, valle o seto vivo.

cereza (del lat. *cerasia*, pl. n. de *cera-
sium*) *s. f.* **1.** *Bot., C. Ric.* Fruta empalagosa y muy distinta de la europea.
2. *Amér. C., Col., Cub., Pan. y P. Ric.*
Cáscara del grano de café.

cerezo (del lat. *cerasius*) *s. m., Bot.*
Nombre de varios árboles y arbustos,
de fruto más o menos parecido al del
cerezo europeo.

cerillo *s. m.* **1.** *Bot., Cub.* Árbol silvestre, de madera estimada en carpinte-
ría. **2.** *Bot., C. Ric.* Planta tropical de
la familia de las gutíferas, propia de
los países cálidos, de cuya corteza
mana una goma amarilla parecida a la
cera.

cerito *s. m., Bot., C. Ric.* Arbusto de la
costa, cuyas flores blancas parecen de
cera.

cerotear *v. intr., Chil.* Gotear la cera
de las velas.

cerrazón (de *cerro*) *s. f., Col.* Contrafuerte de una cordillera.

cerrero, ra (de *cerro*) *adj.* **1.** *fig.,
Arg., Per. y P. Ric.* Se dice de la persona inculta y brusca. **2.** *Ven.* Se dice
de lo que es amargo.

certeneja (de *sarteneja*) *s. f.* **1.** *Chil.*
Hoyo que se practica en el cauce de
un río. **2.** *Méx.* Charco pequeño, pero
profundo.

chabela *s. f., Gastr., Bol.* Bebida hecha
con mezcla de vino y chicha.

chaca *s. f., Chil.* Variedad de marisco
comestible.

chacalín *s. m., Hond.* Camarón, crustáceo decápodo.

chacana *s. f.* **1.** *Ec.* Camilla, parihuela. **2.**
Per. Desván donde se guardan frutos.

chacanear *v. tr.* **1.** *Chil.* Espolear con
fuerza a la cabalgadura. **2.** *fig., Chil.*
Importunar.

chácara[1] *s. f.* Chacra, granja o finca
rústica.

chácara[2] (voz quichua) *s. m., Col.* Monedero.

chacarero, ra (de *chácara*) *adj.* **1.** Se
dice del dueño de una chácara, gran-
ja. **GRA.** También s. m. y s. f. ‖ *s. m. y
s. f.* **2.** Campesino, persona que trabaja en ella.

chacate *s. m., Bot., Méx.* Especie de
planta de la familia de las poligaláceas.

chaco (del quichua *cháku*, cacería que
se hace cercando las presas) *s. m.,
Amér. del S.* Cacería con ojeo, ence-
rrando la caza en un círculo, que
practicaban antiguamente los habitantes de América del Sur.

chacra (voz quichua antigua) *s. f.*
Granja, cortijo.

chacuaco *s. m., Min.* Horno de manga
empleado para fundir minerales de
plata.

chafirro *s. m., C. Ric.* Cuchillo, machete.

chagolla *s. f., Numism., Méx.* Moneda
falsa o muy gastada.

chagorra *s. f., Méx.* Mujer ordinaria o
de clase baja.

chagra *s. m. y s. f.* **1.** Campesino de
Ecuador. ‖ *s. f.* **2.** *Col.* Chacra, granja.

chagual (del quichua *chahuar*, estopa)
s. m. **1.** *Bot., Arg., Chil. y Per.* Planta
de la familia de las bromeliáceas, de
tronco escamoso y flores verdosas. La
médula del tallo tierno es comestible,
las fibras sirven para cuerdas y la madera seca se emplea como suavizador
de las navajas de afeitar. **2.** *Bot., Chil.*
Fruto del cardón, planta bromeliácea.

chaguala *s. f.* **1.** *Méx.* Chancleta, zapato o zapatilla. **2.** *Col.* Calzado viejo. **3.**
Col. Chirlo, herida o cicatriz en la cara.

chagualo *s. m., Bot., Col.* Árbol de la
familia de las araliáceas.

chagualón *s. m.* **1.** *Bot., Col.* Árbol del incienso. **2.** *Col.* Zapato viejo.

chaguarama *s. m., Bot., Amér. C.* Árbol, especie de palma gigantesca, de 20 a 25 m de altura, hojas como plumas, delgadas y ondeadas en la punta, a veces en forma de abanico, y fruto harinoso, dulce y nutritivo. Se emplea también como ornamental en jardines y alamedas.

chagüí *s. m., Zool., Ec.* Pájaro abundante en el litoral ecuatoriano, algo así como el gorrión en España.

cháhuar *s. m.* **1.** *Zool.* Caragutá, cierta agave. ‖ *adj.* **2.** *Ec.* Se dice de la caballería de color bayo.

chahuistle *s. f., Bot., Méx.* Roya del maíz.

chajá (voz onomatopéyica) *s. m., Zool., Arg., Par., Ur. y Bol.* Ave zancuda de más de 0,5 m de longitud, de color gris claro, cuello largo, plumas altas en la cabeza y dos púas en la parte anterior de sus alas. Su andar es erguido y lento y lanza un fuerte grito, que sirvió para darle nombre. Se domestica con facilidad.

chajal *s. m.* **1.** *Ec.* Indígena que estaba al servicio del cura en las parroquias. **2.** *Ec.* Criado, sirviente.

chajuán *s. m., Col.* Calor bochornoso.

chajuanado, da *adj., Col.* Cansado, agotado.

chala (voz quichua) *s. f.* **1.** *Chil. y Per.* Envoltura verde de la mazorca del maíz, que una vez seca se usa en algunas partes para liar cigarrillos. **2.** *Chil.* Chalala, sandalia de cuero crudo.

chalala *s. f., Chil.* Sandalia muy tosca de cuero crudo a manera de abarca.

chalán (del fr. *chaland*, amigo o allegado de alguien, p. a. de *chaloir*, importar, ser de interés para alguien, procedente del lat. *calere*, estar caliente, interesarse por algo) *s. m., Col. y Per.* Picador, el que doma los caballos.

chalanear *v. tr., Col. y Per.* Adiestrar caballos.

chalate *s. m., Méx.* Caballo matalón.

chalcha (voz mapuche) *s. f., Chil.* Vulgarismo por papada.

chalchal *s. m., Bot., Arg.* Árbol abietáceo, cuyas piñas contienen unos piñones menudos y su madera se emplea en carpintería.

chalchihuite *s. m.* **1.** *Miner., C. Ric. y Méx.* Especie de esmeralda basta. **2.** *Amér. C.* Chuchería, baratija de poco valor.

challulla *s. f., Zool., Per.* Cierto pez fluvial sin escamas.

chalón (de *chal*) *s. m., Ur.* Manto o mantón negro.

chalona *s. f.* **1.** *Bol.* Carne de oveja, salada y secada al sol. **2.** *Per.* Carne de carnero acecinada.

chalupa (del fr. *chaloupe*, de or. incierto) *s. f.* **1.** *Méx.* Canoa en que apenas caben dos personas y sirve para navegar entre las chinampas de México. **2.** *Gastr., Méx.* Torta de maíz pequeña y ovalada, con algún condimento por encima.

chamaco, ca *s. m. y s. f., Amér. C.* Niño, muchacho.

chamagoso, sa (del náhuatl *chamahuac*, cosa basta, burda) *adj.* **1.** *Méx.* Descuidado o sucio, aplicado a personas. **2.** *Méx.* Basto o vulgar, aplicado a cosas.

chamagua *adj., Bot., Méx.* Se dice del maíz que empieza a madurar.

chamal *s. m.* **1.** *Arg., Bol. y Chil.* Tela que usan los araucanos para cubrirse de la cintura abajo, a veces con la parte de atrás vuelta hacia delante por entre las piernas, formando una especie de pantalones. **2.** *Chil.* Manta que usan como mantón las mujeres araucanas.

chamanto *s. m., Chil.* Manto de lana fina con muchas listas de colores, que usan los campesinos.

chamarreta (de *chamarra*) *s. f., Ven.* Casaquilla o chaqueta holgada, que llega hasta poco más abajo de la cintura, abierta por delante, redonda y con mangas.

chamarro *s. m., Hond. y Méx.* Zamarro, prenda rústica de vestir.

chamba (del ant. port. *chamba*) *s. f., Col. y Ven.* Zanja o vallado que sirve para limitar los predios.

chambado *s. m., Arg. y Chil.* Cuerna, vaso rústico.

chambergo (de *Schomberg*, nombre del general que introdujo la moda en el uniforme) *s. m., Zool., Cub.* Pájaro del tamaño de un gorrión, de color variado, que causa mucho daño en los arrozales.

chamberí *adj., Per.* Se aplicaba a la persona que vestía con lujo y ostentación. **GRA.** También s. m. y s. f.

chambo (del gall. *chambar*, y éste del ant. fr. *chambier*, cambiar) *s. m., Méx.* Cambio de granos y semillas por otros artículos.

chambonear *v. intr., fam.* Hacer o decir chambonadas.

chamborote *adj.* **1.** *Ec.* Se aplica al pimiento blanco. **2.** *fig., Ec.* Se dice de la persona de nariz larga.

chamburo *s. m., Bot., Ec.* Árbol de América Meridional, de la familia de las caricáceas, con grandes hojas, agrupadas en la parte superior, y que produce una baya comestible.

chamicado, da *adj., Chil. y Per.* Se dice de la persona taciturna, y también de la que está perturbada por la embriaguez.

chamicero *s. m., Col.* Lugar donde abunda la chamiza, leña menuda.

chamico *s. m., Bot., Cub. y Amér. del S.* Arbusto silvestre de la familia de las solanáceas, variedad de estramonio, de follaje sombrío, hojas grandes dentadas, blancas y moradas, y fruto como un huevo verdoso, de olor nauseabundo y sabor amargo. Es narcótico y venenoso, pero se emplea como medicina en las afecciones del pecho.

champa (de la onomat. *champ*, del azadonazo) *s. f., Amér. del S.* Raigambre, tepe, cepellón.

champañazo *s. m., fam., Chil.* Fiesta familiar en la que se bebe mucho champaña.

champear (de *champa*) *v. tr., Chil. y Ec.* Tapar o cerrar con césped o tepes una presa o portillo.

champola *s. f.* **1.** *Gastr., Amér. C. y Cub.* Refresco hecho con pulpa de guanábana, azúcar y agua o hielo. **2.** *Gastr., Chil.* Refresco hecho de chirimoya.

champuz *s. m., Gastr., Ec. y Per.* Gachas de harina de maíz o de maíz cocido, azúcar y zumo de naranjilla.

chamuchina *s. f.* Gente ordinaria.

chan *s. m., Bot., El Salv. y Guat.* Chía, semilla de salvia.

chancaca (del náhuatl *chiancaca*, azúcar moreno, o del quichua *chánkkay*, triturar) *s. f.* **1.** *Gastr.* Masa preparada con azúcar o miel, y de diversas maneras. **2.** *Gastr., Ec.* Pasta de maíz o trigo tostado y molido con miel.

chancadora *s. f., Chil.* Trituradora.

chancaquita *s. f., Gastr.* Pastilla hecha con chancaca, nueces, coco, etc.

chancar (del quichua *chánkkay*, machacar, moler) *v. tr.* **1.** *Amér. C., Arg., Chil. y Per.* Triturar, machacar, moler, especialmente minerales. **2.** *Chil. y Per.* Apalear, golpear, maltratar. **3.** *fig., Chil. y Per.* Apabullar, vencer. **4.** *Chil. y Ec.* Ejecutar mal o a medias una cosa. **5.** *Per.* Estudiar con ahínco, empollar.

chancha *s. f., Amér. del S.* Hembra del chancho.

chanchería *s. f., Arg. y Chil.* Tienda donde se vende carne de chancho y embuchados.

chanchero, ra *s. m. y s. f., Arg. y Chil.* Persona que cuida chanchos o cerdos, los cría para venderlos o negocia con ellos comprándolos y vendiéndolos.

chancho, cha (de *Sancho*, n. p. de persona con el que en el s. XVII se llamó al cerdo) *adj.* **1.** Sucio, desaseado. ‖ *s. m. y s. f.* **2.** Cerdo. ‖ *s. f.* **3.** *Numism., Chil. y Ec.* Moneda pequeña.

chancleta *s. f., fam., desp.* Mujer, en especial la recién nacida.

chancón, na *adj., Per.* Empollón.

chancuco *s. m., Col.* Tabaco de contrabando.

chanda (voz quichua) *s. f., Col.* Sarna.

chandoso *adj., Col.* Sarnoso. Se aplica especialmente a los perros.

chaneca *s. f., Bol.* Vulgarismo por trenza de las mujeres.

chanfaina (del cat. *samfaina*) *s. f.* **1.** *Gastr., Col.* Guiso que se hace con carne de oveja o cordero. **2.** *fig., Col.* Cargo o empleo muy conveniente.

changa *s. f.* **1.** *Amér. del S.* Oficio del maletero y servicio que presta. **2.** *Amér. del S. y Cub.* Chanza, broma.

changador *s. m., Amér. del S.* Mozo de cordel.

changle *s. m., Bot., Chil.* Planta parásita, especie de hongo comestible que crece en los árboles.

chango, ga *adj., Chil.* Se aplica a la persona torpe y fastidiosa. **GRA.** También s. m. y s. f.

changuear *v. intr., Col., Cub. y P. Ric.* Bromear.

changuería *s. f., Hond., Méx. y P. Ric.* Acción propia del chango.

changuero, ra *adj., Col., Cub. y P. Ric.* Chancero.

changüí (de or. incierto) *s. m., Cub.* Cierta danza antigua.

chaña *s. f., Chil.* Vulgarismo por rebatiña.

chañaca *s. f., Chil.* Sarna.

chañar (voz quichua) *s. m.* **1.** *Bot., Amér. del S.* Árbol parecido al olivo en el tamaño y forma de las hojas, pero espinoso y de corteza amarilla, cuyo fruto es dulce y comestible. **2.** *Bot., Amér. del S.* Fruto de este árbol.

chaño *s. m., Chil.* Frazada de lana burda, con fleco y listas de color rojo, que sirve de manta, colchón y sudadero.

chapa (de or. incierto) *s. f.* **1.** *Chil.* Cerradura, mecanismo para cerrar. **2.** *fig. y fam., Ec.* Polizonte.

chapapote (voz antillana) *s. m.* Asfalto de las Antillas.

chaparrazo *s. m., Hond. y Ven.* Chaparrón.

chaparreras *s. f. pl.* Especie de zahones de piel adobada que se usan en México.

chape *s. m.* **1.** *Col. y Chil.* Trenza de pelo. **2.** *Zool., Chil.* Babosa. **3.** *Zool., Chil.* Nombre aplicado a distintas especies de moluscos, algunos comestibles.

chapeado, da *adj., Col. y Méx.* Se dice de la persona que tiene las mejillas sonrosadas o con buenos colores.

chapear *v. tr.* **1.** *Cub.* Limpiar la tierra de maleza y hierba con el machete. ‖ *v. prnl.* **2.** *Chil.* Prosperar, mejorar de situación económica.

chapecar *v. tr.* **1.** *Chil.* Trenzar. **2.** *Chil.* Enristrar, hacer ristras con ajos o cebollas.

chapetón (aum. de *chapeta*) *s. m., Méx.* Rodaja de plata con que se adornan los arneses de montar.

chapetón, na (der. de *chapín*) *adj.* Se dice del español recién llegado a América, y por ext., del europeo en iguales condiciones. **GRA.** También s. m. y s. f.

chapetonada (de *chapetón*) *s. f.* **1.** Enfermedad que padecían los españoles al llegar a América, antes de aclimatarse. **2.** *fig., Ec.* Novatada.

chapico *s. m., Bot., Chil.* Arbusto solanáceo, siempre verde, con hojas espinosas que se usan para teñir de amarillo.

chapín (del cat. *tapí*) *s. m.* **1.** Patituerto, se dice del que tiene torcidas las piernas o patas. **2.** Cierto pez parecido al cofre, que vive en los mares tropicales.

chapinismo *s. m.* **1.** *Amér. C.* Provincialismo propio de Guatemala. **2.** *Amér. C.* Vocablo, giro o modo de hablar de los chapines o guatemaltecos.

chapinizarse *v. prnl., Amér. C.* Adquirir las costumbres y los modales de los chapines o guatemaltecos.

chapisca *s. f.* En algunos países de América, tapisca.

chapola *s. f., Zool., Col.* Mariposa, insecto.

chapopote *s. m., Méx.* Chapapote.

chapul *s. m.* **1.** *Zool., Col.* Libélula. **2.** *Zool., Col.* En algunos países de América, especie de langosta o saltamontes.

chapulín *s. m., Zool., Amér. C. y Ven.* Langosta, cigarrón.

chapurrado *s. m., Gastr., Cub.* Bebida compuesta de ciruelas cocidas con agua, azúcar y clavo. Hoy se da este nombre a otras mezclas de licores con agua.

chaquiñán *s. m., Ec.* Atajo, sendero.

chaquira (voz indígena) *s. f.* **1.** Cuentas, abalorios, etc. de distintas materias, que llevaban los españoles para vender a los indígenas americanos. **2.** Sarta, collar, brazalete hecho con cuentas, abalorios, conchas, etc., usado como adorno. **3.** *Pan.* Cuello postizo, como adorno femenino, hecho con abalorios de diversos colores.

charal (voz americana) *s. m., Zool., Méx.* Pez teleósteo, fisóstomo, muy comprimido, de unos cinco cm de largo, lleno de espinas, y de color plateado, que se cría con abundancia en las lagunas del estado de Michoacán, en México, y, curado al sol, es artículo de comercio bastante importante.

charamusca *s. f., Gastr., Méx.* Confitura en forma de tirabuzón, hecha de azúcar, mezclada con otras sustancias y acaramelada.

charango *s. m., Mús.* Especie de bandurria pequeña, de sonidos muy agudos, de cinco cuerdas usada en Perú, hecha a veces con el caparazón de armadillo.

charapa *s. f., Zool., Per.* Especie de tortuga pequeña y comestible.

charape (var. de *jarabe* y *jarope*) *s. m., Gastr., Méx.* Bebida fermentada hecha con pulque, panocha, miel, clavo y canela.

charata *s. f., Zool., Arg. y Bol.* Ave gallinácea, especie de pavo salvaje.

charcas *s. m. pl., Etn.* Pueblo indígena de América Meridional sujeto al imperio de los Incas.

charchina *s. f., Méx.* Matalote, caballo ruin y flaco.

charco (de or. desconocido, quizá prerromano) *s. m., Col.* Remanso de un río.

charcón, na *adj.* **1.** *Arg. y Bol.* Se dice de la persona de complexión enjuta. **2.** *Arg. y Bol.* Se aplica también al animal del que no se consigue que engorde.

charlón, na *adj., Ec.* Charlatán, hablador. **GRA.** También s. m. y s. f.

charol (del chino *chat liao*, a través del port. *charão*) *s. m., Amér. C., Bol., Col., Cub., Ec. y Per.* Bandeja, pieza para servir, presentar o depositar cosas.

charque (del quichua *charki*) *s. m., Arg., Méx. y Ur.* Charqui.

charquear *v. tr.* Hacer charqui.

charquecillo *s. m., Per.* Congrio salado y seco.

charqui (del mismo or. que *charque*) *s. m.* Tasajo, carne salada.

charquicán (del arauc. *charkikan*, guisar el charque) *s. m., Gastr., Per., Bol. y Chil.* Guiso hecho con charqui, ají, patatas, judías y otros ingredientes.

charra *s. f., Hond.* Sombrero corriente, ancho de falda y bajo de copa.

charrascal *s. m., Col.* Carrascal.

charro (del vasc. *txar*, defectuoso, y éste de or. ibérico) *s. m., Méx.* Jinete mexicano que viste un traje especial compuesto de chaqueta con bordados, pantalón ajustado, camisa blanca y sombrero de ala ancha y alta copa cónica.

chasca *s. f., Chil. y Per.* Greña, maraña, vedija.

chascada *s. f., Hond.* Adehala.

chascón, na *adj., Chil.* Enmarañado, enredado, greñudo.

chasconear *v. tr.* **1.** *Chil.* Enredar, enmarañar. **2.** *Chil.* Repelar, tirar del pelo.

chasque (voz quichua) *s. m.* **1.** *Per.* Indígena que sirve de correo. **2.** *Amér. del S.* Mensajero.

chasqui (voz quichua) *s. m.* Chasque.

chata (de *chato*) *s. f.* Chalana, barco.

chatasca *s. f., Gastr., Arg.* Charquicán, guiso.

chaucha (voz indígena) *s. f.* **1.** *Numism., Arg.* Moneda pequeña de plata o níquel. **2.** *Bot., Arg.* Judía verde. **3.** *Numism., Chil.* Moneda de baja ley. **4.** *Chil.* Patata temprana y menuda que se deja para simiente.

chauchera (de *chaucha*) *s. f., Chil.* Portamonedas.

chavalongo *s. m., Chil.* Vulgarismo por tifoidea.

chaya *s. f., Chil.* Burlas y juegos de los días de carnaval.

chayo (voz cubana) *s. m., Bot., Cub. y Méx.* Arbusto de la familia de las euforbiáceas, de un m de altura, tallo recto, ramoso, cuyas hojas dentadas, verdes por la haz y más claras por el envés, se comen cocidas. Segrega una especie de resina.

chayote (del náhuatl *chayúti*) *s. m.* **1.** *Bot.* Fruto de la chayotera en forma de pera, de corteza rugosa o asurcada, blanquecina o verdosa, según las variedades. Es comestible bastante apreciado. **2.** *Bot.* Chayotera.

chayotera *s. f., Bot.* Planta trepadora americana, espinosa, de la familia de las cucurbitáceas. Las hojas son verdes por encima y pálidas por debajo, y las flores tienen cinco pétalos amarillos y el cáliz acampanado; su fruto es el chayote.

cheche *s. m.* **1.** *P. Ric.* Jefe, director. **2.** *P. Ric.* Persona inteligente.

chécheres *s. m. pl., Col. y C. Ric.* Baratijas, trastos, cachivaches.

cheje *s. m., El Salv. y Hond.* Eslabón de cadena.

chencha *adj., Méx.* Holgazán.

chepica *s. f., Bot., Chil.* Grama, planta.

chequear *v. tr., Amér. C.* Emitir cheques.

chequén (del arauc. *chequeñ*) *s. m., Bot., Chil.* Especie de arrayán, de hojas elípicas, de igual color por ambas caras y con puntitos en la interna.

chercán (del mapuche *chedcañ*) *s. m., Zool., Chil.* Pajarillo doméstico e insectívoro semejante al ruiseñor en la figura y el color, pero de canto menos dulce.

chercha *s. f.* **1.** *Hond.* Chacota. **2.** *Ven.* Burla.

cherliclés *s. m., Zool., Ec.* Ave trepadora, especie de loro de América tropical.

cheuto, ta *adj., Chil.* Se aplica a la persona que tiene el labio partido o deformado.

chévere (voz americana) *adj.* **1.** *Ec., P. Ric. y Ven.* Bonito, elegante, gracioso. **2.** *Col. y Ven.* Benévolo, indulgente. **3.** *Cub., P. Ric. y Ven.* Elegantón, petimetre. **4.** *Ven.* Valentón, guapo.

chía *s. f.* **1.** *Bot.* Semilla de una especie de salvia que, puesta a remojo, suelta un mucílago con el cual, mezclado

con jugo de limón y azúcar, se hace un refresco en México. **2.** *Gastr.* Refresco hecho con ella.

chibolo, la *s. m. y s. f., Ec.* Cuerpo redondo y pequeño, chichón.

chica *s. f., Numism., Méx.* Moneda de plata de tres centavos.

chicalé *s. m., Zool., Amér. C.* Pájaro muy vistoso por los colores de su plumaje.

chicalote (del náhuatl *chicalotl*) *s. m., Bot.* Argemone, planta de la familia de las papaveráceas.

chicano, na (afér. de *mexicano*) *adj.* **1.** Se dice de la persona de origen mexicano, nacida y criada en Estados Unidos. **GRA.** También s. m. y s. f. **2.** Se dice de la persona nacida en México, que es residente o ciudadano de Estados Unidos. **GRA.** También s. m. y s. f. **3.** Se dice del movimiento reivindicador del libre desarrollo de la cultura peculiar de esta minoría y del goce total de sus derechos civiles.

chicha (de la voz panameña *chichab*, maíz) *s. f., Gastr.* Bebida alcohólica que resulta de la fermentación del maíz, uvas u otros frutos en agua azucarada.

chicharrón *s. m., Bot., Cub.* Árbol silvestre combretáceo, de madera muy dura, que se utiliza para carros, trapiches, ruedas de molino de café y otros usos. Su altura es de unos 11 m y el grueso del tronco de unos 60 cm. Sus hojas son alternas, ovaladas y de color grisáceo, las flores pequeñas, en espigas de diez estambres, sin corola, y fruto comprimido.

chiche[1] *s. m., Ec.* Chicha, carne comestible.

chiche[2] (del náhuatl *celic*, cosa verde o blanca) *adj.* **1.** *El Salv.* Se dice de la persona muy blanca o rubia. **2.** *Arg., Bol., Chil., Par., Per. y Ur.* Pequeño, delicado, bonito. ‖ *s. m.* **3.** *Arg., Bol., Chil., Par., Per. y Ur.* Juguete. **4.** *Chil.* Objeto de bisutería. **5.** *Guat. y Méx.* Pecho, mama de la nodriza.

chichería *s. f.* Casa o tienda donde en América se vende chicha para beber.

chichero, ra (de *chicha*) *adj.* **1.** Perteneciente o relativo a la chicha. Se aplica especialmente a los lugares donde se fabrica o vende esta bebida alcohólica, y también a los objetos que sirven para fabricarla o guardarla. || *s. m.* **2.** *Per.* Chichería.

chichi *s. f., fam., Guat. y Méx.* Nodriza.

chichicaste (del azt. *tzitzicastli*) *s. m., Bot., Amér. C.* Arbusto silvestre, especie de ortiga, espinoso, de tallo fibroso que se utiliza para cordelería. Sus hojas son grandes, laternas, dentadas, verdes, peludas por encima y más pálidas en la parte inferior; sus flores amarillas agrupadas y una baya blanca de fruto.

chichicuilote *s. m., Zool., Méx.* Ave zancuda, semejante al zarapito, pero más pequeña; de color gris, pico largo y delgado. Es comestible y se domestica con facilidad.

chichigua *s. f., Amér. C.* Ama de cría.

chichilasa *s. f.* **1.** *Zool., Méx.* Hormiga de color rojo, pequeña, pero muy maligna. **2.** *fig., Méx.* Mujer hermosa y arisca.

chichilo *s. m., Zool., Bol.* Mono amarillo, especie de tití.

chichinar *v. tr.* Quemar.

chichiquín *s. m., Bot., Chil.* Planta liliácea, de flores azules.

chichito *s. m.* **1.** *fam.* Niño pequeño. **2.** *fam.* Criollo, hispanoamericano.

chicholo *s. m., Gastr., Arg.* Dulce envuelto en la chala o espata del maíz verde.

chicle (del náhuatl *zictli*) *s. m.* **1.** Gomorresina que se extrae del tronco del chicozapote, árbol de México y Amér. C., empleada en la manufacura de emplastos adhesivos, barnices resistentes al agua y, muy particularmente para la goma de mascar. **2.** Pastilla de goma blanda, impregnada en una sustancia dulce y aromatizada, que se lleva en la boca masticándola como golosina.

chiclear *v. tr., Méx.* Mascar chicle.

chicoco, ca *s. m. y s. f., Chil.* Muchacho robusto y de poca altura.

chicolongo *s. m., Cub.* Hoyuelo, juego de muchachos.

chicotazo *s. m.* Golpe dado en el chicote, látigo.

chicote (del fr. *chicot*, pedazo de tronco o de raíz, astilla) *s. m.* Látigo.

chicotear *v. tr.* Dar chicotazos.

chicozapote (de *chico* y el náhuatl *tzapotl*) *s. m., C. Ric.* Zapote.

chiflón *s. m.* **1.** Viento colado, o frío y molesto aunque de poca violencia. **2.** *Méx.* Caño por donde sale el agua con fuerza. **3.** *Méx.* Derrumbe de piedra suelta en el interior de una mina.

chigrero *s. m., Ec.* Comerciante que lleva artículos de la sierra al litoral del país.

chigua *s. f., Chil.* Especie de serón o cesto hecho de mimbres o de corteza de árbol, de forma oval y boca de madera, que se usa para distintas cosas, entre ellas, para cuna.

chigüil *s. m., Gastr., Ec.* Masa de maíz, manteca y huevos con queso, envuelta en chala, espata verde del maíz, y cocida al vapor.

chigüiro *s. m., Ven.* Carpincho, animal roedor.

chihuahua *s. m., Ec.* Artificio de fuego que consiste en un armazón de cañas de figura humana, revestido de papel y lleno de pólvora, que se quema en algunas fiestas.

chilacayote (del náhuatl *tzilacayutli*, calabaza blanca) *s. m.* **1.** *Bot.* Planta de la familia de las cucurbitáceas, de cuyo fruto se hace el cabello de ángel. **2.** *Bot.* Fruto de esta planta.

chilacoa *s. f., Zool., Col.* Especie de chochaperdiz muy común y abundante.

chilaquil *s. m.* **1.** *Méx.* Sombrero de fieltro, viejo y mugriento. **2.** *Gastr., Méx.* Guiso consistente en tortillas de maíz partidas y cocidas con caldo de chile y otros ingredientes.

chilaquila *s. f., Gastr., C. Ric. y Guat.* Tortillas de maíz rellenas con queso, hierbas y chile.

chilatole *s. m., Gastr., Méx.* Guiso de maíz entero, chile y carne de cerdo.

chilca (del quichua *chíllka*, arbusto de hojas pegajosas) *s. f., Bot., Col. y*

Guat. Nombre de varias especies de arbustos balsámicos y resinosos que se usan en veterinaria.

chilchote *s. m., Méx.* Especie de ají o chile muy picante.

chilco (del mapuche *chillco*) *s. m.* **1.** *Bot., Chil.* Fucsia silvestre. **2.** *Bot., Col. y Per.* Chilca.

chile (del náhuatl *chílli*) *s. m.* **1.** *Méx.* Ají, pimiento. **2.** *Guat.* Mentira, cuento.

chilero, ra *s. m. y s. f.* **1.** *Guat. y Méx.* Persona que tiene por oficio cultivar, comprar y vender chile. **2.** *Guat.* Persona mentirosa. **GRA.** También adj.

chilindrón (quizá de un cruce de *chirlo* con *tolondrón*) *s. m., Hond.* Chirca.

chilinguear *v. tr., Col.* Vulgarismo por columpiar, mecer.

chilla *s. f.* **1.** *Zool., Chil.* Especie de zorra pequeña. **2.** *Arg.* Otra especie de zorra.

chilmole *s. m., Gastr., Méx.* Salsa o guiso de chile con tomate u otra legumbre.

chilote (de *chile*) *s. m., Gastr., Méx.* Bebida hecha con pulque y chile.

chilpe *s. m.* **1.** *Ec.* Tira de hoja del agave o cabuya. **2.** *Ec.* Hoja seca de maíz. ‖ *s. m. pl.* **3.** *Chil.* Andrajos, trastos, trebejos.

chiltota (del náhuatl *chiltic*, rojo, y *tutut*, pájaro) *s. f., Zool., El Salv.* Ave canora y pequeña, de color amarillo fuego, con algunas plumas negras, que hace su nido en forma de bolsa y lo cuelga de ramas, alambres, etc.

chiltote *s. m., Zool., Guat.* Cierto pájaro dentirrostro, emigrante y originario de América del Sur.

chiltuca *s. f., El Salv.* Casampulga.

chimachima *s. m., Arg.* Chimango, ave.

chimango (voz onomatopéyica) *s. m., Zool., Arg., Bol. y Per.* Ave de rapiña, de unos 30 cm de largo, de color oscuro en parte y en otras acanelado y blancuzco. Abunda mucho en la región del Río e la Plata.

chimar *v. tr., Méx.* Fastidiar.

chimbador, ra *adj., Per.* Se dice del indígena hábil en atravesar ríos.

chimbo, ba *adj., Gastr.* Se dice de una especie de dulce hecho con huevos, almendras y almíbar. **GRA.** También s. m.

chiminango *s. m., Bot., Col.* Cierta clase de árbol corpulento que abunda en el Cauca.

chimó *s. m., Ven.* Pasta de extracto de tabaco cocido y sal de urao, que saborean llevándola en la boca los habitantes de la cordillera occidental de Venezuela.

chimojo (voz taína) *s. m., Cub.* Medicamento antiespasmódico a base de tabaco, cáscara de plátano, salvia y otros ingredientes.

china (del quichua *china*) *s. f., Amér. C. y Amér. del S.* Indígena o mestiza que se dedica al servicio doméstico, y, modernamente, criada o mujer de clase baja.

chinaca (de *china*) *s. f., Méx.* Pobretería, gente desharrapada y miserable.

chinama *s. f., Guat.* Choza, cobertizo de cañas y ramas.

chinampa (del náhuatl *chinamitl*, seto o cerca de cañas) *s. f., Méx.* Terreno de corta extensión en las lagunas vecinas a la ciudad de México, donde se cultivan flores y verduras. Antiguamente estos huertos eran flotantes.

chinapo *s. m., Méx.* Obsidiana.

chinata (de *china*) *s. f., Cub.* Cantillo de jugar.

chincharrero *s. m.* **1.** Sitio donde hay muchas chinches. **2.** Barco pequeño que usan en América para pescar.

chinchemolle *s. m., Zool., Chil.* Insecto sin alas, que habita bajo las piedras y despide un olor nauseabundo.

chinchilla (de or. incierto) *s. m.* **1.** *Zool.* Mamífero roedor sudamericano, parecido a la ardilla, aunque algo mayor y con el pelaje gris; su piel es muy estimada en peletería. **2.** Piel de este animal.

chinchimén *s. m., Zool., Chil.* Especie de nutria de mar cuyo cuerpo mide unos 30 cm de largo sin la cola.

chinchín *s. m., Bot., Chil.* Arbusto siempre verde, de la familia de las poligaláceas, de hojas mellizas y dos bayas, flores en espigas de color amarillo, a veces olorosas.

chinchintor *s. m., Zool., Hond.* Víbora muy venenosa llamada también sierpe volante, cuya mordedura suele curarse con la raíz del espino blanco.

chinchorro *s. m., Ven.* Hamaca ligera tejida de cordeles, como el esparavel, que se usa corrientemente para dormir.

chincol *s. m., Zool., Amér. del S.* Chingolo, pajarillo común muy semejante al gorrión pero cantor.

chincual *s. m., Méx.* Sarampión.

chinear (de *chino*) *v. tr.* **1.** *Amér. C.* Llevar en brazos o a cuestas. **2.** *Guat.* Cuidar niños como china o niñera. **3.** *fig., Guat.* Preocuparse mucho por una persona, asunto o cosa.

chinelón *s. m., Ven.* Calzado antiguo, especie de zapato con orejas, sin botones, hebillas ni cordones, más alto que la chinela.

chinerío (de *chino*) *s. m., Arg., Chil. y Ur.* Conjunto de mujeres chinas o aindiadas.

chinga (de la onomat. *ching*) *s. f.* **1.** *Zool.* Mofeta. **2.** *C. Ric.* Colilla de cigarro. **3.** *C. Ric.* Barato. **4.** *Hond.* Chunga, burla. **5.** *Ven.* Chispa, borrachera.

chingana *s. f., Arg., Bol., Chil. y Ec.* Taberna en que se suele cantar y bailar.

chingar (del gitano *chingarár*, pelear) *v. tr.* **1.** *C. Ric.* Cortar el rabo a un animal. **2.** *El Salv.* Importunar, molestar. ‖ *v. tr.* **3.** *Arg., Col., Chil. y Per.* No acertar, fracasar, frustarse, fallar.

chingo, ga (de *chingar*) *adj.* **1.** *Amér. C.* Se dice del animal rabón. **2.** *Amér. C. y Ven.* Chato, romo, desnarigado. **GRA.** También s. m. y s. f. **3.** *Amér. C.* Corto, hablando de vestidos. **4.** *C. Ric.* Desnudo, en paños menores. **5.** *Ven.* Desnudo, en paños menores. **6.** *Ven.* Deseoso, ávido. **7.** *Col. y Cub.* Pequeño, diminuto. **8.** *Nic.* Bajo de estatura.

chingolo *s. m., Zool., Arg.* Chincol, pájaro conirrostro de la familia de los fringílidos, de color pardo rojizo, con copete, de canto muy melodioso.

chingue *s. m., Zool., Chil.* Mofeta, mamífero.

chinguear *v. intr.* **1.** *Hond.* Bromear. **2.** *C. Ric.* Cobrar el barato.

chinguero *s. m., C. Ric.* Garitero, el que tiene por su cuenta un garito de juego.

chinguirito *s. m., Cub. y Méx.* Aguardiente de caña de mala calidad.

chino, na (del quichua *china*, hembra, mujer) *adj.* **1.** *Amér. del S.* Se aplica a los indígenas, o mestizos, tanto autóctonos como de raza negra. **GRA.** También s. m. y s. f. **2.** *Amér. del S.* Se aplica a los sirvientes y a los hombres del pueblo. ‖ **3. chino cholo** *Per.* Se dice del descendiente de raza india y negra, o de raza negra.

chipa *s. f.* **1.** *Bol., Col. y Chil.* Cesto de paja que se emplea para recoger frutas y legumbres. **2.** *Col.* Rodete o rosca para cargar a la cabeza, mantener en pie una vasija redonda, etc. **3.** *Col.* Rollo, materia enrollada.

chipá *s. m., Gastr., Arg.* Torta de maíz o mandioca.

chipaco *s. m., Gastr., Arg.* Torta de pan de acemite.

chipiar *v. tr., Guat.* Vulgarismo por fastidiar, molestar.

chipichipi (voz imitativa) *s. m., Méx.* Llovizna.

chipile *s. m., Bot., Méx.* Planta herbácea, de hojas comestibles con arroz o judías.

chipilo *s. m., Bol.* Rodajas de plátano fritas que se llevan como provisión de viaje.

chipojo *s. m., Zool., Cub.* Camaleón, especie de lagarto.

chipolo *s. m., Col., Ec. y Per.* Juego de naipes semejante al tresillo.

chipote *s. m., Amér. C.* Manotada.

chiqueadores *s. m. pl.* **1.** *Méx.* Rodajas de carey que usaban antiguamente las mujeres mexicanas como adorno. **2.** *Méx.* Rodajas de papel que, untadas con sebo u otra sustancia, se pegan en las sienes para curar el dolor de cabeza.

chiquear *v. tr., Cub. y Méx.* Mimar, acariciar a una persona, especialmente de palabra.

chiqueo *s. m., Cub. y Méx.* Mimo, halago.

chiquigüite *s. m., Guat. y Méx.* Cesto o canasta de mimbres, bejuco o carrizo, sin asas.

chiquirín *s. m., Zool., Guat.* Insecto semejante a la cigarra, pero de canto más agudo y fuerte.

chira *s. f.* **1.** *C. Ric.* Espata del plátano. **2.** *Col.* Jirón, pedazo de tela desgarrado. **3.** *El Salv.* Llaga, úlcera.

chirapa *s. f.* **1.** *Bol.* Andrajo, trapo o jirón de ropa. **2.** *Per.* Lluvia con sol.

chirca (de *chilca*) *s. f., Bot., Amér. C. y Amér. del S.* Chilca, árbol euforbiáceo de madera dura, de flores amarillas acampanadas y fruto en forma de almendra.

chircal *s. m., Col.* Tejar, sitio donde se fabrican tejas.

chircate *s. m., Col.* Falda de tela tosca.

chiribico *s. m.* **1.** *Zool., Cub.* Pez pequeño de figura casi elíptica y de color morado. **2.** *Zool., Col.* Arácnido de las tierras calientes, de olor desagradable y cuya picadura produce fiebre.

chiribita (voz onomatopéyica) *s. f., Zool., Cub.* Nombre aplicado a varias especies de peces acantopterigios del mar Caribe, que tienen las aletas cubiertas de escamas.

chiribital *s. m., Col.* Erial.

chiricatana *s. m., Ec.* Poncho de tela basta.

chiricaya *s. f., Gastr., Hond.* Dulce de leche y huevo.

chiriguare *s. m., Zool., Ven.* Cierta ave de rapiña muy voraz.

chirigüe (voz araucana) *s. m., Zool., Chil.* Ave común de color aceitunado por encima, amarillo por debajo y con las alas negras.

chirimoyo (de *chirimoya*) *s. m., Bot.* Árbol anonáceo americano, de tronco ramoso, hojas elípticas y puntiagudas, flores solitarias de pétalos verdosos y fruto en baya grande.

chiringo *s. m., Méx.* Fragmento pequeño de una cosa.

chiripá *s. m.* **1.** *Arg. y Chil.* Chamal que se lleva vuelto hacia delante por entre las piernas, a modo de pantalón. **2.** *Arg.* Pañal que se pone a los niños en sus primeros años y que, por su forma, se parece al chiripá de los gauchos.

chirivisco *s. m., Guat. y Hond.* Leña de zarzal seco.

chirlear *v. intr., Ec.* Cantar los pájaros al amanecer.

chirmiloso, sa *adj., Guat.* Se dice de la persona amiga de intrigas, que gusta de hacer enredos.

chirmol *s. m., Gastr., Ec. y Guat.* Pisto de chile o pimiento, tomate, cebolla y otros condimentos.

chirola *s. f.* **1.** *Numism., Arg.* Moneda de níquel, de 5, 10 o 20 centavos. **2.** *Numism., Chil.* Moneda chaucha, o de 20 centavos.

chirote *s. m.* **1.** *Zool., Ec. y Per.* Pájaro, especie de pardillo, de canto dulce, pero menos arisco que el europeo, pues se domestica pronto. **2.** *fig., Per.* Persona ruda o de cortos alcances. **3.** *fig., C. Ric.* Grande, hermoso.

chirraca *s. f., C. Ric.* Goma del chirraco.

chirraco *s. m., Bot., C. Ric.* Árbol que produce la resina llamada chirraca.

chirrión (de la onomat. *chirr*) *s. m.,* Látigo fuerte de cuero.

chirulí (del canto de este pájaro) *s. m., Zool., Ven.* Avecilla de canto dulce en el que repite más o menos las sílabas de su nombre.

chirulio *s. m., Gastr., Hond.* Guiso hecho con huevos batidos y cocidos con maíz, chile, achiote y sal.

chisa *s. f., Zool., Col.* Larva de un género de escarabajos que se come frita.

chita (de or. incierto, quizá creada por el lenguaje de los niños) *s. f., Méx.* Redecilla para el cabello.

chite *s. m., Bot., Col.* Arbusto del cual se obtiene carboncillo para dibujar.

chiva *s. f.* **1.** *Amér. C.* Manta, colcha. **2.** *Ven.* Red para llevar legumbres y verduras. **3.** Perilla, barba.

chivarras *s. f. pl., Méx.* Calzones de cuero peludo de chivo.

chivatear[1] (de *chivato*) *v. tr., Col., Cub. y P. Ric.* Acusar, delatar.

chivatear[2] *v. intr., Arg. y Chil.* Gritar imitando la algarabía de los araucanos cuando acometían.

chivateo *s. m., Arg. y Chil.* Acción y efecto de chivatear.

chivaza *s. f., Bot., Col.* Junco de cortas dimensiones que se produce un bulbo que se usa como perfume.

chivicoyo *s. m., Zool., Méx.* Ave gallinácea de carne muy estimada.

chivillo *s. m., Zool., Per.* Especie de estornino, de color negro con visos azules, de cuerpo muy airoso y canto agradable, y domesticable.

chiva (voz onomatopéyica) *s. f.* **1.** *Amér. C.* Manta, colcha. **2.** Barba.

chiza *s. f., Zool., Col.* Cierto gusano que ataca a la patata.

chocante *adj., Col., Ec. y Méx.* Fastidioso, empalagoso.

chochocol *s. m., Méx.* Tinaja, vasija grande para líquidos.

choclo (del quichua *chókkllo*) *s. m.* **1.** *Amér. del S.* Mazorca tierna de maíz. **2.** *Gastr., Amér. del S.* Humita, pasta hecha de maíz tierno rallado, pimiento y otros condimentos que, dividida en trozos, se envuelve en chala, se cuece y luego se asa en la brasa.

choco, ca *adj.* **1.** *Col.* Se aplica a la persona de tez muy morena. ‖ *s. m.* **2.** *Chil.* Rufo, de pelo ensortijado. **3.** *Chil.* Rabón. **4.** *Guat. y Hond.* Tuerto. **5.** *Guat. y Hond.* Falto de una pierna o una oreja. **6.** *Zool., Per.* Caparro, mono. **7.** *Amér. del S.* Perro de aguas.

chócolo[1] (del quichua *choccllo*) *s. m., Col.* Choclo.

chócolo[2] *s. m., Col.* Hoyuelo, juego infantil.

chocoyo *s. m.* **1.** *Zool., Guat.* Herreruelo, pájaro. **2.** *Hond.* Chócolo, hoyuelo.

cholco, ca *adj., El Salv. y Guat.* Vulgarismo por mellado.

cholgua *s. f., Zool., Chil.* Molusco parecido al choro, pero de tamaño mucho menor.

cholo, la (de *Cholollán*, hoy Cholula, distrito de México) *adj.* **1.** Se dice del indígena incorporado a la forma de vida occidental. **GRA.** También s. m.

y s. f. **2.** Mestizo de raza blanca y raza india. **GRA.** También s. m. y s. f.

choloque *s. m., Bot.* Árbol sapindáceo, que da unas bolas de color rojo oscuro, llamadas del mismo modo, que se emplean como jabón.

chomba *s. f., Chil.* Prenda de vestir hecha de lana a modo de chaleco cerrado.

chonco, ca *adj., C. Ric.* Mocho, mutilado.

chongo *s. m.* **1.** *Méx.* Moño de pelo. **2.** *Guat.* Rizo de pelo. **3.** *Méx.* Chanza, broma.

chonguearse *v. prnl., Méx.* Vulgarismo por chunguearse.

chonta (del quichua *chunta*) *s. f., Bot., Amér. C. y Per.* Nombre aplicado a varias especies de palmeras espinosas, cuya madera, dura y fuerte, se emplea en bastones por su hermoso color oscuro jaspeado.

chontaduro *s. m., Bot., Col. y Ec.* Especie de palma de fruto comestible.

chontal *adj.* **1.** *Etn.* Se dice de cierto pueblo indígena de América Central. **GRA.** También s. m. y s. f. **2.** Se aplica a la persona rústica e inculta. **GRA.** También s. m. y s. f.

chope *s. m.* **1.** *Chil.* Palo con un extremo plano, que se emplea para sacar de la tierra tubérculos y raíces, y para otros usos agrícolas. **2.** *Chil.* Raño, garfio de hierro para arrancar ostras, lapas, etc. **3.** *Chil.* Guantada, puñetazo.

chopear *v. intr., fig. y fam., Chil. y Arg.* Reñir a puñetazos.

chorcha (de la onomat. *chorch*) *s. f.* **1.** *Zool., Guat.* Pájaro dentirrostro semejante a la oropéndola. **2.** *El Salv. y Hond.* Cacique.

choro *s. m., Chil.* Mejillón.

chorote *s. m.* **1.** *Col.* Chocolatera de loza sin vidriar. **2.** *Gastr., Cub.* Toda bebida espesa. **3.** *Gastr., Ven.* Especie de chocolate, con el cacao cocido en agua y endulzado con papelón. **4.** *Gastr., Cub.* Gachas o papilla.

choroy *s. m., Zool., Chil.* Especie de papagayo, término medio entre la catita y el loro, que perjudica mucho los sembrados.

chote *s. m., Cub.* Chayote.

chuascle *s. m.* **1.** *Méx.* Trampa de lazo para cazar animales. **2.** *Méx.* Engaño.

chucán, na *adj., Guat. y Hond.*

chucanear *v. intr., Guat.* Bromear.

chucao *s. m., Zool., Chil.* Pájaro del tamaño del zorzal, de plumaje pardo, que habita en lo más espeso de los bosques y cuyo canto, según creencia popular anuncia desgracia.

chúcaro, ra (de or. incierto, quizá del quichua *chúkru*, duro) *adj.* **1.** Arisco, bravío. **2.** Se dice principalmente del ganado vacuno, caballar y mular sin domesticar.

chuchazo *s. m., Cub. y Ven.* Latigazo dado con el chucho.

chuchero (de *chuchear*) *s. m.* **1.** *Col.* Buhonero. **2.** *Cub.* Guardagujas.

chucho[1] (del ingl. *switch.*) *s. m.* **1.** *Cub.* Aguja de ferrocarril. **2.** *Cub.* Aguja, pincho. **3.** *Cub.* Aparato que sirve para dejar pasar o interrumpir a voluntad una corriente eléctrica en un circuito determinado.

chucho[2] (del quichua *chujchu*, frío de calentura) *s. m.* **1.** *Arg., Bol., Ec., Par., Per. y Ur.* Escalofrío. **2.** *Arg., Bol., Ec., Par., Per. y Ur.* Fiebre producida por el paludismo, fiebre intermitente. **3.** *Cub. y Ven.* Látigo.

chucho[3] *s. m., Zool., Chil.* Ave de rapiña, diurna y nocturna, de poco tamaño y cuyo graznido se toma vulgarmente como de mal agüero.

chucho[4] *s. m.* **1.** *Zool., Amér. del S.* Pez pequeño de carne muy estimada. **2.** *Zool., Cub.* Obispo, pez.

chuchoca (voz quichua) *s. f., Gastr., Amér. del S.* Especie de frangollo o maíz cocido y seco, que se usa como condimento.

chuchumeco *s. m., Méx.* Chichimeca.

chucua *s. f., Col.* Lodazal, pantano.

chucuru *s. m., Zool., Ec.* Animal parecido a la comadreja.

chucuto, ta *adj., Ven.* Rabón.

chueco, ca (del vasc. *txoko*, taba, rincón) *adj.* Patizambo, estevado.

chullo, lla (del lat. *caro suilla*, carne de cerdo) *adj.* **1.** *Ec.* Se dice del objeto que, usándose en número par, se queda desparejado. ‖ *s. m. y s. f.* **2.** *Bol., Ec. y Per.* Persona de la clase media.

chulo, la (del ital. *ciullo*, muchacho) *adj.* Lindo, bonito, gracioso.

chuma *s. f., Arg. y Ec.* Embriaguez.

chumbe (del quichua *chumpi*, faja) *s. m., Col., Arg., Ec., Ven. y Per.* Faja que se ciñe a la cintura.

chumpipe *s. m., Guat.* Pavo.

chuncho (del quichua *ch'unchu*, salvaje) *adj.* **1.** *Etn., Per.* Se dice del individuo de cierto pueblo amerindio. **2.** *Per.* Caléndula.

chuño (del quichua *ch'uñu*, patata helada y sacada al sol) *s. m.* Fécula de la patata y de otros tubérculos.

chupaflor *s. m., Zool., Col., Méx., P. Ric. y Ven.* Especie de colibrí.

chupalla (de *achupalla*) *s. f.* **1.** *Bot., Chil.* Planta medicinal de la familia de las bromeliáceas, que tiene las hojas en forma de roseta. **2.** *Chil.* Sombrero de paja tosco hecho con tiras de las hojas de esa planta.

chuparmito *s. m.* **1.** *Zool., Méx.* Colibrí. **2.** *Zool., Méx.* Pájaro mosca.

chupe (de *chupar*) *s. m., Gastr., Chil. y Per.* Guiso muy común, semejante a la cazuela chilena, que se hace con patatas, carne o pescado, mariscos, huevos, leche, queso, pimiento, etc.

chuquisa *s. f., Chil. y Per.* Mujer de vida alegre o prostituta.

churana *s. f.* Carcaj que usan ciertos pueblos de América del Sur.

churco *s. m., Bot., Chil.* Planta gigantesca de la familia de las oxalidáceas.

churo *s. m.* **1.** *Zool., Ec.* Caracol, molusco. **2.** *Ec.* Rizo de pelo.

churrasco *s. m., Gastr., Arg., Bol., Chil. y Per.* Carne asada a la brasa.

churrias *s. f. pl., Arg., Col. y P. Ric.* Vulgarismo por diarrea.

churrinche *s. m., Zool., Arg. y Ur.* Avecita insectívora de color rojo, con las alas, lomo y cola de color pardo oscuro.

chusma (del ital. *ciusma*, y éste del gr. *kéleusma*, canto del remero-jefe para dirigir el movimiento de los remeros) *s. m.* **1.** En una comunidad indígena, el conjunto de los que no son aptos para la guerra. **2.** Conjunto de galeotes que servían en las galeras reales.

chusmaje (de *chusma*) *s. m.* Chusma, gente soez.

chuspa (del quichua *chchuspa*) *s. f., Amér. del S.* Bolsa, morral.

chusque *s. m., Bot., Col.* Planta gramínea, especie de bambú, de gran altura.

chusquisa *s. f., Chil.* Mujer de vida alegre.

chuva *s. f., Zool., Per.* Cierto mono de América del Sur.

chuyo, ya (del quichua *chullu*, remojar) *adj., Bol. y Ec.* Aguado, poco espeso. Se dice especialmente de algunos alimentos.

chuza *s. f.* **1.** *Méx.* Lance en el juego del boliche o en el del billar, que consiste en derribar todos los palos de una vez, con una sola bola. **2.** *Arg. y Ur.* Especie de lanza rudimentaria, de forma parecida al chuzo.

chuzar *v. tr., Col.* Punzar, pinchar, herir.

chuznieto, ta *s. m. y s. f., Ec.* Chozno.

chuzo (de *chuzón*) *s. m., Cub.* Látigo de tiras de cuero trenzadas.

ciática *s. f., Bot., Per.* Arbusto de hojas largas y estrechas, y flor semejante a la campanilla, pero de color de oro, cuyo tallo gotea, al ser cortado, un líquido blanco y venenoso, como lo es la simiente, especie de nuez vómica.

cibaje *s. m., Bot.* Una variedad del pino.

cibi *s. m., Zool., Cub.* Nombre común de una clase de peces marítimos de regular tamaño y comestibles, aunque algunas especies de ellos suelen producir la ciguatera.

cibucán (voz antillana) *s. m., Cub. y Ven.* Espuerta o serón grande, tejido con corteza de árboles.

cibui *s. m., Bot., Per.* Cedro.

cicimate (de *cimate*) *s. m., Bot., Méx.* Especie de hierba cana medicinal.

cidrayota *s. f., Bot., Chil.* Variedad de la calabaza que sirve para hacer dulce con ella.

cielito (dim. de *cielo*) *s. m., Arg.* Baile y tonada popular de los gauchos, que

se hace entre muchas parejas asidas de las manos, y quedando una en el centro del corro.

ciénego (del lat. *caenicum*, de *caenum*, cieno) *s. m., Arg., Chil. y Ec.* Cieno.

cierro *s. m.* **1.** *Chil.* Cerca o tapia. **2.** *Chil.* Sobre en que se ponen las cartas y otros papeles.

cigua (abrev. de *ciguanaba*) *s. f.* **1.** *Bot.* Árbol de la familia de las lauráceas de las Antillas. **2.** *Zool., Cub.* Especie de caracol de mar. **3.** *Mit., Hond.* Mujer fabulosa que, conforme dice la leyenda popular, tiene cara de caballo y anda de noche.

ciguanaba (del náhuatl *cihuat*, mujer, y *nahual*, espanto) *s. f., Mit., El Salv. y Nic.* Fantasma, en forma de mujer, que según la creencia popular, se aparece de noche a los hombres para espantarlos.

ciguapa (voz americana) *s. f.* **1.** *Zool., Cub.* Ave de rapiña, nocturna, semejante a la lechuza y menor que ella. ‖ *s. m.* **2.** *Mit., Rep. Dom.* Fantasma, ser ilusorio con forma de mujer vieja y los pies hacia atrás, que se presenta de noche, al borde de las corrientes de agua. **3.** *Bot., C. Ric. y Cub.* Árbol que produce una especie de zapotillos de carne color de yema de huevo y semilla semejante a la del maney.

ciguapate (del azt. *cihuapatli*, remedio femenino) *s. f., Bot., Hond. y Méx.* Arbusto aromático, de la familia de las umbelíferas, que crece a orillas de los ríos y cuyas hojas se emplean en medicina.

ciguaraya *s. f., Bot., Cub.* Siguaraya, planta de la famila de las meliáceas, de hojas opuestas, ovales, coriáceas, flores axilares en racimos y cápsulas coriáceas y rojizas.

cilampa (del quichua *tzirapa*, llovizna) *s. f., C. Ric. y El Salv.* Llovizna.

cimarrón, na (de *cima*) *adj.* **1.** Montaraz, indómito. **GRA.** También s. m. y s. f. **2.** Se aplica en general para distinguir el animal salvaje del doméstico, y la planta silvestre de la cultivada. **3.** *Arg.* Se dice del mate amargo, es decir, sin azúcar. **4.** *Náut., Arg.* Se dice del marinero indolente.

cimarronada *s. f.* Manada de animales cimarrones.

cimarronear *v. intr.* **1.** Huir, escapar el esclavo. **GRA.** También v. prnl. **2.** *Arg.* Tomar mate cimarrón.

cimate *s. m., Bot., Méx.* Planta cuyas raíces se usan como condimento en ciertos guisos.

cimba (del quichua *simp'a*, crizneja, trenza) *s. f., Bol.* Trenza usada por algunos indígenas.

cimbado *s. m., Bol.* Látigo trenzado, chicote.

cimbrón *s. m.* **1.** *Arg., Chil. y Méx.* Cintarazo, cimbronazo. **2.** *Ec.* Punzada, dolor lancinante. **3.** *Arg., Col. y C. Ric.* Sacudida violenta.

cimbronazo *s. m., Col., Arg. y C. Ric.* Estremecimiento nervioso muy fuerte.

cimpa *s. f., Per.* Crizneja.

cina *s. f., Bot., Ec.* Cierta especie de planta gramínea de hojas planas y flores arracimadas.

cinacina *s. f., Bot., Arg.* Árbol leguminoso que se emplea en setos vivos y cuya semilla es medicinal.

cincha (del lat. *cingula*, pl. n. de *cingulum*, ceñidor) *s. f., Arg.* Trampa en los juegos de azar.

cinchacear *v. tr., fam., Guat.* Dar cinchazos.

cinchar *v. intr.* **1.** *Arg. y Ur.* Procurar empeñosamente que una cosa se realice como alguien desea. **2.** *Arg. y Ur.* Trabajar esforzadamente.

cinchazo *s. m., C. Ric. y Hond.* Golpe que se da con el cincho o cinturón.

cinchón *s. m.* **1.** *Arg.* Cincha angosta con una argolla en un extremo que hace las veces de sobrecincha. **2.** *Ec.* Aro de las cubas. **3.** *Col.* Sobrecarga de una caballería.

cinco (del lat. *quinque*) *s. m., Numism., C. Ric. y Chil.* Moneda con valor de cinco centavos.

cincollagas *s. m., Bot., Cub.* Planta silvestre muy parecida al ajonjolí.

cinconegritos *s. m., Bot., C. Ric. y Nic.* Arbusto de hojas aromáticas y flo-

res que forman manojillos en las axilas de las hojas y que al abrirse son amarillas, aunque luego se vuelven rojas.

cinta (del lat. *cincta*, de *cingere*, ceñir) *s. f., Cub.* Listoncito plano de madera que cubre y disimula las junturas de las tablas en cierta clase de tejados.

cinto (del lat. *cinctus*, de *cingere*, ceñir) *s. m., Arg. y Ur.* Cinturón con monedero.

cipe (del azt. *tziptl*) *adj.* **1.** *C. Ric., El Salv. y Hond.* Se dice del niño encanijado durante la lactancia. ‖ *s. m.* **2.** *El Salv.* Resina.

cipote (de *cepo*) *adj.* **1.** *Col.* Zonzo, bobo. **2.** *Guat.* Rechoncho, obeso. **3.** *Hond., El Salv. y Ven.* Muchacho.

círculo (del lat. *circulus*) *s. m., Arg. y Per.* Reunión de personas.

cirio (del lat. *cereus*, de cera) *s. m., Cub.* Árbol semejante al pino, de madera amarilla, con veteado ligero, dura y muy estimada.

ciruelillo *s. m., Bot., Arg., Chil. y Per.* Árbol cuyas flores son de color rojo escarlata y cuya madera es fina.

ciruelo (de *ciruela*) *s. m.* **1.** *Bot., Cub. y Méx.* Jobo. ‖ **2. ciruelo de fraile** *Bot.* Árbol de la familia de las malpigiáceas.

clachique (de *tlachique*) *s. m., Méx.* Pulque sin fermentar.

claco (de *tlaco*) *s. m., Numism., Méx.* Moneda antigua de cobre.

clacopacle (de *tlacotl*, vara, y *patli*, medicina) *s. m., Méx.* Aristoloquia.

clacota *s. f., Méx.* Rumorcillo o divieso.

clarificadora *s. f., Cub.* Vasija cuadrilonga en que se clarifica el guarapo del azúcar.

clarín (de *claro*) *s. m., Chil.* Guisante de olor.

clascal (de *tlascal*) *s. m., Gastr., Méx.* Tortilla de maíz.

clavel (del cat. *clavell*, y éste del lat. *clavellus*, clavillo) *s. m.* **clavel de China** *Bot., Cub.* El que tiene las hojas más anchas y las flores más pequeñas.

clavelito (dim. de *clavel*) *s. m., Bot., Cub.* Planta silvestre que se cría en los pantanos y produce flores venenosas.

clavellina (del cat. *clavellina*, y éste del lat. *clavellus*, clavillo) *s. f., Bot., Cub.* Nombre de varias plantas.

clavería (de *clavero*) *s. f., Méx.* Oficina que en las catedrales entiende en la administración de las rentas.

cloche (del ingl. *clutch*) *s. m., Col., El Salv., Nic., P. Ric. y Rep. Dom.* Embrague de un vehículo.

clonqui *s. m., Bot., Chil.* Planta muy común semejante a la arzolla.

coa *s. f.* **1.** *Méx.* Instrumento agrícola que se usa en lugar de la azada. **2.** *Chil.* Jerga hablada por los ladrones y presidiarios. **3.** *Ant.* Palo aguzado que el pueblo taíno usaba en la labranza para abrir hoyos en los conucos. **4.** *Méx., Pan. y Ven.* Especie de pala usada para la labranza. **5.** *Ven.* La siembra o labranza.

coaita *s. f., Zool.* Especie de mono de América Central.

coate, ta (del náhuatl *cóatl*) *adj., Méx.* Cuate.

cobea *s. f., Bot., Amér. C.* Planta enredadera, de la familia de las campanillas, de lindas flores violáceas.

cobija (del lat. *cubilia*, pl. n. de *cubile*, aposento) *s. f.* **1.** Manta y ropa de cama. **2.** *Méx.* Manta con la cual se emboza la persona que la usa.

cobijón *s. m., Col.* Cuero o piel grande con que sube la carga de las caballerías.

cobo *s. m.* **1.** *Zool., Cub.* Caracol con concha de color nacarado. **2.** *C. Ric.* Frazada, cobertor.

cobre (del lat. *cuprum*) *s. m., Numism., Arg. y Chil.* Moneda de cobre con valor de un centavo.

coca (del quichua *kuka*) *s. f.* **1.** *Bot., Per.* Arbusto eritroxíleo de Perú, con hojas alternas y flores blanquecinas. Se cultiva en varias partes de América del Sur. **2.** *Per.* Hoja de este arbusto.

cocacho (de *coco*) *adj.* **1.** *Per.* Se dice del fríjol que endurece al cocerse. ‖ *s. m.* **2.** *Arg., Ec. y Per.* Coscorrón, capón.

cocada[1] (de *coco*) *s. f., Gastr., Bol. y Col.* Especie de turrón.

cocada[2] (de *coca*) *s. f.* **1.** *Per.* Provisión de hojas de coca. **2.** *Per.* Amasillo de coca y cal para mascar.

cocal[1] (de *coca*) *s. m., Per.* Sitio donde se crían o cultivan los árboles que producen la coca.

cocal[2] (de *coco*) *s. m.* Cocotal.

cocán *s. m., Per.* Pechuga de ave.

cocaví (del quichua *kkókkau*) *s. m., Amér. del S.* Provisión de coca y, en general, de víveres que llevan los que viajan a caballo.

cocha (del quichua *kocha*, laguna) *s. f.* **1.** *Per.* Espacio grande y despejado, pampa. **2.** *Chil. y Ec.* Laguna, charca. **3.** *Chil. y Ec.* En el beneficio de los metales, estanque que se separa de la tina o lavadero principal con una compuerta.

cochama *s. f., Zool., Col.* Pez grande que vive en el río Magdalena.

cochayuyo (del quichua *kocha*, laguna, y *yuyu*, hortaliza) *s. m., Bot., Amér. del S.* Alga marina cuyo talo, en forma de cinta, puede alcanzar más de tres m de largo y dos dm de ancho. Es comestible.

cochigato *s. m., Zool., Méx.* Ave zancuda de cabeza y cuello negros, con un collar rojo, vientre verde y pico largo y robusto.

cochino (de *cocho*) *s. m., Zool., Cub.* Pez teleósteo del suborden de los plectognatos, de unos 30 cm de largo, con dos aletas dorsales, de color oscuro por el lomo y claro en el vientre.

cochurra *s. f., Gastr., Cub.* Dulce de guayaba con su semilla.

cocinería *s. f., Chil. y Per.* Figón, casa de comidas ordinarias.

coco *s. m.* **1.** *Zool., Cub.* Ave zancuda, especie de ibis, de cuerpo como una gallina, cuello muy largo y color blanco. ‖ **2. coco prieto** *Zool., Cub.* El que tiene la pluma negra. **3. coco rojo** *Zool., Cub.* El que tiene la pluma de color carmín.

cocó *s. m., Cub.* Tierra blanquecina que emplean los albañiles.

cocol *s. m., Méx.* Panecillo que tiene forma de rombo.

cocolera *s. f., Zool., Méx.* Especie de tórtola.

cocolero, ra (de *cocol*) *s. m. y s. f.,*
Méx. Panadero que sólo hace o vende
cocoles.

cocolía *s. f.* **1.** *Méx.* Ojeriza, antipatía.
2. *P. Ric.* Cangrejo de mar.

cocoliche (de or. desconocido) *s. m.*
1. *Arg.* Jerga híbrida y grotesca que
hablan ciertos inmigrantes italianos
mezclando su habla con el español. **2.**
Arg. Italiano que habla de este modo.

cocoliste *s. m.* **1.** *Med., Méx.* Enfermedad epidérmica. **2.** *Med., Méx.* Tabar-
dillo, tifus.

cocui *s. m., Bot., Ven.* Pita.

cocuiza (de *cocui*) *s. f., Méx. y Ven.*
Cuerda muy resistente que se hace
con las fibras del cocui.

cocuma *s. f., Gastr., Per.* Mazorca de
maíz asada.

cocuy *s. m., Bot., Ven.* Cocui.

cocuyo (voz caribe) *s. m.* **1.** *Zool.* Insecto coleóptero de América tropical, con
dos manchas a los lados del tórax, por
las cuales despide de noche una luz
azulada bastante viva. **2.** *Bot., Cub.*
Árbol silvestre de unos diez m de altura, hojas lanceoladas, fruto del tamaño
de una aceituna y madera muy dura
empleada en las construcciones. ‖ **3.**
cocuyo ciego *Zool., Cub.* Variedad
menor del insecto cocuyo, de color negro y sin fosforescencia. **4. cocuyo de
sabana** *Bot., Cub.* Árbol menor que el
cocuyo común, pero más resistente.

codeador, ra *adj., Amér. del S.* Pedigüeño. **GRA.** También s. m. y s. f.

codear *v. intr., Amér. del S.* Pedir con
insistencia.

codeo (de *codear*) *s. m., Amér. del S.*
Socaliña, sablazo.

codo, ser del *Amér. C.* Ser tacaño,
mezquino.

codo, da (de *codo*) *adj., Guat.* Tacaño, mezquino.

coendú *s. m., Zool., Amér. del S.* Puerco espín de cola larga, de la familia
de los roedores.

coger (del lat. *colligere*) *v. tr.* Copular.
GRA. También v. tr.

cogienda (del lat. *colligenda*, pl. n. de
-dus) *s. f., Col.* Cosecha.

cogollero *s. m., Zool., Cub.* Gusano,
de unos tres cm de longitud, que vive
en el cogollo del tabaco y destruye su
hoja.

cogollo (del lat. *cucullus*, capullo) *s.
m.* **1.** *Zool., Arg.* Chicharra grande. **2.**
Arg. Brote.

cogotudo, da *s. m. y s. f.* Persona rica
o influyente.

cogucho *s. m., Cub.* Azúcar de calidad
inferior.

cóguil (del arauc. *coghull*) *s. m., Bot.,
Chil.* Fruto comestible del boqui.

coguilera *s. f., Bot., Chil.* Boqui.

cohete (del cat. *coet*, y éste del lat. *co-
da*, de *cauda*, cola) *s. m., Méx.* Barreno en una peña con explosivos para
que salte.

cohobo *s. m., Zool., Ec. y Per.* Ciervo.

coicoy *s. m., Zool., Chil.* Sapo pequeño, que tiene en la espalda cuatro
protuberancias, a manera de ojos.

coihue *s. m., Bot., Arg. y Chil.* Árbol
de la familia de las fagáceas, de madera semejante a la del roble y de
gran elevación.

coima (del ár. *quwaima*, muchacha, y
éste de *qima*, precio) *s. f., Arg., Chil.
y Ur.* Cohecho, gratificación con que
se soborna a un empleado o persona
influyente.

coimear *v. intr., Arg., Chil. y Ur.* Recibir coima o soborno.

coimero, ra *s. m. y s. f., Arg., Chil.,
Par., Per. y Ur.* Persona que recibe
coimas o sobornos.

coipo (del arauc. *coipu*) *s. m., Zool.,
Arg. y Chil.* Mamífero anfibio, semejante al castor y de piel muy fina. Mide unos 50 cm de largo y otro tanto
de cola.

coirón *s. m., Bot., Bol., Chil. y Per.*
Planta de la familia de las gramíneas
de hojas duras y punzantes, que se
emplea principalmente para techar
las barracas en el campo.

cojate *s. m., Bot., Cub.* Planta silvestre,
de la familia de las liliáceas, de unos
dos m de altura, con grandes y anchas flores de color rojo oscuro en
forma de lirio.

cojatillo *s. m., Bot., Cub.* Especie de jengibre silvestre, que vive en las orillas de los ríos y en los bosques espesos.

cojinillo *s. m., Arg. y Ur.* Manta pequeña de lana que se coloca sobre el lomillo del recado de montar.

cojinúa *s. f., Zool., Cub. y P. Ric.* Pez de unos 30 cm de largo y color plateado. Su carne es muy apreciada.

cojinuda *s. f., Cub.* Cojinúa.

cojobo *s. m., Bot., Cub.* Jabí, árbol.

cojolite *s. m., Zool., Méx.* Especie de faisán.

coladera *s. f., Méx.* Sumidero con agujeros.

coleada *s. f., Ven.* Acto de derribar una res tirándole de la cola.

colear *v. tr., Col., Méx. y Ven.* Derribar una res tirándola de la cola hacia el costado.

colegial (del lat. *collegialis*) *s. m., Zool., Chil.* Pájaro que vive a orillas de ríos y lagunas.

colegialista *adj., Ur.* Que es partidario del régimen colegiado de gobierno. **GRA.** También s. m. y s. f.

colero *s. m.* En algunas labores de minas, lo mismo que ayudante del capataz o jefe de las labores.

coleta (dim. de *cola*) *s. f.* **1.** *Cub.* Cañamazo. **2.** *Méx.* Mahón.

coletón (de *coleta*) *s. m., Ven.* Tela basta de estopa, harpillera.

colibrí (del fr. *colibri*, de or. incierto) *s. m., Zool.* Avecilla americana del género del pájaro mosca, muy pequeña y de pico arqueado.

colicoli (voz mapuche) *s. m., Zool., Chil.* Especie de tábano, de color pardo, muy común y molesto.

coliguacho (del arauc. *collihuacho*) *s. m., Zool., Chil.* Moscardón negro, especie de tábano. Tiene los bordes del coselete y el abdomen cubiertos de pelos rojizos.

coligüal *s. m., Chil.* Sitio poblado de coligües.

coligüe (del mapuche *coliu*) *s. m., Bot., Arg. y Chil.* Planta de la familia de las gramíneas, de hoja perenne, muy ramosa y trepadora, y de madera

dura. Las hojas sirven de pasto a los animales y de la semilla se obtiene una clase de sopa.

colilarga *s. f., Zool., Chil.* Pájaro insectívoro de color rojizo por encima. Tiene en la cola dos plumas más largas que todo el cuerpo.

colín, na (de *cola*) *adj.* **1.** *Zool., Méx.* Ave del orden de las gallináceas, muy semejante a la codorniz. **2.** *Mús., Méx.* Piano de cola de dimensiones reducidas. **3.** *Méx.* Pequeña cola del vestido.

collareja (de *collar*) *s. f.* **1.** *Zool., Col. y C. Ric.* Especie de paloma silvestre de color azul, muy estimada por su carne. **2.** *Zool., C. Ric. y Méx.* Comadreja, animal.

collera (de *colla*) *s. f., Col. y Chil.* Gemelos de camisa.

colliguay (voz araucana) *s. m., Bot., Chil.* Arbusto de la familia de las euforbiáceas, cuya leña al quemarse exhala un olor agradable. Tiene hojas alternas, lanceoladas y aserradas, su altura total es de un m, y el jugo de su raíz tan venenoso, que los indígenas enherbolaban con él sus flechas.

colobo *s. m., Zool.* Mono catirrino de cuerpo delgado y cola muy larga.

colocho, cha (del azt. *colotl*, alacrán) *s. m.* **1.** *C. Ric.* Viruta. **2.** *C. Ric.* Rizo, tirabuzón. ‖ *s. m. y s. f.* **3.** *El Salv.* Persona de pelo rizado. **GRA.** También adj.

colochón, na *s. m. y s. f., Nic.* Colocho, persona de pelo rizado. **GRA.** También adj.

colocolo (voz mapuche) *s. m., Zool., Chil.* Especie de gato montés.

cologüina *s. f., Zool., Guat.* Una variedad de gallina.

colonche *s. m., Gastr., Méx.* Bebida embriagadora que se hace con el zumo de la tuna cardona o colorada y azúcar.

colonia¹ (del lat. *colonia*, de *colonus*, labrador) *s. f., Méx.* Barrio nuevo de la capital.

colonia² (de *agua de Colonia*, ciudad alemana) *s. f., Bot., Cub.* Planta orna-

mental, de la familia de las cingiberáceas, cuyas flores, de bello aspecto,
despiden un olor agradable, semejante al del agua de Colonia.

coloniaje (de *colonia*) *s. m.* Nombre
que algunas repúblicas dan al período histórico en que formaron parte de
la nación española.

coloradilla *s. f., Zool., C. Ric. y Hond.*
Garrapatilla de color rojizo.

colorín, na *adj., Chil.* Pelirrojo.

colote (del náhuatl *colotli*, troje) *s. m.,
Méx.* Canasto.

coludo, da *adj., Chil., El Salv. y Nic.*
Rabudo.

comal (del náhuatl *comalli*) *s. m.,
Guat. y Méx.* Disco de barro muy delgado y con bordes, que se usa en México para cocer las tortillas de maíz.

combazo *s. m., Chil.* Combo, puñetazo.

combo (de *comba*) *s. m.* **1.** *Chil. y
Per.* Mazo, almadana. **2.** *Chil.* Puñetazo.

comebolas *s. m. y s. f., Cub.* Persona
excesivamente crédula.

comedero *s. m., Cub. y Méx.* Querencia.

comején (del arauc. de las Antillas *co-
mixén*) *s. m.* Zozobra, inquietud.

comejenera *s. f., fig. y fam., Ven.* Paraje donde se reúnen gentes de mal
vivir.

cominillo, tener alguien un *loc.*
1. *fig., Chil.* Sentir molestia. **2.** *fig.,
Chil.* Ser atormentado por una deuda.

comisión (del lat. *commissio, -onis*) *s.
f., Méx.* Especie de guardia civil.

compadrada *s. f., Arg. y Ur.* Acción
de compadrear, jactancia.

compadre (del lat. *compater, -tris*, de
cum, con, y *pater*, padre) *adj., Arg.*
Fanfarrón, matón.

compadrear *v. intr., Arg., Par. y Ur.*
Jactarse, envanecerse.

compadrito, ta *adj.* **1.** *Arg. y Ur.*
Que tiene las características del compadrito, perteneciente o relativo a él.
2. *Arg. y Ur.* Se dice de las cosas que
tienen cierta elegancia vistosa. ‖ *s.
m. y s. f.* **3.** *Arg. y Ur.* Persona jactan-
ciosa y valentona perteneciente al

pueblo bajo y que se caracteriza por
su manera de comportarse, hablar y
vestir.

compadrón, na *adj., Arg. y Ur.*
Compadrito.

compaisano, na *adj., Ur.* Que es del
mismo país, provincia o lugar que
otro. **GRA.** También s. m. y s. f.

competencia (del lat. *competentia*) *s.
f., Arg., Col. y Par.* Competición deportiva.

componer (del lat. *componere*, de
cum, con, y *ponere*, poner) *v. tr.,
Med., Arg., Chil., Guat., Méx., Per. y
Ur.* Restituir a su lugar los huesos dislocados.

componte *s. m., Cub. y P. Ric.* Tormento o castigo corporal impuesto
por agentes de la policía.

comporta (de *comportar*, llevar) *s. f.,
Per.* Molde para solidificar el azufre
refinado.

comprachilla *s. f., Zool., Guat.* Pájaro conirrostro parecido al mirlo.

comuna *s. f.* Municipio, conjunto de
los habitantes de un mismo término.

conacaste (del náhuatl *cuahuit*, árbol,
y *nacasti*, oreja) *s. m., Bot., El Salv.*
Árbol tropical de la familia de las mimosáceas, de fruto no comestible,
con forma de oreja, cuyo pericarpio
coriáceo es de color café oscuro lustroso y en cuyo mesocarpio, mucilagi-
noso, de color blanquecino, se distri-
buyen las semillas, pequeñas y
durísimas. La madera se utiliza para la
ebanistería y la construcción.

conacho *s. m., Min., Per.* Mortero de
piedra que se usaba para triturar los
metales que tenían oro o plata nativos.

concertaje *s. m., Ec.* Contrato mediante el cual un indígena se obligaba
a realizar trabajos agrícolas de manera
vitalicia y hereditaria, sin recibir sala-
rio o recibiéndolo mínimo.

conchabar (del lat. *conclavari*) *v. tr.* **1.**
Amér. del S. y Méx. Asalariar, tomar sirviente a sueldo. **GRA.** También v. prnl.
2. *Chil.* Trocar cosas de poco valor.

conchabo *s. m.* **1.** *Amér. del S.* Contrato de servicio menudo, general-

mente doméstico. **2.** *Chil.* Permuta o cambio de una cosa por otra.

concho (del lat. *conchula*) *s. m., Ec.* Túnica de la mazorca del maíz.

concho, cha (del quichua *qoncha, cunchu,* heces, posos) *s. m.* **1.** Posos, sedimento, restos de la comida. **2.** *Bol., Col., Chil., Ec. y Per.* Restos de fundición. **GRA.** Se usa más en pl. || *adj.* **3.** *Ec.* Del color de las heces de la chicha o de la cerveza.

concón (voz mapuche) *s. m., Zool., Chil.* Autillo, ave.

concuna *s. f., Zool., Col.* Especie de paloma torcaz.

concuño, ña *s. m. y s. f.* Concuñado.

condominio (del lat. *cum,* con, y *dominium,* dominio) *s. m., P. Ric.* Edificio poseído en régimen de propiedad horizontal.

conduerma (de *con* y *dormir*) *s. f., Ven.* Modorra, sueño muy pesado.

condurango *s. m., Bot., Ec.* Planta sarmentosa y tintórea, de aplicación medicinal.

coneja, correr la *loc., fig. y fam., Arg.* Pasar hambre.

conejo (del lat. *cuniculus*) *s. m., Zool., Cub.* Pez de un m de largo, de color plateado con vivos azulados y con la aleta dorsal a todo lo largo del lomo.

confiscado, da *adj., fam., Ven.* Maldito, condenado, travieso.

conga *s. f.* **1.** *Zool., Cub.* Hutía mayor que la rata, de media vara de larga, de color ceniciento o rojizo. **2.** *Zool., Col.* Hormiga grande y venenosa.

congo *s. m.* **1.** *Zool., Cub. y Méx.* Cada uno de los huesos mayores de las piernas posteriores del cerdo. **2.** *Cub.* Baile popular en parejas, al son de cierta música sencilla y monótona, en compas de dos por cuatro. **3.** *Zool., Hond.* Pez acantopterigio. **4.** *Zool., C. Ric. y El Salv.* Mono aullador.

congola *s. f., Col.* Pipa de fumar.

congolona *s. f., Zool., C. Ric.* Gallina silvestre de mayor tamaño que la perdiz, cuya carne es muy estimada.

congona (del quichua *concona*) *s. f., Bot., Chil.* Hierba de la familia de las piperáceas, y originaria de Perú, con hojas verticiladas, pecioladas, enteras y algo pestañosas en la punta, y flores en espiga.

congorocho *s. m., Zool., Ven.* Especie de ciempiés que se halla en terrenos húmedos.

congresal *s. m. y s. f.* Congresista.

conguito *s. m.* Ají.

conmuta *s. f., Chil.* Conmutación.

conmutador *s. m., Arg., Col., C. Ric., El Salv. y P. Ric.* Centralita telefónica.

connotado, da *adj.* Notable, conspicuo.

conoto (voz caribe) *s. m., Zool., Ven.* Especie de gorrión.

conquián *s. m., Méx.* Nombre que se da a un juego de naipes muy común.

conscripción *s. f., Arg.* Servicio militar.

conscripto (del lat. *conscriptus*) *s. m., Arg., Bol., Col., Chil., Ec. y Par.* Mozo que hace el servicio militar.

consumir (del lat. *consumere*) *v. tr., Col.* Sumergir, zambullir.

contentura *s. f., Chil.* Alegría, contento.

conteo (de *contar*) *s. m., Col.* Recuento.

contesta *s. f.* Contestación.

contracandela (de *contra* y *candela*) *s. f., Cub. y P. Ric.* En las plantaciones, fuego que se aplica a un cañaveral por la parte de donde viene el viento para que el incendio no se propague.

contrafuego *s. m., Cub. y P. Ric.* Fuego que se da en un cañaveral u otra plantación para que cuando llegue allí el incendio no se propague, por falta de combustible.

contri (del mapuche *conthi,* o *conthùl*) *s. m., Chil.* Molleja, estómago de las aves.

contumelia, sacar a alguien la *loc., fig. y fam., Chil.* Golpearlo con rudeza.

conuco (voz americana) *s. m.* **1.** *Ant., Col. y Ven.* Pequeña heredad con su rancho. **2.** *Cub.* Pedazo de tierra próxima a los ingenios y cafetales que los amos concedían a los esclavos para que, en provecho propio, lo cultivaran o para que en él criaran animales.

3. *Cub.* Parcela pequeña de tierra cultivada por un campesino pobre.

conuquero, ra *s. m. y s. f., Rep. Dom.* Propietario o habitante de un conuco.

convento (del lat. *conventus*, congregación) *s. m., Ec.* Casa del cura.

conversador, ra *adj.* Charlatán.

coñete *adj., Chil.* Tacaño, cicatero, mezquino.

copal (voz mexicana que designaba todas las resinas que se quemaban en los templos) *s. m., Bot., Cub.* Árbol silvestre que se cría a orillas de los ríos. **GRA.** También s. m.

copalillo *s. m.* **1.** *Bot., Cub.* Árbol silvestre que da muy buena madera, amarillenta, con vetas rojizas, dura y compacta. **2.** *Bot., Hond.* Curbaril.

copante *s. m., Hond.* Pasadera.

copaquira *s. f., Chil. y Per.* Caparrosa o vitriolo azul.

copetín *s. m.* **1.** Aperitivo o copita de licor. **2.** *Arg.* Cóctel.

copetón, na[1] *adj.* **1.** *Col.* Achispado, algo ebrio, calamocano. ‖ *s. m.* **2.** *Zool., Col.* Gorrión moñudo.

copetón, na[2] (de *copete*) *adj.* **1.** *Zool., Amér. del S.* Se dice de diversas aves que ostentan copete, moño o penacho. ‖ *s. f.* **2.** *Zool., Arg. y Ur.* Martineta, ave.

copetuda *s. f., Bot., Cub.* Flor de la maravilla.

copihue (del arauc. *copiu*) *s. m., Bot., Chil.* Enredadera muy común que da una flor roja y a veces blanca. Es planta de adorno.

copina *s. f., Méx.* Piel copinada o sacada entera.

copinar *v. tr., Méx.* Desollar animales sacando entera la piel.

copinol (del náhuatl *cuahuit*, árbol, y *pinoli*, harina) *s. m., Guat.* Curbaril.

copucha (de *copa*) *s. f., Chil.* Vegija que sirve para varios usos domésticos.

copuchento, ta *adj., Chil.* Mentiroso, que propala noticias exageradas, que abulta las cosas.

coquear (de *coca*) *v. intr., Arg. y Bol.* Extraer, en la boca, el jugo del acullico.

coquí *s. m., Zool., Cub.* Insecto de los lugares pantanosos.

coquillo *s. m., Cub.* Tela de algodón blanco y fino que se usó para vestidos antes de introducirse el uso del dril.

coquino *s. m., Bot., Bol.* Árbol de madera laborable y fruto comestible.

coquito (dim. de *coco*) *s. m., Bot., Chil. y Ec.* Fruto de una especie de palma. Se le llama también "coco de Chile".

cora *s. f., Bot., Per.* Hierbecilla perjudicial que crece en los plantíos.

coral (del fr. ant. y proven. *coral*, y éste del lat. *corallium*, del gr. *korállion*) *s. f., Bot.* Planta que produce una semilla de granos duros.

coralillo (dim. de *coral*) *s. m.* **1. coralillo blanco** *Bot., Cub.* Bejuco y enredadera que produce en invierno flores blancas en espiga. **2. coralillo rosado** *Bot., Cub.* Enredadera perenne con flores rosadas todo el año.

coralito *s. m., Bot., Col.* Planta así llamada por el color rojo de su fruto.

corana *s. f., Chil.* Hoz que usan algunos indígenas de América.

corar *v. tr.,* Labrar chacras de indios.

corasí *s. m., Zool., Cub.* Mosquito cuya picadura es dañina y muy dolorosa.

corbata (del ital. *corvatta* o *crovatta*) *s. f.* **1.** *Col.* Parte anterior del cuello de los gallos. **2.** *Col.* Sinecura, empleo de poco esfuerzo y buena remuneración.

corbatear *v. tr., Col.* Sacudir a alguien asiéndolo de la corbata.

corcolén *s. m., Bot., Chil.* Arbusto siempre verde, parecido al aromo por sus flores amarillentas, aunque menos oloroso.

corderaje *s. m., Chil.* Borregada.

córdoba *s. m., Numism., Nic.* Unidad monetaria de Nicaragua.

cordobán (de *Córdoba*, ciudad de fama en la preparación de estas pieles) *s. m., Cub.* Árbol silvestre de la familia de las melastomatáceas, de unos cuatro m de altura, que produce una semilla que sirve de alimento a las aves y a ciertos animales domésticos.

cordón (del fr. ant. *cordon*, y éste del lat. *chorda*) *s. m., Arg., Cub. y Chil.* Bordillo de la acera.

cordoncillo *s. m.* Especie de matico.

corisanto *s. m., Bot., Chil.* Planta orquídea.

cornialtar *s. m., Chil.* Cornijal, lienzo con que se enjuga los dedos el sacerdote en la misa.

coronado *s. m., Zool., Cub.* Pez de color verde claro.

coronda *s. m., Bot., Arg.* Árbol de hoja menuda y fruto en forma de espigas, con semillas semejantes a las habas. La cáscara que las contiene, si se raspa y aspira, hace estornudar con más fuerza que el rape.

coronel (del ital. *colonnello*, de *colonna*, columna) *s. m., Cub.* Cometa grande.

coronillo *s. m., Bot., Arg.* Nombre de diversos árboles. De algunos de ellos se extrae una tintura roja oscura.

coronta (del quichua *ocoronta*) *s. f., Bol., Chil. y Per.* Carozo, mazorca del maíz después de desgranada.

corota *s. f., Bol.* Cresta de gallo.

corotos *s. m. pl., Col., Ec., P. Ric. y Ven.* Trastos, trebejos.

correlón, na *adj., Col., Méx. y Ven.* Corredor, que corre mucho.

correntada *s. f.* Corriente impetuosa de agua desbordada.

correntoso, sa *adj., Col., Chil. y P. Ric.* Se dice del río o curso de agua de corriente muy rápida.

correr (del lat. *currere*) *v. tr., Méx.* Despachar a alguien de un lugar.

correteada *s. f., Chil.* Acción y efecto de correr, perseguir, acosar.

corrido *s. m., Méx.* Cierto baile y la música que lo acompaña.

corroncha *s. f., Hond.* Concha.

corroncho *s. m.* **1.** *Zool., Col.* Pez pequeño de río. ‖ *adj.* **2.** *Ven.* Tardo.

corronchoso, sa *adj., Col.* Rudo, tosco.

corrosca *s. f., Col.* Sombrero de paja gruesa, tejida a mano, de alas anchas, usado por los campesinos de ambos sexos, especialmente en los climas cálidos, para protegerse del sol.

cortadera *s. f.* **1.** *Bot., Arg., Cub. y Chil.* Planta de la familia de las ciperáceas, de hojas largas y aplanadas que cortan como una navaja. **2.** *Bot., Arg.* Mata de la familia de las gramíneas, propia de terrenos llanos y húmedos, de hojas angostas de color verde azulado, y flores en panícula fusiforme, grisácea con reflejos plateados. Se usa como planta de adorno.

cortada *s. f.* **1.** *Arg.* Callejuela o travesía entre calles principales. **2.** *Arg. y Ur.* Atajo, senda o ruta para abreviar un camino. **3.** *Arg. y Ur.* Rebanada de pan, frutas, etc.

cortafierro (de *cortar* y *fierro*) *s. m., Arg. y Ur.* Cortafrío.

cortar (del lat. *curtare*) *v. intr., Chil.* Tomar una dirección, ponerse a caminar en un sentido.

corte[1] (de *cortar*) *s. m.* **1.** *Chil.* Servicio a pequeña diligencia que se encomienda a otro y por la cual se da algún pago. **2.** *Arq., Chil.* Sección de un edificio. **3.** *Chil.* Superficie que forma cada uno de los bordes o cantos de un libro.

corte[2] (del lat. *cors, cortis*, o *cohors, cohortis*, corte) *s. f.* Tribunal de justicia.

corúa (voz cubana) *s. m., Zool., Cub.* Especie de cuervo marino.

coruja *s. f., Zool., Cub.* Lechuza.

coscachear *v. tr., Chil.* Dar coscachos, sacudir coscorrones.

coscacho (de la onomat. *cosc*) *s. m., Arg., Chil. y Ec.* Coscorrón, golpe con los nudillos en la cabeza.

coscarrón *s. m., Bot., P. Ric.* Árbol de madera muy compacta y dura.

coscojero, ra *adj., Arg. y Col.* Se dice de la caballería que agita mucho los coscojos del freno.

coscolina *s. f., Méx.* Mujer de malas costumbres.

coscomate (del azt. *cuezcomtl*) *s. m., Méx.* Troje cerrado hecho con barro y zacate para la conservación del maíz.

coscoroba *s. f., Zool., Arg. y Chil.* Ave, especie de cisne, de cuello corto, todo blanco y más pequeño que el común.

cosijo s. m., Guat. y Méx. Cojijo, inquietud moral apremiante.

cosijoso, sa adj., Guat. y Méx. Cojijoso.

costearse (de costa) v. prnl., Arg. y Ur. Trasladarse con esfuerzo a un lugar distante o trabajoso de alcanzar.

costeño s. m., Bot., Col. Guineo, variedad del plátano.

costino, na (de costa) adj., Chil. Costanero, perteneciente a la costa. Se dice especialmente de animales y personas.

costomate s. m., Bot., Méx. Capulí, cerezo.

coterna s. f., vulg., Col. Sombrero.

cotinga s. m., Zool. Género de pájaros dentirrostros, de buen tamaño y de plumaje muy variado y vistoso.

cotizar (del fr. cotiser, y éste del lat. quota, cota) v. intr. Imponer una cuota.

cotizas, ponerse alguien las loc., fig. y fam., Ven. Ponerse en cobro.

coto[1] (del quichua koto, buche) s. m., Amér. del S. Bocio o papera.

coto[2] adj., Nic. Cuto.

cotomono s. m., Zool., Per. Mono de la familia de los cébidos.

cotona s. f. **1.** Chil. y Per. Camiseta fuerte de algodón, u otra materia, según los países. **2.** Méx. Chaqueta de gamuza.

cototo s. m., vulg., Arg. y Chil. Chichón.

cotúa s. f., Zool., Ven. Mergo, ave marina.

cotudo, da (de coto) adj., Arg., Bol., Col. y Chil. Que tiene coto o bocio.

cotuza s. f., Zool., El Salv. y Guat. Agutí.

covacha s. f., Ec. Tienda donde se venden comestibles, legumbres, etc.

covadera s. f., Chil. y Per. Depósito natural del que se extrae guano o salitre.

covín s. m., Chil. Maíz tostado; trigo tostado.

coyán s. m., Bot., Chil. Especie de haya.

coyocho s. m. **1.** Bot., Chil. Nabo, planta de la familia de las crucíferas. **2.** Chil. Raíz de esta planta.

coyol (del azt. coyolli) s. m. **1.** Bot., Amér. C. y Méx. Palmera de mediana altura, de cuyo tronco se extrae una bebida agradable que fermenta rápidamente. **2.** Bot., Amér. C. y Méx. Fruto de este árbol.

coyolar (de coyol) s. m., Guat. y Méx. Lugar poblado de coyoles.

coyoleo s. m., Zool. Especie de codorniz.

coyotero, ra adj. Se dice del perro amaestrado para perseguir a los coyotes. **GRA.** También s. m.

coyundazo s. m., Nic. Latigazo, golpe dado con una coyunda.

coyundear v. tr., Nic. Pegar o castigar con una coyunda o látigo.

coyuyo s. m., Zool., Arg. Cigarra grande.

cozolmeca s. f., Bot., Méx. Planta de la familia de las liliáceas, del mismo género que la zarzaparrilla.

crequeté s. m., Zool., Cub. Caracatey.

crespillo s. m., Hond. Clemátide.

criandera s. f., Bol., Cub., Ec. y P. Ric. Nodriza.

crianza s. f., Chil. Conjunto de animales nacidos en una hacienda y destinados a ella.

criollaje s. m., Arg. Conjunto de criollos.

criolla, a la loc. Llanamente, sin etiqueta.

cruza s. f., Cub. y Chil. Bina.

cuaba (voz cubana) s. f., Bot., Cub. Árbol silvestre ramoso cuya madera se utiliza para antorchas, por la viva luz que despide al arder.

cuacar v. tr., vulg., Col. y P. Ric. Cuadrar, gustar.

cuácara s. f. **1.** fam., Col. Levita. **2.** Chil. Blusa o chaqueta ordinaria.

cuache, cha (del mismo or. que cuate) adj. **1.** Guat. Gemelo, de un parto. **GRA.** También s. m. y s. f. **2.** Guat. Se dice de algunas cosas que constan de dos partes iguales y ofrecen duplicidad.

cuaco s. m., Méx. Muy vulgar por matalón, rocín.

cuadrarse (del lat. quadrare) v. prnl., Chil. Suscribirse con una importante cantidad de dinero, o dar de hecho esa cantidad o valor.

cuadrillazo s. m., Chil. Asalto, ataque de varias personas contra una.

cuadro (del lat. quadrus) s. m., Náut. Anchura del buque en la cuarta parte de su longitud contada desde popa o desde proa.

cuaima (voz chaima) *s. f., Zool., Ven.* Serpiente negra por el lomo y blanquecina por el vientre. Abunda en la región oriental de Venezuela. Es muy ágil y venenosa.

cuajaní (voz cubana) *s. m., Bot., Cub.* Árbol parecido al cedro, de madera más resistente. Produce una semilla venenosa y por incisión se extrae una especie de goma parecida a la arábiga.

cuajanicillo *s. m., Bot., Cub.* Especie menor del cuajaní.

cuajará *s. m., Bot., Cub.* Árbol silvestre que produce madera de construcción.

cuajicote *s. m., Zool., Méx.* Especie de abejón que hace sus nidos en los troncos de los árboles.

cuajilote *s. m., Bot., Méx.* Especie de bignoniácea cuyo fruto es comestible.

cuajiote *s. m., Bot., Amér. C.* Planta cuya goma se usa en medicina.

cuanlote *s. m., Bot., Méx.* Caulote.

cuarango (voz quichua) *s. m., Bot.* Árbol de Perú de la familia de las rubiáceas, con el tronco liso y corteza de color pardo amarillento; hojas casi redondas, flores grandes rojizas y fruto seco y capsular. Es una de las especies del quino más apreciadas por su corteza.

cuarta (del lat. *quarta*) *s. f.* **1.** *Méx.* Látigo corto para las caballerías. **2.** *Astron., Méx.* Cuadrante, cuarta parte del círculo que se utiliza especialmente en el Zodíaco y la Eclíptica para la división de los signos de tres en tres. **3.** *Náut., Méx.* Cada una de las 32 partes en que está dividida la rosa náutica. **4.** *Mil., Méx.* Sección formada por la cuarta parte de un escuadrón al mando de un sargento.

cuartazo *s. m., Méx., Cub. y P. Ric.* Golpe dado con la cuarta o látigo.

cuarteador *s. m., Arg.* Encuarte, caballería de refuerzo.

cuartelazo *s. m.* Cuartelada, pronunciamiento militar.

cuarterola *s. f., Chil.* Arma de fuego menor que la tercerola. La usan los soldados de caballería.

cuarto (del lat. *quartus*) *s. m.* **cuarto sanitario** *Col.* Escusado, letrina.

cuate, ta (de *coate*) *adj.* **1.** *Méx.* Gemelo, se dice de los hermanos de un mismo parto. **GRA.** También *s. m. y s. f.* **2.** *Méx.* Igual, semejante.

cuatepín *s. m., Méx.* Se dice corrientemente en lugar de papirote, sopapo, etc.

cuatequil *s. m., Bot., Méx.* Maíz.

cuatezón, na (del náhuatl *cuatezón*, motilón) *adj., Zool., Méx.* Se dice del animal que debiendo tener cuernos por su especie carece de ellos.

cuatí (voz guaraní) *s. m., Zool., Arg. y Col.* Mamífero plantígrado carnívoro, de cabeza alargada con un hocico estrecho y prolongado. Tiene uñas fuertes y encorvadas que le sirven para trepar a los árboles.

cuatrerismo *s. m., Arg.* Actividad de los cuatreros.

cubanicú *s. m., Bot., Cub.* Planta de la familia de las eritroxiláceas, silvestre, cuyas hojas secas y pulverizadas se emplean para curar llagas y heridas.

cubera *s. f., Zool., Cub.* Pez de casi un m de largo, de color blanquecino por el vientre y aceitunado por el lomo; cola ahorquillada, aletas dorsal y anal tirando a moradas, y ojos con cerco amarillo.

cubeta *s. f.* **1.** *Cub.* Pequeña cuba que usan los aguadores. **2.** *Fís., Cub.* Depósito de mercurio, en la parte inferior del barómetro, que recibe directamente la presión atmosférica, que se marca en un tubo por medio de grados. **3.** *Cub.* Parte inferior del arpa donde están colocados los resortes de los pedales. **4.** *Cub.* Recipiente, por lo común rectangular, muy usado en operaciones químicas y sobre todo en las fotográficas.

cuca *s. f., Chil.* Ave zancuda, semejante a la garza europea en color y figura, pero más grande, y caracterizada por su grito desapacible y su vuelo torpe y desgarbado.

cucarachero *s. m., Ven.* Pájaro de color leonado con pintas blancas y negras, de canto semejante al ruiseñor. Es insectívoro.

cucayo (del quichua *kkókkan*) *s. m., Bol. y Ec.* Provisiones de boca que se llevan para el viaje.

cuchareta *s. f.* **1.** *Zool.* Ave zancuda cuyo plumaje es blanco en la edad joven y rosado en la adulta, pico en forma de espátula y pies amarillentos. Es un ave de paso. ‖ *s. m. y s. f.* **2.** *fig., Cub. y Méx.* Persona entremetida.

cuchilla *s. f., Arg., Cub. y Ur.* Eminencia muy prolongada, cuyas pendientes se extienden suavemente hasta la tierra llana.

cuchillazo *s. m.* **1.** *Cub. y P. Ric.* Cuchillada, golpe dado con el cuchillo. **2.** *Cub. y P. Ric.* Cuchillada, herida que resulta.

cucho[1] (de la voz *cuch* con que se llama a algunos animales) *s. m., Chil.* Nombre familiar del gato, especialmente para llamarlo.

cucho[2] *s. m., El Salv.* Jorobado, corcovado.

cuchuco *s. m., Gastr., Col.* Sopa de cebada con carne de cerdo.

cuchugo *s. m., Col. y Ec.* Cada una de las cajas de cuero que suele haber en el arzón de las sillas de montar.

cucubá *s. m., Zool., Cub.* Ave nocturna parecida a la lechuza. Vive en el hueco de los árboles y su grito semeja a los ladridos del perro.

cucubano *s. m., Zool., P. Ric.* Cocuyo, luciérnaga.

cucubo *s. m., Bot., Col.* Arbusto de la familia de las solanáceas espinosas, cuyo fruto de pipas verdes, redondas, de diámetro aproximado de un cm, se emplea para ablandar la mugre en el lavado de la ropa.

cucuiza (voz indígena de las Antillas) *s. f., Méx. y Ven.* Hilo que se obtiene de la pita.

cuculí (voz onomatopéyica) *s. m. y s. f., Zool., Chil. y Per.* Especie de paloma silvestre, tiene el plumaje del color de la ceniza, con una franja azul alrededor de cada ojo. Es del tamaño de la tórtola. Su canto es semejante al

de la codorniz. Se cría en jaula con facilidad.

cueca *s. f.* **1.** Zamacueca. **2.** *Chil.* Baile popular entre las gentes distinguidas.

cuentacacao *s. f., Zool., Hond.* Araña que deja un salpullido al pasar por la piel de las personas. Es algo venenosa.

cuerazo *s. m.* **1.** Latigazo. **2.** Caída, costalada.

cuerda (del lat. *chorda*, y éste del gr. *chordê*) *s. f.* **1.** *P. Ric.* Medida agraria equivalente a 3 929 centiáreas. **2.** *P. Ric.* Cadenita en los antiguos relojes de bolsillo y sobremesa. **3.** *P. Ric.* Conjunto de penados que en los presidios van atados a cumplir su condena. **4.** *P. Ric.* Cima aparente de las montañas. **5.** *P. Ric.* Cordel. **6.** *Arq., P. Ric.* Línea de arranque de una bóveda o de un arco, en la cantería. **7.** *Mat., P. Ric.* Línea recta tirada de la parte de un arco a la otra. **8.** *Mús., P. Ric.* Cada una de las cuerdas vocales fundamentales de bajo, tenor, contralto y tiple. **9.** *P. Ric.* Número de notas que alcanza. **10.** *Top., P. Ric.* Cuerda que como medida se usa en las operaciones.

cuereada *s. f., Amér. del S.* Temporada en que se obtienen los cueros secos.

cuerear *v. tr.* **1.** *Amér. del S.* Ocuparse en las faenas de la cuereada. **2.** *Ec.* Azotar.

cueriza *s. f., fam.* Paliza, azotaina.

cuero (del lat. *corium*) *s. m.* **1.** *Bot., Cub.* Nombre común de varias especies de árboles de hojas coriáceas. ‖ **LOC. arrimar el cuero** Azotar. **dejar a alguien en cueros** Dejarle sin camisa.

cuerpear *v. intr., Arg.* Se dice por esquivar, hacer esguince.

cuesco[1] (de la onomat. *cosc*) *s. m.* **1.** *Méx.* Masa redondeada de mineral de gran tamaño. **2.** *Min., Méx.* En Riotinto, escoria procedente de los hornos de manga.

cuesco[2] *s. m.* **1.** *Bot., Col. y Ven.* Nombre vulgar de una palmera indígena. **2.** *Bot., Col. y Ven.* Fruto de cierta planta. **3.** *Col. y Ven.* Aceite sacado de dicho fruto.

cuétano *s. m., Zool., El Salv.* Oruga de cierta clase de mariposas.

cuete *s. m., Méx.* Lonja de carne que se saca del muslo de la res.

cui *s. m., Zool., Arg. y Chil.* Cuy, cobaya, conejillo de Indias.

cuicuy (del mapuche *cuycuy*, puente) *s. m., Chil.* Árbol derribado que sirve de puente.

cuija *s. f.* **1.** *Zool., Méx.* Lagartija pequeña y muy delgada. **2.** *fig., Méx.* Mujer fea y delgada.

cuita *s. f., Amér. C.* Estiércol de las aves.

cuitear *v. intr., Amér. C.* Defecar las aves. **GRA.** Se usa más como v. prnl.

cuja (del fr. *couche*) *s. f.* Cama de distintos tipos y materiales.

cuje (voz cubana) *s. m.* **1.** *Bot., Cub.* Arbusto que produce unos tallos delgados, lisos y largos. Vive en sitios pedregosos. **2.** *Cub.* Vara horizontal en que se cuelgan las mancuernas en la recolección del tabaco, y que se coloca sobre otras dos verticales.

cují *s. m., Col. y Ven.* Aromo.

cujisal *s. m., Ven.* Se llama así a los terrenos o sitios poblados de cujíes.

culcumete (del náhuatl *cucult*, enfermo, y *miqui*, muerto) *adj.* **1.** *El Salv.* Enfermizo. **2.** *El Salv.* Miedoso, cobarde.

culillo *s. m.* **1.** *Col., Ec., El Salv., Nic., Pan., P. Ric. y Rep. Dom.* Miedo. **2.** *Nic.* Inquietud, preocupación. **3.** *Cub.* Prisa, impaciencia.

culle *s. m., Bot., Chil. y Per.* Hierba de la familia de las oxalidáceas, cuyo zumo se usa como bebida refrescante.

culote (del fr. *culot*, y éste del lat. *culus*) *s. m., Ur.* Prenda interior femenina de diversas formas y tamaño; generalmente cubre las caderas.

culpeo (del mapuche *culpeu*) *s. m., Zool., Chil.* Especie de zorra más grande que la europea, que tiene la piel más oscura y la cola no tan peluda.

cuma *s. f.* **1.** *Arg.* Madrina de un niño. **2.** *Hond.* Cuchillo grande.

cumarú (voz guaraní) *s. m., Bot., Amér. C.* Árbol gigantesco que tiene madera laborable. Se conoce por su fruto, que es una almendra utilizada en perfumería y de la que se extrae una bebida embriagadora. Pertenece al grupo de las leguminosas.

cumba *s. f., Hond. y Nic.* Calabaza de boca ancha.

cumbarí *adj., Bot., Arg.* Se dice de un ají o pimiento muy rojo y picante.

cumbearse *v. prnl., Hond.* Dirigirse elogios recíprocamente dos o más personas.

cumbia *s. f., Col. y Pan.* Danza popular, una de cuyas figuras se caracterizaba por llevar los danzantes una vela encendida en la mano.

cumbo *s. m.* **1.** *Hond.* Calabaza o jícara de boca angosta. **2.** *Hond.* Recipiente formado con la corteza de esta calabaza. **3.** *El Salv.* Calabaza de boca cuadrada. **4.** *Hond.* elogio excesivo o interesado dirigido a una persona.

cumiche *adj., Amér. C.* Se llama así, en una familia, al hijo más joven.

cumpa *s. m., Arg., Chil., Ec. y Per.* Vulgarismo por amigo, camarada.

cunaguaro *s. m., Zool., Ven.* Animal de piel roja con manchas sobre el lomo y los costados. Mide cerca de un m de largo, es carnívoro y muy feroz.

cuncuna *s. f.* **1.** *Zool., Col.* Paloma silvestre. **2.** *Zool., Chil.* Larva cubierta de pelos de algunos lepidópteros. El contacto con ellos produce escozor como las ortigas.

cundiamor *s. m., Bot., Cub., P. Ric. y Ven.* Planta trepadora de la familia de las cucurbitáceas, que tiene las flores en forma de jazmines y frutos amarillos; contiene semillas muy rojas.

cuneco, ca *s. m. y s. f., Ven.* El hijo menor de una familia.

cuotear *v. tr., Chil.* Prorratear, repartir algo equitativamente entre varios.

cupana *s. f., Bot., Ven.* Pequeño árbol frondoso de la familia de las sapindáceas, de cuyo fruto hacen los indígenas tortas alimenticias y una bebida estomacal.

cupial *s. m.* Techo pendiente que da al fondo del rancho.

cupido (por alusión al mitológico dios del amor, hijo de Venus) *s. m., Bot., Cub.* Arbusto silvestre de hojas finas y flores moradas de cinco pétalos, que vive en los arroyos.

cupilca *s. f., Chil.* Mazamorra suelta. Está compuesta de harina tostada de trigo, mezclada con chacolí o chicha de uvas o manzanas.

cupo (de *caber*) *s. m.* **1.** *Col., Méx. y Pan.* Cabida. **2.** *Col., Méx. y Pan.* Plaza en un vehículo.

cuquear *v. tr., Cub.* Azuzar.

curaca (voz quichua) *s. m., Amér. del S.* Cacique, potentado o gobernador.

curadera *s. f., Chil.* Borrachera.

curagua *s. f., Bot., Amér. del S.* Maíz de grano muy duro y hojas dentadas.

curamagüey *s. m., Bot., Cub.* Enredadera de flores grandes cuyos pedúnculos y tallo son peludos. Reduciendo a polvo sus partes leñosas son venenosas, excepto las hojas, que come el ganado vacuno sin peligro.

curanto *s. m., Gastr., Chil.* Guiso hecho a base de mariscos, carnes y legumbres. Suele cocerse junto sobre piedras calientes y en un hoyo.

cúrbana (voz cubana) *s. f., Bot., Cub.* Arbusto silvestre propio de los terrenos pedregosos del que se obtiene una especie de canela de inferior calidad; tiene muchas ramas con hojas oblongas, lucientes por encima, y flores rosadas. Posee un olor delicioso y su fruto es una baya que come el ganado.

curco, ca *adj., Ec.* Jorobado.

curcucho *adj., El Salv. y Nic.* Jorobado, corcovado. **GRA.** También s. m. y s. f.

curcuncho, cha *adj., Arg. y Chil.* Jorobado.

curcusí *s. m., Bol.* Especie de cocuyo, pero menos luminoso.

curetuí *s. m., Zool., Arg.* Pajarillo de figura agraciada, de color blanco y negro.

curí (del guaraní *curií*) *s. m., Bot., Amér. del S.* Árbol del grupo de las coníferas, de tronco recto, resinoso, elevado, cuyas ramas salen horizontalmente y luego se encorvan hacia arriba. Tiene las hojas cortas, recias y punzantes. Su fruto es una piña grande, con piñones como castañas y comestible.

curibay *s. m., Bot., Arg.* Cierta especie de pino. Su fruto es muy purgante y sus efectos se neutralizan bebiendo vino o agua caliente.

curiche *s. m.* **1.** *Bol.* Pantano o laguna. **2.** *Chil.* Persona que tiene color oscuro o negro.

curiel *s. m., Zool., Cub.* Roedor casi rabón, parecido al conejillo de Indias, que tiene las uñas grandes. Es el corí de los primitivos historiadores de América.

curiela *s. f., Zool., Cub.* Hembra del curiel.

curioso, sa (de *curar*) *s. m. y s. f.* Curandero.

curiquingue *s. m., Zool., Ec.* Ave falconiforme que se asemeja al buitre por su rostro desnudo. Era el ave sagrada de los incas.

curiyú *s. m., Zool., Arg. y Par.* Canacuate, serpiente que mide hasta siete m de largo, de color negro con pintas rojas.

cursiento, ta *adj., Arg. y Chil.* Camariento.

curtiembre *s. f., Arg., Col. y Chil.* Tenería, curtiduría.

curtirse (de or. incierto) *v. prnl.* Ensuciarse, mancharse.

curú *s. m., Zool., Per.* Larva de la polilla.

curucú *s. m., Zool., Amér. C.* Ave trepadora de larga cola y plumaje de hermoso color.

curuguá (voz guaraní) *s. m., Bot., Amér. del S. y Arg.* Enredadera de unos 30 cm de largo, que da un fruto amarillo y negro semejante al de la calabaza. Su cáscara sirve de vasija y comunica a los objetos que en ella se ponen su agradable olor.

curujey *s. m., Bot., Cub.* Planta bromeliácea, parásita, con las hojas cortantes y punzantes a modo de espada.

curupay *s. m., Bot., Arg.* Árbol de la familia de las mimosas, semejante al algarrobo. Posee corteza curtiente y buena madera.

cururo *s. m., Zool., Chil.* Especie de rata campestre. Tiene color negro y es muy dañina.

curuvica (del guaraní *curuví*, fragmento, trozo, y el suf. dim. español *-ica*) *s. f., Arg. y Par.* Fragmento diminuto que resulta de la trituración de una piedra y, por ext., de cualquier otro material sólido.

cusca *s. f., Méx.* Mujer pública.

cuscungo *s. m., Zool., Ec.* Especie de búho.

cusma *s. f., Per.* Cuzma.

cuspa *s. f., Bot., Ven.* Arbusto semejante a la palmera, cuya corteza se emplea como la quina.

cuspe *s. m.* **1.** *Chil.* Peonza hueca zumbadora que hacen bailar los niños. **2.** *fam., Chil.* Persona muy menuda y bulliciosa.

custodia (del lat. *custodia*) *s. f., Chil.* Consigna de una estación o aeropuerto, lugar donde los viajeros depositan temporalmente equipajes y paquetes.

cusubé (voz taína) *s. m., Gastr., Cub.* Dulce seco, que se hace del almidón de yuca, con agua, azúcar y huevos.

cusumbe *s. m., Col. y Ec.* Coatí.

cusumbo *s. m., Col.* Coatí.

cususa *s. f., Amér. C.* Aguardiente de caña.

cutacha *s. f., Hond. y Nic.* Cuchillo largo y recto.

cutama *s. f.* **1.** *Chil.* Saco lleno de cosas menudas. **2.** *fig., Chil.* Persona torpe y pesada.

cutarra *s. f., Hond.* Zapato alto hasta la caña de la pierna y con orejuelas.

cutete *s. m., Guat.* Nombre que se da a cierto género de reptiles iguánidos.

cuto, ta (del náhuatl *cutuche*, cortado) *adj.* **1.** *El Salv.* Aplicado a un ser humano, privado de un brazo. **GRA.** También s. m. y s. f. **2.** *El Salv.* Dicho de animales, rabón. **3.** *El Salv.* Se dice del vestido muy corto. **4.** *El Salv.* Se dice de lo que está viejo o estropeado.

cutusa *s. f., Zool., Col.* Especie de tórtola.

cuy (de or. incierto) *s. m., Zool., Amér. del S.* Conejillo de Indias.

cuyá (voz cubana) *s. m., Bot., Cub.* Árbol de unos nueve m de altura, tiene la madera dura y elástica, y casi incorruptible. Produce unas flores olorosas menudas.

cuyamel *s. m., Zool., Hond.* Pez acantopterigio que vive en los ríos y es de carne muy estimada.

cuyano, na *adj., fam., Chil.* Se dice de los naturales de la República Argentina. **GRA.** También s. m. y s. f.

cuyo, ya *s. m. y s. f., El Salv.* Cobayo, conejillo de Indias.

cuyují *s. m., Cub.* Especie de pedernal.

cuzma (voz quichua) *s. f., Ec. y Per.* Sayo que no tiene mangas, de lana, que cubre hasta los muslos. Se usa en algunas partes de América.

dagame s. m., Bot., Cub. Árbol silvestre, de la familia de las rubiáceas, de tronco sin ramaje, alto y terminado en copa reducida.

dajao (del taíno *dahao*) s. m., Zool., Cub. y P. Ric. Pez de río, muy común y de carne apreciada.

damajagua s. m., Bot., Ec. Árbol corpulento, cuya corteza interior se utiliza para hacer vestidos y colchas de cama.

danto s. m., Zool., Amér. C. Pájaro de plumaje negro azulado y pecho rojizo sin plumas, que vive en las selvas oscuras.

datilera (de *dátil*) adj., Bol. Se dice de la palmera que da fruto. **GRA.** También s. f.

daudá (del arauc. *daldal*) s. f., Bot., Chil. Contrahierba, planta.

debajero s. m., Ec. Refajo.

debocar v. intr., Arg. y Bol. Vomitar. **GRA.** También v. tr.

degollado (de *degollar*) s. m., Zool., Cub. Ave de paso.

degú (del arauc. *denú*, ratón del campo) s. m., Zool. Nombre vulgar que se da a una especie de ratón de Chile y Perú, parecido en la forma de la cola al armadillo. Se le conoce vulgarmente como "ratón de las tapias".

demeritar v. tr. Quitar mérito.

demoroso, sa adj., Chil. Moroso. **GRA.** También s. m. y s. f., aplicado a personas.

dengue s. m. **1.** Bot., Chil. Planta herbácea ramosa, de flores que se marchitan al menor contacto. **2.** Bot., Chil. Flor de esta planta.

departamento (del fr. *departement*) s. m. Apartamento.

derecho, cha (del lat. vulg. *derectus*, p. p. de *derigere*, dirigir, der. de *regere*, dirigir, conducir.) adj. Feliz.

derrames (de *derramar*) s. m. pl., Chil. Aguas sobrantes de un predio, que por inclinación del terreno vierten en otro inferior.

desainar (de *saín*) v. tr., Cub. Debilitar.

desaterrar v. tr., Arg., Chil., Méx. y P. Ric. Escombrar.

desatierre s. m., Amér. del S. Escombrera.

desbarbillar (de *des-* y *barbilla*, dim. de *barba*) v. tr., Arg. Desbarbar, cortar las raíces que arrojan los troncos de las vides nuevas, para darles más vigor.

desbotonar v. tr., Cub. Quitar los botones y la guía de la planta del tabaco para que ganen en tamaño las hojas.

descachazar v. tr., Cub., Ec. y P. Ric. Quitar la cabeza al guarapo.

descamisado s. m., Arg. Nombre con que se designaban en Argentina a los partidarios del general Perón.

descrestar v. tr., Col. Engañar a alguien.

descuajeringado, da adj. **1.** Desvencijado. **2.** Poco aseado y descuidado en la forma de vestir.

descuajeringar v. tr. Descuajaringar.

desentechar v. tr., Amér. C., Col. y Ec. Destechar.

desentejar v. tr., Amér. C., Col., Ec. y Ven. Destejar.

desgalillarse v. prnl., Méx. y P. Ric. Desgañitarse, gritar con fuerza.

desgarrar (de *des-* y *garra*) v. tr. Arrancar la flema.

desgarro (de *desgarrar*) s. m. **1.** Acción y efecto de arrancar la flema. **2.** Flema.

desguañangado, da adj., Chil. y P. Ric. Desaseado y poco cuidadoso en el vestir.

desguañangar v. tr. Desvencijar, destrozar.

deshijar (de *des-* e *hijo*) *v. tr., Cub., Hond. y Méx.* Quitar los chupones a las plantas.

deslave (de *deslavar*) *s. m., Amér. del S.* Derrubio.

desmanchar (de *des-* y *mancha*, manada de mies o de ganado) *v. prnl.* **1.** Escaparse un animal de la manada. **2.** Extraviarse, perderse. || *v. intr.* **3.** Huir apresuradamente. || *v. tr.* **4.** Romper una relación de amistad.

desocupación *s. f.* Desempleo.

desocupado, da *adj.* Parado.

desorejado, da *adj.* **1.** *fam., Per.* Que tiene mal oído. **2.** *Chil.* Desasado. **3.** *Cub.* Pródigo, derrochador. **GRA.** También s. m. y s. f.

despabilarse *v. prnl., Cub.* Marcharse, irse.

despachante *s. m. y s. f., Arg.* Dependiente de comercio.

despacho *s. m., Chil.* Ensanche de las bocaminas o galerías subterráneas, en las minas de América. .

despacio (de *de-* y *espacio*) *adv. t.* **1.** *Amér. del S.* En voz baja. || *s. m.* **2.** *Amér. del S.* Calma, lentitud.

despalillar *v. tr., fam., P. Ric.* Matar a una persona.

despancar *v. tr., Arg., Bol. y Per.* Separar la panca de la mazorca del maíz. **GRA.** También v. prnl.

despanzurro *s. m., Chil.* Disparate.

despapucho *s. m., Per.* Disparate, sandez.

desparpajar (probablemente de un cruce entre *spargere*, esparcir, y *espaleare*, der. de *palea*, paja) *v. tr.* **1.** *C. Ric., Hond. y Méx.* Desparramar, esparcir. || *v. prnl.* **2.** *Hond. y P. Ric.* Sacudir el sueño, despabilarse.

desparpajo (de *desparpajar*) *s. m., Guat. y Hond.* Desorden, desbarajuste.

desparramar (cruce entre *esparcir* y *derramar*) *v. tr., Arg.* Hacer más claro o ralo un líquido.

desparramo *s. m.* **1.** *Cub. y Chil.* Acción y efecto de desparramar. **2.** *fig., Chil.* Desconcierto.

despatillar (de *des-* y *patilla*) *v. tr., Chil.* Descogollar.

despaturrar *v. tr., Col., Chil. y Ven.* Despatarrar. **GRA.** También v. prnl.

despechar (de *despecho*) *v. tr., Chil.* Despaldillar.

despegar *v. tr., C. Ric. y Méx.* Desenganchar la caballería del carruaje.

despelucar *v. tr., Col., Chil. y Hond.* Despeluzar, descomponer. **GRA.** También v. prnl.

despeluzar *v. tr., Cub.* Pelar, desplumar a alguien, dejarle sin dinero.

despenar *v. tr., Chil.* Desesperanzar, desahuciar.

despensa (del lat. *dispensus*, administrado, aprovisionado) *s. f., p. us., Min., Méx.* Lugar que en las minas se destina para guardar los minerales ricos.

despercudido, da *adj.* **1.** *Chil.* Desparpajado, avispado. **2.** *Chil.* Se aplica a la persona de piel clara.

despercudir *v. tr., Arg., Chil. y Méx.* Avivar, despabilar a alguien. **GRA.** También v. prnl.

desperfeccionar *v. tr., Chil. y Ec.* Deteriorar, menoscabar.

despestañarse *v. prnl., fig., Arg.* Quemarse alguien las cejas, estudiar con ahínco.

despezuñarse *v. prnl., fig., Col., Chil. y Hond.* Caminar muy de prisa.

despichar (de *de-* y *espichar*) *v. tr., Col. y Chil.* Despachurrar.

despilaramiento *s. m., Min., Amér. del S.* Acción y efecto de despilarar.

despilarar *v. tr., Min., Amér. del S.* Derribar los pilares de una mina.

despilfarrado, da *adj., Chil.* Ralo, desperdigado.

despintar (de *des-* y *pintar*) *v. tr., fig. y fam., Chil.* Apartar la mirada.

despinte *s. m., Miner., Chil.* Porción de mineral de ley inferior a la que se espera o le corresponde.

desplayado (de *des-* y *playa*) *s. m.* **1.** *Arg.* Playa de arena que deja descubierta el mar en la marea baja. **2.** *Arg.* Descampado en un bosque.

desplaye *s. m., Chil.* Acción y efecto de desplayar.

desplomar *v. tr., Ven.* Reprender.

desplome *s. m., Per.* Sistema antiguo de explotar minas.

desplomo *s. m., Ven.* Regaño.

despolvorear *v. tr., Amér. del S.* Espolvorear o polvorear.

desporrondingarse *v. prnl., fam., Amér. C., Col. y Ven.* Echar la casa por la ventana, despilfarrar.

despostar (de *des-* y *posta,* tajada) *v. tr., Arg., Chil. y Ec.* Descuartizar una res o un ave.

desposte *s. m., Chil.* Acción y efecto de despostar.

despotizar (de *déspota*) *v. tr., Arg. y Per.* Gobernar o tratar despóticamente, tiranizar.

despresar *v. tr., Chil.* Despedazar, descuartizar, trinchar un ave.

despuntador *s. m.* **1.** *Méx.* Aparato para separar minerales. **2.** *Méx.* Martillo que se usa para romper minerales.

despuntar *v. tr., Arg.* Atravesar las puntas de un río.

despunte *s. m., Arg. y Chil.* Desmocho, leña delgada.

desquicio (de *desquiciar*) *s. m., Arg.* Desquiciamiento.

desrielar (de *des-* y *riel*) *v. intr., Bol. y Chil.* Descarrilar.

destajar (de *des-* y *tajar*) *v. tr., Ec. y Méx.* Destazar, despedazar una res.

destapar *v. intr., Méx.* Huir a caballo, o escaparse una caballería.

destemplarse (de *des-* y *templar*) *v. prnl., Ec., Guat. y Méx.* Sentir dentera. **GRA.** También v. tr.

desternerar *v. tr., Arg., Chil. y P. Ric.* Desbecerrar.

destoconar *v. tr., Ven.* Recortar los cuernos a los toros o vacas.

destorlongado, da *adj., fam., Méx.* Desordenado, manirroto.

destorlongo *s. m., Méx.* Despilfarro, desorden.

destorrentado, da *adj., Amér. C.* Manirroto, desarreglado.

destripar *v. intr., fam., Méx.* Abandonar los estudios, colgar los hábitos.

destronque *s. m., Chil. y Méx.* Descuaje.

destusar *v. tr., Amér. C.* Despinochar el maíz, quitarle la hoja o tusa.

destutanar (de *des-* y *tuétano*) *v. tr.* **1.** *Chil.* Sacar el tuétano de los huesos. ‖ *v. prnl.* **2.** *Col.* Despampanarse, romperse la crisma. **3.** *Cub. y P. Ric.* Consumirse, desvivirse.

desvasar *v. tr., Arg.* Cortar o arreglar el casco o vaso de una caballería.

desvincular *v. tr., Arg. y Chil.* Desamortizar.

desvío (de *desviar*) *s. m., Arg. y Chil.* Apartadero de una vía férrea.

desvolcanarse *v. prnl., Col.* Derrumbarse.

detalle (del fr. *détail,* de *détailler,* y éste del lat. *de-taliare,* cortar) *s. m., Amér. del S.* Menudeo, venta al por menor.

devanadora *s. f., Amér. del S.* Devanadera.

devisar (del lat. *divisus,* repartido) *v. tr., Méx.* Atajar, detener.

devolverse (del lat. *devolvere*) *v. prnl., Amér. del S.* Volverse, regresar.

dezocar *v. tr., Chil.* Deszocar, dislocar una mano. **GRA.** También v. prnl.

diablo (del lat. tardío *diabolus,* y éste del gr. *diábolos*) *s. m.* **1.** *Chil.* Vehículo tirado por bueyes. ‖ **2. diablos azules** Delírium trémens. ‖ **LOC. donde el diablo perdió el poncho** *Arg., Chil. y Per.* En un lugar lejano o desconocido.

diario (del lat. *diarium*) *adv. t., Amér. C. y Méx.* Diariamente.

diarismo *s. m., Amér. del S. y Ant.* Periodismo.

díceres *s. m. pl., Amér. del S.* Murmuraciones, rumores.

dicheya *s. f., Bot., Chil.* Nombre vulgar de cierta planta herbácea medicinal.

dichón, na *adj., Arg.* Mordaz, dicaz.

dictar (del lat. *dictare*) *v. tr.* **1.** *Amér. del S.* Pronunciar una conferencia, disertación, etc. **2.** *Amér. del S.* Inspirar, sugerir.

diente, pelar el *loc.* **1.** *fig. y fam., Col. y Amér. C.* Coquetear. **2.** *fig. y fam., P. Ric. y Ven.* Adular a alguien.

diezmillo *s. m., Méx.* Solomillo.

difuntear *v. tr., fam.* Matar.

dihueñe (del arauc. *dihueñ*) *s. m.*, *Bot.*, *Chil.* Nombre vulgar de varios hongos comestibles, de los cuales, haciéndolos fermentar, se obtiene una especie de chicha.

dihueñi *s. m.*, *Bot.*, *Chil.* Dihueñe.

dimicado *s. m.*, *Arg.* Cierto calado o deshilado que se hace en las telas blancas.

dinacho (voz araucana) *s. m.*, *Bot.*, *Chil.* Hierba de la familia de las araliáceas, cuyos tallos enterrados en la arena se ablandan y son de gusto delicado.

diostedé *s. m.*, *Zool.*, *Amér. del S.* Tucán.

discantado, da *adj.*, *Per.* Se dice de la misa rezada con acompañamiento de música.

discante (de *discantar*) *s. m.*, *fam.*, *Per.* Extravagancia, patochada.

discernir (del lat. *discernere*) *v. tr.*, *Amér. del S.* Decretar, otorgar, conceder.

disciplina (del lat. *disciplina*) *s. f.*, *Cub.* Planta parásita de algunos árboles.

discursero, ra *s. m. y s. f.*, *Chil. y Hond.* Discursista.

disfuerzo *s. m.*, *Per.* Melindre, remilgo.

disímbolo, la (de *dis-* y el gr. *symbolos*, que se juntan con otra cosa) *adj.*, *Méx.* Disímil, disconforme.

disparada *s. f.*, *Arg.*, *Chil. y Méx.* Acción de echar a correr de repente o de partir con precipitación.

disparado *adv. m.*, *Méx.* Precipitadamente.

disparatero, ra *adj.*, *Amér. C.*, *Chil. y P. Ric.* Disparatado.

dispensaría *s. f.*, *Chil. y Per.* Dispensario.

distingüendo *adj.*, *Ling.*, *Chil.* Se dice de aquellos sustantivos cuya significación varía según se usen como masculinos o como femeninos.

distinguido, da (de *distinguir*) *adj.*, *Chil.* Se dice del estudiante sobresaliente que ha obtenido en el examen nota de distinción.

distraído, da *adj.*, *Chil. y Méx.* Roto, mal vestido, desaseado.

dita (del lat. *dicta*, f. de *dictus*, dicho, a través del cat. *dita*) *s. f.*, *Chil. y Ec.* Deuda.

diuca (voz araucana) *s. f.* **1.** *Zool.*, *Arg. y Chil.* Pájaro conirrostro de color gris apizarrado. ‖ *s. m. y s. f.* **2.** *fig. y fam.*, *Arg. y Chil.* Alumno preferido y mimado por el profesor.

diuturnidad (del lat. *diuturnitas*, *-atis*) *s. f.*, *Ec.* Espacio dilatado de tiempo.

diuturno, na (del lat. *diuturnus*) *adj.*, *Arg. y Ec.* Que dura o subsiste mucho tiempo.

divertido, da *adj.*, *Chil.* Ebrio, achispado.

dividendo (del lat. *dividendus*, p. p. de fut. de *dividere*, dividir) *s. m.*, *Chil.* Plazo, cuota.

dividivi *s. m.*, *Bot.* Árbol de América Central y de Venezuela, de la familia de las papilionáceas, cuyo fruto se emplea para curtir pieles.

divorcio (del lat. *divortium*, de *di-*, apartar, y *vertere*, volver) *s. m.*, *Col.* Cárcel de mujeres.

dobla (del lat. *dupla*, t. f. de *duplus*, doble) *s. f.* **1.** *Min.*, *Chil.* Beneficio que el dueño de una mina concede a alguien para que saque durante el día todo el mineral que pueda. **2.** *fig. y fam.*, *Chil.* Participación que saca un extraño en una comida o en un beneficio cualquiera sin haber él contribuido con nada.

dobladas *s. f. pl.*, *Cub.* Toque de ánimas.

doblador *s. m.*, *Guat.* Tusa del maíz, en que se envuelve el tabaco para hacer un cigarrillo.

doblar (del lat. *duplare*, de *duplus*, doble) *v. tr.*, *fig.*, *Méx.* Derribar a alguien de un balazo.

doble (del lat. *duple*, adv. de *duplus*) *s. m.*, *Chil.* Medida equivalente a dos litros.

doblón (aum. de *dobla*) *s. m.*, *ant.*, *Numism.*, *Chil.* Moneda de oro equivalente a 20 pesetas.

doca (voz araucana) *s. f.* **1.** *Bot.*, *Chil.* Planta rastrera de Chile, de la familia de las aizoáceas, de hojas carnosas, flores grandes rosadas y fruto comestible. **2.** *Bot., Chil.* Fruto de esta planta.

doctrinero, ra *s. m. y s. f.* Misionero que en América tenía a su cargo el cuidado de las almas de un grupo de indígenas.

dóllimo (voz araucana) *s. m., Zool.* Molusco pequeño de agua dulce, que se cría en Chile.

domiciliar *v. tr., Méx.* Escribir en un sobre la dirección.

dominguejo *s. m., Chil., Per. y Ven.* Persona insignificante, pobre diablo.

dominico, ca *adj.* **1.** *Bot., Cub. y Amér. C.* Se aplica a una especie de plátano de tamaño pequeño. ‖ *s. m.* **2.** *Zool., Cub.* Pajaro pequeño, de pico corvo y plumaje negruzco con manchas blancas.

dona (del lat. *dona*, pl. de *donum*, regalo) *s. f., Chil.* Don, regalo y, más especialmente, legado testamentario.

doncella (del lat. vulg. *domnicilla*, dim. de *domna* por *domina*) *s. f.* **1.** *Col. y Ven.* Panadizo. **2.** *Bot., Per.* Sensitiva.

dorada (del lat. *deaurata*, dorada) *s. f., Zool., Cub.* Especie de mosca venenosa.

doradillo, lla *adj., Arg. y C. Ric.* Se aplica a la caballería de color melado brillante.

dorado, da *adj., Cub. y Chil.* Se aplica a la caballería de color melado.

dormida *s. f., C. Ric.* Lugar donde se pernocta.

dormidera *s. f., Bot., Cub.* Sensitiva, planta.

dormilona *s. f., Bot., Amér. C. y Cub.* Sensitiva, planta.

dragona *s. f.* **1.** *Chil. y Méx.* Fiador de la espada. **2.** *Méx.* Capa para hombre, con esclavina y capucha.

dragonear *v. intr.* **1.** *Amér. del S.* Ejercer un cargo sin tener título para ello. **2.** *Amér. del S.* Hacer alarde de algo. **3.** *Arg.* Cortejar.

draque *s. m., Gastr., Amér. del S.* Bebida hecha a base de agua, aguardiente, azúcar y nuez moscada.

droga (de or. incierto) *s. f.* **1.** *fig., Col. y Ec.* Cosa o persona molesta. **2.** *Chil., Méx. y Per.* Deuda, trampa.

droguero, ra *s. m. y s. f., Chil., Méx. y Per.* Tramposo, que contrae deudas y no las paga.

duchí *s. m., Cub.* Asiento tosco de madera.

dugo *s. m. Amér. C.* Ayuda, auxilio. ‖ **LOC. de dugo** *Hond.* De balde.

dúho (voz americana) *s. m., desus.* Banco o escaño de madera o piedra que servía de asiento.

dulce (del lat. *dulcis*) *s. m., Amér. C.* Papelón, azúcar.

dundo, da *adj., Amér. C. y Col.* Tonto. **GRA.** También s. m. y s. f.

duraznillo *s. m., Bot., Arg., Col. y Ven.* Planta febrífuga, de la familia de las solanáceas, que da una frutilla de color negro.

durazno (del lat. *duracinus*) *s. m., Bot., Arg., Chil.* Nombre genérico de varias especies de árboles, melocotonero, pérsico y durazno propiamente dicho, y del fruto de estos árboles.

durmiente *s. m., Amér. del S.* Traviesa de la vía férrea.

duro, ra (del lat. *durus*) *adj., fig., Méx.* Borracho, ebrio.

E e

echado, da *s. m.* **1.** *C. Ric.* Indolente, perezoso. ‖ *s. f.* **2.** *Arg., Chil. y Méx.* Fanfarronada, bola, mentira.

echador, ra (del lat. *iacitator, -oris*) *adj., Méx.* Fanfarrón.

echar (del lat. *iectare*, cl. *iactare*, echar) *v. tr., Arg., Per. y P. Ric.* Proponer o presentar una persona o animal como de superiores cualidades, en comparación de otro con quien se supone se echa a pelear.

echón *adj., Ven.* Fanfarrón, petulante.

echona (del arauc. *ichuna*) *s. f., Arg. y Chil.* Hoz para segar.

echonería *s. f., Ven.* Jactancia, fanfarronada.

edilicio, cia (del lat. *aedilitius*) *adj., Arg.* Lo concerniente a los edificios o a la construcción.

editorializar (de *editorial*) *v. intr., Pan.* Escribir editoriales en un periódico o revista.

egresar *v. intr., Arg.* Salir de un establecimiento de educación después de haber terminado los estudios correspondientes.

egreso (del lat. *egressus*) *s. m., Arg. y Chil.* Acción de egresar.

eirá *s. m., Zool., Arg. y Par.* Especie de aguará.

ejote (del náhuatl *exotl*, fríjol o haba verde) *s. m.* **1.** *Bot., Amér. C. y Méx.* Vaina del fríjol cuando está tierna y es comestible. **2.** *fig., Guat.* Puntada grande, diente de perro.

eleccionario, ria *adj., Arg., Col. y Chil.* Perteneciente o relativo a la elección o elecciones.

elefante (del lat. *elephans, -antis*, y éste del gr. *eléphas*) *s. m.* **1. elefante blanco** *fig., Arg., Chil., Méx. y Per.* Cosa que cuesta mucho en su sostenimiento y no produce casi nada. **2. elefante marino** *fig., Zool., Arg.,* *Chil., Méx. y Per.* Denominación aplicada a la morsa y al bogavante.

elefantón *s. m., Hond.* Elefancía.

elementado, da *adj., Col. y Chil.* Alelado, distraído.

elementarse *v. prnl., Chil.* Embobarse, pasmarse.

elemento (del lat. *elementum*) *s. m., Chil., Per. y P. Ric.* Persona de pocos alcances, babieca.

elequeme *s. m., Amér. C.* Bucare, árbol.

elevador (del lat. *elevator, -oris*) *s. m.* Ascensor o montacargas.

elotes, pagar los *loc., fig. y fam., C. Ric., Guat. y Hond.* Pagar alguien el pato.

embaladura *s. f., Chil.* Embalaje.

embalar (de *en-* y *bala*, fardo) *v. intr., Méx.* Introducir la bala en un cañón sin poner carga de pólvora.

emballestadura *s. f., Veter., Méx.* Emballestado, enfermedad de las caballerías.

emballestarse *v. prnl., Veter., Méx.* Contraer una caballería la enfermedad del emballestado.

embancarse *v. prnl.* **1.** *Méx.* En los fundidores de metales, pegarse a las paredes del horno los materiales escoriados. **2.** *Chil. y Ec.* Cegarse un río, lago, etc., por los terrenos de aluvión. **3.** *Náut., Chil. y Ec.* Varar la embarcación en un banco.

embanquetar *v. tr., Méx.* Poner aceras o banquetas a las calles.

embarcinar *v. tr., Cub.* Hacer labor de deshilados.

embarrada *s. f., Chil.* Desbarro, error grande.

embarradilla *s. f., Gastr., Méx.* Especie de empanadilla de dulce.

embarrar (de *en* y *barro*) *v. tr.* **1.** *Méx.* Complicar a alguien en un asunto sucio. **2.** *Arg. y Chil.* Causar daño a alguien.

embayarse *v. prnl., Ec.* Enojarse.

embelequero, ra *adj., Chil. y P. Ric.* Frívolo, aficionado a embelecos o cosas fútiles. **GRA.** También s. m. y s. f.

embeleso *s. m., Cub.* Belesa.

embicar (del gall. y port. *bico*, pico) *v. tr.* **1.** *Cub.* Embocar, acertar a introducir una cosa en un hoyo o cavidad. **2.** *Náut., Cub.* Poner una verga en dirección oblicua respecto a la horizontal. **3.** *Náut., Cub.* Orzar.

embijado, da *adj., Méx.* Dispar, formado de piezas desiguales.

embijar *v. tr., Nic., Hond. y Méx.* Ensuciar, manchar, embarrar.

embobinar *v. tr., Col.* Bobinar.

embocadura *s. f., fig., Col. y Nic.* Madera, buena disposición.

embochinchar *v. tr.* Promover un bochinche, alborotar. **GRA.** También v. prnl.

embocinada *s. f.* **1.** *Col.* En el juego del tejo, acierto máximo que consiste en que el tejo quede dentro del bocín tras hacer hecho explotar el petardo colocado en los bordes de éste. **2.** *fig., Col.* Objetivo plenamente alcanzado.

embolador, ra *s. m. y s. f., Col.* Limpiabotas.

embolismar (de *embolismo*) *v. tr., Chil.* Incitar, alzaprimar, alborotar.

embonar (de *en* y *bueno*) *v. tr.* **1.** *Cub. y Méx.* Acomodar, ajustar, venir bien. **2.** *Cub. y Méx.* Empalmar, ensamblar. **3.** *Náut., Cub. y Méx.* Forrar exteriormente con tablones el casco de un buque para ensanchar su manga. **4.** *Gastr., Cub. y Méx.* Empanar, envolver en pan rallado o en harina un manjar para freírlo.

emboque *s. m., Chil.* Boliche, juguete.

emborrascarse (de *en* y *borrasca*) *v. prnl., Arg., Méx. y Hond.* Tratándose de minas, empobrecerse o perderse la veta.

embotado, da *adj., Chil.* Botinero, dicho de la res vacuna.

emboticar (de *en* y *botica*) *v. tr., Chil.* Medicinar con exceso a un enfermo.

embrocar[1] (del lat. *broccus*, pico de una vasija) *v. tr., Hond. y Méx.* Poner boca abajo una vasija o un plato, y, por ext., cualquier otra cosa. **GRA.** También v. prnl.

embrocar[2] (de *en* y *broca*) *v. intr., Méx.* Ponerse la manga o capote metiendo la cabeza por la abertura. **GRA.** También v. tr.

embrollista *adj., Chil.* Embrollón, embrollador. **GRA.** También s. m. y s. f.

embromar *v. tr.* **1.** *Chil. y Méx.* Detener, hacer perder el tiempo. **GRA.** También v. prnl. **2.** *Arg., Cub., Chil. y P. Ric.* Fastidiar, molestar. **3.** *Arg., Chil. y P. Ric.* Perjudicar, ocasionar un daño material o moral. **GRA.** También v. prnl.

embroncarse *v. prnl., Arg.* Enojarse, enfadarse, airarse.

embuchado *s. m., Cub.* Enfermedad de las aves por haber comido con exceso alimentos en malas condiciones.

embullar (de *en* y *bulla*) *v. intr., Col., C. Ric. y Cub.* Meter bulla, alborotar.

embullo *s. m., C. Ric., Cub. y P. Ric.* Bulla, broma.

emburujar (de *en* y *burujo*) *v. tr.* **1.** *Cub. y P. Ric.* Confundir, embarullar una persona. ‖ *v. prnl.* **2.** *Col., P. Ric., Méx. y Ven.* Arrebujarse, cubrirse bien.

embustero, ra *adj., Chil.* Que comete erratas al escribir.

embutido (de *embutir*) *s. m.* Entredós de bordado o de encaje.

empacamiento *s. m., Arg., Bol., Chil. y Per.* Acción y efecto de empacarse.

empacarse (de *alpaca*, y éste del aimará *alpáka*) *v. prnl., Arg., Bol., Chil. y Per.* Plantarse una bestia.

empacón, na *adj., Arg. y Per.* Se aplica al caballo o yegua que se empaca.

empajar (de *en* y *paja*) *v. tr.* **1.** *Col. y Chil.* Techar de paja. **2.** *Chil.* Mezclar con paja el barro para hacer adobes. ‖ *v. prnl.* **3.** *Chil.* Echar los cereales mucha paja y poco grano. **4.** *Arg., Cub. y P. Ric.* Hartarse de cosas sin sustancia.

empalarse (de *palo*) *v. prnl.* **1.** *Chil.* Obstinarse, encapricharse. **2.** *Chil.* Envararse, arrecirse.

empalicar (de *en* y *palique*) *v. tr., Nav. y Chil.* Engatusar, enlabiar.

empamparse *v. prnl., Amér. del S.* Extraviarse en la pampa.

empañetar (de *pañete*, enlucido) *v. tr., Col., C. Ric., Cub. y Ven.* Enlucir las paredes.

empaque (de *empacarse*) *s. m.* **1.** *Chil., Per. y P. Ric.* Descaro, desfachatez. **2.** *Arg., Bol., Chil. y Per.* Acción y efecto de empacarse un animal.

empaquetar (de *en* y *paquete*) *v. tr., Chil.* Atascar, rellenar con tascos o estopas una cavidad.

emparamar (de *páramo*) *v. tr.* **1.** *Col. y Ven.* Aterir, helar. **GRA.** También v. prnl. **2.** *Col. y Ven.* Mojar la lluvia, la humedad o el relente. **GRA.** También v. prnl.

empardar (de or. incierto) *v. tr., Arg.* Empatar, igualar.

empastada *s. f., Chil.* Herbajo, pasto.

empastador, ra *s. m. y s. f.* Encuadernador de libros.

empastadura *s. f., Chil.* Acción y efecto de empastar o encuadernar.

empastar (de *en* y *pasto*) *v. tr.* **1.** Empradizar un terreno. **GRA.** También v. prnl. ‖ *v. prnl.* **2.** *Chil.* Llenarse de maleza un sembrado.

empaste (de *empastar*) *s. m., Arg.* Meteorismo del ganado ovino.

empatar (del ital. *impattare*, de *patta*, del lat. *pacta*, pl. de *pactum*, acuerdo) *v. tr., Col., C. Ric., Méx., P. Ric. y Ven.* Empalmar.

empavar *v. tr.* **1.** *Per.* Confundir, avergonzar a una persona, burlarse de ella. **GRA.** También v. prnl. **2.** *Ec.* Irritar, enojar. **GRA.** También v. prnl.

empavonar (de *en* y *pavonar*) *v. tr., Col. y P. Ric.* Untar, pringar.

empecinado, da *adj., Col. y Chil.* Obstinado, terco, pertinaz.

empecinamiento *s. m., Col. y Chil.* Acción y efecto de empecinarse.

empella (de *pella*) *s. f., Col., Chil. y Méx.* Pella de manteca.

empellita *s. f., Cub.* Chicharrón de la manteca de cerdo.

empelotarse (de *en* y *pelo*) *v. prnl.* **1.** *Cub., Chil. y Méx.* Enamorarse apasionadamente, tener antojo de algo.

2. *Cub., Chil. y Méx.* Desnudarse, quedarse en cueros.

empeñero, ra *s. m. y s. f., Méx.* Prestamista.

empeño (del lat. *in pignus*) *s. m., Méx.* Casa de empeños.

empeñoso, sa *adj., Arg. y Chil.* Se dice de la persona que muestra tesón y constancia en conseguir un fin.

empercudir *v. tr., Cub.* Percudir, dicho especialmente del mal lavado de ropa. **GRA.** También v. prnl.

empericarse *v. prnl.* **1.** *Col.* Emborracharse. **2.** *Méx.* Encaramarse.

empertigar *v. tr., Chil.* Atar al yugo el pértigo de un carro; uncir.

empetatar *v. tr., Guat., Méx. y Per.* Esterar, cubrir un piso con petate.

empiezo *s. m., Arg.* Comienzo.

empilcharse (de *pilcha*, prenda de vestir) *v. prnl., Arg. y Ur.* Vestirse.

empilonar (de *en* y *pilón*) *v. tr., Cub.* Hacer montones de tabaco seco.

empipada (de *empiparse*) *s. f., fam.* Atracón, hartazgo.

empiparse (de *en* y *pipa*) *v. prnl., Chil. y Ec.* Ahitarse, apiparse.

emplantillar *v. tr., Chil.* Macizar, rellenar con cascotes las zanjas de cimentación.

emplea *s. f., Col.* Empleita, pleita.

empleador, ra *s. m. y s. f.* Patrono que emplea obreros.

emplomadura *s. f., Arg. y Ur.* Empaste de un diente o muela.

emplomar (de *en* y *plomo*) *v. tr., Arg. y Ur.* Empastar un diente o muela.

emplumar *v. tr.* **1.** *Ec. y Ven.* Enviar a alguien a algún sitio de castigo. ‖ *v. intr.* **2.** *Col., Chil., Ec., Per. y P. Ric.* Fugarse, huir, alzar el vuelo.

empolvarse *v. prnl., Méx.* Estar desusado, perder la práctica.

emponchado, da *adj.* **1.** *Arg., Ec. y Per.* Se dice de la persona que está cubierta con el poncho. **2.** *fig., Arg. y Per.* Sospechoso. **GRA.** También s. m. y s. f.

empotrerar *v. tr.* **1.** Herbajar, meter el ganado en el potrero para que paste. **2.** *Cub.* Convertir un terreno en potrero.

empozar *v. intr.* Quedar el agua detenida en el terreno formando pozas o charcos.

empujada *s. f., Ven.* Empujón.

empuntar (de *en* y *punta*) *v. tr.* **1.** *Col.* Encarrilar, encaminar, dirigir. **GRA.** También v. intr. **2.** *Taur., Col.* Empitonar. ‖ *v. intr.* **3.** *Col. y Ec.* Irse, marcharse. ‖ *v. prnl.* **4.** *Ven.* Obstinarse alguien en su tema.

empuñadura *s. f.* Puño de bastón o de paraguas.

empuñar (de *en* y *puño*) *v. tr., Chil.* Cerrar la mano para formar o presentar el puño.

empurrarse *v. prnl., C. Ric., Guat., Hond. y Nic.* Enfurruñarse, emberrincharse.

enancarse *v. prnl.* **1.** *Arg., Chil., Méx. y Per.* Montar a las ancas. **2.** Meterse alguien donde no le llaman.

enarcarse (de *en* y *arco*) *v. prnl., Méx.* Encabritarse el caballo.

encabezar *v. tr.* Acaudillar, dirigir.

encabullar *v. tr., Ant. y Ven.* Liar o envolver alguna cosa con casulla.

encachado, da (de *cacho* de piedra) *adj., Chil.* Bien presentado.

encachar *v. tr., Chil.* Agachar la cabeza el animal vacuno para acometer.

encalabernarse *v. prnl., fam., Cub.* Obstinarse, emperrarse.

encalambrarse (de *en* y *calambre*) *v. prnl., Col., Chil., Méx. y P. Ric.* Entumirse, aterirse.

encalamocar *v. tr., Col. y Ven.* Alelar, poner a alguien calamocano. **GRA.** También v. prnl.

encalillarse *v. prnl., Chil.* Endeudarse.

encamotarse *v. prnl., fam., Arg., C. Ric., Chil. y Ec.* Enamorarse, amartelarse.

encampanado, dejar a alguien *loc., fam., Méx. y P. Ric.* Dejarle metido en un apuro.

encampanar (de *en* y *campana*) *v. tr.* **1.** *P. Ric. y Ven.* Elevar, encumbrar. **GRA.** También v. prnl. **2.** *fam., Méx.* Dejar a alguien colgado, o en las astas del toro. ‖ *v. prnl.* **3.** *Per.* Complicarle un asunto.

encanarse (de *en* y *can*) *v. prnl., Col.* En el lenguaje del hampa, ingresar en la cárcel.

encandelillar *v. tr.* **1.** *Arg., Col., Chil., Ec. y Per.* Sobrehilar una tela. **2.** *Per., Ven., Ec., Chil. y Hond.* Encandilar, deslumbrar. **GRA.** También v. prnl.

encandilarse *v. prnl., P. Ric.* Enfadarse.

encapotar *v. tr., Cub. y P. Ric.* Enmantarse el ave.

encarpetar *v. tr., Arg., Chil., Ec., Nic. y Per.* Dar carpetazo, dejar detenido un expediente.

encarrujado, da *adj., Méx.* Se dice del terreno quebrado.

encartuchar (de *en* y *cartucho*) *v. tr., Col., Chil. y P. Ric.* Enrollar en forma de cucurucho. **GRA.** También v. prnl.

encasillado *s. m., Chil.* Ajedrezado, escaqueado.

encasquillador *s. m.* Herrador.

encasquillar (de *en* y *casquillo*) *v. tr.* **1.** Herrar una caballería. ‖ *v. prnl.* **2.** *fig. y fam., Cub.* Acobardarse, acoquinarse.

encauchado, da *adj.* **1.** Se dice de la tela o prenda impermeabilizada con caucho. **GRA.** También s. m. y s. f. ‖ *s. m.* **2.** *Col., Ec. y Ven.* Ruana o poncho impermeabilizados con caucho.

encender (del lat. *incendere*) *v. tr., Cub.* Castigar, pegar.

enchilado, da *s. m.* **1.** *Gastr., Cub.* Guiso de mariscos con salsa de chile. ‖ *s. f.* **2.** *Gastr., Guat. y Méx.* Torta de maíz aderezada con chile y rellena de diversos manjares. **GRA.** Se usa más en pl. **3.** *Guat. y Méx.* En el tresillo, puesta que recoge quien gana un lance determinado.

enchilar (de *en* y *chile*) *v. tr.* **1.** *Gastr., C. Ric., Hond. y Méx.* Untar, aderezar con chile. **2.** *fig., Méx.* Picar, molestar, irritar. **GRA.** También v. prnl. **3.** *fig., C. Ric.* Dar un chasco o recibirlo.

enchinar *v. tr., Méx.* Formar rizos en el cabello.

enchipar (de *en* y *chipa*) *v. tr., Col.* Arrollar, enrollar.

enchivarse (de *chivo*) *v. prnl., Col. y Cub.* Emberrincharse, encolerizarse.

enchuecar (de *chueco*) *v. tr., fam., Chil. y Méx.* Torcer, encorvar. **GRA.** También v. prnl.

enchute *s. m., Hond.* Juego de boliche.

encielar *v. tr., Chil.* Poner a una cosa cielo, techo o cubierta.

encierra *s. f.* **1.** *Chil.* Acto de encerrar las reses en el matadero. **2.** *Chil.* Invernadero, lugar reservado en el potrero para que pasten las reses en invierno.

encimar *v. tr., Chil.* Ganar la cumbre, llegar a la cima.

encimera *s. f., Arg.* Pieza superior del pegual, con una argolla en sus extremos.

encobrar *v. tr., Chil.* Sujetar un extremo del lazo en un tronco, piedra, etc., para sujetar mejor al animal enlazado.

encohetarse *v. prnl., C. Ric.* Enfurecerse, encolerizarse.

encolado, da *adj., fig., Chil. y Méx.* Gomoso, pisaverde.

encomendero, ra *s. m. y s. f.* **1.** *Cub.* Persona que suministra la carne a una ciudad. **2.** *Per.* Tendero de comestibles.

encomienda *s. f., Arg., Col., Chil. y Per.* Paquete postal.

encomioso, sa *adj., Chil.* Encomiástico.

enconar (del lat. *inquinare*, manchar, contaminar) *v. tr., Cub. y Méx.* Sisar, hurtar. **GRA.** También v. prnl.

enconcharse *v. prnl., Col. y P. Ric.* Meterse en su concha, retraerse.

encorozar *v. tr., Chil.* Emparejar una pared.

encorselar *v. tr., Arg. y P. Ric.* Encorsetar. **GRA.** Se usa más como v. prnl.

encuartarse (de *en* y *cuarto*) *v. prnl.* **1.** *Méx.* Encabestrarse una bestia. **3.** *fig., Méx.* Enredarse en un negocio.

encuerar *v. tr., Cub. y Méx.* Desnudar, dejar en cueros a una persona. **GRA.** También v. prnl.

endenantes (de *en* y *denantes*) *adv. t.* Hace poco.

endientar *v. intr., Chil.* Endentecer.

enditarse (de *dita*) *v. prnl., Chil. y Guat.* Endeudarse, entramparse.

endrogarse *v. prnl.* **1.** *Chil., Méx. y Per.* Entramparse, contraer deudas o drogas. **2.** *P. Ric.* Drogarse, usar estupefacientes.

enea *s. f., Cub.* Cualquier corteza correosa de un vegetal.

energizar *v. intr., Col.* Actuar con decisión.

enfalcado *s. m., Col.* Aparato de madera colocado sobre los fondos de las hornillas de los trapiches.

enfermoso, sa *adj., Col., Cub., Hond. y Méx.* Enfermizo.

enfiestarse *v. prnl., Col., Chil., Hond., Méx. y Ven.* Estar de fiesta, divertirse.

enflautada *s. f., Hond. y Per.* Patochada, disparate, salida de tono.

enflautar (de *en* y *flauta*) *v. tr., Col., Guat. y Méx.* Encajar, encasquetar algo molesto.

enfranje *s. m., Chil.* Enfranque.

enfullinarse *v. prnl., Chil.* Amoscarse, atufarse, amostazarse.

enfunchar *v. tr., Cub. y P. Ric.* Enojar, enfadar. **GRA.** También v. prnl.

enfuñarse *v. prnl., Cub. y P. Ric.* Enfurruñarse, enfadarse.

enfurruscarse *v. prnl., fam., Chil.* Enfurruñarse.

engalabernar (del cat. *engalavernar*) *v. tr., Col.* Embarbillar, acoplar.

engaratusar (de *en* y *garatusa*) *v. tr., Guat., Hond. y Méx.* Hacer a alguien garatusas, engatusar.

engavetar *v. tr., Guat.* Guardar algo en una gaveta por tiempo indefinido.

engolillarse *v. prnl., Cub.* Endeudarse.

engomado, da *adj., Chil.* Peripuesto, acicalado.

engorda *s. f.* **1.** *Chil. y Méx.* Engorde, ceba. **2.** *Chil. y Méx.* Conjunto de los animales que se ceban para la matanza.

engorrar *v. tr., Ven.* Fastidiar, molestar.

engrasarse (de *en* y *grasa*) *v. prnl., Méx.* Contraer la enfermedad del saturnismo.

engrillarse *v. prnl., P. Ric. y Ven.* Encapotarse el caballo.

enguadar *v. tr., Cub.* Engatusar, engatar.

engualichar *v. tr., Arg. y Ur.* Hechizar, embrujar.

enguaraparse (de *guarapo*) *v. prnl.* Aguaraparse.

enguitarrarse *v. prnl., Ven.* Vestirse de levita u otro traje de ceremonia.

enhorquetar *v. tr., Arg., Cub., Méx. y P. Ric.* Poner a horcajadas. **GRA.** También v. prnl.

enjabonado, da *adj., Cub.* Se dice de la caballería que tiene el pelo oscuro sobre fondo blanco.

enjambre (del lat. *examen, -inis*) *s. m., Cub.* Pez semejante a la cabrilla, de carne sabrosa.

enjaretar (de *jareta*) *v. tr., fam., Méx. y Ven.* Encajar, incluir.

enjicar *v. tr., Cub.* Poner los jicos a la hamaca.

enlatar (de *en* y *lata*) *v. tr.* **1.** *Hond.* Cubrir un techo o formar una cerca con latas de madera. **2.** *Hond.* Envasar en cajas de hojalata.

enlozar *v. tr.* Cubrir con un baño de loza o de esmalte vítreo.

enmadejar *v. tr., Chil.* Aspar, hacer madeja.

enmaniguarse *v. prnl.* **1.** *Cub.* Convertirse un terreno en manigua. **2.** *fig., Cub.* Acostumbrarse a la vida del campo.

enmendatura *s. f., Col., Chil. y P. Ric.* Enmendadura, enmienda.

enmonarse *v. prnl., Chil., Cub., Méx. y Per.* Pillar una mona, emborracharse.

enmontarse *v. prnl., Amér. C. y Col.* Cubrirse un campo de maleza.

enmugrar *v. tr., Col., Chil. y Méx.* Enmugrecer.

enojón, na *adj., Chil. y Méx.* Enojadizo.

enrajonar *v. tr., Cub.* Enripiar una obra de albañilería.

enredista *adj.* Enredador, chismoso. **GRA.** También s. m. y s. f.

enredoso, sa *adj., Chil. y Méx.* Enredador, chismoso.

enrejar (de *en* y *rejo*) *v. tr.* **1.** *Col., Cub., Guat., Hond. y Ven.* Poner el rejo o soga a un animal, manearlo. **2.** *Col., Cub. y Hond.* Atar el ternero a una de las patas de la vaca para ordeñarla.

enrielar *v. tr.* **1.** *Chil. y Méx.* Meter en el riel, encarrilar. **GRA.** También v. prnl. **2.** *fig., Chil.* Encarrilar, encauzar.

enrostrar (de *en* y *rostro*) *v. tr.* Echar en cara, reprochar.

enrubio (de *enrubiar*) *s. m., Bot., P. Ric.* Árbol de madera muy dura.

ensartar (de *en* y *sarta*) *v. tr., fig., Chil., Méx. y Nic.* Hacer caer en un engaño o trampa. **GRA.** También v. prnl.

enserenar (de *en* y *sereno*) *v. tr.* **1.** *Ec.* Dejar alimentos al aire fresco de la noche, con el objeto de conservarlos fríos, o ropas para orearlas. ‖ *v. prnl.* **2.** *Ec.* Quedarse al sereno una persona.

enseriarse *v. prnl., Cub., Per., P. Ric. y Ven.* Ponerse serio.

ensimismarse (de *en sí mismo*) *v. prnl., Col. y Chil.* Gozarse en sí mismo, envanecerse, engreírse.

ensopar *v. tr.* Empapar, poner hecho una sopa. **GRA.** También v. prnl.

entablar (de *en* y *tabla*) *v. tr.* **1.** *Arg.* Acostumbrar al ganado mayor a que ande en manada. **GRA.** También v. prnl. ‖ *v. prnl.* **2.** Igualar, empatar.

entapar *v. tr., Chil.* Encuadernar, empastar o forrar un libro.

entecarse (alter. de *heticarse*, der. de *hético*, tísico) *v. prnl., Chil.* Obstinarse, emperrarse.

entechar *v. tr., Chil.* Techar.

entejar *v. tr., Col.* Tejar, cubrir con tejas.

entelerido, da *adj., Amér. C., Cub., Méx. y Ven.* Enteco, flaco.

enterado, da *adj., Chil.* Orgulloso, entonado.

enterar *v. tr.* **1.** *Arg. y Chil.* Completar, dar integridad a una cosa. **2.** *Col., C. Ric., Hond. y Méx.* Pagar, entregar dinero.

enterciar *v. tr., Cub. y Méx.* Empacar, formar tercios con una mercancía.

entero, ra (del lat. *integer, -gri*) *adj.* **1.** *Guat. y Per.* Idéntico, muy parecido. ‖ *s. m.* **2.** *Col., C. Ric., Chil. y Méx.* Entrega de dinero.

enteroso, sa *adj., Hond.* Entero, enterizo.

enterrar *v. tr., Chil., Per. y P. Ric.* Clavar o meter un instrumento punzante.

enterratorio *s. m., Arg. y Chil.* Cementerio, y en especial el de indígenas.

entilar (de *entiznar*) *v. tr., Hond.* Tiznar, manchar.

entisar *v. tr., Cub.* Forrar una vasija con una red.

entontar *v. tr.* Atontar, entontecer. **GRA.** También v. prnl.

entrabar *v. tr., Col. y Chil.* Trabar, estorbar.

entrada *s. f., Cub. y Méx.* Arremetida, zurra.

entrador, ra *adj.* **1.** *C. Ric., Méx. y Ven.* Que acomete fácilmente empresas arriesgadas. **2.** *Chil.* Entrometido.

entrazado, da *adj., Arg. y Chil.* Trazado; con los adverbios "bien" o "mal", se aplica a la persona de buena o mala traza.

entrepelado, da *adj., Arg.* Se dice del ganado caballar que tiene el pelo mezclado de tres colores.

entrepiernas (de *entre* y *pierna*) *s. f. pl., Chil.* Taparrabos, traje de baño.

entretecho *s. m., Col. y Chil.* Desván, sobrado.

entretelar *v. tr., Méx.* Quitar la huella a los pliegos impresos.

entretención *s. f.* Entretenimiento, diversión.

entreverado *s. m., Gastr., Ven.* Asadura de cordero aderezada con sal y vinagre, y asada al fuego.

entreverarse (del lat. *inter*, entre, y *variare*, variar) *v. prnl.* **1.** *Arg.* Mezclarse desordenadamente personas, animales o cosas. **2.** *Arg.* Chocar dos masas de caballería y luchar cuerpo a cuerpo los jinetes.

entrevero *s. m.* **1.** *Arg., Chil. y Ur.* Acción y efecto de entreverarse. **2.** *Arg. y Chil.* Confusión, desorden.

entriparse *v. prnl., Arg. y Col.* Disgustar, enojar a alguien.

entroncar *v. tr., Méx.* Aparear dos caballos o yeguas del mismo pelo. **GRA.** También v. prnl.

entronque *s. m., Cub. y P. Ric.* Acción y efecto de entroncar o empalmar.

entropillar *v. tr., Arg.* Acostumbrar a los caballos a vivir en tropilla.

envanecerse (del lat. *in*, en, y *vanescere*, incoat. de *vanere*, desvanecer) *v. prnl., Chil.* Quedarse vano el fruto de una planta. **GRA.** También v. tr.

envegarse (de *en* y *vega*) *v. prnl., Chil.* Empantanarse, tener exceso de humedad un terreno.

envelar *v. intr., Chil.* Partir, marchar. **GRA.** También v. prnl.

envinado, da *adj., Méx.* De color de vino.

envolatarse *v. prnl., Col.* Alborotarse.

envuelto (del lat. *involutus*) *s. m., Gastr., Méx.* Tortilla de maíz en forma de rollo y guisada.

enyerbarse *v. prnl.* **1.** Cubrirse de yerba un terreno. **2.** *Méx.* Envenenarse.

enzocar *v. tr., Chil.* Encajar, meter.

enzolvar *v. tr., Méx.* Azolvar, cegar un conducto. **GRA.** También v. prnl.

epazote (del náhuatl *epazotl*) *s. m., Bot., Guat. y Méx.* Pazote, planta.

epidemiado, da *adj.* Atacado de epidemia, apestado, infestado.

epizootia (de *epi-* y el gr. *zôion*, animal) *s. f., Med., Chil.* Glosopeda o fiebre aftosa.

equipal (del náhuatl *dicpalli*, asiento) *s. m., Méx.* Silla de varas entretejidas, con el asiento y el respaldo de cuero o de palma tejida.

equis (voz onomatopéyica) *adj., Zool., Col. y Per.* Viborilla, con el espinazo marcado por unas especies de equis, cuyo veneno es casi siempre mortal.

equitador, ra *s. m. y s. f.* Caballista, persona que entiende de caballos.

erogación (del lat. *erogatio, -onis*) *s. f., Chil.* Donativo, limosna, dádiva.

errona *s. f., Chil.* Suerte en que no acierta el jugador.

escabiosa (del lat. *scabiosa*, áspera; de *scabies*, sarna) *s. f., Bot., Cub.* Planta de la familia de las escrofulariáceas de florecillas blancas.

escamocha *s. f., Méx.* Escamocho, sobras de comida.

escaparate (del neerl. *schaprade*, armario) *s. m.* Armario.

escarapelar (del lat. *scarpinare*, arañar) *v. intr.* **1.** *Col., C. Ric., Méx. y Ven.* Desconchar, descascarar. **GRA.** También v. prnl. **2.** *Col.* Ajar, manosear. ‖ *v. prnl.* **3.** *Méx. y Per.* Ponérsele a alguien carne de gallina.

escarcear (del lat. *excarptiare*, de *carptus*, sacado) *v. intr., Arg. y Ven.* Hacer escarceos el caballo.

escarpín (del ital. *scarpino*, y éste de *scarpa*) *s. m., Arg. y Ur.* Calzado, hecho con lana o con hilo tejidos sin suela, que cubre el pie y el tobillo.

escarrancharse (en gall. y port. *escarranchar*) *v. prnl., Cub. y Ven.* Esparrancarse, despatarrarse.

escaupil (del náhuatl *ichcatl*, algodón, y *uipilli*, camisa) *s. m.* **1.** *Méx.* Sayo acolchado con algodón, que usaban los indios para defenderse de las flechas. **2.** *C. Ric.* Mochila, morral.

esclavonía *s. f., Chil.* Esclavitud, congregación.

escoba (del lat. *scopa*) *s. f.* **1. escoba amarga** *Bot., Cub.* Artemisilla. **2. escoba amargosa** *Bot., Hond.* Canchalagua. **3. escoba babosa** *Bot., Col. y Hond.* Malvácea, cuyas hojas, que contienen mucho mucilago, se aplican en cataplasmas, y disueltas en agua forman una especie de bandolina. **4. escoba negra** *Bot., C. Ric. y Nic.* Arbustillo de la familia de las borragináceas, del cual se hacen escobas; tiene corteza de color oscuro, flor pequeña y blanquecina, y fruto rojo.

escobazo *s. m., Arg. y Chil.* Escobada.

escobeta *s. f.* **1.** *Méx.* Escobilla de raíz de zacatón, corta y recia. **2.** *Méx.* Mechón de cerda que sale en el papo a los pavos viejos.

escobetear *v. tr., Méx.* Barrer con la escoba.

escobilla (dim. de *escoba*) *s. f.* **1.** *Bot., Cub.* Escobeta del pavo. **2.** *C. Ric.* Mastuerzo, planta.

escobillado *s. m., Arg. y Chil.* Acción y efecto de escobillar en los bailes.

escobillar (de *escobilla*) *v. tr., Arg., Cub., Chil. y Per.* En algunos bailes, batir el suelo con los pies, con movimientos rápidos.

escobilleo *s. m., Cub. y Chil.* Escobillado en el baile.

escofieta *s. f., Cub. y P. Ric.* Gorro de niños pequeños.

escogida *s. f.* **1.** *Cub.* Tarea de separar las distintas clases de tabaco. **2.** *Cub.* Local donde se hace esta tarea y reunión de operarios a ella dedicados.

escoleta *s. f., Mús., Méx.* Banda de músicos aficionados.

escollar *v. intr.* **1.** *Arg.* Tropezar en un escollo la embarcación. **2.** *Arg. y Chil.* Malograrse un propósito por haber tropezado con algún inconveniente.

escondido, da *s. m.* **1.** *C. Ric.* Juego del escondite. ‖ *s. m. pl.* **2.** *Per.* Juego del escondite. ‖ *s. f. pl.* **3.** *Arg., Col., Cub., Chil., Ec. y Méx.* Juego del escondite.

escorarse *v. prnl., Cub. y Hond.* Arrimarse a un paraje para esconderse.

escribano (del lat. *scriba, -anis*) *s. m., Zool., Cub.* Ave zancuda con manchas blancas en su plumaje oscuro.

escuelante *s. m., Col.* Escolar.

escuelero, ra *adj.* **1.** *Arg.* Escolar. **GRA.** También s. m. y s. f. ‖ *s. m. y s. f.* **2.** Vulgarismo por maestro de escuela.

esculcar *v. tr., Col., C. Ric., Méx. y P. Ric.* Registrar para buscar algo oculto.

escupidera *s. f., Arg., Chil. y Ec.* Orinal, bacín. ‖ **LOC. pedir alguien la escupidera** Acobardarse, tener miedo. ‖ Sentirse derrotado, considerarse vencido.

escupidor *s. m.* **1.** *Ec. y P. Ric.* Escupidera. **2.** *Col.* Ruedo, baleo.

escurana *s. f.* Oscuridad.

escurrideras *s. f. pl., Méx.* Escurriduras, aguas sobrantes que escurren de un riego.

escurrido, da *adj., Cub., Méx. y P. Ric.* Corrido, avergonzado.

esgrimista *s. m. y s. f., Arg., Ec., Chil. y Per.* Esgrimidor.

esmeralda (del lat. *smaragdus*, y éste del gr. *smáragdos*) *s. f., Zool., Cub.* Pez parecido a la anguila.

esmorecer (del lat. *emori*, morir) *v. intr., Cub., C. Ric. y Ven*. Desfallecer, perder el aliento. **GRA.** También v. prnl.

espaldear *v. tr., Chil*. Hacer espaldas, proteger, defender a una persona.

espanto *s. m., Col., C. Ric., Guat., Hond., Méx., Nic. y Ven*. Fantasma, aparecido. **GRA.** Se usa más en pl.

espartillo *s. m., Bot., Cub*. Planta gramínea de hojas filiformes que se utiliza como pasto.

especial (del lat. *specialis*) *adv. m., Chil*. Especialmente.

espejera *s. f., Veter., Cub*. Llaga de las caballerías producida por los arreos o la espuela.

espelucar *v. tr., Arg., Col. y P. Ric*. Despeluznar. **GRA.** También v. prnl.

espernancarse *v. prnl., Col. y Chil*. Abrirse de piernas.

espeso, sa (del lat. *spissus*) *adj., fig., Ven*. Pesado, impertinente.

espichar (de *espiche*) *v. intr.* **1.** *Chil*. Espitar. ‖ *v. prnl.* **2.** *Cub. y Méx*. Enflaquecer, adelgazar.

espiga (del lat. *spica*) *s. f., Chil*. Pezón a que se ata el yugo.

espiguear *v. intr., Méx*. Mover el caballo la cola de arriba abajo.

espina (del lat. *spina*) *s. f.* **1. espina de pescado** *Arg*. Planta de la familia de las verbenáceas. **2. espina dorsal** *Anat., Arg*. Espinazo. **3. espina santa** *Bot., Arg*. Arbusto de la familia de las ramnáceas.

espinillo (de *espino*) *s. m.* **1.** *Bot., Arg*. Árbol mimosáceo, con ramas cubiertas de espinas y hojas diminutas, florecillas esféricas de color amarillo, muy olorosas. **2.** *Bot., Cub. y P. Ric*. Arbusto leguminoso de flores amarillas.

espino (de *espina*) *s. m.* **1.** *Bot., Arg*. Arbusto de la familia de las leguminosas, de flores muy olorosas; las ramas y el tronco producen una especie de goma. **2.** *Bot., Cub. y P. Ric*. Arbusto de la familia de las rubiáceas, de madera muy dura, con vetas retorcidas.

espinudo, da *adj., Chil. y Nic*. Que tiene espinas.

espiritusanto *s. m., Bot., C. Ric. y Nic*. Flor de una especie de cacto, blanca y de gran tamaño.

esponjamiento *s. m., Arg*. Esponjadura.

esposa (del lat. *sponsus*, de *spondere*, prometer solemnemente) *s. f.* Anillo episcopal.

espuela (del gót. *spaura*, espuela) *s. f., Arg. y Chil*. Espoleta de las aves.

espumilla *s. f.* **1.** *Gastr., Ec., Guat., Hond. y Nic*. Merengue, dulce blando hecho con claras de huevo y azúcar, y puesto al horno. **2.** *Gastr., Ec*. Bienmesabe, dulce.

espumuy *s. f., Zool., Guat*. Paloma silvestre.

esqueleto (del gr. *skeletós*, de *skéllein*, secar, desecar) *s. m.* **1.** *fig., Col., C. Ric., Guat., Nic. y Méx*. Modelo o patrón impreso en que se dejan blancos que se rellenan a mano. **2.** *fig., Chil*. Bosquejo, plan de una obra literaria.

esquilmo (de *esquilmar*) *s. m.* **1.** *Chil*. Escobajo de la uva. **2.** *Méx*. Provechos accesorios de menor cuantía que se obtienen del cultivo o de la ganadería.

esquinazo *s. m., Chil*. Serenata.

esquite (del náhuatl *izquitl*) *s. m., Gastr., C. Ric., Hond. y Méx*. Rosetas, granos de maíz tostados.

estaca (del gót. *stakka*, palo) *s. f., Arg. y Chil*. Pertenencia de una mina que se concede a los peticionarios mediante ciertos contratos.

estacar *v. tr.* **1.** *Col., Chil., Hond., Nic. y Ven*. Sujetar, clavar o delimitar con estacas. **2.** *Col. y C. Ric*. Clavarse alguien una astilla.

estampida (del mismo or. que *estampía*) *s. f., Col., Guat., Méx. y Ven*. Carrera rápida e impetuosa.

estampilla *s. f.* Sello de correos o fiscal.

estancia *s. f.* **1.** *Arg. y Chil*. Hacienda de campo. **2.** *Cub. y Ven*. Casa de campo con huerta y próxima a la ciudad; quinta.

estanciero *s. m.* El dueño de una estancia o que cuida de ella.

estanco *s. m., Ec*. Tienda que vende aguardiente.

estanquillo s. m. **1.** *Méx.* Tienda pobremente abastecida. **2.** *Ec.* Taberna de vinos y licores.

estante (del lat. *stans, -antis*) s. m. Madero incorruptible que hincado en el suelo da sostén al armazón de las casas en las ciudades tropicales.

estefanote (del lat. *stephanotis floribunda*) s. m., *Bot.*, *Ven.* Planta asclepiadácea, que se cultiva en los jardines por sus hermosas flores de color blanco mate.

esteral s. m., *Arg.* Estero, terreno pantanoso.

esterilla s. f. **1.** *Arg. y Ec.* Rejilla para construir asientos. **2.** *C. Ric.*, *Chil. y Ec.* Cañamazo, tela rala.

estero (del lat. *aestuarium*) s. m. **1.** Terreno bajo pantanoso que suele llenarse de agua y que abunda en plantas acuáticas. **2.** *Chil.* Arroyo, riachuelo. **3.** *Ven.* Aguazal, charca.

estilógrafo s. m., *Col. y Nic.* Pluma estilográfica con su portaplumas.

estiptiquez s. f., *Arg. y Col.* Estipticidad, estreñimiento.

estiquirín s. m., *Zool.*, *Hond.* Búho, ave.

estiramiento s. m., *Chil.* Orgullo, arrogancia.

estitiquez s. f., *Col. y Chil.* Estiptiquez, estreñimiento.

estoperol (en ital. *stoparuolo*) s. m., *Col.* Tachuela grande dorada o plateada.

estoquillo s. m., *Bot.*, *Chil.* Planta de la familia de las ciperáceas, con el tallo en forma triangular y cortante.

estrategia (del lat. *strategia*, y éste del gr. *strategía*, de *strategós*, general, jefe) s. f., *Col.* Estratagema, astucia.

estrella (del lat. *stella*) s. f., *fam.*, *Cub.* Duro, moneda de plata de cinco pesetas.

estrellón s. m. Choque, encontrón.

estremezón s. m., *Col.* Estremecimiento.

estribera s. f., *Arg.* Correa del estribo.

estricote (de un fr. ant. *estricot*, garrote) s. m., *Ven.* Vida desordenada o licenciosa, o mal traer.

estrictez s. f. Calidad de estricto, rigurosidad.

estucurú s. m., *Zool.*, *C. Ric.* Búho grande.

evangelista (del lat. *evangelista*) s. m., *Méx.* Memorialista, persona que tiene por oficio escribir cartas u otros papeles que necesita la gente que no sabe hacerlo.

exequial (del lat. *exsequialis*) adj., *Chil.* Perteneciente o relativo a las exequias.

exfoliador, ra s. m. y s. f., *Chil.*, *Col.*, *Ec. y Méx.* Taco de hojas de papel ligeramente pegadas.

exhibir (del lat. *exhibere*) v. tr., *Méx.* Pagar una cantidad.

expedirse (del lat. *expedire*) v. prnl., *Arg.*, *Chil. y Ur.* Manejarse, desenvolverse en asuntos o actividades.

expendio s. m. **1.** *Méx. y Per.* Expedición, venta al por menor. **2.** *Méx.* Tienda en que se venden géneros estancados.

expensar v. tr., *Chil. y Méx.* Costear, pagar los gastos de alguna gestión o negocio. Se usa principalmente en lenguaje jurídico.

experticia s. f., *Ven.* Prueba pericial.

extinto, ta (del lat. *exstinctus*) s. m. y s. f., *Arg. y Chil.* Muerto, difunto.

F f

facetada *s. f., Méx.* Chiste rebuscado y sin gracia.

faceto, ta (del lat. *facetus*) *adj.* **1.** *Méx.* Que pretende ser chistoso, pero no tiene gracia. **2.** *Méx.* Afectado, presuntuoso.

facha (del ital. *faccia*, y éste del lat. *facies*, cara) *s. f.* **1.** *Chil.* Fachenda. ‖ *s. f. pl.* **2.** *Méx.* Disfraz.

fachendoso, sa *adj., Méx.* Que viste con mal gusto.

fachinal *s. m., Arg.* Estero o lugar anegadizo, cubierto de paja brava, junco y otra vegetación.

fachoso, sa (de *facha*) *adj., Chil. y Méx.* Fachendoso, jactancioso.

facistol (del occit. ant. *faldestol*, y éste del germ. *faldistôl*, sillón) *s. m., Ant. y Ven.* Vanidoso, petulante. **GRA.** También adj.

facón *s. m., Arg.* Daga o puñal grande.

faena (del cat. *faena*, y éste del lat. *facienda*, cosa que debe hacerse) *s. f.* **1.** *Ec.* Trabajo del campo que se hace por la mañana. **2.** *Cub., Guat. y Méx.* Trabajo que se hace en horas extraordinarias en una hacienda.

faenar *v. tr.* Matar reses y descuartizarlas o prepararlas para el consumo.

faenero, ra *s. m. y s. f., Chil.* Obrero del campo.

fafarachero, ra (del ital. *farfaro*, fanfarrón) *adj.* Fachendoso, fanfarrón.

fainada *s. f., Cub.* Dicho torpe, descortés.

faino, na *adj., Cub.* Rústico, ingenuo.

faique *s. m., Bot., Ec. y Per.* Árbol mimosáceo, de hojas compuestas, tronco espinoso y flores pequeñas en grupo.

fajada *s. f., Cub. y P. Ric.* Acometida, embestida.

fajar (de *faja*) *v. tr.* **1.** *Amér. del S.* Acometer a alguien, golpearle, pegarle. **GRA.** También v. prnl. **2.** *P. Ric. y Rep. Dom.* Obligar a alguien a prestar dinero. **3.** *Cub.* Galantear. ‖ *v. prnl.* **4.** *C. Ric., P. Ric. y Rep. Dom.* Dedicarse con empeño a un trabajo, estudio, etc.

fajilla *s. f.* Faja que se pone a los impresos para enviarlos por correo.

fajina *s. f., Cub.* Trabajo que se hace en horas extraordinarias.

falca (de or. incierto, probablemente del hispanoár. *fálqa*, astilla de madera) *s. f., Col.* Cerco que se pone como suplemento a las pailas o fondos en los trapiches. **GRA.** Se usa más en pl.

falcón (del lat. *falco, -onis*) *s. m., Zool., Cub.* Especie de halcón.

faldeo *s. m., Chil.* Falda de un monte con algunas llanuras.

faldinegro, gra *adj., Zool., Cub.* Se dice del ganado vacuno bermejo por encima y negro por debajo.

faldudo, da *adj., Col.* Se aplica al terreno empinado.

falencia (del lat. *fallens, -entis*, engañador) *s. f., Econ., Arg., Chil. y Hond.* Quiebra de un comerciante.

falla (de *fallir*) *s. f., Col. y Chil.* Falta.

fallo (de *fallar*) *adj., Chil.* Se dice del cereal cuya espiga no ha granado por completo.

falsa (de *falso*) *s. f., Arg. y Méx.* Falsilla.

falte *s. m., Chil.* Buhonero, quincallero.

falto, ta *adj., Arg.* Tonto.

faltón, na *adj., Cub.* Que falta al respeto.

falucho (de *faluca*) *s. m., Arg.* Sombrero de dos picos y ala abarquillada, usado por militares y diplomáticos en las funciones de gala.

familia (del lat. *familia*) *s. f., Chil.* Enjambre de abejas.

fané (voz francesa) *adj.* Lánguido, sin fuerzas.

fañoso, sa *adj., Ant., Méx. y Ven.* Se dice de la persona que habla con resonancias nasales.

faramallero, ra *adj., Chil.* Fachendoso.

fariña (del lat. *farina*, harina) *s. f., Gastr., Arg.* Harina gruesa de mandioca.

farolazo *s. m., Amér. C. y Méx.* Trago de licor.

farra (probablemente de or. onomatopéyico) *s. f., Arg. y Chil.* Burla.

farrear *v. intr., Arg. y Chil.* Andar de farra o de parranda.

farruto, ta *adj., Chil.* Enteco, canijo.

farsear *v. intr., fam., Chil.* Bromear, chancear.

faurestina *s. f., Bot., Cub.* Árbol de la familia de las mimosáceas, con mucha copa, que se planta en los caminos para dar sombra.

favela (voz portuguesa) *s. f.* Chabola.

féferes *s. m. pl., Col., C. Ric., Ec. y Cub.* Bártulos, baratijas.

feo (del lat. *foedus*) *adv. m., Arg., Col. y Méx.* De mal olor o sabor.

feria (del lat. *feria*) *s. f.* **1.** *Méx.* Dinero suelto, cambio. **2.** *C. Ric. y El Salv.* Añadidura, propina.

ferrocarrilero, ra *adj., Arg., Col., Ec. y Méx.* Ferroviario.

festejar *v. tr., Méx.* Azotar, golpear.

festinar (del lat. *festinare*) *v. tr., Col., Bol., Méx. y Ven.* Apresurar, precipitar, activar.

fiador *s. m., Chil. y Ec.* Barboquejo.

fiambrera *s. f., Arg. y Ur.* Fresquera.

fiambrería *s. f., Arg. y Ur.* Tienda donde se hacen o venden fiambres.

fiar (del lat. vulg. *fidare*, por *fidere*) *v. tr., Col.* Pedir fiado.

ficcioso, sa *adj., Chil.* Fingido.

fifiriche (de la onomat. *fifr*, de lo inestable) *adj.* **1.** *C. Ric. y Méx.* Raquítico, flaco, enclenque. **2.** *C. Ric. y Méx.* Petimetre.

figana *s. f., Zool., Ven.* Ave gallinácea que se domestica con facilidad y limpia las casas de insectos y sabandijas.

filipina *s. f., Cub. y Méx.* Chaqueta sin solapas, de dril.

filistrín *s. m., Ven.* Pisaverde, currutaco.

filo (del lat. *filum*, hilo) *s. m., Arg.* Persona que afila o flirtea.

filoso, sa *adj., Hond.* Hambriento.

filudo, da *adj., Chil.* Se aplica al arma que tiene el filo muy agudo.

fiofío (voz onomatopéyica) *s. m., Zool., Chil.* Pajarillo insectívoro, de plumaje verde aceitunado.

fique *s. m.* **1.** *Bot., Col. y Ven.* Planta textil de la familia de las amarilidáceas, de un metro de longitud aproximadamente y hojas carnosas en forma de pirámide triangular. **2.** *Col. y Ven.* Fibra de la pita de la que se hacen cuerdas.

firulete (del gall.-port. *ferolete*, por *florete*, der. de *flor*) *s. m., Amér. del S.* Adorno superfluo.

fiscal (del lat. *fiscalis*) *s. m., Bol. y Chil.* Seglar que cuida de una capilla rural, dirige las funciones del culto y auxilia al párroco.

fisco (del lat. *fiscus*) *s. m., Numism., Ven.* Moneda de cobre equivalente a la cuarta parte de un centavo.

fisga (de *fisgar*) *s. f., Guat. y Méx.* Banderilla que se pone al toro.

físico, ca (del lat. *physicus*, y éste del gr. *physikós*, de *physis*, naturaleza) *adj., Cub. y Méx.* Delicado, melindroso.

fistol (del ital. *fistolo*, diablo) *s. m., Méx.* Alfiler de corbata.

flacuchento, ta *adj., Chil.* Flacucho.

flamenco, ca (del neerl. *flaming*) *adj.* **1.** *Ant. y P. Ric.* Delgado, flaco. **2.** *Arg.* Facón.

flato (del lat. *flatus*, viento) *s. m., Amér. C., Col., Méx. y Ven.* Melancolía, murria.

flechilla *s. f., Arg.* Pasto fuerte para el ganado.

fleta (de *fletar*) *s. f., Cub.* Azotaina.

fletante *s. m. y s. f., Arg., Chil. y Ec.* Persona que da en alquiler un vehículo o una bestia para el transporte de personas o mercancías.

fletar (de *flete*) *v. tr.* **1.** *Amér. del S.* Alquilar un animal de carga, carro o carruaje. **2.** *fig., Chil. y Per.* Soltar o espetar acciones o palabras agresivas. **3.** *Cub. y Méx.* Largarse, marcharse de pronto. **4.** *Arg.* Colarse en una reunión sin ser invitado.

flete (del fr. *fret*, y éste del neerl. *vraecht*, pago) *s. m.* **1.** *Amér. del S.* Precio de alquiler de cualquier medio de transporte. **2.** *Amér. del S.* Carga que se transporta por tierra o por mar. **3.** *Arg. y Ur.* Caballo ligero.

fletero, ra *adj.* **1.** *Amér. del S.* Se aplica a la embarcación, carro u otro vehículo cualquiera que se alquila para transporte de personas o mercancías. ‖ *s. m. y s. f.* **2.** *Amér. del S.* Persona que se dedica a hacer transportes. **3.** *Chil. y Per.* Persona que trabaja en un puerto transportando mercancías o personas entre las naves y los muelles.

flor (del lat. *flos, -oris*) *s. f., Chil.* Manchita blanca de las uñas.

florear *v. intr., Col., Guat. y Hond.* Florecer, brotar las flores.

floricundio *s. m., Méx.* Floripondio, adorno.

flota (del fr. *flotte*, y éste del escand. ant. *floti*, escuadra, flota) *s. f.* **1.** *fig., Chil.* Multitud, caterva. **2.** *Col.* Fanfarronada, baladronada.

flotante *adj., Col.* Fanfarrón.

flux (del fr. *flux* o del cat. *fluix*, flujo, abundancia, del lat. *fluxus*, flujo, abundancia) *s. m., Amér. del S.* Terno, traje masculino.

fofadal (de *fofo*) *s. m., Arg.* Tremedal.

fogaje (de *fuego*, hogar) *s. m.* **1.** *Med., Arg. y Méx.* Fuego, erupción de la piel. **2.** *Arg., Col., P. Ric. y Ven.* Bochorno, calor. **3.** *Ec.* Fogata, llamarada.

fogón (del lat. *focus*, fogón) *s. m.* **1.** *Arg., C. Ric. y Chil.* Fuego, fogata u hornillo rústico. **2.** *Arg.* Reunión de paisanos o soldados en torno del fuego.

foja (del cat. *fotja*, forma mozár. de Valencia y Mallorca, del lat. *fulix, -icis*) *s. f.* Hoja de papel, documento, etc.

follisca *s. f., Col. y Ven.* Fullona, pendencia, riña.

follones (del ant. *fellón*, y éste del cat. *felló*, del fránc. *fillo, -ons*, verdugo) *s. m. pl., Ec.* Prendas de vestir femeninas que caen de la cintura abajo; como faldas, enaguas, refajos, etc.

fomentar (del lat. *fomentare*) *v. tr., Cub. y P. Ric.* Fundar, organizar un negocio.

fonda (del ár. *fúndaq*, hospedería, depósito) *s. f.,* **1.** *Guat.* Tienda donde se vende aguardiente. **2.** *Chil.* Aguaducho, puesto en que se venden bebidas y refrescos, y donde a menudo hay canto y baile.

fondeado, da *adj., Amér. C., Col., Méx. y Ven.* Acaudalado, adinerado, que está en fondos.

fondero, ra (de *fonda*) *s. m. y s. f., Amér. del S.* Fondista.

fondo (del lat. *fundus*) *s. m.* **1.** *Amér. del S.* Paila. **2.** *Méx.* Falda interior blanca con encaje en la parte inferior.

forado (del lat. *foratus*, de *forare*, horadar) *s. m., Amér. del S.* Boquete hecho en una pared.

forondo, da *adj., Chil.* Orondo, lleno de presunción.

forraje (del fr. *fourrage*, der. del ant. fr. *fuerre*, y éste del fránc. *fôdar*, alimento) *s. m.* **1.** *Arg. y Méx.* Pasto seco conservado para alimentación del ganado. **2.** *Arg. y Méx.* Acción de forrajear.

forro *s. m.* **1.** *Cub.* Trampa, engaño. **2.** *Chil.* Disposición, aptitud.

fortaleza (del occit. ant. *fortaleza*, y éste del lat. *fortis*) *s. f.* **1.** *Chil.* Hedor, hediondez. **2.** *Chil.* Juego de niños que se juega con unas bolitas que han de meterse en unos hoyos hechos en el suelo.

fotuto (voz americana, de procedencia incierta) *s. m.* **1.** *Cub.* Caracola, trompa. **2.** *vulg., Cub.* Bocina de los automóviles. **3.** *Cub., P. Ric. y Ven.* Instrumento de viento que produce un sonido parecido al de la trompa o caracola. **4.** *P. Ric.* Persona que habla por otra.

frailecillo *s. m.* **1.** *Zool., Cub.* Ave palmípeda de la familia de los álcidos, de plumaje grisáceo y pico negro, que habita en lugares pantanosos y en las playas y sabanas. **2.** *Bot., Cub.* Arbusto de la familia de las euforbiáceas, de hojas alternas y con una espina en su base, flores blancas y fruto en drupa, de cuyas semillas se obtiene aceite.

frailecito *s. m., Zool., Per.* Nombre vulgar de varios monos pequeños.

frailejón *s. m., Bot., Col., Ec. y Ven.* Planta de la familia de las compuestas, de hojas anchas y aterciopeladas, y flores de un color amarillo de oro, que produce una resina muy apreciada.

francolino, na *adj., Chil. y Ec.* Se dice de la gallina o pollo que carece de cola.

frangollo (de *frangollar*) *s. m.* **1.** *Gastr., Cub. y P. Ric.* Dulce seco hecho de plátano verde triturado. **2.** *fig., Méx.* Comida hecha sin esmero. **3.** *fig., Per.* Mezcolanza, revoltijo. **4.** *Chil.* Trigo, cebada o maíz triturados. **5.** *Arg.* Locro de maíz muy molido. **6.** *fig., Arg.* Acción y efecto de frangollar.

frangollón, na *adj., Amér. del S.* Se dice de quien hace de prisa o mal una cosa.

frasca (del ital. *frasca*) *s. f., Méx.* Fiesta, bulla, algazara.

fregado, da *adj.* **1.** *Arg. y Chil.* Majadero, enfadoso. **2.** *Col. y Ec.* Tenaz, terco. **3.** *Col. y Ec.* Bellaco, perverso.

fregar (del lat. *fricare*, frotar, restregar) *v. tr., fig. y fam., Amér. del S.* Fastidiar, molestar, jorobar.

fregatina *s. f., Chil.* Molestia, pejiguera.

frenillo *s. m., Amér. C. y Cub.* Cada una de las cuerdas que lleva la cometa y que convergen en la cuerda que la sujeta.

fresco (del germ. *frisk*, nuevo, joven, vivo) *s. m., Amér. C., Méx. y Per.* Refresco, bebida fría.

fresquería (de *frasco*) *s. f., Amér. del S.* Botillería, despacho de refrescos.

frica *s. f.* **1.** *Chil.* Frisca. **2.** *Chil.* Tunda, zurra.

friega (de *fregar*, restregar) *s. f., Col., C. Ric. y Ec.* Molestia, fastidio.

frijolillo *s. m., Bot., Cub.* Árbol papilionáceo silvestre, de madera muy dura, cuyo fruto sirve de alimento al ganado.

fringa *s. f., Hond.* Manta, capote de monte.

frisa *s. f., Arg. y Chil.* Pelo de algunas telas, como el de la felpa.

frisca *s. f., Chil.* Soba, tunda, zurra.

fritar *v. tr., Col. y Sal.* Freír.

friura *s. f., Ven.* Temperatura fría.

frondío, a *adj., Col. y Méx.* Sucio, desaseado.

frontal (del lat. *frontalis*) *s. m., Col., Ec. y Méx.* Frontalera de la cabezada.

frontil (de *frente*) *s. m., Cub. y P. Ric.* Parte de la cabezada que cubre la frente de una caballería.

frutilla *s. f., Amér. del S.* Especie de fresón.

frutillar *s. m., Agr., Amér. del S.* Lugar donde se crían las frutillas.

frutillero, ra *s. m. y s. f., Amér. del S.* Vendedor ambulante de frutillas.

fuete (del fr. *fouet*) *s. m., Amér. del S.* Látigo.

fufú *s. m., Gastr., Col., Cub. y P. Ric.* Comida hecha de plátano, ñame o calabaza.

fumar (del lat. *fumare*, humear, arrojar humo) *v. tr., fig. y fam., Cub.* Dominar a alguien, chafarle, sobrepujarle.

funche *s. m., Gastr., Cub., Méx. y P. Ric.* Especie de gachas de harina de maíz.

fundirse (del lat. *fundere*) *v. prnl., fig. y fam., Amér. del S.* Arruinarse, hundirse.

fungir *v. intr.* **1.** *Cub. y Méx.* Desempeñar un empleo o cargo. **2.** *Cub. y P. Ric.* Presumir de algo.

furare *s. m., Chil.* Tordo, pájaro.

furnia (de *fornia*, emparentada con *fornix, -icis*, bóveda, túnel, o con *furnus*, horno) *s. f., Cub.* Sima, generalmente en terreno peñascoso.

furruco *s. m., Ven.* Especie de zambomba.

furrusca *s. f., Col.* Gresca, pelotera.

furuminga *s. f., Chil.* Embrollo, confusión, laberinto.

fustán (de or. incierto, tal vez arábigo) *s. m., Amér. del S.* Enagua.

futre (del fr. *foutre*) *s. m., Chil.* Lechuguino, o simplemente persona bien vestida.

fututo *s. m., Mús., Pan.* Instrumento de viento, pito de caña o bocina hecha con un caracol.

G g

gabela (del ár. *qabala*, impuesto) *s. f., Col., P. Ric. y Ven.* Provecho, ventaja.

gabinete (del fr. medieval *gabinet*, dim. del fr. *cabine*) *s. m., Col.* Mirador, balcón cubierto.

gacha (de or. incierto) *s. f., Col. y Ven.* Cuenco, escudilla de loza.

gachón, na (de *gacha*, mimo) *adj.* Que tiene gracia, atractivo y dulzura.

gachumbo (de or. incierto) *s. m., Amér. del S.* Cubierta leñosa y dura de varios frutos, de la cual se hacen vasijas y otros utensilios.

gachupín *s. m., Méx.* Cachupín.

gacilla (de *gaza*) *s. f., C. Ric.* Broche, imperdible.

gafar (de *gafa*) *v. tr., Col.* Despearse un animal por haber caminado mucho.

gafo, fa (de or. incierto, probablemente del ár. *qáf'a*, contraída, con los dedos doblados) *adj., Col., C. Ric. y P. Ric.* Se aplica a la caballería o animal vacuno que, por no tener herraduras, tiene la planta del casco irritada y dolorida.

gaicano *s. m., Zool., Cub.* Rémora, pez.

gajo (del lat. vulg. *galleus*) *s. m., Hond.* Mechón de pelo.

gala (del fr. ant. *gale*, diversión) *s. f., Cub. y Méx.* Propina, premio.

galafate *s. m., Zool., Cub.* Pez marino de color negro azulado perteneciente a la misma familia que el pejepuerco.

galán (del fr. *galant*) *s. m.* **1. galán de día** *Bot., Cub.* Nombre vulgar de un arbusto de la familia de las solanáceas, de flores blancas más aromáticas durante el día que por la noche. **2. galán de noche** *Bot., Cub.* Arbusto ramoso de la familia de las solanáceas, de flores verdosas que huelen mucho durante la noche. **3. galán de noche** *Bot., C. Ric.* Cacto muy oloroso y de corola grande, que se abre por la noche.

galano, na *adj.* **1.** *C. Ric.* Dicho de las plantas, lozano, hermoso. **2.** *Cub. y Chil.* Se aplica a la res de pelo de varios colores.

galápago (de or. prerromano) *s. m.* **1.** *Zool., Ec.* Especie de galápago terrícola pero sin membranas interdigitales. **2.** *Hond., Per. y Ven.* Silla de montar femenina.

galera (de *galea*, y éste del gr. bizantino *galéa*) *s. f.* **1.** *Hond. y Méx.* Cobertizo, tinglado. **2.** *Arg.* Sombrero de copa redonda y alas abarquilladas.

galerón *s. m.* **1.** *Amér. del S.* Romance vulgar que se canta en una forma de recitado. **2.** *Ven.* Aire popular al son del cual se baila y se cantan cuartetas y seguidillas. **3.** *C. Ric.* Cobertizo, tinglado.

galga (de *galgo*) *s. f., Zool., Hond.* Hormiga amarilla que anda muy velozmente.

gallego, ga (del lat. *gallaecus*) *adj.* **1.** *Arg., Bol. y P. Ric.* Se dice del español que vive en aquellos países. **GRA.** También s. m. y s. f. ‖ *s. m.* **2.** *C. Ric.* Especie de lagartija que vive en las orillas de los ríos y nada con mucha rapidez. **3.** *Zool., Cub.* Ave acuática parecida a la gaviota.

gallería *s. f., Cub.* Sitio donde se crían los gallos de pelea y también donde se celebran las riñas de gallos.

gallero, ra *adj.* Aficionado a las riñas de gallos. **GRA.** También s. m. y s. f.

galleta (del fr. *galette*) *s. f.* **1.** *Chil.* Pan bazo amasado para los trabajadores. **2.** *Gastr., Arg.* Bizcocho, pan sin levadura y masa de harina con huevos y azúcar.

gallina (del lat. *gallina*) *s. f., Zool., Arg. y Chil.* Ave solitaria nocturna, especie de chotacabras.

gallineta *s. f., Zool., Arg., Col., Chil. y Ven.* Gallina de Guinea.

gallito *s. m.* **1.** *Zool., Cub.* Ave con cresta, espolones en las alas y plumaje de color rojo oscuro y negro; ojos pardos y pies verdosos. **2.** *Zool., Arg.* Cierto pájaro dentirrostro.

gallo (del lat. *gallus*) *s. m.* **1.** *Col., C. Ric., Chil. y Méx.* Hombre fuerte, valiente. **GRA.** También adj. **2.** *Col.* Rehilete. **3.** *Per.* Papagayo, botella con forma especial, para recoger la orina de la persona que está en cama. **4.** *Méx.* Serenata. ‖ **5. gallo de roca, o de peñasco** *Zool.* Vistoso pájaro dentirrostro que habita en Venezuela, Colombia y Perú.

galludo *s. m., Zool., Cub.* Especie de tiburón.

galpón (del náhuatl *kalpúlli*, casa grande) *s. m.* **1.** Casa grande de una sola planta. **2.** Departamento destinado a los esclavos en las haciendas de América. **3.** *Amér. del S.* Cobertizo grande, tinglado.

galucha *s. f., Col., C. Ric., Cub., P. Ric. y Ven.* Galope.

galuchar *v. intr., Col., C. Ric., Cub., P. Ric. y Ven.* Galopar.

gambado, da (del ital. *gamba*, y éste del lat. vulg. *camba*, pierna, de or. incierto) *adj., Cub. y P. Ric.* Patizambo, que tiene las piernas torcidas.

gambeta (del ant. *gamba*, pierna) *s. f.* **1.** *Arg. y Bol.* Ademán hecho con el cuerpo hurtándolo para evitar un golpe. **2.** *Arg. y Ur.* Evasiva. **3.** *Dep.* En el fútbol, regate.

gamonal *s. m., Amér. C. y Amér. del S.* Cacique de pueblo.

gamonalismo *s. m., Amér. C. y Amér. del S.* Cacique de pueblo.

ganada *s. f., Arg.* Ganancia.

ganancia *s. f., Náut., Guat. y Méx.* Adehala.

gancho (de or. incierto) *s. m.* **1.** *Amér. C., Col., Méx. y Per.* Horquilla para sujetar el pelo. **2.** *Ec.* Silla de montar para señora.

gandido, da (probablemente de *candido*, consumido, y éste del lat. *can-*

dere, ser blanco, arder) *adj., C. Ric., Cub., Méx. y Ven.* Comilón, glotón.

gandinga *s. f.,* Mineral menudo y lavado. **2.** *Gastr., Cub. y P. Ric.* Chanfaina con salsa espesa.

gandul (del ár. *gandûr*, fatuo, ganapán) *s. m., Etn., Méx.* Cierto pueblo indígena.

ganga (voz imitativa del grito de esta ave) *s. f., Zool., Cub.* Ave zancuda de la familia de los zarapitos, que vive en las aradas.

gangocho *s. m., Chil. y Ec.* Guangoche.

garabatal *s. m., Arg.* Sitio poblado de garabatos.

garabato (der. del ast. y santanderino *gárabu, gáraba*, de or. prerromano) *s. m.* **1.** *Cub., Chil. y P. Ric.* Horca, instrumento de labranza. **2.** *Bot., Arg.* Arbusto de la familia de las leguminosas que posee en sus ramas terminales un par de espinas en forma de garra.

garambullo *s. m., Bot., Méx.* Cacto que tiene por fruto una tuna pequeña roja.

garandumba *s. f., Amér. del S.* Embarcación grande a manera de balsa.

garañón (del germ. *wranjo*) *s. m., Zool., Amér. C., Chil., Méx. y Per.* Caballo semental.

garapiña *s. f., Gastr., Cub., Chil. y Méx.* Bebida muy refrigerante hecha de la corteza de la piña o con jugo de naranja.

garbancillo *s. m., Bot., Ven.* Arbusto leguminoso de flores moradas y fruto parecido al garbanzo.

gárboli *s. m., Cub.* Juego del escondite.

gargal *s. m., Bot., Chil.* Hongo comestible que nace en los robles.

gargantón *s. m., Méx.* Cabestro que rodea al cuello del caballo.

gárgara (de la raíz onomatopéyica *garg-*) *s. f., Col., Chil. y Méx.* Gargarismo, líquido para hacer gárgaras.

gárgaro *s. m., Ven.* Juego del escondite.

garita (del fr. ant. *garite*) *s. f., Méx.* Puerta, entrada de la ciudad.

garnacha (del occit. ant. *ganacha* o *garnacha*, y éste probablemente del lat. *gaunaca*, especie de manto velloso) *s. f., Gastr., Méx.* Tortilla gruesa aderezada con salsa de chile.

garniel (del occit. ant. *carnier,* morral) *s. m., Ec. y Méx.* Estuche para las navajas que se ponen a los gallos de pelea.

garnucho *s. m., Méx.* Castañeta.

garoso, sa *adj., Col. y Ven.* Hambriento, comilón.

garra (probablemente del ár. *gárfa,* puñado, der. de la raíz *gáraf,* sacar agua) *s. f.* **1.** *Arg.* Extremidad del cuero por donde se afianza en las estacas al estirarlo. **2.** *Col., C. Ric. y Chil.* Pedazo de cuero endurecido y arrugado. **3.** *Col.* Saco de cuero. ‖ *s. f. pl.* **4.** *Amér. del S.* Desgarrones, harapos. ‖ **LOC. echo garras** *fig. y fam., Méx.* En muy mal estado.

garrafa (de or. incierto) *s. f., Arg. y Ur.* Bombona metálica de cierre hermético para contener gases o líquidos volátiles.

garrancha (cruce de *garra* y *gancho*) *s. f., Arg. y Col.* Gancho.

garrapatero *s. m., Zool., Col. y Ec.* Ave de pico corvo, pecho blanco y alas negras, que se alimenta de garrapatas que quita al ganado.

garrasí *s. m., Ven.* Calzón usado por los llaneros, abierto a los costados y abotonado hasta la corva.

garrobo *s. m., Zool., Amér. C.* Saurio de fuerte piel escamosa.

garrote (de or. incierto) *s. m., Méx.* Galga para frenar las ruedas.

garrotear *v. tr.* **1.** *Amér. del S.* Apalear, dar de palos. **2.** *Amér. del S.* Desgranar las espigas golpeando con el garrote o mayal.

garrotero, ra *s. m. y s. f., Chil.* Apaleador.

garrudo, da *adj., Méx.* Forzudo, vigoroso.

garúa (del port. dialect. *caruja,* niebla, procedente del lat. vulg. *calugo, -uginis,* var. del lat. *caligo, -iginis*) *s. f., Amér. del S.* Llovizna.

garuar *v. intr., Amér. del S.* Lloviznar.

garzón (aum. de *garza*) *s. m., Zool., Ven.* Ave de la especie de las garzas reales.

gas (palabra inventada por Van Helmont en el s. XVII) *s. m., Guat., Hond. y Méx.* Petróleo.

gata *s. f.* **1.** *Zool., Cub. y P. Ric.* Pez de color rojo y figura de tiburón. **2.** *Chil.* Gato, máquina para levantar pesos a poca altura.

gateado, da *adj., Arg.* Se dice del caballo o de la yegua de pelo rubio con rayas negruzcas.

gatillo (de *gato*) *s. m., Chil.* Crines largas que se dejan a las caballerías en la cruz y de las cuales se asen los jinetes para montar.

gato[1] (del lat. *cattus*) *s. m.* **1.** *Hond.* Molledo del brazo. **2.** *Arg.* Cierta danza popular. **3.** *Arg.* Música que acompaña ese baile.

gato[2] (del quichua *ccatu*) *s. m., Per.* Mercado al aire libre.

gauchada *s. f.* **1.** *Arg., Chil. y Per.* Acción propia de un gaucho, hecha con astucia, audacia y habilidad. **2.** *fig., Arg. y Ur.* Servicio o favor prestado ocasionalmente con buena voluntad.

gauchaje *s. m., Arg. y Chil.* Conjunto o reunión de gauchos.

gauchear *v. intr.* **1.** *Arg.* Practicar el gaucho sus costumbres. **2.** *Arg.* Andar sin paradero fijo.

gaucho, cha (de or. incierto, quizá del quichua *wájcha,* pobre, huérfano) *adj.* **1.** *Arg. y Chil.* Buen jinete. **2.** *fig., Arg.* Ducho en tretas, taimado, astuto.

gavera (cruce de *adobera,* molde de adobes, con *galápago,* molde de tejas) *s. f.* **1.** *Col., Méx. y Ven.* Gradilla o galápago para fabricar tejas o ladrillos. **2.** *Per.* Tapial. **3.** *Col.* Aparato de madera con varios compartimentos, donde se enfría y espesa la miel de caña.

gaviar *v. intr., Bot., Cub.* Echar la espiga o flor el maíz, el arroz y otras plantas parecidas.

gavilana *s. f., Bot., C. Ric.* Planta herbácea con flores en corimbo, pequeñas y amarillas, que se usa como tónico y febrífugo.

gavillero *s. m., Chil.* Jornalero que echa con el bieldo las gavillas al carro.

gaviotín *s. m., Zool., Arg.* Ave palmípeda de menor tamaño que la gaviota.

gayuba (de or. incierto) *s. f., Bot., Chil.* Arbusto medicinal de bayas rojas, grandes y comestibles.

gaznatada *s. f., Hond., Méx. y Ven.* Bofetada.

gaznate (probablemente cruce de *caña* y *gasganete*, garganta) *s. m., Gastr., Méx.* Dulce hecho de piña o coco.

gazpacho *s. m., Hond.* Heces, residuos.

gazuzo, za *adj., Chil.* Hambriento.

gemiquear *v. intr., Arg. y Chil.* Gimotear.

gemiqueo *s. m., Arg. y Chil.* Acción de gemiquear.

gente (del lat. *gens, gentis*) *s. f.* **1.** *Col., Chil., Per. y P. Ric.* Personas bien portadas. **2.** Persona, individuo.

giro, ra (de or. incierto) *adj.* **1.** *Amér. del S.* Se aplica al gallo que tiene el plumaje matizado de amarillo. **2.** *Arg. y Chil.* Se aplica también al gallo matizado de blanco y negro.

globos, echar (del lat. *globus*) *loc., fig. y fam., Col.* Cavilar.

gloriado, da *adj., Amér. C. y Amér. del S.* Especie de ponche hecho con aguardiente.

godo, da (del lat. *gothus*) *adj., desp., Amér. del S.* Nombre con que se designaba a los españoles.

gofio (var. de *gofo*) *s. m.* **1.** *Gastr., Arg., Cub. y P. Ric.* Harina de maíz tostado. **2.** *Gastr., Ven.* Especie de alfajor hecho con harina de maíz o de cazabe y papelón.

golilla *s. f.* **1.** *Cub., Chil., Ec. y P. Ric.* Cerco de plumas que rodea el cuello del gallo y que eriza éste cuando está irritado. **2.** *Chil.* Esternilla que se pone en los carruajes para que no se salga la rueda.

gollete, no tener (del fr. *goulet*, paso estrecho) *loc., fig. y fam., Ur.* Carecer de buen juicio.

golletear *v. intr., Col.* Agarrar a alguien del gollete.

golondrina (dim. de un ant. *golondre*, del lat. *chirundo, -inis*) *s. f.* **1.** *Bot., C. Ric. y Hond.* Hierba rastrera, de la familia de las euforbiáceas. **2.** *Chil.* Carro de mudanzas.

golosa *s. f., Col.* Juego del infernáculo.

golpe (del lat. vulg. *colupus*, lat. *colaphus*, y éste del gr. *kólaphos*, bofetón) *s. m., Méx.* Martillo grande de hierro.

goma (del lat. vulg. *gumma*) *s. f., Arg.* Neumático.

gomero, ra *s. m. y s. f., Arg.* Persona que explota la industria de la goma.

gorda (del lat. *gurdus*) *s. f., Gastr., Méx.* Tortilla de maíz más gruesa que la común.

gorgón (del mismo or. que el fr. *corégone*) *s. m., Col.* Hormigón, mezcla usada en albañilería.

gorgorear *v. intr., Arg. y Chil.* Gorgoritear.

górgoro *s. m., Méx.* Burbuja, gorgorita.

gorguz (del berberisco *gergît*, lanza) *s. m., Méx.* Puya, punta.

gorjear (de *gorja*) *v. intr., Amér. del S.* Burlarse, bromear.

gota (del lat. *gutta*) *s. f., Bot., Col.* Enfermedad de ciertas plantas casusada por un hongo.

goteras *s. f. pl., Bol., Chil. y Per.* Afueras, contornos, alrededores.

gotero *s. m., Méx. y P. Ric.* Cuentagotas.

gracejada *s. f., Amér. C. y Méx.* Payasada, bufonada.

gracejo (de *gracia*) *s. m., Méx.* Payaso, bufón.

grada (de *grado*) *s. f., Arg., Chil. y Per.* Atrio, espacio ante un edificio.

gradiente *s. m., Chil. y Ec.* Pendiente, declive, subida, repecho.

gragea (del ant. *adragea*, tomado del fr. *drageé*, de or. incierto) *s. f., Col.* Munición menuda.

grajo (del lat. *graculus*) *s. m.* **1.** *Col., Cub., Per. y P. Ric.* Olor desagradable que se desprende del sudor. **2.** *Bot., Cub.* Planta de la familia de las mirtáceas de olor fétido.

gramalote *s. m., Col., Ec. y Per.* Hierba forrajera de la familia de las gramíneas.

gramilla (dim. de *grama*) *s. f., Bot., Arg.* Planta de la familia de las gramíneas, que se utiliza para pasto.

granadilla (de *granada*, porque sus granos tienen el sabor de los de este fruto) *s. f.* **1.** *Bot., Amér. del S. y Ant.* Planta de la familia de las pasifloráceas. **2.** *Bot., Amér. del S. y Ant.* Fruto de esta planta, que es agridulce.

granadillo (de *granada*, por el color de la madera) *s. m.* **1.** *Bot., Cub.* Árbol de América, papilionáceo, de madera dura, de grano fino y color rojo y amarillo, muy apreciada en ebanistería. **2.** *Bot., Col.* Granadilla, planta.

grandulón, na *adj., fam., Arg.* Grandullón. **GRA.** Se usa como despect.

granizal *s. m., Col. y Chil.* Granizada, abundancia de granizo.

granjear *v. tr., Chil.* Estafar, hurtar.

granzón (de *granzas*, residuos de paja) *s. m., Ven.* Arena gruesa.

grasilla *s. f., Bot., Chil.* Enfermedad parasitaria de algunas plantas cultivadas, producida por un insecto diminuto que las cubre de una capa pegajosa, especialmente a la sandía.

grato, ta (del lat. *gratus*) *adj., Bol. y Chil.* Agradecido, obligado.

greca (de *greco*) *s. f.* Aparato para preparar la infusión del café.

grengué (voz africana) *s. m., Bot. y Gastr., Cub.* Planta herbácea que se emplea en guisos como suplemento del quimbombó.

greña, en (de or. incierto) *loc., Méx.* En rama, sin purificar.

grevillo *s. m., C. Ric.* Árbol grande, de flores rojas o amarillas y semillas oblongas.

grifo, fa (del gr. *grypsh, grypós*, grifo, animal fantástico, a través del lat. tardío *gryphus*) *adj.* **1.** *Ant.* Se dice de la persona de pelo ensortijado que indica ser mestizo. **2.** *Méx.* Se dice de la persona intoxicada con marihuana. **GRA.** También s. m. y s. f.

grimillón *s. m., Chil.* Muchedumbre, multitud, pelotón, montón.

gringo, ga (de etim. discutida) *adj., Amér. del S.* Norteamericano de Estados Unidos.

gringuele *s. m., Cub.* Planta de las tiliáceas, de tallo fibroso, de color violáceo, hojas grandes aserradas, con dos barbillas en la base.

grisma (de *brizna*) *s. f., Chil., Guat. y Hond.* Gota, pizca, miaja, lágrima.

gritadera *s. f., Col. y Ven.* Gritería.

grullo (de *grulla*) *s. m.* **1.** *Méx.* Se aplica al caballo de color ceniciento. **2.** *Arg.* Potro o caballo entero, grande y gordo. **3.** *Numism., Arg., Chil., Méx. y P. Ric.* Peso, unidad monetaria. **4.** *Méx.* Pegote, gorrón.

guaba *s. f., Bot., Amér. C. y Ec.* Fruto del guabo.

guabá *s. m., Zool., Ant.* Araña peluda, especie de tarántula.

guabairo *s. m., Zool., Cub.* Ave nocturna de plumaje rojo oscuro, veteado de negro.

guabán *s. m., Bot., Cub.* Árbol silvestre que da una semilla venenosa; su madera se usa para mangos de herramientas.

guabico *s. m., Bot., Cub.* Árbol de la familia de las anonáceas, de madera dura y fina.

guabina *s. f.* **1.** *Zool., Ant., Col. y Ven.* Pez de río, de carne suave y gustosa. **2.** *Col.* Canción popular de la montaña. **3.** *fig., Cub.* Camaleón, persona que cambia con frecuencia de parecer, de afiliación política, etc. ‖ **LOC. más resbaloso que la guabina** *fam., P. Ric.* Se dice de la persona desconfiada que sale airosa de cualquier empresa.

guabirá (del guaraní) *s. m., Bot., Arg.* Árbol grande, de madera fina y fruto amarillo del tamaño de una guinda.

guabiyú (del guaraní) *s. m., Bot., Arg., Par. y Ur.* Árbol de la familia de las mirtáceas, de propiedades medicinales y fruto comestible, dulce y negro, del tamaño de una guinda.

guabo *s. m., Bot., C. Ric. y Ec.* Guamo, árbol.

guabul *s. m., Gastr., Hond.* Bebida que se hace del plátano maduro, cocido y deshecho en agua.

guaca (del quichua *wáka*, dios de la casa) *s. f.* **1.** *Amér. del S.* Tesoro escondido o enterrado. **2.** *C. Ric. y Cub.*

Hoyo donde se depositan frutas verdes para que maduren. **3.** *Bol., C. Ric., Cub. y Méx.* Hucha o alcancía.

guacal (del náhuatl *wakálli*, angarillas) *s. m.* **1.** *Bot., Amér. C.* Árbol que produce unos frutos redondos de pericarpio leñoso, los cuales, partidos por la mitad y extraída la pulpa, se utilizan como vasijas. **2.** *Amér. C.* La vasija así hecha. **3.** *Ant., Col., Méx. y Ven.* Especie de cesta o jaula formada de varillas de madera, que se utiliza para el transporte de la loza, cristal, frutas, etc.

guacalote *s. m., Cub.* Planta trepadora de la familia de las papilionáceas, de tallos gruesos y como fruto una vaina que contiene dos semillas duras del tamaño de una aceituna.

guacamaya *s. f.* **1.** *p. us., Zool., Amér. C., Col. y Méx.* Guacamayo. **2.** *Bot., Cub. y Hond.* Espantalobos, arbusto.

guacamole (del náhuatl *ahuacamulli*) *s. m., Gastr., Amér. C. y Cub.* Ensalada de aguacate con cebolla, tomate y chile verde.

guacamote *s. m., Méx.* Yuca, especie de mandioca.

guachaje (de *guacho*) *s. m.* **1.** *Chil.* Hato de terneros separados de sus madres. **2.** *Amér. del S.* Conjunto de guachos.

guachapelí (voz americana) *s. m., Bot., C. Ric., Ec. y Ven.* Árbol de la familia de las mimosáceas parecido a la acacia.

guachar *v. tr., Agr., Ec.* Amelgar, hacer surcos para sembrar.

guáchara *s. f., p. us., Cub.* Mentira, embuste.

guacharaca (voz caribe) *s. f., Zool., Col. y Ven.* Especie de gallina.

guácharo, ra (de *guacho*) *adj.* **1.** *Ec.* Huérfano. ‖ *s. m.* **2.** *Zool., Amér. C.* Pájaro dentirrostro nocturno, de plumaje rojizo, con manchas verdosas y blanquecinas.

guache (del quichua *huacca*, pobre) *s. m., Col. y Ven.* Persona de baja estofa.

guachimán (del ingl. *watchman*) *s. m.* **1.** Vigilante, guardián. **2.** *Nic.* Sirviente.

guachinango, ga (voz náhuatl) *adj.* **1.** *Cub., Méx. y P. Ric.* Astuto, zalamero, bromista. ‖ *s. m.* **2.** *Cub.* Nombre burlesco que se da a los mexicanos. **3.** *Zool., Cub. y Méx.* Pagro, pez.

guachinear *v. intr., fig., Cub.* Estar entre dos aguas.

guacho (del arauc. *huachi*) *s. m., Chil.* Trampa para cazar aves.

guacho, cha (del quichua *wájcha*, pobre) *adj.* **1.** *Arg.* Se dice de la cría que ha perdido a la madre. **2.** *Arg., Col., Chil. y Ec.* Huérfano, desmadrado. **GRA.** También s. m. y s. f. **3.** *Arg., Chil. y Per.* Expósito. **GRA.** También s. m. y s. f. ‖ *s. m.* **4.** *Ec.* Surco.

guácima (del haitiano *wazuma*) *s. f., Bot., Ant.* Árbol silvestre, de corteza jabonosa y madera estoposa, que se emplea para hormas, yugos, duelas, etc.

guácimo *s. m., Bot., Col., Hond. y Ven.* Guácima.

guaco[1] (voz americana) *s. m.* **1.** *Bot.* Planta de la familia de las compuestas, con flores blancas en forma de campanilla, de cuatro en cuatro, y con olor fuerte y nauseabundo, usada para curar picaduras venenosas, etc. **2.** *Zool.* Ave gallinácea sudamericana, de carne muy estimada y tan grande como el pavo, con un penacho rectal de plumas muy negras en lo alto de la cabeza. **3.** *Zool., C. Ric.* Ave de la familia de las falcónidas, llamadas así por el sonido de su grito.

guaco[2] *s. m., Arg., Bol., Chil. y Per.* Objeto de cerámica que se encuentra en las guacas.

guadal (por *aguadal*, de *aguada*) *s. m., Arg.* Extensión de tierra arcillosa muy suelta y que cuando llueve se convierte en un barrizal.

guadua (quizá de un idioma indígena de ecuador) *s. f., Bot., Col., Ec. y Ven.* Especie de bambú muy grueso y alto que se utiliza generalmente para la construcción de casas.

guadual *s. m., Col., Ec. y Ven.* Sitio poblado de guaduas.

guáduba *s. f., Bot., Col. y Ven.* Guadua.

guagua[1] (de etim. discutida) *s. f., Zool., Cub.* Insecto muy pequeño que forma unas costras en el tronco de los naranjos, limoneros, anonas, etc., y los destruye.

guagua[2] (del ingl. *waggon*, coche) *s. f., Cub. y P. Ric.* Omnibús que presta servicio en un itinerario fijo.

guagua[3] (del quichua *wáwa*, niño de teta) *s. f., Arg., Bol., Chil., Ec. y Per.* Nene, rorro.

guagualón, na *s. m. y s. f., Chil.* Muchacho que quiere o a quien se quiere hacer pasar por niño.

guaguasí *s. m., Bot., Cub.* Árbol silvestre, de cuyo tronco fluye, por incisión, una resina aromática que se emplea como purgante.

guagüero, ra *adj., Cub. y P. Ric.* Gorrón, que le gusta vivir de guagua.

guaicán (del arauaco antillano *waican*) *s. m., Zool., Ant.* Rémora, pez.

guaicurú *s. m., Bot., Arg. y Ur.* Planta medicinal de tallo áspero, estriado, hojas vellosas y flores moradas en racimo, propia de Argentina y Chile.

guaina (del quichua *waina*) *adj., Arg., Bol. y Chil.* Mozo, joven. **GRA.** También s. m.

guaipe (del ingl. *wipe*, limpiar.) *s. m., Chil.* Filástica, estopa.

guaira (del quichua *wáira*, viento) *s. f.* **1.** *Per.* Arenal de barro en el que se fundían los minerales de plata aprovechando la fuerza del viento. **2.** *Mús., Amér. C.* Especie de flauta de varios tubos.

guairabo *s. m., Zool., Chil.* Ave zancuda nocturna.

guairuro *s. m., Bot., Bol.* Árbol de la zona tropical cuyos frutos se usan como abalorios.

guajaca *s. f., Bot., Cub.* Planta silvestre que se enreda y cuelga de algunos árboles, semejando crines.

guajacón *s. m., Zool., Cub.* Pececillo de agua dulce.

guaje (del náhuatl *uaxin*) *s. m.* **1.** *Bot., Méx.* Especie de acacia. **2.** *Hond. y Méx.* Calabaza vinatera. **3.** *fig., Hond. y Méx.* Bobo, tonto. **GRA.** También

adj. **4.** *fig., Amér. C.* Trasto, persona o cosa inútil.

guajira (de *guajiro*) *s. f., Mús., Cub.* Cierto canto popular de los campesinos de Cuba.

guajolote (del náhuatl *wexólotl*) *s. m., Zool., Méx.* Pavo.

guala (del arauc. *wala*) *s. f.* **1.** *Zool., Chil.* Ave palmípeda, de plumaje rojo oscuro y blanco. **2.** *Zool., Ven.* Aura, gallinazo.

gualeta *s. f., Chil.* Aleta, orejera.

gualiqueme *s. m., Bot., Hond.* Árbol leguminoso que tiene propiedades narcóticas.

guallipén *adj., Chil.* Patituerto, estevado.

gualputa *s. f., Bot., Amér. del S.* Planta americana parecida al trébol.

guama *s. f.* **1.** *Bot., Col. y Ven.* Fruto del guamo que contiene unas semillas ovales cubiertas de una sustancia comestible muy dulce, blanca, que parece copos de algodón. **2.** *Bot., Col.* Guamo.

guamá *s. m., Bot., Amér. del S.* Árbol leguminoso, maderable, de cuya corteza se hacen cuerdas, y sirve para dar sombra también al café.

guamazo *s. m., C. Ric. y Méx.* Guantada, manotazo.

guamil *s. m.* **1.** *Bot., Hond.* Planta que brota en las tierras roturadas, sin sembrar. **2.** *Hond.* Terreno montañoso donde se repite una siembra.

guamo *s. m., Bot., Amér. del S.* Árbol de la familia de las leguminosas que se planta para dar sombra al café. Su fruto es la guama.

guampa (voz quichua) *s. f., Arg. y Chil.* Asta o cuerno de animal vacuno.

guámparo *s. m., Chil.* Vaso de cuerno.

guampo *s. m., Chil.* Embarcación pequeña hecha de un tronco de árbol.

guana (voz indígena) *s. f., Bot., Cub.* Árbol magnoliáceo con grandes flores amarillas. Su líber es un tejido fibroso muy útil en la industria textil.

guanabá *s. m., Zool., Cub.* Ave zancuda que se alimenta principalmente de mariscos.

guanábana (del taíno de Santo Domingo) s. f., Bot., Amér. del S. Fruta del guanábano.

guanabanada s. f., Gastr., Amér. del S. Campelo, bebida refrescante de guanábana.

guanábano (del taíno wanaban) s. m., Bot., Ant. Árbol de la famillia de las anonáceas, con fruto acorazonado de corteza verdosa, pulpa blanca de sabor muy grato, dulce y refrigerante.

guanabima s. f., Bot., Cub. Fruto del corojo.

guanacaste (voz náhuatl) s. m., Bot., Amér. C. Árbol gigantesco, de la familia de las leguminosas.

guanaco, ca (del quichua wanáku) s. m. y s. f. **1.** fig., Amér. del S. Payo, rústico. ‖ s. m. **2.** fig., Amér. C. y Amér. del S. Tonto, simple. ‖ s. m. y s. f. **3.** Guat. Apodo con que se designa al nacido en América Central fuera de Guatemala.

guanajo (voz americana de or. incierto, probablemente del arauaco de las Antillas mayores) s. m., Zool., Ant. Pavo.

guanana s. f., Zool., Cub. Ave palmípeda parecida al ganso pero pequeño.

guanaquear v. intr., Chil. Cazar guanacos.

guanchaco s. m., Zool., Per. Huanchaco.

guando (del quichua wántu) s. m., Col., Chil., Ec. y Per. Andas, parihuelas.

guandú s. m., Bot., C. Ric., Cub. y Hond. Arbusto de la familia de las leguminosas, de semillas comestibles, encerrado su fruto en una vaina vellosa.

guangoche s. m., C. Ric. y Méx. Tela basta, especie de arpillera.

guangocho s. m. **1.** Hond. Gangocha. **2.** Hond. Saco fabricado con esta tela. ‖ adj. **3.** Méx. Ancho, holgado.

guanín (del taíno) s. m. **1.** Ant. y Col. Entre los colonizadores de América, oro de baja ley. **2.** Ant. y Col. Joya fabricada con ese metal.

guanina s. f., Bot., Cub. Hierba de la familia de las papilionáceas, de un metro de altura, cubierta de un vello

sedoso. Produce unas semillas que tostadas se emplean como el café.

guaniquí s. m., Bot., Cub. Bejuco que crece en las sierras, llega a tener dos pulgadas de grueso y se utiliza para hacer cestos.

guano s. m. **1.** Bot., Cub. Nombre genérico de varias palmeras. **2.** Bot., Cub. Penca de la palma.

guanquí s. m., Bot., Chil. Planta americana de la familia de las dioscoreáceas, parecida al ñame.

guanta s. f., Zool., Ec. Guatusa o paca, mamífero roedor.

guantes (del fránc. want, probablemente por conducto del cat. guant) s. m. pl., Chil. Disciplinas para azotar.

guantón s. m., Arg., Col. y Per. Guantada, guantazo.

guañanga s. f., Chil. Pena, nostalgia.

guañil s. m., Bot., Chil. Arbusto americano de la familia de las compuestas que crece en los cerros áridos y es medicinal.

guañín s. m., Amér. del S. Nombre dado al oro bajo y a ciertos objetos hechos con este metal.

guao s. m., Bot., Cub., Ec. y Méx. Árbol cuya corteza despide un jugo lechoso y cáustico; su semilla alimenta al ganado de cerda y la madera se usa para hacer carbón.

guapear v. intr., Chil. Bravear, fanfarronear, echar bravatas.

guapomó s. m., Bol. Planta trepadora de fruto redondo y amarillo y pulpa agridulce.

guara[1] (voz indígena) s. f., Bot., Cub. Árbol muy parecido al castaño.

guara[2] s. f., Zool., Hond. Guacamayo.

guara[3] (probablemente del quichua wara, calzón, pantalón) s. f., Chil. Perifollo, garambaina.

guará (voz guaraní) s. f., Zool., Amér. del S. Especie de lobo de las Pampas.

guaraca (del quichua warák'a) s. f., Col., Chil., Ec. y Per. Honda, zurriago.

guaracaro s. m. **1.** Bot., Ven. Planta leguminosa de tallos retorcidos. **2.** Bot., Ven. Semilla comestible de esta planta.

guaracha *s. f., Cub., Chil. y P. Ric.* Baile semejante al zapateado.

guarache (voz tarasca) *s. m., Méx.* Especie de sandalia tosca de cuero.

guaracho *s. m., Hond.* Sombrero estropeado.

guaragua *s. f.* **1.** *Amér. del S.* Contoneo. **2.** *Amér. del S.* Rodeo para decir algo. **3.** *Hond.* Mentira.

guaraguao *s. m., Zool., Cub.* Ave rapaz, parecida al águila.

guaraná (voz americana, del mismo or. que *guaraní*) *s. f.* **1.** *Bot., Amér. C.* Paulinia, planta. **2.** *Amér. C.* Pasta medicinal preparada con semillas de paulinia, cacao y tapioca.

guarango (del quichua *waránwai* y *waránku*) *s. m.* **1.** *Bot., Ec. y Per.* Especie de aromo silvestre. **2.** *Bot., Ven.* Dividivi, árbol.

guarango, ga (del peruano, ecuatoriano y venezolano *guarango*, árbol semejante al aromo y al algarrobo, pero más rústico y de manera fuerte) *adj., Arg. y Chil.* Incivil, mal educado.

guaranguear *v. intr., Arg. y Chil.* Hacer el guarango.

guarapo (de or. incierto, probablemente forma africana propagada desde las Antillas) *s. m.* **1.** *Amér. del S.* Jugo de la caña dulce exprimida que, por vaporización, produce el azúcar. **2.** *Gastr., Amér. del S.* Bebida fermentada que se hace con este jugo.

guarapón *s. m., Chil. y Per.* Sombrero de alas anchas, que se usa para defenderse del sol en el campo.

guardamonte *s. m.* **1.** *Méx.* Pedazo de piel que se pone sobre las ancas del caballo para evitar la mancha del sudor. **2.** *Arg. y Bol.* Piezas de cuero que se cuelgan de la parte delantera de la montura y sirven para defender las piernas del jinete de la maleza del monte.

guardarraya *s. f.* **1.** *Ant.* Linde de una heredad. ‖ *s. m.* **2.** *Cub.* Calle que separa los cuadros de cafetales o cañaverales en el interior de una finca.

guardavalla *s. m.* Portero, guardameta.

guarén *s. m., Zool., Chil.* Rata de gran tamaño que tiene los dedos palmea-

dos. Vive en las orillas de los ríos y se alimenta de ranas y pequeños peces.

guaria *s. f., Bot., C. Ric.* Orquídea que adorna los tejados y tapias.

guariao *s. m., Zool., Cub.* Ave zancuda, de plumaje oscuro con manchas blancas, de cuya voz sonora que se percibe a gran distancia se ha formado su nombre por onomatopeya.

guaricha (voz caribe) *s. f., desp., Col., Ec. y Ven.* Hembra, mujer.

guarimán (voz caribe) *s. m., Bot., Amér. del S.* Árbol americano de la familia de las magnoliáceas, cuya corteza es de olor y sabor parecido a la canela; el fruto es una baya con muchas semillas de albumen carnoso.

guarisapo (var. de *gusarapo*) *s. m., Zool., Chil.* Renacuajo, girino.

guaritoto *s. m., Bot., Ven.* Arbusto de la familia de las euforbiáceas, que crece en lugares cálidos y sombríos.

guaro[1] (voz americana) *s. m., Zool., Amér. del S.* Especie de loro pequeño.

guaro[2] (de la misma base que *guarapo*) *s. m., Gastr., Amér. C.* Aguardiente de caña.

guarro, rra *s. m. y s. f., Zool., Ec.* Especie de águila pequeña.

guarumo *s. m., Bot., Guat., Hond. y Ven.* Árbol de la familia de las artocarpáceas, cuyas hojas producen efectos tónicos sobre el corazón.

guarura *s. f., Ven.* Caracol usado como bocina.

guasa (de or. incierto) *s. f., Zool., Cub.* Pez grande, de boca rasgada; su carne es comestible en fresco y acecinado.

guasada *s. f., Arg.* Acción grosera.

guasamaco, ca (de *guaso*) *s. m. y s. f., Chil.* Tosco, grosero.

guasanga (cruce del antillano *guazábara*, alboroto guerrero, con *bullanga*) *s. f., Amér. C., Col. y Méx.* Bulla, algazara.

guasasa (voz caribe) *s. f., Zool., Cub.* Mosquito que vive en enjambres en lugares húmedos y sombríos.

guasca (del quichua *wáskha*) *s. f., Amér. C.* Ramal de cuero o cuerda que sirve de rienda o de látigo.

guascazo *s. m., Amér. del S.* Latigazo dado con la guasca.

guasería *s. f.* **1.** *Arg., Bol. y Chil.* Acción o dicho propios del guaso. **2.** *Arg., Bol. y Chil.* Torpeza, sosería.

guaso, sa (voz americana) *s. m. y s. f.* **1.** *Chil.* Rústico, campesino de Chile. ‖ *adj.* **2.** *fig., Amér. del S.* Tosco, grosero, incivil.

guata (del mapuche *huata*) *s. f., Chil.* Barriga, vientre.

guataca *s. f.* **1.** *Cub.* Azada corta. ‖ *s. m. y s. f.* **2.** *fig., Cub.* Persona aduladora y servil.

guatacare *s. m.* **1.** *Bot., Ven.* Árbol de la familia de las borragináceas, de madera resistente y flexible. **2.** *Ven.* Pez del Atlántico tropical, de la misma familia que el mero, de cuerpo más esbelto, pardo grisáceo o amarillento, con bandas transversales oscuras.

guataquear *v. tr.* **1.** *Cub.* Limpiar el terreno con la guataca. **2.** *fig., Cub.* Adular interesadamente.

guate (del náhuatl *ohuatl*, caña tierna del maíz) *s. m.* **1.** *Bot., Amér. C.* Maíz tierno que se emplea como forraje. **2.** *Bot., Ven.* Cierta planta de la familia de las lorantáceas.

guatemalense *adj.* Guatemalteco.

guatepín *s. m., Méx.* Papirote, pescozón.

guatero (de *guata*) *s. m., Chil.* Bolsa de cuero que, llena de agua caliente o fría, se pone sobre la frente, el vientre o los pies.

guatiní *s. m., Zool., Cub.* Tocororo, ave.

guatusa (del náhuatl *cuauhtozan*, rata de monte) *s. f., Zool., C. Ric., Ec. y Hond.* Agutí.

guaucho *s. m., Bot., Chil.* Cierto arbusto resinoso de hoja menuda y gruesa.

guayaba (palabra aborigen de América tropical, pero es dudoso si procede del arauaco o del caribe) *s. f., fig. y fam., Col., Cub., P. Ric. y El Salv.* Mentira, embuste.

guayabo (de *guayaba*) *s. m., Bot.* Arbusto de la familia de las mirtáceas,

de América tropical, que tiene por fruto la guayaba.

guayaca (del quichua *wayaga*, bolsa) *s. f.* **1.** *Amér. del S.* Bolsa, talega hecha de piel de cabrito. **2.** *Arg.* Bolsillo suelto en que se guardan monedas y otras cosas menudas.

guayacán (del taíno *wayacan*) *s. m., Bot.* Árbol de América tropical, de la familia de las cigofiláceas, del cual se extrae una resina aromática y cuya madera, negruzca y dura, se emplea en ebanistería.

guayaco (de *guayacán*) *s. m., Bot.* Guayacán.

guaymense *adj.* Guaymeño.

guayo (voz araucana) *s. m., Bot., Chil.* Árbol de la familia de las rosáceas, de madera dura y colorada.

guayuco (voz caribe) *s. m., Col. y Ven.* Taparrabo, pampanilla.

guayule *s. m., Bot., Méx.* Arbusto de la familia de las compuestas que produce caucho.

guayusa *s. f., Bot., Ec.* Planta cuya infusión reemplaza al té y es muy parecida al mate del Paraguay.

guazapa *s. f., Guat. y Hond.* Perinola, trompo pequeño.

guazubirá *s. f., Zool., Arg.* Venado del monte, de color canela oscuro.

güegüecho *s. m., Amér. C.* Papera, bocio.

güemul *s. m., Zool., Arg. y Chil.* Cuadrúpedo semejante al ciervo.

güero, ra *adj., Méx.* Rubio.

guiabara *s. f., Bot., Cub.* Uvero, planta.

güicharo *s. m., Mús., P. Ric.* Güiro, instrumento musical.

guilindujes *s. m. pl., Hond.* Arreos con aderezos colgantes.

guillatún (del arauc. *nillatún*, pedir, rogar) *s. m., Chil.* Ceremonia solemne de los araucanos para hacer rogativas por lluvias o bonanza.

güimba *s. f., Bot., Cub.* Guabico, árbol.

güin *s. m., Bot., Cub.* Pendón o vástago muy ligero que echan algunas cañas, y es de consistencia fofa.

guinchero, ra *s. m. y s. f., Arg.* Persona que maneja el guinche.

guincho (cruce de *gancho* con *pincho*) *s. m., Zool., Cub.* Ave rapaz de la familia de las falcónidas.

guindada *s. f., Gastr., Chil.* Bebida hecha con guindas.

guiñapo (voz quichua) *s. m., Bot., Chil.* Maíz molido después de germinado que sirve para hacer chicha.

güira (voz antillana, forma antigua *hibuera, higüera*) *s. f., Bot.* Árbol tropical de la familia de las bignoniáceas, de fruto globoso, con corteza dura y blanquecina, lleno de pulpa blanca. De este fruto, serrado en dos partes iguales, hacen los campesinos de América tazas, platos, jofainas, etc. según el tamaño.

güirís *s. m., Bot. y Hond.* Persona que trabaja en las minas; en general, el vecino de un pueblo minero.

güiro (voz taína) *s. m.* **1.** *Bot., Bol. y Per.* Tallo del maíz verde. **2.** *Bot., Cub. y P. Ric.* Planta rastrera que produce un calabacín largo y cilíndrico. **3.** *Mús., Ant.* Instrumento musical que tiene como caja una calabaza de güiro.

guisaso *s. m., Bot., Cub.* Nombre que se aplica a diferentes especies de plantas silvestres, herbáceas de fruto verde, aovado o redondo, erizado de púas, como los amores o cadillos.

guitarra (del gr. *kithára*, cítara, a través del ár. *kitâra*) *s. f., Ven.* Traje de fiesta.

guizazo *s. m., Bot., Cub.* Guisaso.

gurbia *s. f.* **1.** *ant.* Gubia. **2.** *Col.* Hambre. **3.** *fig., C. Ric.* Dinero. ‖ *s. m.* **4.** *fig. y fam., Méx.* Listo, vivo, astuto, inteligente. **GRA.** También adj.

gurí, sa *s. m. y s. f., Ur.* Muchacho indio o mestizo.

gurrumina (de *gurrumino*) *s. f.* **1.** *Cub. y Méx.* Pequeñez, fruslería. **2.** *Ec., Guat. y Méx.* Cansera, molestia. **3.** *Hond.* Persona lista, astuta.

gurrumino, na (de or. incierto, quizá es alter. de *gorobino*, der. de *goroba* por *joroba*) *s. m. y s. f., Méx.* Chiquillo, niño, muchacho.

H h

habiloso, sa *adj., Chil. y Per.* Habilidoso.
hablador, ra *adj., Méx. y Rep. Dom.* Fanfarrón, mentiroso. **GRA.** También s. m. y s. f.
hablantina *s. f., Col. y Ven.* Charla insustancial.
hablón *s. m., Chil.* Lúpulo.
hacendado, da *adj.* **1.** *Arg. y Chil.* Se dice de la persona que explota la cría de ganado. **GRA.** También s. m. y s. f. **2.** *Cub.* Se dice de la persona que es dueña de un ingenio de azúcar. **GRA.** También s. m. y s. f.
hachazo (de *hacha*) *s. m.* **1.** *Col.* Reparada, movimiento brusco y violento del caballo. **2.** *Arg.* Herida causada con arma blanca.
hachudo *s. m., Cub.* Pez pequeño parecido a la sardina.
hachuela (de *hacha*) *s. f.* **1.** *Chil.* Destral. **2.** *Chil.* Alcotana.
hacienda (del lat. *facienda*, lo que debe hacerse) *s. f.* **1.** *Arg., Chil.* Ganado, conjunto de animales que se crían en una casa de labor. **2.** *Arg.* Ganado vacuno. ‖ **3. hacienda de beneficio** *Méx.* Oficina donde se benefician los minerales de plata.
halar (del fr. *baler*, y éste del germ. *balón*, tirar de algo) *v. tr., Cub.* Tirar hacia sí de una cosa.
hallulla (de or. incierto) *s. f., Gastr., Chil.* Pan hecho de masa más fina y de forma más delgada que el común.
hamaca (del taíno de Santo Domingo) *s. f., Arg. y Ur.* Mecedora.
hamacar *v. tr.* **1.** Hamaquear. ‖ *v. prnl.* **2.** *Dep., Arg.* Dar al cuerpo un movimiento de vaivén. **3.** *fig. y fam., Arg.* Afrontar una situación difícil.
hamaquear *v. tr.* **1.** Columpiar o mecer. **GRA.** También v. prnl. **2.** Dar largas a un negocio. **3.** *fig., Cub.* Marear a uno, traerle como a un zarandillo.

harinear *v. intr., Ven.* Llover con gotas menudas.
harinilla *s. f., Chil.* Soma, cabezuela.
harnear *v. tr., Col. y Chil.* Cribar, pasar por el harnero.
hatajador, ra *s. m. y s. f., Méx.* Persona que guía la recua.
hatero, ra *s. m. y s. f., Cub.* Persona que posee un hato o campo destinado a la cría de ganado.
hato (del gót. *fat*, vestido, equipaje) *s. m., Col., Cub., Rep. Dom. y Ven.* Hacienda de campo destinada a la cría de ganado.
hayaca (probablemente del tupí-guaraní *ayaca*, bulto, lío, envoltorio) *s. f., Gastr., Ven.* Pastel típico de Venezuela, hecho de harina de maíz relleno con pescado, carne u otros ingredientes, y que, envuelto en hojas de plátano, se come por Navidad.
hayo *s. m.* **1.** *Col. y Ven.* Coca, arbusto. **2.** *Col. y Ven.* Coca, hoja de este arbusto. **3.** *Col. y Ven.* Mezcla de hojas de coca y sales calizas o de sosa, que masca la población indígena de Colombia.
hechor, ra (del lat. *fator, -oris*, factor) *s. m. y s. f.* **1.** *Chil.* Malhechor. ‖ *s. m.* **2.** *Amér. del S.* Caballo o asno dedicado a la reproducción.
hechusgo *s. m., Hond.* Hechura o forma exterior de una cosa.
hegrilla *s. f., Méx.* Higuerilla.
heladera *s. f., Chil.* Fuente o vaso grande para servir helados.
hembraje *s. m., Amér. del S.* Conjunto de las hembras de un ganado.
hembrita *s. f., Bot., Hond.* Plátano más pequeño y suave que el macho.
hembruca *s. f., Zool., Chil.* Hembra del jilguero.
hendidor, ra *adj., Chil.* Hendedor.
henequenero, ra *adj.* **1.** *Méx.* Perteneciente o relativo al henequén. ‖ *s.*

m. y s. f. **2.** *Méx.* Persona que se dedica a cualquier trabajo relacionado con el henequén.

henojo *s. m., Méx.* Hinojo, planta.

herido *s. m., Chil.* Zanca.

herrero, ra (del lat. *ferrarius*) *s. m. y s. f., Chil.* Herrador.

hervidero *s. m., Nic.* Solfatara.

hervido *s. m., Amér. del S.* Cocido u olla.

hierbal *s. m., Chil.* Herbazal.

hierra (de *herrar*) *s. f.* **1.** Acción de marcar a los ganados. **2.** Temporada en que se marca al ganado. **3.** Fiesta celebrada por este motivo.

hijear *v. intr., Cub. y Hond.* Ahijar, retoñar.

hijuela (del lat. *filiola*) *s. f., Chil.* Finca rústica que se forma de la división de otra mayor.

hijuelación *s. f., Chil.* Acción de hijuelar.

hijuelar *v. tr.* **1.** *Chil.* Dividir un herencia o hacienda en hijuelas. **2.** *Chil.* Dar la legítima a un legitimario, en vida del ascendiente.

hilachento, ta *adj.* **1.** *Arg., Col. y Chil.* Hilachoso. **2.** *Chil.* Andrajoso.

hilacho *s. m., Méx.* Harapo.

hilachudo, da *adj.* Que tiene muchas hilachas.

hincada *s. f.* **1.** *Chil., Ec. y P. Ric.* Genuflexión. **2.** *Per. y P. Ric.* Punzada, dolor agudo.

hinojo (del lat. tardío *fenuculum*, de *fenum*, heno) *s. m., Bot., Cub.* Planta silvestre, compuesta.

hipotecariamente *adv. m., Chil.* Por medio de hipoteca.

hisopo (del lat. *hyssopum*, y éste del gr. *hyssopos*) *s. m., Arg., Col. y Chil.* Brochas, estropajo, escobón o zorros.

hociquera *s. f., Per.* Bozal.

hojaldra *s. f., Gastr., Amér. del S. y Murc.* Hojaldre.

hojuela (del lat. *foliola*, pl. de *foliolum*) *s. f., Gastr., Cub. y Guat.* Hojaldre.

holán *s. m., Méx.* Faralá, volante del vestido.

holancina *s. f., Cub.* Tela de algodón ligera y transparente usada para vestidos de mujer.

hollejudo, da *adj., Chil.* Que tiene mucho hollejo o que lo tiene duro.

hollinar *v. tr., Chil.* Cubrir de hollín.

hombrear (de *hombre*) *v. intr., Méx.* Se dice de la mujer a la que le gustan las ocupaciones u oficios de hombres.

hora (del lat. *hora*) *s. f., Chil.* Cualquier enfermedad nerviosa que produce una muerte repentina.

horcaja *s. f., Chil.* Horcajadura.

horcón *s. m.* **1.** *Cub. y P. Ric.* Madero vertical que sirve a modo de columna para sostener las vigas de las casas ruinosas. **2.** *Chil.* Horca, palo para sostener las ramas de los árboles.

horero *s. m., vulg., Bol. y Méx.* Horario de reloj.

horma (del lat. *forma*) *s. f., Cub. y Per.* Vasija de barro en que se elabora el pan de azúcar.

hormería *s. f., Cub.* Tienda en que se venden hormas de zapato.

hormigón (de *hormiga*) *s. m., Zool., Chil.* Insecto semejante a la hormiga común, pero de color más negro y andar más rápido.

hormiguillar *v. tr.* Revolver el mineral argentífero, triturado con el magistral y la sal común, para obtención de la plata por amalgamación.

hormiguillo *s. m.* Movimiento que producen las reacciones entre el mineral y los ingredientes incorporados para el beneficio por amalgamación.

hornaguearse (de *hornaguera*) *v. prnl., Chil.* Moverse un cuerpo de un lado para otro.

hornero (del lat. *furnarius*) *s. m., Arg.* Avecilla que construye su nido de barro y en forma de horno.

horqueta (de *horca*) *s. f.* **1.** *fig., Arg. y Chil.* Parte donde el curso de un río forma ángulo agudo. **2.** *fig., Arg. y Chil.* Lugar donde se bifurca un camino.

horrar (de *horro*) *v. intr., Guat. y Hond.* Quedarse la res sin cría porque se muere ésta.

hospiciante *s. m. y s. f., Col. y Méx.* Hospiciano.

hospicio (del lat. *hospitium*) *s. m.* **1.** *Chil. y Per.* Asilo para personas indigentes. **2.** *Chil. y Ec.* Asilo para personas ancianas.

hostigar (del lat. tardío *fustigare,* de *fustis,* bastón) *v. tr., Chil., Guat. y Méx.* Empalagar.

hostigoso, sa *adj., Chil., Guat. y Méx.* Empalagoso.

hoya (del lat. *fovea,* hoyo) *s. f., Col. y Chil.* Cuenca de un río.

hoyador *s. m., Cub.* Instrumento que se usa para plantar la hoya.

hoyar *v. intr., Cub. y Chil.* Abrir hoyos con el hozador para hacer ciertos plantíos, como el del cafeto.

hoyita *s. f., Chil. y Hond.* Hoyuela.

huaca *s. f.* Guaca, término para denominar todo lo sagrado.

huacal *s. m.* Guacal.

huacalón, na *adj., Méx.* Obeso.

huacamole *s. m., Gastr., Méx.* Guacamole.

huacatay (del quichua *wakátay*) *s. m., Bot.* Especie de hierbabuena americana que se usa como condimento.

huachache *s. m., Zool., Per.* Mosquito muy molesto, de color blanquecino.

huachafería *s. f., Per.* Cursilería.

huachafo, fa *adj., Per.* Cursi.

huachafoso, sa *adj., Per.* Cursi.

huachar (de *huacho*) *v. tr., Ec.* Hacer surcos en la tierra.

huacho (del quichua *huachu,* camellón) *s. m., Ec.* Surco que se hace en la tierra con el arado.

huaco *s. m.* Guaco.

huaico (del quichua *wayq'o*) *s. m.* **1.** *Per.* Masa grande de peñas que las lluvias torrenciales desprenden de los Andes. **2.** *Chil.* Hondonada.

huairona *s. f., Per.* Horno de cal.

huairuro (voz quichua) *s. m.* Fruto del huairo, de forma de garbanzo, de color rojizo, muy estimado para realizar collares, aretes y otras prendas de adorno.

huanaba *s. f., Guat.* Guanábana.

huanchaco *s. m., Zool., Per.* Pájaro de Perú, de canto muy agradable.

huango (del quichua *wanky,* vendaje, faja) *s. m.* Peinado de las indias ecuatorianas, consistente en una sola tren-

za fajada estrechamente y que cae por la espalda.

huapango *s. m., Méx.* Danza popular mexicana de ritmo muy vivo.

huaquear *v. tr., Per.* Excavar en los cementerios prehispánicos para hacerse con el contenido de las tumbas.

huaquero, ra *s. m. y s. f., Ec. y Per.* Persona que huaquea.

huaraca *s. f., Per.* Honda.

huarache *s. m., Méx.* Guarache, sandalia de cuero.

huarahua *s. f., Guat.* Broma.

huaro *s. m., Per.* Andarivel para pasar ríos y hondonadas.

huasca (voz quichua) *s. f., Amér. del S.* Guasca, trozo de cuerda o correa.

huecú *s. m., Chil.* Sitio pantanoso y cubierto de hierba en el que se hunden y sumergen los hombres y animales que en él entran.

huelán *adj., Chil.* Entre verde y seco. Se dice de las plantas.

huella *s. f.* **1.** *Arg., Chil., Per. y Ur.* Camino abierto por el paso frecuente de personas o animales. **2.** *Arg. y Ur.* Baile popular de pareja con paso suave, que se acompaña con zapateo y castañuelas.

huemul (voz araucana) *s. m., Zool.* Especie de ciervo de pelaje ceniciento que se encuentra en la región inmediata a la cordillera de los Andes.

hueñi *s. m.* **1.** *Chil.* Niño hijo de araucanos desde su nacimiento hasta los dieciséis años. **2.** *Chil.* Muchacho empleado en el servicio doméstico.

huero, ra (de *gorar,* incubar, y éste del hispanolat. *gorare*) *adj.* **1.** Se dice de las personas enfermizas. **2.** Se dice de una persona pálida o rubia.

huertero, ra *adj.* **1.** *Chil.* Hortense. || *s. m. y s. f.* **2.** *Arg., Chil. y Per.* Hortelano.

huesillo *s. m.* **1.** *Amér. del S.* Melocotón secado al sol. **2.** *Bot., Cub.* Árbol leguminoso, de madera amarilla pardusca, dura y de gran brillo.

hueviar *v. tr., Hond.* Hurtar.

huévil *s. m., Bot., Chil.* Planta solanácea, medicinal y de olor fétido, de cuyo tallo y hojas se extrae un tinte amarillo. Su infusión se emplea contra la disentería.

huevón, na *adj.* **1.** *vulg.* Lento, torpe. **2.** *Méx.* Holgazán, flojo.

huila *adj.* **1.** *Méx.* Tullido. ‖ *s. f.* **2.** *Chil.* Harapo.

huilhuil *s. m., Chil.* Persona andrajosa, harapienta.

huiliento, ta *adj., Chil.* Harapiento.

huillín *s. m., Chil.* Especie de nutria de piel apreciada.

huilte *s. m., Bot., Chil.* Tallo comestible del cochayuyo antes de ramificarse.

huina *s. f., Chil.* Fauno.

huincha (voz quichua) *s. f.* **1.** *Chil.* Cinta de cualquier tela, con la que las niñas se sujetan el pelo. **2.** *Chil.* Cinta para medir distancias cortas.

huinchada *s. f., Chil.* Medida de 10, 20 o 25 m, según los que tenga la huincha con que se mide.

huinche *s. m., Chil.* Molinete.

huinchero *s. m., Chil.* Persona que maneja el huinche.

huingán (voz araucana) *s. m., Bot., Chil.* Arbusto anacardiáceo, de frutos negruzcos, y de flores blancas y pequeñas en ramilletes.

huipil (del náhuatl *huipilli*) *s. m., Amér. C. y Méx.* Camisa suelta de mujer, sin mangas y con vistosos bordados.

huiquilite *s. m., Méx.* Añil.

huira *s. f., Chil.* Corteza del maqui o de otros árboles que, sola o retorcida en forma de soga, sirve para atar.

huirica *s. f., Chil.* Resentimiento, agravio, sentimiento.

huiro *s. m., Bot., Chil.* Nombre común de varias especies de algas marinas.

huisache *s. m., Guat.* Picapleitos o tinterillo, leguleyo.

huisquil (del náhuatl *huitztli*, espina, y *quilitl*, yerba) *s. m., Amér. C. y Méx.* Fruto del huisquilar.

huisquilar *s. m.* **1.** *Bot., Amér. C. y Méx.* Planta trepadora espinosa de la familia de las cucurbitáceas. **2.** *Guat.* Terreno plantado de huisquilares.

huitrín (del arauc. *witrün*, fila) *s. m., Chil.* Colgajo de choclos, o mazorcas de maíz, y plato que se hace con ellos.

hule (del náhuatl *ulli*) *s. m., Bot., Méx.* Nombre de varios árboles de los que se extrae el hule.

hulero (de *hule*) *s. m., Amér. C.* Trabajador que recoge el hule o caucho.

huma *s. f., Chil.* Humita.

humear *v. tr.* Fumigar.

huminta (voz quichua) *s. f., Arg.* Humita.

humita (del quichua *huminta*, torta de maíz) *s. f., Gastr., Arg., Chil. y Méx.* Pasta de maíz tierno, rallado, mezclado con ají y otros condimentos, que envuelto en las hojas de la mazorca se cuece en agua o se asa en el rescoldo.

humitero, ra *s. m. y s. f., Arg., Chil. y Per.* Persona que hace y vende humita.

humo (del lat. *fumus*) *s. m., Bot., Cub.* Nombre de dos especies de árboles; uno leguminoso, de madera compacta, y otro parecido al anterior.

hunche *s. m., Col.* Hollejo del maíz y otros cereales.

hunco *s. m., Bol.* Poncho de lana sin flecos.

hureque *s. m., Col.* Huraco.

hurgandilla *s. f., Hond.* Persona que menea o sacude alguna cosa.

hurgonero *s. m., Arg.* Instrumento para atizar la lumbre.

hurguete *s. m., Chil.* Hurgón.

hurguetear *v. tr., Chil. y Arg.* Fisgar.

husillo *s. m., Chil.* Canilla provista de hilo y sin lanzadera, usada en el telar para tramar.

I i

ibaró *s. m., Bot., Arg.* Árbol de la familia de las sapindáceas cuyo fruto, macerado, se emplea para lavar la ropa.

ibiyaú *s. m., Zool., Arg.* Ave nocturna.

ícaro (del lat. *Icarus*) *s. m., Bot., Amér. del S.* Especie de ñame.

ideático, ca *adj.* Extravagante, caprichoso, maniático.

ideoso, sa *adj., Amér. C. y Amér. del S.* Ideático, lunático, que tiene ideas estrafalarias.

ido, da *adj., Amér. del S.* Ebrio.

igualado, da *adj.* **1.** *Amér. del S.* Se dice de la persona que quiere igualarse con otras de clase social superior. **2.** *Méx.* Grosero, descarado, mal educado.

ilote *s. m., Amér. del S.* Elote.

imaginaria *s. f., Ven.* Ración o paga fingida en un cuartel.

imbíbito *adj., Guat. y Méx.* Comprendido, incluido, implícito.

imbornales, por los *loc., fig. y fam., Ven.* Por sitio o lugar muy remoto y fuera de camino. Denota que alguien divaga o disparata.

imbunchar *v. tr.* **1.** *Chil.* Hechizar, embrujar. **2.** *Chil.* Estafar, robar con cierta habilidad.

impago, ga (de *in-* y *pago*) *adj., fam., Arg. y Chil.* Se dice de la persona a quien no se le ha pagado.

impavidez (de *impávido*) *s. f., Amér. del S.* Mal usada por frescura, descaro, insolencia.

impelir *v. tr., Chil.* Impeler.

imperial (del lat. *imperalis*) *s. m., Cub.* Cigarro puro de buen tamaño y calidad.

implicancia *s. f.* **1.** *Amér. del S.* Incompatibilidad o impedimento legal y moral. **2.** *Amér. del S.* Consecuencia de una cosa.

imponencia *s. f., Col., Chil. y Guat.* Grandeza, majestad.

imposible (del lat. *impossibilis*) *adj., fig., Arg. y Chil.* Muy sucio, muy deaseado.

impositivo, va *adj., Arg.* Dominante, avasallador.

imprenta (de *emprenta*) *s. f., Chil.* Acción de imprentar.

imprentar *v. tr.* **1.** *Chil.* Planchar los cuellos y solapas o las perneras de los pantalones a fin de darles la debida forma. **2.** *Chil.* Coser en la parte inferior de las perneras de los pantalones una tira circular.

imprimar *v. tr., Col.* Cubrir la superficie no pavimentada de una carretera con un material asfáltico, con el objeto de evitar el polvo y la erosión.

incachable *adj.* Inútil, que no sirve.

incienso (del lat. *incensum*) *s. m., Bot., Cub.* Planta herbácea de olor muy semejante al del incienso y que se cultiva en los jardines.

incómodo, da (del lat. *incommodus*) *adj., Chil.* Mal usado por incomodado, disgustado.

incursionar *v. intr.* Realizar una incursión de guerra.

indicación (del lat. *indicatio, -onis*) *s. f., Chil.* Mal usado por propuesta o consulta que se hace acerca de algo.

indio, dia *adj., Zool., Cub. y Rep. Dom.* Se aplica al gallo de pelea de plumaje colorado y pechuga negra.

individual *adj., Amér. del S.* Idéntico.

indormía *s. f., Col. y Ven.* Maña, arbitrio.

indultarse (de *indulto*) *v. prnl., Bol.* Meterse alguien donde no le llaman.

inepcia (del lat. *ineptia*) *s. f., Hond.* Ineptitud.

infiernito *s. m.* **1.** *Cub.* Cono de pólvora humedecida que hacen y queman los niños como si fuera una luz de bengala. **2.** *Cub. y Méx.* Juego de naipes.

infierno (del lat. *infernum*) *s. m.*, *Cub.* Infiernito, cierto juego de naipes.

íngrimo, ma (del port. *ingreme*) *adj.*, *Amér. C.* Completamente sólo, abandonado, sin compañía.

inhumano, na (del lat. *inhumanus*) *adj.*, *Chil.* Muy sucio.

inmortal (del lat. *immortalis*) *s. f.*, *Bot.*, *Ec. y Rep. Dom.* Siempreviva, planta.

inoficioso, sa (del lat. *inofficiosus*) *adj.*, *Amér. del S.* Inútil, ocioso, ineficaz.

inquieto, ta (del lat. *inquietus*) *adj.*, *Guat. y Hond.* Inclinado, propenso, aficionado.

inquilinaje *s. m.* **1.** *Chil.* Inquilinato. **2.** *Chil.* Conjunto de inquilinos.

inquilinato (del lat. *inquilinatus*) *s. m.*, *Arg.*, *Col. y Ur.* Casa de vecindad.

inquilino, na (del lat. *inquilinus*) *s. m. y s. f.*, *Chil.* Persona que vive en una finca rústica en la cual se le da habitación y un trozo de terreno con la obligación de trabajar en el mismo campo a beneficio del propietario.

insoria *s. f.*, *Ven.* Pizca, pequeñez.

inspectoría *s. f.* **1.** *Chil.* Cuerpo de policía que está bajo el mando de un inspector. **2.** *Chil.* Territorio a que se extiende la vigilancia de dicho cuerpo.

institutor, ra (del lat. *institutor, -oris*) *adj.*, *Col.* Profesor, pedagogo, maestro.

insultada *s. f.*, *Amér. C. y Amér. del S.* Insulto, serie de insultos.

interceptor *s. m.*, *Chil.* Interruptor.

interinato *s. m.* **1.** *Arg. y Par.* Interinidad, tiempo que dura el desempeño interino de un cargo. **2.** *Arg.*, *Chil.*, *Guat.*, *Hond.*, *Par. y Rep. Dom.* Cargo o empleo interino.

interiorano *adj.* **1.** *Pan.* Natural del interior del país, no capitalino. **GRA.** También *s. m. y s. f.* **2.** *Pan.* Perteneciente o relativo al interior del país.

intertanto *adv. t.*, *Chil. y Guat.* Entretanto.

íntico, ca *adj.*, *Méx.* Idéntico.

intratar *v. tr.*, *Hond.* Insultar.

inverna (apóc. de *invernada*) *s. f.*, *Per.* Invernada del ganado.

invernada *s. f.*, *Arg.*, *Col.*, *Chil. y Per.* Invernadero para el ganado.

invernadero *s. m.*, *Amér. del S.* Parajes elevados donde se instala durante el invierno el ganado para sustraerlo a las inundaciones.

invernar *v. intr.*, *Amér. del S.* Permanecer el ganado en las invernadas.

invierno (del ant. *ivierno*, y éste del lat. vulg. *hibernum*) *s. m.*, *Ven.* Aguacero, lluvia repentina.

invisible (del lat. *invisibilis*) *s. f.*, *Méx.* Redecilla para el pelo.

ipecacuana *s. m.*, *Bot.* Planta de la familia de las euforbiáceas, de América del Sur, de raíz nudosa y flores blancas.

ipegüe *s. m.*, *Nic.* Lo que se da por añadidura a quien realiza una compra.

ira *s. m.*, *Bot.*, *C. Ric.* Árbol de la familia de las lauráceas, de madera fina y fuerte y copa prolongada.

iribú (voz guaraní) *s. m.*, *fam.*, *Zool.*, *Arg.* Urubú, ave.

irire *s. m.*, *Bol.* Calabaza de forma ovoide para tomar chicha.

irirear *v. intr.*, *Bol.* Tomar chicha en irire.

irupé (voz guaraní) *s. m.*, *Arg.*, *Bol. y Par.* Victoria regia.

isangas *s. f. pl.* **1.** *Per.* Especie de nasas para la pesca del camarón. **2.** *Arg.* Espuertas para transportar mercancías a lomo de bestias.

isla (del lat. *insula*) *s. f.*, *fig.*, *Chil.* Terreno próximo a un río que haya sido bañado por sus aguas o que lo sea actualmente en las grandes crecidas.

isleño, ña *adj.*, *Cub.*, *P. Ric.*, *Rep. Dom. y Ven.* Inmigrante de las islas Canarias.

isoca (del guaraní *isog*, gusano) *s. f.*, *Zool.*, *Arg. y Par.* Larva de mariposa que invade y devora los cultivos.

isuate (del náhuatl *ixhuatl*) *s. m.*, *Bot.*, *Méx.* Especie de palma de cuya corteza se hacen colchones.

izote (del náhuatl *iczotl*) *s. m.*, *Bot.*, *Amér. C.* Especie liliácea, de flores blancas, muy olorosas, que se suelen comer en conserva. En España se cultiva en los jardines.

J j

jaba (del taíno *haba*) *s. f.* **1.** *Cub.* Especie de cesta de junco. **2.** *Chil.* Especie de jaula para embalaje y transporte.

jabear *v. tr., Guat.* Robar.

jabí (voz indígena) *s. m., Bot., Cub.* Árbol leguminoso de América intertropical, de madera rojiza, dura y tan compacta que apenas puede cortarse con hacha.

jabilla (de *jabí*) *s. f., Bot., Cub.* Enredadera de fruto globoso, del cual se obtiene aceite.

jabín *s. m., Bot., Méx.* Jabí.

jabonada *s. f.* **1.** *Chil.* Jabonado o jabonadura. **2.** *Méx.* Reprimenda.

jaboncillo *s. m., Chil.* Jabón en polvo o disuelto que se usa para afeitarse.

jabuco (de *jaba*) *s. m., Cub.* Jaba de boca más estrecha que el fondo.

jaca (del fr. ant. *haque*, ingl. *hack*, abrev. de *Hackney*, nombre del pueblo al norte de Londres, sede del principal mercado de caballos de la zona londinense) *s. f., Per.* Yegua de poca alzada.

jacal (del náhuatl *xacalli*, casa de adobes) *s. m., Méx.* Choza.

jacalón *s. m., Méx.* Colgadizo, cobertizo, tinglado.

jacamara *s. m., Zool.* Ave trepadora que habita en los bosques de Brasil.

jácana *s. m., Bot., P. Ríc.* Árbol sapotáceo de fruto comestible.

jacapucayo *s. m., Bot.* Planta de América tropical, de la familia de las mirtáceas, cuyo fruto es del tamaño de una cabeza humana.

jacarandá (del tupí *yacarandá*, fuerte olor) *s. m., Bot.* Género de plantas de América tropical, de la familia de las bignoniáceas, del que se cultivan varias especies en los jardines.

jachado, da (de *hacha*) *adj., Hond.* Se dice de la persona que en la cara tiene una cicatriz producida por herida de arma cortante.

jachalí (voz americana) *s. m., Bot.* Árbol de América tropical, de la familia de las anonáceas, de fruto drupáceo, aromático y sabroso, y de madera dura, muy apreciada en ebanistería.

jachi *s. m., Bol.* Afrecho o salvado.

jaconta *s. f., Gastr., Bol.* Especie de puchero de carne, tubérculos y fruta que suele comerse por carnaval.

jacú *s. m., Gastr., Bol. y Pan.* Yuca o plátano que sirve para comer con los demás manjares.

jagua (del taíno *sawa*) *s. f.* **1.** *Bot.* Árbol de América tropical, de la familia de las rubiáceas, de fruto drupáceo y de pulpa agridulce. **2.** *Bot., Cub.* Arbusto afín a la jagua. **3.** *Min., Col.* Arenilla que queda en la batea donde se lava el oro.

jagual (de *jagua*) *s. m., Cub.* Lugar poblado de jaguas.

jaguay (voz indígena) *s. m.* **1.** *Bot., Cub.* Árbol de madera amarilla, empleada en ebanistería. **2.** *Per.* Jagüey o balsa. **3.** *Per.* Aguada.

jagüecillo *s. m., Bot., Cub.* Árbol de la familia de las moráceas, de madera muy dura y de color castaño.

jagüey (del taíno de Rep. Dom.) *s. m.* **1.** *Bot., Cub.* Bejuco, moráceo, que crece enlazándose con otro árbol, al cual mata. **2.** *Amér. del S.* Balsa, pozo o zanja llena de agua, artificialmente o por filtraciones del terreno.

jagüilla *s. f.* **1.** *Bot., Cub.* Árbol de la familia de las rubiáceas, de madera de color blanco amarillo. **2.** *Zool., Hond.* Variedad de puerco silvestre.

jahuel *s. m., Arg., Bol. y Chil.* Jagüey, pozo o balsa de agua.

jaiba (del arauaco antillano *xaiba*) *s. f.* **1.** *Zool., Cub.* Cangrejo de río. **2.**

Chil. Cámbaro. ‖ *adj.* **3.** *Ant. y Méx.* Se dice de la persona lista para los negocios. **GRA.** También s. m. y s. f.

jaimiquí (voz indígena) *s. m., Bot., Cub.* Árbol de la familia de las sapotáceas, cuyo fruto se da como alimento al ganado vacuno y porcino.

jal (del náhuatl *xalli*) *s. m., Méx.* Pedazo de piedra pómez que tiene en su masa fragmentos de minerales o metales preciosos. **GRA.** Se usa más en pl.

jalar (de *halar*) *v. intr.* **1.** *Amér. C.* Hacer el amor. ‖ *v. prnl.* **2.** *Amér. del S.* Emborracharse. ‖ *v. intr.* **3.** *Bol., P. Ric. y Ven.* Largarse, irse.

jalear (de *¡hala!*) *v. tr., Chil.* Importunar, burlarse.

jalisco, ca *adj.* **1.** *Guat. y Méx.* Ebrio, borracho. ‖ *s. m.* **2.** *Méx.* Sombrero de paja hecho en el estado de Jalisco.

jallo, lla *adj., Méx.* Presumido, quisquilloso.

jalón[1] (del fr. *jalon*) *s. m., Bol.* Trecho, distancia.

jalón[2] (de *halar*) *s. m.* **1.** *Méx.* Trago de licor. **2.** *Amér. C.* Novio, pretendiente. **3.** *Amér. C.* Donjuán.

jama *s. f., Zool., Hond.* Iguana más pequeña que la común.

jamaica *s. f., Méx.* Especie de feria que se celebra para reunir dinero con un fin benéfico.

jamán *s. m., Méx.* Tela blanca, manta cruda, ruán.

jamo (de *hamo*, anzuelo) *s. m., Cub.* Especie de red de manga, rematada en punta.

jamoncillo *s. m., Gastr., Méx.* Dulce de leche.

jampa *s. f., Ec.* Umbral.

janano, na *adj., Guat., Nic. y El Salv.* Se dice de la persona que tiene labio leporino.

janeiro *s. m., Bot., Ec.* Planta gramínea, usada como forraje.

jaqué *s. m., Méx.* Chaqué.

jáquima (del ár. *sakíma*, cabezada) *s. f., Amér. C.* Borrachera.

jara (del ár. *sá'ra*, mata) *s. f., Guat. y Méx.* Flecha.

jaracatal *s. m., Bot., Guat.* Árbol de flores amarillas que se reproduce rápidamente.

jaracolito *s. m., Per.* Baile típico de los primeros habitantes de Perú.

jaragua (voz indígena) *s. f., Bot.* Arbusto de Cuba, de madera dura y compacta.

jarana (del quichua ant. *harána*, medio para impedir o atajar, der. de la raíz quichua *har-*, detener, estorbar, impedir) *s. f.* **1.** *Amér. C.* Deuda. **2.** *Méx.* Baile de gente del pueblo.

jaranista *adj., Per.* Jaranero.

jarca (del ár. marroquí *hárka*, expedición militar) *s. f., Bol.* Especie de acacia, de madera colorada, que se emplea en la construcción.

jarcia (del gr. *exártia*, aparejos de un buque) *s. f., Cub. y Méx.* Cabuya, cordel.

jarcio, cia *adj., Méx.* Borracho.

járea *s. f., Méx.* Gazuza.

jarearse *v. prnl.* **1.** *Méx.* Morirse de hambre. **2.** *Méx.* Huir, evadirse. **3.** *Méx.* Bambolearse.

jareta (del ár. *sarita*, trenza) *s. f.* **1.** *C. Ric. y Par.* Bragueta del pantalón. **2.** *fig., Ven.* Contratiempo, molestia.

jarichí *s. m., Bol.* Lazo en la trenza de una mujer.

jata *s. f., Bot., Cub.* Palma de la que se utilizan las pencas, la madera y el fruto.

jatata *s. f., Bol.* Especie de palmiche con el que se hace un trenzado muy fino.

jate *s. m., Bot., Hond.* Planta de cuyas hojas se hace una tintura como la de árnica.

jayabacaná (voz indígena) *s. f., Bot., Cub.* Árbol espinoso cuyas hojas y corteza tienen savia cáustica que se emplea en la curación de erupciones cutáneas.

jayajabico (voz indígena) *s. m., Bot., Cub.* Arbusto de Cuba, rubiáceo, de corteza amarga y resinosa, con flores hermosas y fragantes en forma de racimo.

jayao (voz indígena) *s. m., Zool.* Pez de carne estimada, del mar Caribe.

jayún *s. m., Bot., Cub.* Especie de junco, planta.

jebe (del ár. *sabb*) *s. m.* **1.** *Col., Ec. y Per.* Goma elástica, caucho. **2.** *Per.* Escobilla del limpiaparabrisas.

jefe (del fr. *chef*) *s. m.* **1.** *Cub. y Méx.* Señor, caballero. **2.** *Cub., Méx. y P. Ric.* Tratamiento con mezcla de respeto y confianza.

jehuite *s. m., Méx.* Maleza, hierbas que nacen en terreno inculto.

jején (voz haitiana) *s. m., Zool.* Insecto díptero, más pequeño que el mosquito y de picadura más irritante. Abunda en América.

jemiquear *v. intr., Chil.* Jeremiquear.

jemiqueo *s. m., Chil.* Jeremiqueo.

jenízaro, ra (del turco *yeni-yerik*, tropa nueva) *adj., Méx.* Se decía del descendiente de cambujo y china, o de chino y cambuja. **GRA.** También s. m. y s. f.

jeremiquear *v. intr., Cub. y Chil.* Lloriquear, gimotear.

jeremiqueo *s. m., Cub. y Chil.* Lloriqueo, gimoteo.

jerguilla (de *jerga*) *s. f., Chil.* Carne que tiene la res vacuna a ambos lados del cogote hasta frente a las manos.

jeria *s. f., vulg., Méx.* Feria.

jericoplear *v. tr., Guat.* Fastidiar, amolar.

jeringuear *v. tr., Chil.* Jeringar, fastidiar.

jerjén *s. m., Zool., Chil.* Jején, mosquito.

jeruza *s. f., Guat. y Hond.* Cárcel, prisión.

jesusear *v. tr., Guat.* Atribuir un hecho a una persona.

jía (voz indígena) *s. f., Bot., Cub.* Arbusto espinoso, originario de Cuba, de hojas opuestas.

jíbaro, ra (de or. incierto) *adj.* **1.** Campesino, silvestre. **2.** *Méx.* Se dice del descendiente de albarazado y de calpamula, o de calpamulo y albarazada. **GRA.** También s. m. y s. f. ‖ *s. m.* **3.** *Hond.* Hombre alto y vigoroso.

jibe *s. m., Cub.* Cedazo o tamiz.

jícama *s. f., Bot., Amér. C. y Méx.* Nombre de varios tubérculos medicinales o comestibles.

jicaque *adj., Guat. y Hond.* Cerril o inculto.

jícara (del náhuatl *sikálli*, vaso hecho de la corteza del fruto de la güira) *s. f.* **1.** *Amér. C. y Méx.* Vasija pequeña, hecha de la corteza del fruto de la güira, en forma de escudilla. **2.** *Bot., Guat.* Fruto del jícaro. **3.** *Méx.* Arquilla en que se llevan frutas, panecillos, etc.

jícaro (de *jícara*) *s. m., Bot., Amér. C.* Árbol bignoniáceo, güira.

jico *s. m., Cub. y P. Ric.* Ramal de muchos cordones con que se rematan los dos extremos de una hamaca.

jicote (del náhuatl *xicotli*) *s. m.* **1.** *Zool., Méx. y Amér. C.* Avispa gruesa. **2.** *Méx. y Amér. C.* Panal de esta avispa.

jicotea *s. f., Zool., Cub.* Reptil quelonio, hicotea.

jigua *s. f., Bot.* Árbol de Cuba, de madera sólida y pesada que se usa en ebanistería.

jiguagua (voz indígena) *s. f., Zool., Cub.* Pez abundante en el mar Caribe, de más de una vara de largo y de carne poco estimada.

jigüe (voz indígena) *s. m.* **1.** *Bot., Cub.* Árbol leguminoso. **2.** *Cub.* Culpa. **3.** *Mit., Cub.* Duende enano, que se creía salía de los ríos y lagunas.

jigüera *s. f., Cub.* Vasija de güira.

jijón *s. m., Bot.* Árbol de Cuba, cuya madera se parece a la de caoba.

jilguerito (de *jilguero*) *s. m., Chil.* Landrecilla.

jilibioso, sa *adj.* **1.** *Chil.* Dengoso, melindroso. **2.** *Chil.* Se dice de la persona que se queja o llora sin motivo. **3.** *Chil.* Se dice del caballo que, por molestia o desasosiego, está siempre moviendo alguna parte del cuerpo.

jilote (del náhuatl *xilotl*, cabello) *s. m., Amér. C. y Méx.* Mazorca de maíz, cuando sus granos no han cuajado aún.

jilotear *v. intr., Méx.* Empezar a cuajar el maíz.

jimagua (voz indígena) *adj., Cub.* Gemelo, mellizo.

jimerito *s. m.* **1.** *Zool., Hond.* Especie de abeja pequeña. **2.** *Hond.* Panal que fabrica este insecto.

jimilile *s. m., Hond.* Carrizo de cañas muy delgadas y flexibles.

jiné (del muisca *jine*) *s. m., Col.* En el lenguaje rural, cada una de las tres piedras del hogar.

jinete (del ár. vulg. *zenêti*, a su vez del ár. cl. *zanatî*, individuo de Zeneta, tribu bereber) *s. m., Cub.* Sablista, petardista.

jinetear (de *jinete*) *v. tr.* **1.** *Guat., Hond. y Méx.* Domar caballos cerriles. **2.** *Arg.* Montar potros luciendo el jinete su habilidad y destreza. **3.** *fig., Méx.* Disponer temporalmente de dinero ajeno. ‖ *v. prnl.* **4.** *Col.* Montarse y asegurarse en la silla.

jiña *s. f.* **1.** *Chil.* Cosa muy pequeña, nonada. **2.** *Cub.* Excremento humano.

jiote (del náhuatl *xiotl*) *s. m., Med., Amér. C. y Méx.* Empeine, enfermedad cutánea.

jipa *s. f., Col.* Sombrero de jipijapa.

jipato, ta *adj., Cub.* Se dice de las frutas que han perdido su peculiar sustancia.

jipe *s. m., Méx.* Jipi.

jipi *s. m., Cub.* Sombrero de jipijapa.

jiquima *s. f., Bot., Cub. y Ec.* Jícama.

jiricaya *s. f., Gastr., Méx.* Flan hecho de crema de huevos con leche, azúcar y canela.

jirimiquear *v. intr., Chil., Guat. y Méx.* Jeremiquear.

jirimiquiento, ta *adj., Guat.* Que jirimiquea.

jitomate (del náhuatl *xitli*, ombligo, y *tomatl*, tomate) *s. m., Bot., Méx.* Planta de la familia de las solanáceas, especie de tomate muy rojo.

jo *s. m., Numism.* Moneda de México que vale tres centavos de peso.

joaquino *adj., Bot., Chil.* Se dice de una especie de pero grande y largo, de mejor sabor que el común.

jobo (del taíno *hobo*) *s. m., Bot., Amér. C. y Ant.* Árbol americano, de la familia de las terebintáceas, de fruto amarillo parecido a la ciruela.

jochear *v. tr., Bol.* Torear, azuzar.

joco, ca (del náhuatl *xocotl*, fruta agria) *adj., C. Ric.* Agrio, fermentado.

jocomico *s. m., Bot., Hond.* Árbol de fruta dulce y agradable.

jocoque *s. m.* **1.** *Méx.* Leche cortada, nata agria. **2.** *Gastr., Méx.* Preparación hecha con esta leche.

jocotal *s. m., Bot., Amér. C.* Especie de jobo o ciruelo.

jocote (del náhuatl *xocotl*, fruta agria) *s. m.* Fruto del jocotal, parecido a la ciruela, de color rojo o amarillo.

jocoyol *s. m., Méx.* Especie de acedera.

jocoyote (del náhuatl *xocoyotl*) *s. m., Méx.* Benjamín, hijo menor.

jocú *s. m., Zool., Cub.* Nombre que se da a un pez parecido al pagro, que se cría en el mar Caribe.

jocuma (voz indígena) *s. f., Bot., Cub.* Árbol de madera dura y fuerte, con la cual se hacen muebles.

jojoto *s. m., Ven.* Fruto del maíz en leche.

jolote *s. m., Hond., Guat. y Méx.* Guajolote.

joma *s. f., Méx.* Joroba.

jomado, da *adj., Méx.* Jorobado. **GRA.** También s. m. y s. f.

jomar *v. tr., Méx.* Jorobar, encorvar.

jonja *s. f., Chil.* Burla, fisga.

jonuco *s. m., Méx.* Chiribitil, cuarto oscuro.

jopo (del fr. ant. *hope*, copete) *s. m., Arg. y Bol.* Alfiler grande para prender el pelo.

jora (del aimará *sora*) *s. f., Amér. del S.* Maíz germinado para hacer chicha.

jorja *s. f., Méx.* Sombrero de paja.

jorongo *s. m.* **1.** *Méx.* Poncho, especie de capote con que se cubre la gente del campo. **2.** *Méx.* Colcha, frazada de lana.

joropear *v. intr.* **1.** *Col. y Ven.* Bailar el joropo. **2.** *Col. y Ven.* Divertirse.

joropo *s. m., Ven.* Baile nacional venezolano.

josefino, na *adj., Chil.* Se dice de los miembros del partido clerical.

jote *s. m., Zool., Arg., Chil. y Per.* Especie de buitre de Chile, de color negro, excepto la cabeza y el cuello, que es violáceo, y con cola bastante larga.

joto, ta *adj.* **1.** *Méx.* Afeminado. **GRA.** También s. m. y s. f. ‖ *s. m.* **2.** *Col.* Paquete o bulto pequeño.

joturo *s. m., Zool., Cub.* Pez cubano, de río, parecido a la lisa, pero de cabeza chata, carne agradable.

joyero (de *joya*) *s. m., Arg., Chil. y P. Ric.* Orífice.

joyolina *s. f., fam., Guat.* Cárcel.

juagar (afér. de *enjuagar*) *v. tr., Arg., Col. y Méx.* Enjuagar.

juagaza *s. f., Col.* En los trapiches, meloja.

Juan *n. p.* **1. Juan cuerdas** *Méx.* Prototipo hipotético de todas las excelencias. **2. Juan perillán** *Cub.* Baile antiguo cantado por muchas parejas. **3. Juan vainas** *Amér. C.* Juan lanas.

juanchi *s. m., Zool., Guat.* Especie de gato montés.

juanetes (de *Juan*, nombre rústico frecuente, pues se atribuía a rústicos ser juanetudo) *s. m. pl., Col. y Hond.* Caderas.

juanillo (de *Juan*) *s. m., Per.* Propina, soborno.

juay *s. m., Méx.* Cuchillo.

jubilar (del lat. *iubilare*, dar gritos de júbilo) *v. prnl.* **2.** *Cub. y Méx.* Instruirse en un asunto; adquirir práctica. **2.** *Col.* Venir a menos, abandonarse. ‖ *v. intr.* **3.** *Ven.* Hacer novillos, faltar.

jubo (voz indígena) *s. m., Zool., Cub.* Culebra delgada y pequeña, muy común en la isla de Cuba.

júcaro (voz indígena) *s. m., Bot.* Árbol de las Antillas, combretáceo, de madera muy dura, pero que se agrieta fácilmente, de flores sin corola y fruto parecido a la aceituna.

juco, ca *adj., Hond.* Agrio, fermentado.

juico, ca *adj., Hond.* Sordo.

juil *s. m., Zool., Méx.* Pez lacustre, especie de trucha de México.

juilín *s. m., Zool., Guat. y Hond.* Pececillo de río.

juina *s. f., vulg., Zool., Chil.* Fuina, garduña.

julepe (de *gullâb*, palabra persa arabizada, agua de rosas, jarabe) *s. m.* **1.** *fig., Amér. del S.* Susto, miedo. **2.** *Méx.* Ajetreo, trabajo, fatiga, sufrimiento.

julepear (de *julepe*) *v. tr., Méx.* Atormentar, fatigar.

jumarse *v. prnl., fam., Col. y Cub.* Emborracharse, embriagarse.

jumentizar (de *jumento*) *v. tr., Col.* Embrutecer. **GRA.** También v. prnl.

junacaté *s. m., Bot., Hond.* Cebolla comestible de Honduras que huele a ajo.

junquillar (de *junco*) *s. m., Chil.* Mal usado por juncar o junquera.

jupa *s. f.* **1.** *Bot., C. Ric.* Calabaza redonda. **2.** *Hond.* Cabeza.

juque *s. m., Mús., C. Ric. y El Salv.* Zambomba o instrumento rústico.

jurero, ra *adj., Chil. y Ec.* Se dice del testigo que jura en falso por dinero. **GRA.** También s. m. y s. f.

jurón *s. m., Ec.* Serón.

juta (voz indígena) *s. f., Zool., Ec. y Per.* Ave palmípeda, variedad de ganso doméstico.

jute *s. m., Zool., Guat. y Hond.* Caracolillo comestible.

jutía *s. f., Zool., Cub. y Rep. Dom.* Mamífero roedor de las Antillas.

juvenado *s. m., Chil.* Jovenado.

juvia *s. f.* **1.** *Bot., Ven.* Árbol de la familia de las mirtáceas, cuyo fruto es del tamaño de una cabeza humana y contiene una almendra muy gustosa de la cual se saca aceite. **2.** *Bot., Ven.* Fruto de este árbol.

juyaca *s. f.* Artificio de que se valen en América los viajeros para encender fuego en un despoblado por medio del rozamiento. Consiste en un palito que se hace girar sobre un agujero hecho a una madera seca y porosa.

K k

kachampa *s. f., Per.* Danza guerrera de ritmo muy vigoroso.

kageneckia *s. f., Bot., Chil. y Per.* Género de plantas arbóreas, de la familia de las rosáceas, de hojas alternas y denticuladas.

kaki *s. f.* Caqui, tela de algodón o de lana usada para uniformes militares.

kaladana *s. f., Bot.* Planta herbácea, de la familia de las convolvuláceas, que crece en América.

kamani (voz aimara) *s. m., Col.* Persona encargada del cuidado de los sembrados en los latifundios.

kayak *s. f.* (voz inglesa) Canoa típica de los esquimales.

kerosén *s. m.* Queroseno, producto derivado del petróleo.

kerosina *s. f.* Kerosén.

khamake *s. m., Zool., Bol.* Zorro.

khantuta *s. f., Bot.* Cantuta, clavel de flores sencillas.

kimona *s. f., Cub.* Quimono, túnica larga japonesa, con mangas largas y anchas, que usan las mujeres.

kincajú *s. m., Zool., Bras.* Nombre que recibe el cuatí, mamífero plantígrado carnívoro.

L

labioso, sa (de *labio*) adj., *Hond. y Méx.* Que tiene labia.

labor (del lat. *labor, -oris*) s. f. **1.** *Méx.* Medida agraria de superficie, equivalente a cuatro ha. **2.** *Min., Méx.* Excavación. **GRA.** Se usa más en pl.

laborero s. m. **1.** *Chil.* Entre mineros, persona que dirige una labor o excavación. **2.** *vulg., Chil.* Zurrador o adobador.

labrador, ra (del lat. *laborator, -oris*) s. m. y s. f., *Cub. y Per.* Persona que labra la madera sacando la corteza de los árboles cortados para convertirlos en rollizos.

lacaya s. f., *Bol.* Casa sin techo.

laceador, ra (de *lazo*) s. m. y s. f., *Amér. del S.* Persona que tiene por oficio echar el lazo a las reses y caballos.

lacear v. tr., *Chil.* Sujetar un animal con lazo, lazar.

lachear (de *lacho*) v. tr., *Chil.* Galantear, hablar de amores.

lacho (quizá del gitano *lacho*, bueno) s. m. **1.** *Chil.* Galán, amante, sobre todo la persona que vive a costa de la mujer que corteja. ‖ adj. **2.** *Chil.* Galante, enamorado.

lacra (de or. incierto, quizá de *lacre* en el sentido de marca roja dejada por un azote o una llaga) s. f. **1.** *Med.* Costra que se forma en las heridas. **2.** *Med.* Úlcera, llaga.

lacre (del port. *lacre*, var. de *laca*) s. m. **1.** *Bot., Cub.* Árbol de madera resistente, fibrosa y fina. **2.** *Zool., Cub.* Especie de cera de la abeja criolla, más dura y aromática que la ordinaria, que se emplea como vulneraria y antiespasmódica. ‖ adj. **3.** *fig., Amér. del S.* De color rojo.

ladeada (de *ladear*) s. f., *vulg., Chil.* Ladeo.

ladearse (de *lado*) v. prnl., *fig. y fam., Chil.* Enamorarse.

ladero, ra (de *lado*) adj., *Arg.* Se dice de la caballería que agregada a un conjunto de los animales que arrastran un vehículo, tira de lado, comúnmente para igualarlos en un paso difícil o cuando aquéllos están cansados. **GRA.** También s. m. y s. f.

ladiado, da (de *ladeado*) adj., *Arg.* Se dice en especial de la persona que se encuentra enojada o disgustada.

ladrillera s. f., *Méx. y Murc.* Ladrillar.

ladrillería s. f., *vulg., Chil.* Gradilla.

lagartear v. tr., *Chil.* Coger por los lagartos de los brazos a alguien con instrumento adecuado o con ambas manos, y apretárselos para impedirle el uso de los brazos, para atormentarlo o vencerlo en la lucha.

lagarteo s. m., *Chil.* Acción de lagartear.

lagartijo (de *lagarto*) s. m., *fig., Méx.* Lechuguino, petimetre.

lagua (voz americana) s. f., *Gastr., Bol. y Per.* Especie de puches o gachas que se hacen con fécula de patatas heladas, maíz o chuño.

lagüe s. m., *Bot., Chil.* Planta iridácea, de raíz bulbosa y comestible.

laguer s. m., *Gastr., Cub.* Especie de cerveza suave.

lagunato s. m., *Cub. y Hond.* Charco.

lagunero, ra (del lat. *lacunarius*) s. m. y s. f., *Chil.* Persona que cuida de una laguna.

lahui (voz mapuche) s. m., *Bot., Chil.* Lagüe, planta de flor parecida a la del lirio.

laicalización s. f., *Chil.* Neologismo por secularización o desamortización.

laicalizar v. tr., *Chil.* Secularizar.

laicidad (del fr. *laïcité*, laicismo) s. f., *Amér. del S.* Laicismo.

lama[1] (del lat. *lama*) s. f. **1.** *Arg., Chil. y P. Ric.* Verdín que se forma en las aguas dulces. **2.** *Chil. y Hond.* Musgo.

lama² (del lat. *lamina*) *s. f., Chil.* Tejido de lana con flecos en los bordes.

lamber (del lat. *lambere*, lamer) *v. tr.* **1.** *ant., Amér. del S.* Lamer. ‖ *v. intr.* **2.** *vulg., Méx.* Adular.

lambido, da *adj., Méx.* Relamido.

lambón, na *adj., Col.* Adulador bajo, soplón.

lambriche *adj., Méx.* Adulador, carantoñero. **GRA.** También s. m. y s. f.

lambucear (de *lamber*) *v. tr., Amér. del S.* Rebañar lo que queda en un plato o vasija.

lambuzco, ca (de *lamber*) *adj., vulg., Méx.* Adulador.

lamero (de *lama*, lodo de mineral) *s. m., Méx.* En las operaciones de beneficio, parte del tren de lavado de los metales.

lamilla (de *lama*) *s. f., Bot., Chil.* Alga marina usada como abono.

lampa (voz quichua) *s. f., Amér. del S.* Azada.

lampalagua *s. f.* **1.** *Zool., Arg.* Serpiente de gran tamaño. ‖ *s. m.* **2.** *Mit., Chil.* Monstruo fabuloso que seca los ríos bebiéndose toda el agua. ‖ *adj.* **3.** *Chil.* Hambrón, glotón. **GRA.** También s. m. y s. f.

lampalallo, lla *adj., Chil.* Hambriento.

lamparazo (de *lámpara*) *s. m., Col. y Méx.* Trago de licor.

lamparín *s. m., Chil.* Candil.

lámparo, ra (de *lamparón*, escrófula) *adj., fig., Col.* Pelón, sin blanca o dinero.

lampazo (del lat. *lappaceus*, der. de *lappa*, lampazo) *s. m., Chil.* Punta de cable que, atada a un palo, se emplea para mariscar erizos.

lampear (de *lampa*) *v. tr.* **1.** *Agr., Chil. y Per.* Remover la tierra con la lampa. **2.** *Chil.* Escuadrar.

lampero, ra (de *lampa*) *s. m. y s. f., Agr., Chil. y Per.* Persona que lampea.

lampino, na *adj., Chil.* Lampiño.

lampote (del fr. *lampas*) *s. m., Bot., Méx.* Planta de la familia de las compuestas.

lampreada (de *lamprea*) *s. f., Guat.* Tunda de lampreazos.

lampreado *s. m., Gastr., Chil.* Guiso hecho con chasquí y otros ingredientes.

lamprear (de *lamprea*, por guisarse generalmente así este pescado) *v. intr., Guat.* Azotar.

lampuso, sa *adj., Cub.* Atrevido, descarado.

lana (del lat. *lana*) *s. f., Guat. y Hond.* Persona de la clase social más baja.

lance *s. m., vulg., Chil.* Marro, esguince, regate o gatada.

lanceta (de *lanza*) *s. f., vulg., Chil.* Aguijón.

lancetada (de *lanceta* y *-ada*) *s. f., vulg., Chil.* Aguijonazo.

lancha (del malayo *láncar*, rápido, a través del port. *lancha*, embarcación pequeña para pescar o al servicio de un navío) *s. f., fam., Ec.* Niebla, helada, escarcha.

lanchar *v. intr., Ec.* Helar, escarchar.

lanco *s. m., Bot., Chil.* Gramínea que se emplea en medicina como expectorante y ligeramente vomitiva en la disentería.

lángara *adj., Méx.* Que procede con falsía y doblez.

lángaro, ra *adj., Méx.* Falso, taimado.

langarucho, cha *adj., Hond. y Méx.* Larguirucho.

languceta *adj., Chil.* Languciento, flaco, encanijado.

langucia (de *lamer*) *s. f., Chil.* Voracidad.

languciar *v. tr., Chil.* Golosear, gulusmear.

languciento, ta *adj., Chil.* Hambriento.

languso, sa *adj.* **1.** *Méx.* Astuto, sagaz. **2.** *Méx.* Langarucho.

lantana *s. f., Bot., Amér. del S.* Planta medicinal verbenácea.

lantén *s. m., Bot., Méx.* Llantén.

lanudo, da (de *lana*) *adj., Ven.* Se dice de la persona tosca y grosera.

lanza (del lat. *lancea*) *s. f., vulg., Chil.* Rollo o madero redondo sin labrar. ‖ **LOC. ser alguien una lanza** *fig. y fam., Amér. del S.* Ser hábil, despierto y rápido.

lapa¹ (del lat. *lappa*, lampazo) *s. f.* **1.** *Chil.* Manceba o concubina de un soldado. **2.** *Hond.* Guacamayo.

lapa[2] *s. f., Zool., Amér. del S.* Paca, mamífero roedor.

lapacho (voz indígena) *s. m.* **1.** *Bot., Amér. del S.* Árbol cuya madera, fuerte e incorruptible, notable por su belleza, se emplea en la construcción y en ebanistería, existiendo las variedades gris, negra, roja y amarilla, según el color de sus flores. **2.** *Amér. del S.* Madera de este árbol.

lapalapa *s. f., Méx.* Llovizna.

lape (del arauc. *lapen*) *adj.* **1.** *Chil.* Tratándose de lana, hilos, etc., apelmazado, enredado. **2.** *Chil.* Dicho de fiestas, muy alegre y animado.

lapicera *s. f.* **1.** *Amér. del S.* Lapicero. **2.** *Chil.* Portaplumas.

lapidar (del lat. *lapidare*) *v. tr., Col. y Hond.* Labrar piedras preciosas.

lapo (del lat. *alapa*) *s. m., Chil. y Méx.* Golpe que se da con la mano abierta.

laque (voz araucana) *s. m., Chil.* Arma que está formada por una bola de metal sujeta a una corra o barra flexible. También se llaman boleadoras.

laqui *s. m., Chil.* Laque.

largada *s. f.* **1.** *Dep., Amér. del S.* Partida en las carreras de caballos y en toda competencia deportiva. **2.** *Dep., Amér. del S.* Lugar donde se efectúa la misma.

largona *s. f., Chil.* Largas o dilación.

larguero, ra (de *largo*) *adj., Chil.* Largo, liberal, abundante.

lascadura (de *lasca*) *s. f., Méx.* Lastimadura, rozadura.

lascar (de *lasca*) *v. tr., Méx.* Lastimar, magullar, rozar.

lastrar (disimilación de *arrastrar*, influido por el nórdico *lastrar*) *v. tr., Chil.* Mal usado por balastar.

lastre (del neerl. o ingl. *last*, a través del fr. ant. *last*, hoy *lest*) *s. m., vulg., Chil.* Balasto.

lata (probablemente del bajo lat. *latta*, vara o palo largo) *s. f.* **1.** *vulg., Ven.* Vara de chaparro. **2.** *Per. y Bol.* Ficha de lata usada como contraseña en las esquilas. **3.** *Bot., Per. y Bol.* Cala brava de Cumaná. ‖ **LOC. dar lata** *Ven.* Vulgarismo por fustigar.

latania (voz indígena) *s. f., Bot.* Palma de la isla de Borbón, que en Europa se cultiva en invernaderos, con hoja en forma de abanico de color verde claro y de 1,5 m de largo, cuyos peciolos son de unos dos m y tienen aguijones verdes hasta la mitad de su longitud.

latear (de *lata*) *v. tr., Chil. y Per.* Dar la lata, molestar con un discurso o conversación fastidiosa.

latería *s. f., Amér. del S.* Hojalatería.

laterío *s. m., Méx.* Conjunto de géneros que se expenden en latas.

latero, ra *s. m. y s. f., Amér. del S.* Hojalatero.

látigo (probablemente del gót. *laittug*, equivalente al anglosajón *lâttêh*, dogal, correa poara conducir) *s. m.* **1.** *Chil.* Meta o término en las carreras de caballos a la chilena. **2.** *vulg., Ec. y Hond.* Latigazo. **3.** *Zool., Ec. y Hond.* Reptil de la familia de los colúbridos, de tronco y cola delgadísimos y de hasta 1,5 m de longitud; es arborícola, muy ágil y agresivo y vive en el oeste de Estados Unidos.

latigudo, da *adj., Amér. del S.* Craso.

latigueada *s. f., Hond.* Azotaina.

latiguear *v. intr., Hond.* Azotar, dar latigazos.

latiguera *s. f., Per.* Azotaina.

latir (del lat. *glattire*) *v. tr., Ven.* Mal usado por molestar, inquietar.

latón (del ár. *latû*, y éste del tártaro *altun*, oro) *s. m., vulg., Bol.* Sable o chafarote.

lauca *s. f., Chil.* Peladura o alopecia.

laucadura *s. f., Chil.* Lauca.

laucar *v. tr., Chil.* Pelar o quitar el pelo o la lana. **GRA.** También v. prnl.

laucha (voz araucana) *s. f.* **1.** *Arg. y Chil.* Especie de ratón pequeño. **2.** *Chil.* En el juego del tenderete, el tres de cualquier palo. **3.** *Chil.* Entre hojalateros, alambre de acero que penetra con facilidad donde se mete. ‖ *s. m.* **4.** *Arg., Chil. y Ur.* Hombre listo. **5.** *Chil. y Arg.* Muchacho algo crecido, flaco, de facciones muy menudas. ‖ **LOC. aguantar alguien la laucha** *Chil.* Acechar esperando ocasión propicia.

lauchero (de *laucha*) *s. m., Chil.* Jugador que aguanta la laucha.

lauchón *s. m., Chil.* Joven bastante crecido, pero delgado.

lauco, ca *adj., Chil.* Pelado, calvo.

lavacara (de *lavar* y *cara*) *s. amb., Ec.* Jofaina, palangana.

lavada *s. f., Miner., Chil.* Lava, operación de lavar los metales.

lavadero *s. m., Amér. del S.* Paraje a orillas de un río o arroyo, donde se recogen y se lavan allí mismo agitándolas en una batea, las arenas auríferas.

lavado, da *adj., Zool., Cub.* Se dice del ganado de pelo bermejo que tira a blanco.

lavador (de *lavar*) *s. m., Guat.* Lavabo.

lavandería (de *lavandera*) *s. f.* Lavadero.

lavandero *s. m., vulg., Hond.* Lavadero.

lavandina *s. f., Arg., Par. y Ur.* Lejía, producto utilizado para blanquear la ropa.

lavaplatos (de *lavar* y *plato*) *s. f.* **1.** *Bot., Hond.* Planta cuyas hojas sirven como el jabón, para lavar objetos pringosos. ǁ *s. m.* **2.** *Col., Chil. y Méx.* Fregadero.

lavativa (de *lavativo*) *s. f., Amér. del S.* Líquido empleado para realizar un enema.

lavatorio (del bajo lat. *lavatorium*) *s. m., Arg., Col. y Chil.* Lavabo.

lazar (del lat. *laqueare*, enlazar) *v. tr., Méx. y Nic.* Enlazar, apresar con lazo a los animales.

lazareto (del veneciano *lazareto*, ant. *nazareto*, de *Nazareth*, influido por *Lázaro*) *s. m., Chil.* Hospital de personas variolosas.

lázaro (de *Lázaro*, el mendigo de la parábola evangélica de San Lucas) *s. m., Ven.* Lazarino.

lazo (del lat. *laqueus*) *s. m., Hond. y Méx.* Cuerda.

lear *v. tr., vulg., Méx.* Liar.

lebello *s. m., Zool., Hond.* Especie de cangrejo marino.

lebisa *s. f., Cub.* Lluvia.

lebrancho *s. m., Zool., Cub.* Lisa, pez.

lebrero (del lat. *leporarius*, de *lepus, -oris*, liebre) *s. m., Bot., Cub.* Árbol cuya madera se usa para hacer mangos de instrumentos.

lebrón (de *liebre*) *adj., Méx.* Grande, valentón.

lechada (de *leche*, por el color) *s. f., Méx.* Rebaba.

lechar *v. tr.* **1.** *Amér. del S.* Ordeñar. **2.** *Méx.* Enjalbegar, blanquear con cal.

lechero, ra (del lat. *lactarius*) *adj., vulg., Chil.* Ordeñador.

lechiguana (del quichua *llachihuana*) *s. f.* **1.** *Zool., Arg.* Avispa melífera silvestre, de miel muy estimada. **2.** *Arg.* Panal que construye esta avispa con las cortezas de los árboles y estiércol de vaca.

lechucear (de *lechuza*) *v. tr.* **1.** *Arg. y Ur.* Traer, llevar o anunciar malas noticias o desgracias. ǁ *v. intr.* **2.** *Amér. del S.* Trabajar de noche.

lechuza (del lat. *noctua*, lechuza, y el cast. *leche*) *s. f.* **1.** *fig., Méx.* Ramera. **2.** *Chil. y Méx.* Persona muy rubia o albina.

leco, ca *adj.* **1.** *Etn.* Se dice de un pueblo amerindio de lengua independiente, que habita en la cuenca del río Guanay o Caca, afluente del Beni, en Bolivia. **GRA.** También *s. m.* y *s. f.*, aplicado a personas. **2.** *Méx.* Chiflado.

ledino, na *adj., Ec.* Ladino.

lefio, fia *adj., Méx.* Tonto, necio.

legajar *v. tr., Col., Chil. y Hond.* Enlegajar.

legua (del lat. tardío *leuga*, de or. céltico) *s. f., Méx.* Medida de longitud terrestre equivalente a 4 190 m.

leguario *s. m., Bol.* Piedra miliar.

legumbre (del lat. *legumen, -inis*) *s. f., Gastr., Chil.* Menestra o guiso de legumbres.

legumbrera (de *legumbre*) *s. f., Chil.* Ensaladera.

lele *adj., Chil. y Hond.* Lelo. **GRA.** También *s. m.* y *s. f.*

lenca *adj., Etn.* Se dice de una familia lingüística cuyos componentes se extienden por el centro y occidente de Honduras y noreste de El Salvador. **GRA.** También *s. m.* y *s. f.*, aplicado a personas.

lenco, ca *adj., Hond.* Tartamudo. **GRA.** También s. m. y s. f.

lengua (del lat. *lingua*) *s. f.* **lengua de gato** *Bot., Chil.* Planta de la familia de las rubiáceas que abunda en Chile y se emplea en las tintorerías.

lengüeta (de *lengua*) *s. f., Méx.* Cuchareteo de las enaguas.

lengüetear (de *lengua*) *v. intr., Hond.* Hablar mucho y sin contenido.

lenguón, na *adj., Méx.* Chismoso, calumniador, hablador.

lentejón *s. m., Bot., Arg.* Legumbre equivalente a la lenteja, pero de gran tamaño.

leñatero *s. m.* **1.** *Bot., Cub.* Especie de bejuco. **2.** *Zool., Cub.* Leñero.

leñero (del lat. *lignarius*) *s. m., Zool.* Pájaro de la familia de los anabátidos, de color rojo herrumbre en sus partes superiores y pardo en las inferiores, con la garganta y pico blanquecinos, que vive en la cuenca del Amazonas.

león (del lat. *leo, -onis*) *s. m., fig., Chil.* Juego parecido al del asalto y al ajedrez.

leonero, ra (de *león*) *adj., Chil.* Se dice del perro adiestrado en la caza de pumas o leones.

lepe *s. m., Ven.* Capirotazo dado en la oreja.

leperada (de *lépero*) *s. f.* **1.** *Méx.* Acción o dicho de lépero. **2.** *Méx.* Picardía, expresión obscena.

lépero, ra (de or. incierto) *adj.* **1.** *Méx.* Se dice del individuo soez, ordinario, poco decente. **GRA.** También s. m. y s. f. **2.** *Cub.* Astuto, ladino. **GRA.** También s. m. y s. f. **3.** *Hond.* Pícaro, bribón.

leperuza *s. f., Méx.* Pelandusca.

lepidia *s. f., Chil.* Indigestión.

lesear *v. intr., Chil.* Tontear, necear.

lesera *s. f., Chil.* Tontería, simpleza.

leso, sa (del lat. *laesus*, dañado, ofendido) *adj., Bol. y Chil.* Tonto, necio, de pocos alcances.

lesquín *s. m., Hond.* Liquidámbar.

lesura *s. f., Chil.* Lesera.

letrudo, da (de *letra*) *adj., Chil.* Letrado.

leva (apóc. de *levita*) *s. f.* **1.** *vulg.* Levita, prenda de vestir. **2.** *vulg., Cub.* Americana.

levante (de *levantar*) *s. m.* **1.** *Chil.* Derecho que paga al dueño de un terreno la persona que corta maderas en él para aprovecharlas por su cuenta. **2.** *fam., Hond.* Calumnia.

levente (del turco *lawandi*, guerrero) *s. m., Col. y Cub.* Advenedizo cuyas costumbres y origen se desconocen.

levisa (de *libusa*, voz araucana de las Antillas) *s. f., Zool., Cub.* Pez de figura casi circular, grande y aplastado, cuya piel oscura y áspera se utiliza como lija para pulir maderas; se encuentra generalmente en las costas y en las bocas de los ríos.

liana (del fr. *liane*) *s. f.* **1.** *Bot., Amér. del S.* Nombre que se aplica a diversas plantas de la selva tropical, que tomando como soporte los árboles, se encaraman sobre ellos hasta alcanzar la parte alta y despejada, donde se ramifican con abundancia. **2.** *Bot., Amér. del S.* Por ext., enredadera o planta trepadora de otros países.

liberación (del lat. *liberatio, -onis*) *s. f., Chil.* Exención de pagar derechos de aduana.

libertariamente (de *libertario*) *adv. m., C. Ric.* Con desenfreno, con insolencia.

libra (del lat. *libra*) *s. f., Bot., Cub.* Hoja situada en la parte inferior de la planta de tabaco y que es de superior calidad.

librea (del fr. *livrée*, lo que es dado, especialmente, vestido dado al criado por el amo, y éste del lat. *liberare*, librar) *s. f., vulg., Chil.* Lacayo.

librera *s. f., Guat. y Pan.* Librería mueble con estanterías para colocar libros.

librero (de *libro*) *s. m., vulg., Méx.* Estante de libros.

licenciado, da *s. m. y s. f.* Tratamiento que se da a los abogados en varios países de América.

licitar (del lat. *licitari*) *v. tr., Arg.* Solicitar públicamente ofertas para suministros o trabajos, generalmente para el Estado, las provincias o las comunas.

lico *s. m., Bol.* Barrilla o sosa.

licorero, ra *s. m. y s. f., Chil.* Licorista.

liencillo (de *lienzo*) *s. m., Ec.* Tela burda de algodón, parecida al Ruán, pero de inferior calidad.

liendra *s. f., Zool., Méx.* Liendre.

lienza (de *lienzo*) *s. f.* **1.** *Chil.* Cordón de hilo o algodón, fino y resistente. **2.** *vulg., Chil.* Tendel. **3.** *vulg., Chil.* Sedal del anzuelo.

liga (de *ligar*) *s. f., Hond.* Ligación o acción de ligar.

ligador, ra *adj.* **1.** *Arg. y Ur.* Se dice de la persona que obtiene buenas cartas en el juego de naipes. **2.** *Arg. y Ur.* Por ext., persona de suerte.

ligar (del lat. *ligare*) *v. tr.* **1.** *Cub.* Contratar por determinado precio el producto de una cosecha antes de la recolección. ‖ *v. intr.* **2.** *Arg.* Tener suerte.

ligerear (de *ligero*) *v. intr., Chil.* Andar deprisa, o despachar con ligereza algo.

liguano, na *adj., Zool., Chil.* Se aplica a una raza de carneros de lana gruesa y larga, y a lo perteneciente a estos carneros, a su lana y a lo que con ella se fabrica.

lija (quizá de *lijo*, inmundicia, por las muchas escamas) *adj., Méx.* Listo, astuto, agudo.

lijoso, sa (de *lijo*) *adj., Cub.* Vanidoso.

lilallas *s. f. pl., Méx.* Lilailas, tretas.

lile *adj., Chil.* Débil, decaído, de poco espíritu, por enfermedad; paralítico, trémulo.

lilequear (de *lile*) *v. intr., Chil.* Tiritar, retemblar de miedo o por enfermedad.

liliquear (de *lilequear*) *v. intr., Chil.* Tiritar, temblar.

limar (de *lima*) *s. m., Bot., Guat.* Limero, árbol de las limas.

limatón (de *lima*) *s. m., Col., Chil. y Hond.* Lima para desgastar metales.

limo (de *lima*) *s. m., vulg., Bot., Col. y Chil.* Limero, árbol.

limonaria (de *limón*) *s. f., Bot., Hond.* Arbusto de jardín, de flores muy olorosas.

limoncillo (de *limón*) *s. m.* **1.** *Bot., Amér. C.* Árbol de América Central, de madera amarilla utilizada en ebanistería. **2.** *Bot., Méx.* Nombre vulgar que se aplica a numerosas plantas en las cuales persiste cierta semejanza con el limón.

limoncito (de *limón*) *s. m., Bot., Cub.* Nombre del limoncillo de China.

limosnero, ra *s. m. y s. f., Amér. del S.* Mendigo, pordiosero.

limpiadientes (de *limpiar* y *dientes*) *s. m.* **1.** *Hond.* Copalillo cuya resina puede sustituir al alcanfor. **2.** *Hond.* Esta misma resina.

limpiamanos (de *limpiar* y *mano*) *s. m., Hond.* Toalla, servilleta.

limpiar (del lat. tardío *limpidare*) *v. tr.* **1.** *fig., Méx.* Castigar, azotar. **2.** *Chil.* Escardar, sachar.

limpión *s. m., Col., C. Ric. y Ven.* Paño para limpiar, rodilla.

lina (de *lino*) *s. f., Chil.* Pelo de lana gruesa y muy ordinaria.

linao *s. m., Chil.* Especie de juego de pelota, típico de la isla de Chiloé, provincia chilena.

linaza (de *lino*) *s. f., vulg., Chil.* Lino.

linches *s. m. pl., Méx.* Especie de alforjas labradas con los filamentos de las pencas del maguey.

lindero (de *linde*) *s. m., Hond.* Hito o mojón.

lingote (del fr. *lingot*, y éste quizá del ingl. *ingoy*) *s. m., fig., Chil.* Pesado, antipático.

lingue (del arauc. *lige*) *s. m.* **1.** *Bot., Chil.* Árbol de la familia de las lauráceas, congénere del aguacate, alto, frondoso de corteza lisa y ceniciento; su madera se emplea para vigas, yugos y muebles. Su corteza se usa para curtir el cuero y como medicinal. **2.** *Chil.* Corteza de este árbol.

linógrafo, fa (del ingl. *line*, línea, y *-grafo*) *s. m. y s. f., Chil.* Linotipista.

linterna (de *lanterna*, y éste del lat. *lanterna*) *s. f., Zool., Arg.* Insecto coleóptero polífago, cuyo abdomen y partes laterales del tórax emiten una luz amarilloverdosa intermitente, propiedad de la que también gozan sus huevos y larvas.

linudo, da (de *lina*) *adj., Chil*. Se dice del animal que lina, y también del tejido hecho con ella.

linyera (del ital. del Piamonte *lingera*, bulto rudimentario) *s. f., Arg. y Ur*. Atado en que se guardan ropa y otros efectos personales.

liona *s. f., vulg., Chil*. Liorna.

lipegüe (del azt. *pihuitz*, adehala, aumento, pegote) *s. m., Méx*. Persona despreciable que acompaña inseparablemente a otra.

lipidia *s. f.* **1.** *Cub. y Méx*. Impertinencia, majadería. **2.** *C. Ric*. Miseria, pobreza.

lipidiar *v. tr., Méx*. Importunar, fastidiar.

lipidioso, sa *adj., Cub. y Méx*. Majadero, fastidioso.

lipiria *s. f., Chil*. Lepidia.

liquelique (del ingl. *like-like*) *s. m., Ven*. Blusa con bolsillos.

líquido, da (del lat. *liquidus*) *adj., vulg., Amér. del S*. Solo, único o exacto, mero, sin mezcla.

liquilique *s. m., Ven. y Col*. Blusa de tela de algodón, más o menos basta que se abrocha desde el cuello.

lis *s. m., Chil*. Sedimento, poso.

liso, sa (de una base romance *lisius*, de or. incierto) *adj., Per*. Desvergonzado, atrevido, fresco. **GRA.** También s. m.

lisura (de *liso*) *s. f.* **1.** *fig., Guat. y Per*. Dicho o hecho grosero o desvergonzado. **2.** *fig., Per*. Atrevimiento, desparpajo, frescura.

litera (del cat. *llitera*) *s. f., Méx*. Coche, carruaje.

litre (del arauc. *lithe*, árbol de la mala sombra) *s. m.* **1.** *Bot., Chil*. Árbol de la familia de las anacardiáceas, siempre verde, de frutos pequeños y dulces, de los cuales se hace chicha, y madera tan dura, que se emplea en dientes de ruedas hidráulicas y ejes de carretas. Su sombra y el contacto de sus ramas producen salpullido. **2.** *fam., Med., Chil*. Enfermedad producida por la sombra de este árbol.

litro (del arauc. *rithu*) *s. m., Chil*. Tejido ordinario de lana, hecho en el país.

liudez (de *liudo*) *s. f., Chil*. Flojedad, laxitud.

liuto *s. m., Bot., Chil*. Planta amarilla, cuyos tubérculos son más sustanciosos que las papas. De ellos se extrae el cuño.

lizo (del lat. *licium*) *s. m., Chil*. Palito que reemplaza a la lanzadera en los telares de mantas de lujo.

llaca *s. f., Zool., Arg. y Chil*. Mamífero marsupial de pelaje ceniciento, con una mancha negra sobre cada ojo.

llallí *s. m., Gastr., Chil*. Palomita de maíz que se elabora con la llamada harina de llallí.

llamarón *s. m., Col. y Chil*. Llamarada.

llame *s. m., Chil*. Lazo o cepo para cazar aves.

llampo *s. m., Chil*. Polvo y parte más fina del mineral que queda una vez separada de la parte más gruesa.

llanca (voz quichua) *s. f., Chil*. Cualquier mineral de cobre, de color verde azulado, y también las piedrecitas de este mineral usadas por los araucanos para elaborar collares y el adorno de los trajes.

llanque *s. m., Per*. Sandalia de confección rústica.

llanta *s. f., Bol. y Per*. Toldo que tienen los puestos en los mercados al aire libre.

llantencillo *s. m., Bot., Chil*. Llantén menor.

llantería *s. f.* Llanto simultáneo de varias personas.

llapa (voz quichua) *s. f., Min., Amér. del S*. Yapa.

llapar *v. tr., Min., Amér. del S*. Yapar.

llapingacho *s. m., Gastr., Ec. y Per*. Tortilla de patatas con queso.

llareta *s. f., Bot., Chil*. Planta herbácea de la familia de las umbelíferas, de hojas alternas y pecioladas, cuyo tallo destila una resina con propiedades medicinales.

llaucana (voz quichua) *s. f., Min., Chil*. Barra corta de hierro que emplean los mineros para picar la veta del mineral.

llaullau (voz araucana) *s. m., Bot., Chil.* Hongo comestible que crece en los árboles. Se emplea en la fabricación de cierta especie de chicha.

llaupangue *s. m., Bot., Chil.* Planta de jardín con enormes flores rojas, cuya raíz contiene abundante tanino.

llauquearse *v. prnl., Chil.* Desmoronarse, venirse abajo.

llavear *v. tr., Par.* Cerrar con llave.

lleivún *s. m., Bot., Chil.* Planta de la familia de las ciperáceas, cuyos tallos son empleados para atar sarmientos.

llenador, ra *adj., Chil.* Se dice del alimento que produce pronto hartura.

llerén *s. m., Bot., Cub.* Planta de la familia de las amarantáceas, de cuya raíz se extrae fécula alimenticia.

lleulle *adj., Chil.* Inepto, inútil.

lleuque *s. m., Bot., Chil.* Planta de la familia de las taxáceas, cuyas semillas son comestibles.

llichi *s. m., Bot., Méx.* Retoño de un árbol.

lliclla *s. f., Ec. y Per.* Manta corta que se coloca sobre los hombros.

lligues *s. m. pl.* **1.** *Chil.* Habas pintadas que se utilizan en algunos juegos, como si fueran dados o fichas. **2.** *Chil.* Dichos juegos.

lloglla *s. f., Per.* Avenida cubierta de agua a causa de las lluvias torrenciales.

lloica *s. f., Chil.* Loica.

llora *s. f., Ven.* Velatorio.

llorarle a alguien una cosa *loc., fig., Chil.* Sentarle bien.

llorido *s. m., Méx.* Llanto.

lloronas *s. f. pl., Arg. y Ur.* Espuelas de gran tamaño que usan los gauchos.

lluqui (voz quichua) *adj., Ec.* Zurdo.

lluvia (del lat. *pluvia*) *s. f., Arg., Chil. y Nic.* Ducha, aparato de baño.

lluviar *v. intr., Arg.* Llover.

lobo (del lat. *lupus*) *s. m., Zool., Ec.* Zorra, mamífero carnívoro.

lobo, ba *adj.* **1.** *Méx.* Zambo, hijo de padre de raza negra y madre de raza india, o al contrario. **2.** *Chil.* Huraño, montaraz.

locadio, dia *adj., fam.* Loco.

locador, ra (del lat. *locator, -oris*) *s. m. y s. f., Chil., Per. y Ven.* Arrendador, que da en arrendamiento una cosa.

locería *s. f., Amér. del S.* Alfarería, fábrica de loza.

loche (del quichua *lluichu,* venado) *s. m., Zool., Col.* Mamífero cérvido, rumiante, parecido al ciervo de pelo muy lustroso.

lochi *adj., Méx.* Jorobado.

locho, cha (de *loche*) *adj.* **1.** *Col.* Taheño. **2.** *Col.* Bermejo.

loco (voz mapuche) *s. m., Zool., Chil.* Molusco del Pacífico que es comestible.

loco, ca (de or. incierto) *adj., vulg., Chil.* Rabioso o hidrófobo.

locro (voz quichua) *s. m., Gastr., Amér. del S.* Guiso de carne, patatas y maíz o trigo y otros ingredientes.

locumba *s. f., Gastr., Per.* Aguardiente de uvas que se fabrica en la ciudad de Locumba, en Perú.

logrerismo *s. m., Chil.* Lograría o ejercicio de la persona que sabe sacar dinero de otra, generalmente del fisco, por medios poco delicados.

logrero, ra (de *logro*) *s. m. y s. f.* **1.** *Chil.* Persona que gorronea. **2.** *Amér. del S.* Persona que procura lucrarse por cualquier medio.

loica (voz araucana) *s. f., Zool., Chil.* Pájaro algo mayor que el estornino, que se domestica con facilidad y es muy estimado por su canto dulce y melodioso.

loma (de *lomo*) *s. f.* **lomita tras lomita** *Méx.* Expresión campesina para significar muy cerca.

lomada (de *loma*) *s. f., Ur., Arg. y Par.* Altura pequeña y prolongada, loma.

lomaje (de *loma*) *s. m., Chil.* Terreno formado todo de lomas.

lombote *s. m., Med. y Veter., Arg.* Protuberancia o hinchazón de alguna parte del cuerpo de una persona o animal.

lombricera (de *lombriz*) *s. f., Bot., Méx. y P. Ric.* Hierba lombriguera.

lombriciento, ta *adj., Chil. y Hond.* Que tiene muchas lombrices intestinales.

lomillería *s. f.* **1.** *Amér. del S.* Taller donde se hacen lomillos, riendas, lazos, etc. **2.** *Amér. del S.* Tienda donde se venden.

lomillo (de *lomo*) *s. m., Amér. del S.* Pieza del recado de montar, consistente en dos almohadillas de junco o totora, que se aplica sobre la casona.

lona[1] (del ant. *olona*, y éste de *Olonne*, población de Francia donde se tejía esta clase de lienzo) *s. f., Méx.* Harpillera, tela vasta.

lona[2] *s. f., Bot., Hond.* Planta cuya raíz la comen los aldeanos en tiempo de escasez.

lonchar *v. tr., Méx.* Tomar lonche al mediodía.

lonche *s. m., Méx.* Lunch.

lonco *s. m., Anat., Chil.* Bonete o segundo estómago de los rumiantes.

loneta *s. f.* **1.** *Chil.* Lona delgada que se emplea en velas de botes y otros usos. **2.** *Cub.* Tejido blanco, grueso, que se emplea para toldos, pantalones de obreros, etc.

longo, ga (voz quichua) *s. m. y s. f., Ec.* Indígena joven.

longorón *s. m., Zool., Cub.* Molusco marino comestible que vive en el lodo.

lonja (del fr. *longe*) *s. f., Arg.* Tira de cuero vacuno descarnado, provista de pelo o sin él.

lonjear (de *lonja*) *v. tr., Arg.* Hacer lonjas descarnando un cuero y pelándole.

loquería (de *loco*) *s. f., Chil. y Per.* Manicomio.

loquera *s. f., fam., Amér. del S.* Locura, privación de la razón.

lora (de *loro*) *s. f.* **1.** *Amér. del S.* Loro o papagayo. **2.** *Chil.* La hembra del loro.

loricárido (del lat. *loricaria*, género de peces, y aquél del lat. *loricarius*, perteneciente a la loriga) *adj., Zool., Amér. del S.* Se dice de los peces teleóstomos, propios de los ríos y lagos sudamericanos, de cuerpo alargado y recubierto de placas, boca chupadora y capaces de arrastrarse a tierra y respirar mientras pasan de unos ríos a otros.

loro (del caribe *roro*) *s. m.* **1.** *fig., Chil.* Persona enviada con disimulo para averiguar alguna cosa. **2.** *fig., Chil.* Orinal de cristal para los enfermos que no pueden enderezarse en la cama. **3.** *fig., Chil.* Tormento para que los reos declaren la verdad.

lote (del fr. *lot*) *s. m., Méx.* Conjunto de mercancías que se vende a bajo precio.

loyo (del arauc. *loyún*, estar pegado al suelo) *s. m., Bot., Chil.* Hongo comestible, de buen sabor, de la familia de los himenomicetos.

luan (voz araucana) *adj.* **1.** *Chil.* Se aplica al color amarillento y al gris claro. ‖ *s. m.* **2.** *Zool., Chil.* Guanaco.

luche[1] *s. m., Chil.* Infernáculo o calderón, juego.

luche[2] (voz araucana) *s. m., Zool., Chil.* Alga marina comestible.

luchicán *s. m., Gastr., Chil.* Guiso en el que el primer ingrediente es el luche.

lucidez *s. f., vulg., Chil.* Lucimiento.

lúcumo (del quichua *lucma*) *s. m., Bot., Chil. y Per.* Árbol de la familia de las sapotáceas, cuyo fruto se guarda durante algún tiempo antes de comerlo.

luir (del lat. *ludere*) *v. tr.* **1.** *Náut., Méx.* Ludir. **2.** *Chil.* Arrugar, ajar. **3.** *Chil.* Bruñir el alfarero las vasijas de barro. ‖ *v. prnl.* **4.** *Chil.* Rozarse una cosa con otra, desgastarse.

luisa (de la reina española *María Luisa*, esposa de Carlos IV) *s. f., Bot., Per.* Planta de la familia de las verbenáceas, originaria de Perú, aromática, de jardín, cuyas hojas se usan en infusión.

lujar (del gall.-port. *luxar*, ensuciar) *v. tr., Cub., Ec. y Hond.* Dar lustre al calzado.

lulo *s. m., Chil.* Envoltorio, lío o paquete, no muy grande y de forma cilíndrica.

luma (voz araucana) *s. f.* **1.** *Bot., Chil.* Árbol de la familia de las mirtáceas cuya madera se usa para ejes y camas de carretas, y su fruto para dar mejor sabor a la chicha. **2.** *Bot., Chil.* Madera de este árbol.

lumbeta *s. f., Chil.* Especie de plegadera que usan los encuadernadores.

lumilla *s. f., Chil.* Madero de luma labrado, en especial el que se vende para pértigos de carreta.

luminista (de *iluminación*) *adj., Chil.* Se dice del pintor que sobresale en dar efectos de luz a sus cuadros. **GRA.** También s. m. y s. f.

lunarejo, ja (de *lunar*) *adj.* **1.** *Arg.* Se dice del animal que tiene uno o más lunares en el pelo. **2.** *Arg., Col. y Per.* Se dice de la persona que tiene uno o más lunares.

lunes, hacer *loc., fig., Méx.* Prolongar la diversión del domingo hasta el lunes.

lunfardo *s. m., Arg.* Jerga o germanía de los ladrones y rufianes, especialmente en los arrabales de la ciudad de Buenos Aires.

luquete (de *aluquete*, y éste del ár. *wuqáid*, fósforo) *s. m.* **1.** *Chil.* Pedazo de tierra sin arar que queda en un barbecho. **2.** *Chil.* Espacio más o menos redondo que queda calvo en la cabeza. **3.** *Chil.* Tizne, mancha o agujero redondo en la ropa.

lurio, ria *adj.* **1.** *Méx.* Demente, loco. **2.** *Méx.* Pedante, fatuo.

lustrear (de *lustrar*) *v. tr., Chil.* Lustrar, dar lustre.

lustrina (de *lustre*) *s. f., Chil.* Betún para el calzado.

luces (del lat. *lux, lucis*, luz) *s. f. pl., fig., Méx.* Fiestas nocturnas.

mabinga *s. f.* **1.** *Cub. y Méx.* Estiércol. **2.** *Cub. y Méx.* Tabaco de calidad inferior.

mabita *s. f., Ven.* Mal de ojo.

macá *s. m., Zool., Arg.* Ave palmípeda, especie de somormujo.

macachín *s. m., Bot., Arg. y Ur.* Planta oxalidácea, de flores amarillas y violadas en otoño, hojas parecidas a las del trébol y tubérculo comestible.

macacinas *s. m. pl., Hond. y Méx.* Zapatos toscos, de cuero, sin tacón, usados por los habitantes originarios de la zona.

macaco[1] *s. m., Numism., Hond.* Moneda macuquina del valor de un peso.

macaco[2] (del port. *macaco*, voz de Angola que designa una especie de mona) *adj., fig., Cub., Chil. y Méx.* Feo, deforme. .

macacoa *s. f.* **1.** *Ven.* Murria, tristeza. **2.** *P. Ric.* Mala suerte.

macagua (voz caribe) *s. f.* **1.** *Zool., Amér. del S.* Ave rapaz diurna que habita en los bosques; se alimenta de cuadrúpedos pequeños y de reptiles. **2.** *Zool., Ven.* Serpiente venenosa de cerca de dos m de largo, que vive a orillas del mar en las regiones cálidas. **3.** *Bot., Cub.* Árbol silvestre moráceo, de flores blancas, y cuyo fruto, del tamaño de la bellota, aunque sin cáscara, comen los cerdos. Su madera se usa en carpintería.

macagüita (dim. de *macagua*) *s. f.* **1.** *Bot., Ven.* Palma espinosa, de color oscuro con manchas blanquecinas, cuyo fruto es un coco pequeño y casi negro. **2.** *Bot., Ven.* Fruto de este árbol.

macal (voz maya) *s. m., Bot., Méx.* Tubérculo semejante a la yuca.

macana[1] *s. f., Bol., Col., Ec. y Ven.* Chal de algodón usado por las mujeres mestizas.

macana[2] (voz indígena americana, a través del taíno) *s. f.* **1.** *Cub.* Garrote grueso de madera dura. ‖ *s. m.* **2.** *Arg., Per. y Ur.* Embuste. ‖ **LOC. ¡qué macana!** *fig., Arg.* Expresión que indica contrariedad.

macaneador, ra *adj., Arg.* Se dice de la persona que suele decir macanas.

macanear *v. tr.* **1.** *Arg., Bol., Chil., Par. y Ur.* Contar o inventar paparruchas. **2.** *Arg.* Hacer mal una cosa. ‖ *v. intr.* **3.** *Col. y Hond.* Trabajar con asiduidad. ‖ *v. tr.* **4.** *Cub., P. Ric. y Rep. Dom.* Golpear con la macana.

macano *s. m., Chil.* Color oscuro que se usa para teñir lana.

macanudo, da (de *macana*) *adj., fam.* Extraordinario, excelente, magnífico.

macao *s. m., Zool., Chil.* Crustáceo parecido al ermitaño, del que hay varias especies.

macaz *s. m., Zool., Per.* Especie de paca, mamífero roedor.

macazuchil (del nahuatl *meca zochitl*, de *mecalt*, cuerda, y *zochitl*, flor) *s. m., Bot.* Planta piperácea, cuyo fruto empleaban los mexicanos para perfumar el chocolate y otras bebidas.

maceta *s. f.* **1.** *Bol.* Cachiporra para clavar estacas. **2.** *Chil.* Ramillete, mazo de flores. **3.** *fig. y vulg., Méx.* Cabeza.

machaje *s. m., Chil., Bol. y Arg.* Conjunto de animales machos, especialmente mulos.

machango, ga *adj.* **1.** *Chil.* Machacón. **2.** *Cub.* Se dice de las personas de modales torpes y groseros. ‖ *s. m.* **3.** *Zool., Cub. y Ven.* Especie de mono.

macharse (de *macho*) *v. prnl., Arg.* Emborracharse.

machete (dim. de *macho*) *s. m., Hond. y Nic.* Cuchillo grande para cortar la caña de azúcar.

machetear *v. intr., Col.* Porfiar.

machetero s. m., Méx. Trabajador.

machi s. m. y s. f., Chil. Curandera o curandero de oficio.

máchica (del quichua machka) s. f., Gastr., Per. Harina de maíz tostado mezclada con azúcar y canela.

machigua s. f., Hond. Lavazas de maíz.

machincuepa (del azt. maitl, mano, y tzincueptli, de tzintli, trasero, y cueptil, vuelta) s. f. **1.** Méx. Voltereta que se da poniendo la cabeza en el suelo y dejándose caer sobre la espalda. **2.** Méx. Por ext., cambio de bando en política o en cualquier orden de ideas.

macho (del lat. masculus) s. m. **1.** Cub. Grano de arroz con cáscara. **2.** Gastr., Hond. Trozo de tortilla amasada con queso que se da a los niños.

machote (del azt. machiotl, señal, comparación, ejemplo) s. m. **1.** Méx. Señal que se pone para medir los destajos en las minas. **2.** Hond. Borrador, dechado, modelo.

machucante s. m., fam., Col. Sujeto, individuo.

machuelo s. m., Chil. Saca, alosa.

maciega s. f., Bot., Amér. del S. Hierba que nace en los lugares pantanosos y a orillas de los ríos, de hoja parecida a la de la espadaña.

macío s. m., Bot., Cub. Espadaña.

macollo s. m., Bot., Hond. Macolla.

macón adj., Col. Grandote, muy grande.

macondo s. m., Bot., Col. Árbol bombáceo, de 30 a 40 m de altura, semejante a la ceiba.

macono s. m., Zool., Bol. Ave canora de los bosques.

macuco, ca (der. regresivo de macuquino) adj. **1.** Chil. Cuco, taimado. ‖ s. m. **2.** Arg. y Col. Muchacho grandullón.

macuelizo s. m., Bot., Hond. Árbol cuya madera sirve para hacer yugos.

macuenco, ca (cruce de manco y enclenque) adj., Cub. Flaco, débil. Se aplica generalmente a los animales.

macurca s. f., Chil. Agujetas.

macuto (de or. incierto, quizá negroafricano) s. m., Cub. y Ven. Cesto de caña, o saco de palma o cabuya que usan los pobres para recoger las limosnas.

madama (del fr. madame) s. f., Bot., Cub. Balsamina, planta.

madi s. m., Chil. Madia, melosa.

madia s. f., Bot., Chil. Planta de cuya semilla se extrae un aceite tan fino como el de oliva.

madre (del lat. mater, -tris) s. f., fig. Cub. Carbonera, pila de leña para ser carbonizada.

madrejón (de madre) s. m., Arg. Cauce seco de un río.

madrina (del lat. matrina, de mater, -tris, madre) s. f. **1.** Col., Par. y Ven. Manada pequeña de ganado manso que sirve para reunir o guiar el bravío. **2.** Hond. Cualquier animal manso al que se ata otro cerril para domarlo.

madrinero, ra adj., Ven. Se dice del ganado que sirve de madrina.

madroño (quizá prerrom.) s. m., Bot., Méx. Lirio que florece en mayo.

mafia (del ital. mafia) s. f., P. Ric. Engaño, trampa.

magancear (por alusión al traidor Galalón, natural de Maganza) v. intr., Col. y Chil. Trapacear, remolonear.

magancia (de magancés) s. f., Chil. Trapacería, engaño.

maganza s. f., Col. Holgazanería.

maganzón, na s. m. y s. f., Col. y C. Ric. Mangón, holgazán.

magua s. f., Cub. Chasco, decepción.

maguarse (de magua) v. prnl., Cub. Llevarse chasco.

maguey (voz antillana) s. m. **1.** Bot., Bol. Pita, planta. **2.** Bot., Bol. Tallo delgado de la pita.

magüira s. f., Bot., Cub. Güira cimarrona.

maiceado, da adj., Hond. Calamocano.

maicería s. f., Cub. y Méx. Establecimiento en que se vende maíz.

maicillo (de maíz) s. m. **1.** Chil. Arena de color amarillento y bastante gruesa, utilizada para cubrir el pavimento de patios y jardines. **2.** Bot., Hond. Mijo.

maitén (voz araucana maghtén) s. m., Bot., Chil. Árbol de la familia de las celastráceas, de hojas dentadas, flores en campanilla y de color purpúreo, y madera dura de color anaranjado.

maitencito *s. m., Chil.* Juego de niños parecido al de la gallina ciega.

majada (del lat. *maculata*, de *macula*, malla de una red) *s. m., Arg. y Chil.* Manada de ganado lanar.

majaderear *v. tr., fam.* Importunar, molestar. **GRA.** También v. intr.

majado, da *adj.* **1.** *Gastr., Chil.* Se dice del trigo o maíz que, remojado en agua caliente, se tritura y se come guisado de distintas maneras. || *s. m.* **2.** *Gastr., Chil.* Postre o guiso hecho con este maíz o trigo.

majagua (del ant. *damahagua*, y éste del taíno de las grandes Antillas) *s. f., Bot., Cub.* Árbol americano de la familia de las malváceas, de tronco grueso, hojas grandes, flores de color purpúreo y fruto amarillo.

majamama *s. f., Chil.* Enredo, engaño solapado, especialmente en negocios.

majeño *s. m., Bot., Bol.* Variedad de plátano de color morado, comestible.

mal (apóc. de *malo*) *adj., Med., Hond.* Epilepsia.

malacara *adj., Arg.* Se dice del caballo o yegua que tiene una lista blanca en la frente.

malacate (del náhuatl *malákatl*, huso, cosa giratoria) *s. m., Hond. y Méx.* Huso para hilar.

malamistado, da *adj.* **1.** *Chil.* Enemistado. **2.** *Chil.* Amancebado.

malarrabia *s. f., Gastr., Cub.* Dulce de plátano, batata, etc., en almíbar.

malatoba *s. m., Zool., C. Ric., Chil. y Per.* Gallo de color almagrado claro, con las alas algo más oscuras y algunas plumas negras en la pechuga.

malatobo *s. m., Zool., Cub.* Malatoba.

malaya *s. f., Chil.* Carne de la res vacuna que se encuentra encima de los costillares.

malcontado *s. m., Chil.* Dinero que se da a los tesoreros y contadores con el fin de compensar por las pérdidas que tengan, debidas a equivocaciones en las cuentas.

malcote *s. m., Bot., Hond.* Árbol parecido al roble.

malcriadez *s. f.* Grosería, indecencia.

maldadoso, sa *adj.* **1.** *Chil. y Méx.* Acostumbrado a cometer maldades. **GRA.** También s. m. y s. f. **2.** *Chil. y Méx.* Que tiene o implica maldad.

maleta (del ant. fr. *malete*, dim. de *male*, baúl) *s. f.* **1.** *Chil.* Alforja. **2.** *Ec.* Lío de ropa.

maletera *s. f., Col.* Maleta.

maletero, ra *s. m.* **1.** *Chil.* Cortabolsas, ratero. **2.** *Hond.* Criado que en los viajes lleva la maleta y caballería en que éste va montado. **3.** *Ec.* Maletín de grupo. || *s. f.* **4.** *Col.* Maleta.

malevaje *s. m., Arg., Par. y Ur.* Conjunto de malevos.

malevo, va *adj., Arg., Par. y Ur.* Malhechor.

maleza (del lat. *malitia*, maldad) *s. f., Med., Arg. y Chil.* Podre, pus.

malgeniado, da *adj., Col. y Per.* Que tiene mal genio, irritable, corajudo.

malgenioso, sa *adj., Chil. y Méx.* Iracundo, de mal genio.

malla (del lat. *macula*, malla de red, a través del fr. *maille*) *s. f.* **1.** *Arg., Per. y Ur.* Bañador femenino. **2.** *Bot., Chil. y Per.* Planta, especie de patata de tubérculo muy pequeño.

mallico *s. m., Bot., Chil.* Planta ranunculácea, con pedúnculos rádicales uniformes y hojas con apéndices.

mallo *s. m., Gastr., Chil.* Guiso hecho de papas cocidas o hervidas.

maloja *s. f., Bot., Cub. y Bol.* Malojo.

malojal *s. m., Ven.* Plantío de malojos.

malojero, ra *s. m. y s. f., Cub.* Persona que vende maloja.

malojo *s. m., Bot., Ven.* Planta de maíz para pasto de caballerías.

malro *s. m., Chil.* Maslo, tronco de la cola de las caballerías.

maltón, na *adj., Bol., Ec. y Per.* Grandullón.

maltraer *v. tr., Arg.* Reprender a alguien severamente.

maltraído, da *adj., Bol., Chil. y Per.* Mal vestido, desaseado.

malura *s. f., Chil.* Malestar, desazón.

malvón *s. m., Bot., Arg.* Planta geraniácea, con hojas afelpadas y flores generalmente rosadas o rojas.

mamada s. f., Chil. y Per. Ganga o ventaja a poca costa.

mamadera s. f. **1.** Amér. del S. Biberón. **2.** Cub. y P. Ric. Tetina del biberón.

mamalón, na adj., Cub. y P. Ric. Holgazán.

mamarse a alguien loc. **1.** fig. y fam. Vencerlo, engañarlo sin piedad. **2.** fig. y fam., Ec., Chil. y Per. Matarlo.

mamboretá (voz guaraní) s. f., Zool., Arg., Par. y Ur. Insecto ortóptero de color ceniciento y cuerpo delgado y largo, parecido a la santateresa o rezadora europea.

mambullita s. f., Chil. Gallina ciega.

mameluco (del ár. mamlûk, esclavo) s. m., Arg., Cub. y Chil. Pijama infantil de una sola pieza.

mamón s. m. **1.** Gastr., Méx. Especie de bizcocho que se hace de almidón y huevo. **2.** Hond. Garrote, palo.

mamoncillo s. m. **1.** Bot., Cub. Árbol de tronco corto y copa muy ancha, de fruto agridulce y astringente. **2.** Bot., Cub. Fruto de este árbol.

mamoneada s. f., Hond. Acción de mamonear.

mamonear v. tr., Hond. Dar golpes con un mamón.

mampato, ta adj., Zool., Chil. Se dice del animal que tiene las patas cortas.

mampuesto s. m., Chil. Cualquier objeto en que se apoya el arma de fuego para tomar mejor la puntería.

mana (de manar) s. f., Col. Manantial, origen.

maná (del lat. manna, del gr. mánna) s. m., Gastr., Bol. Dulce de maní.

manaca s. f., Bot., Cub. y Hond. Especie de palma de América Central.

manaco s. m., Bot., Guat. Manaca.

managuaco, ca adj. **1.** Cub. Se dice del animal manchado de blanco en las patas, en el hocico, etc. **2.** Cub. Se dice de la persona rústica, torpe.

manajú s. m., Bot., Cub. Árbol silvestre, del cual se extrae una resina amarilla, muy apreciada para curar heridas.

mancacaballos s. m., Zool., Chil. Insecto coleóptero que pica a las caballerías en el casco, entre la uña y la carne.

mancaperro s. m., Zool., Cub. Insecto, especie de ciempiés.

mancarrón, na adj. **1.** Arg., Chil. y Per. Se dice de la persona que se ha inutilizado para el trabajo. **2.** Chil. y Per. Caballón o empalizada para contener o desviar el curso de una corriente de agua.

mancha (del lat. macula) s. f. **1.** Ec. Enfermedad del cacao. **2.** Arg. Carbunco del ganado. **3.** Hond. Círculo pequeño que se señala en el suelo para cierto juego de trompos.

manchar (del lat. maculare) v. tr., Hond. Jugar a los trompos dándoles cachadas.

manchón[1] s. m., Hond. Plantío de jiquiletes.

manchón[2] (del fr. manche, manga) s. m., Chil. Manguito para llevar abrigadas las manos.

manchonero, ra s. m. y s. f., Hond. Persona que trabaja el añil.

manco (del lat. mancus) s. m., Chil. Caballo malo y flaco.

mancorna s. f. **1.** Col., Chil., Méx. y Ven. Gemelos o juego de dos botones iguales. **2.** Méx. Broche, presilla.

mancornera s. f., Chil. Correa que sirve para levantar o bajar los estribos, cuando la acción es fija.

mancuerna (de mancornar) s. f. **1.** Cub. Porción de tallo de la planta del tabaco con un par de hojas adheridas a él. **2.** Filip. Pareja de presidiarios unidos por una misma cadena.

mandar (del lat. mandare) v. tr. **1.** Chil. Dar la voz de partida en carreras u otros juegos semejantes. || v. prnl. **2.** Amér. del S. Marcharse, irse, largarse. **3.** Chil. Ofrecerse alguien para un mandato o diligencia.

mandí (voz guaraní) s. m., Zool., Arg. Pez, especie de bagre, de carne muy delicada.

mandil (del ár. mandil, y éste del lat. tardío mantile) s. m., Arg. y Chil. Paño con que se cubre el lomo de las cabalgaduras.

mandinga s. m. **1.** fig. y fam., Arg. Muchacho travieso. **2.** fig. y fam., Arg. Encantamiento, brujería.

mandón *s. m.* **1.** *Chil.* Persona que da la voz de partida en las carreras de caballos. **2.** Capataz de mina.

mandubí *s. m., Arg.* Maní.

maneador *s. m., Amér. del S.* Tira larga de cuero que sirve para atar el caballo, apiolar animales y otros usos.

manejar (del ital. *maneggiare*) *v. tr., Amér. del S.* Conducir un vehículo.

maneto, ta *adj., Guat. y Ven.* Patizambo.

manga (del lat. *manica*) *s. f., Amér. del S.* Callejón que se forma entre dos estacadas a la entrada de un corral.

manganear (de *manganilla*) *v. tr., Per.* Fastidiar, importunar.

manganeta *s. f., Hond.* Manganilla, engaño.

manganzón, na (de *mangar*) *adj., Col., Ec., Hond., Per. y Ven.* Holgazán, mangón. **GRA.** Se usa más como s. m. y s. f.

mangar (del gitano *mangar*, pedir, mendigar) *v. tr., Cub.* Burlarse de alguien.

mangón (del lat. *mango, -onis*) *s. m., Arg.* Cerco para encerrar lana.

mangrullo (del guaraní *mangurú*, atalaya) *s. m.* **1.** *Arg.* Atalaya dispuesta en el ramaje de un árbol. **2.** *Arg.* Palo alto a modo de cucaña en el que alguien se encarama para otear. **3.** *Arg.* Especie de bagre muy grande.

manguear *v. tr., Arg. y Chil.* Acosar al ganado para que entre en la manga.

manguera (de *manga*) *s. f., Arg.* Corral cercado.

manguilla *s. f.* **1.** *Chil.* Manga postiza. **2.** *Chil.* Manguito, media manga.

manguindó *s. m., Cub.* Hombre holgazán.

manicato, ta *adj., Cub.* Esforzado, valiente.

manicero, ra *s. m. y s. f., Cub.* Persona que vende manises.

manigordo (de *mano* y *gordo*) *s. m., Zool., C. Ric.* Ocelote.

manigua (voz taína) *s. f.* **1.** *Cub.* Terreno cubierto de maleza tropical. **2.** *Col. y Ven.* Bosque tropical pantanoso.

manisero, ra (de *manises*, pl. de *maní*) *adj., Amér. del S.* Vendedor de maní tostado.

manito (apóc. de *hermanito*) *s. m., fam., Méx.* Forma amistosa de dirigirse en confianza a otra persona.

manizuela *s. f., Chil.* Piquera de tonel u odre.

manjarete *s. m., Gastr., Cub.* Dulce hecho con maíz tierno rallado, leche y azúcar.

manjúa (de or. incierto, probablemente del ant. fr. *manjue*, comida, alimento) *s. f., Zool., Cub.* Pececillo parecido a la sardina, de color plateado y boca muy abierta.

manjuarí (de *manjúa*) *s. m., Zool., Cub.* Pez de agua dulce, de la familia de los lepidosteidos.

mano[1] (del lat. *manus*) *s. m.* **1.** *Ec.* Reunión de seis cosas de la misma especie. **2.** *Amér. C. y Méx.* Gajo de plátanos.

mano[2] *s. m., Arg., C. Ric., Méx. y P. Ric.* Aféresis de hermano, amigo, compañero.

manobrar (de *mano* y *obrar*) *v. tr., Chil.* Maniobrar.

manojear (de *manojo*) *v. tr., Cub. y Chil.* Poner en manojos las hojas del tabaco.

manojo (alter. del lat. *manipulus*, puñado, por influjo del suf. *-uculus*) *s. m., Cub.* Atado de tabaco en rama, que tiene aproximadamente unas dos libras.

manseque (primera palabra de los versos que se recitan al ejecutar este baile) *s. m., Chil.* Baile infantil.

manso, sa (del lat. vulg. *mansus, -a*, que sustituyó al lat. cl. *mansuetus*, p. p. de *mansuescere*, amansarse, comp. de *manus* y *suescere*) *adj., vulg., Chil.* Grande, extraordinario.

manta[1] (de *manto*) *s. f., Méx.* Tela ordinaria de algodón.

manta[2] *s. f.* **1.** *Mús., Col.* Cierto baile popular. **2.** *Zool., Col.* Pez de gran tamaño del mar Caribe, que puede llegar a pesar tres toneladas.

mantaca *s. f., Chil.* Manta de hilos gruesos, que se usa para abrigo en los campos.

mantadril *s. m., Hond.* Tela ordinaria de algodón, azul o blanco.

manteado (de *mantear*) *s. m., Hond.* Tienda de campaña.

mantearse (de *manto*) *v. prnl., Chil.* Convertirse en manto una veta de metal.

mantequillera *s. f., Amér. del S.* Recipiente en que se guarda o se sirve la manteca.

mantequillero, ra *s. m. y s. f.* **1.** *Amér. del S.* Persona que hace o vende manteca. ‖ *s. m.* **2.** *Amér. del S.* Recipiente en que se sirve la manteca.

mantilla (de *mantillo*) *s. m., fig., Hond.* Hombre cobarde.

mantudo, da (de *manta*) *s. m. y s. f., C. Ric. y Hond.* Máscara, persona enmascarada.

manubrio (del lat. *manubrium*) *s. m., Arg.* Manillar de una bicicleta.

manzanero *s. m., Bot., Ec.* Manzano.

manzanilla (dim. de *manzana*) *s. f., Bot., Hond.* Planta que produce una almendra con la que se hace jabón.

manzanillo (de *manzanilla*) *s. m., Bot., Amér. del S.* Árbol de la familia de las euforbiáceas, de hojas pecioladas y de color verde oscuro, flores blanquecinas y fruto drupáceo.

manzano (de *manzana*) *s. m., Bot., Méx. y P. Ric.* Variedad de plátano de fruto pequeño muy dulce y suave.

mañigal *s. m., Chil.* Sitio poblado de mañíus.

mañíu *s. m., Bot., Chil.* Árbol de madera muy apreciada, parecido al alerce.

maño, ña (de or. incierto) *s. m. y s. f.* **1.** *Chil.* Hermano. **2.** *Chil.* Expresión cariñosa entre personas que se quieren bien.

mañosear *v. intr., Chil.* Proceder astutamente.

mapachín *s. m., Zool., Guat. y Hond.* Mapache.

mapanare *s. f., Zool., Ven.* Culebra muy venenosa de Venezuela, que alcanza hasta dos metros de longitud.

mapo (voz indígena) *s. m., Zool., Cub.* Pez de agua dulce y de carne poco estimada.

mapurite (del caribe *maipurí*) *s. m., Zool., Amér. C.* Especie de mofeta.

mapurito *s. m., Zool., Col. y Ven.* Mapurite.

maqueño *s. m., Bot., Bol.* Especie de plátano grande.

maqui (voz araucana) *s. m., Bot., Chil.* Arbusto liliáceo, de bayas moradas, dulces y un poco astringentes, que se usan para hacer confituras, chicha, etc.

maquila (del ár. vulg. *makîla*, medida de capacidad) *s. f., Hond.* Medida de peso de cinco arrobas.

maquilo *s. m., Zool., Arg. y Bol.* Nutria.

máquina (del lat. *machina*, y éste del gr. dórico *machanâ*) *s. f.* **1.** *Cub.* Automóvil. **2.** *Chil.* Asalto que dos o más personas dan a otra. **3.** *Chil.* Entre comerciantes, juego de compadres.

mará (voz mapuche) *s. m., Zool.* Mamífero roedor de la familia de los cávidos, llamado también liebre de las pampas, de pelaje grisáceo, cola corta y orejas largas.

marabino, na *adj., Ven.* Maracaibero.

marabú (del fr. *marabont*) *s. m., Bot., Cub.* Planta leguminosa herbácea, muy perjudicial para los cultivos.

maraca (del caribe o arauaco *maraka*) *s. f.* **1.** *Mús., Ant., Ven. y Col.* Instrumento musical, consistente en una calabaza seca, con granos de maíz o chinas en su interior, para acompañar el canto. **2.** *Chil. y Per.* Juego de azar, que se juega con tres dados que, en vez de puntos, tienen figurados un sol, un oro, una copa, una estrella, una luna y un ancla. **3.** *fig., Chil.* Prostituta.

maracá (del guaraní *mbarakâ*) *s. f., Arg., Col. y Ven.* Maraca.

maracaná (voz guaraní) *s. m., Zool., Arg.* Guacamayo.

maracayá (del guaraní *maracayara*, guardia de la maraca) *s. m., Amér. del S.* Tigrillo.

maracure *s. m., Bot., Ven.* Bejuco del que se extrae el curare.

marañento, ta *adj., Chil.* Marañero. **GRA.** También *s. m. y s. f.*

marañón (voz indígena) *s. m., Bot., Amér. C.* Árbol de la familia de las anacardiáceas, cuyo fruto, sostenido por un pedúnculo grueso en forma de pera, es una nuez de cubierta cáustica y con almendra comestible.

marañuela *s. f.* **1.** *Bot., Cub.* Capuchina. **2.** *Bot., Cub.* Flor de esta planta.

marapa *s. f., Bot., Méx.* Especie de ciruela, fruto del jobo.

maray (del quichua *maran*, piedra de moler) *s. m., Chil.* Cada una de las dos piedras que forman el trapiche u otros aparatos parecidos, como molinos, tahonas, etc.

marbella *s. f., Zool., Cub.* Ave acuática del tamaño de la gallina, de cuello muy largo y plumaje negro.

marcela *s. f., Bot., Arg.* Planta aromática y medicinal.

marchador, ra *adj., Cub. y Chil.* Amblador.

marchamo (del ár. *marsám*) *s. m., Arg. y Bol.* Impuesto que se cobra por cada res que se mata en los mataderos públicos.

marchante *s. m. y s. f., Amér. del S.* Persona que acostumbra a comprar en una tienda.

marchantería *s. f., Cub.* Clientela.

marchar (del fr. *marcher*, y éste del fránc. *markôn*, dejar una huella) *v. intr., Cub. y Chil.* Amblar.

margesí *s. m., Per.* Inventario de los bienes de una corporación.

margullar *v. tr., Bot., Cub.* Acodar plantas.

margullo *s. m., Cub. y Ven.* Acodo.

mariguanza *s. f.* **1.** *Chil.* Ceremonias supersticiosas de manos que hacen los curanderos. **GRA.** Se usa más en pl. **2.** *Chil.* Gestos con que se hace burla. **GRA.** Se usa más en pl. **3.** *Chil.* Pirueta, salto y movimiento que se hace en bailes y otros ejercicios. **GRA.** Se usa más en pl.

marimba (voz africana) *s. f.* **1.** *Mús.* Instrumento musical, de origen africano, que se utiliza en América. Es una especie de tímpano o xilófono de gran tamaño. **2.** *fam., Arg.* Castigo riguroso, paliza.

marina *s. f., Chil.* Escuela naval.

marinamo, ma (voz mapuche) *adj.* **1.** *Chil.* Se aplica al pollo o gallina que tiene cinco dedos en una o ambas patas. **2.** *Chil.* Se dice del individuo que tiene un dedo de más o los tiene deformados. **GRA.** También s. m. y s. f.

marinera *s. f., Mús., Chil., Ec. y Per.* Cierto baile popular.

mariposa (comp. en el sentido de 'María, pósate', quizá procedente de una canción infantil) *s. m.* **1.** *Bot., Cub.* Arbusto de flores blancas y perfumadas. ‖ *s. f.* **2.** *Hond.* Tronera, juguete de muchachos. **3.** *Chil. y Méx.* Arrequife.

mariposeador, ra *adj., Per.* Que mariposea.

mariquita (dim. de *marica*) *s. f., Gastr., Cub.* Miel o almíbar mezclado con queso fresco.

maritata (probablemente explicable por una advertencia doméstica exhortando a respetar los bártulos: «¡María, tate!», 'ten cuidado') *s. f.* **1.** *Chil.* Canal para recoger el mineral en polvo. **2.** *Chil.* Cedazo de tela metálica usado por los mineros.

maritates *s. f. pl., Guat. y Hond.* Trebejos, chismes, baratijas.

marlo (de *maslo*) *s. m., Bot., Arg., Col. y Méx.* Espiga del maíz desgranada.

marmaja (de *marcajita*) *s. f.* **1.** *Col. y Méx.* Marcasita. ‖ *s. f. pl.* **2.** *Hond.* Sulfuros que contienen a veces plata u oro.

marmajera *s. f., Méx.* Salvadera, arenero.

marmolina *s. f.* **1.** *Chil.* Murmuración. **2.** *Arg.* Mármol poroso, menos fino que el común.

marocha *s. f., Hond.* Muchacha sin juicio, locuela.

maroma (del ár. *mabrûma*, cuerda trenzada, retorcida) *s. f.* **1.** *Amér. del S.* Función de circo en la que se realizan acrobacias, volatines, etc. **2.** *Amér. del S.* Cambio oportunista de ideas o partido político.

maromear *v. intr., Amér. del S.* Bailar el volatinero en la maroma o hacer en ella volatines.

maromero, ra (de *maroma*) *s. m. y s. f.* **1.** *Amér. del S.* Acróbata, volatinero. ‖ *adj.* **2.** *Cub., Méx. y Per.* Se dice del político versátil.

marota *s. f., Méx.* Marimacho.

marquesa (del fr. *marquise*) *s. f.* **1.** *Chil.* Especie de catre de madera fina y tallada. **2.** Marquesina, cobertizo.

marquesote *s. m., Gastr., Hond.* Torta de figura de rombo, hecha de harina de arroz o de maíz, con huevo, azúcar, etc.

marqueta (de *marca*) *s. f.* **1.** *Chil.* Fardo de tabaco en rama. **2.** *Chil.* Fardo de chancaca en el cual están los panes bien acondicionados. **3.** *Gastr., Ec.* Pasta de chocolate sin labrar. **4.** *Méx.* Mercado.

marraqueta *s. f., Gastr., Chil.* Pan de forma parecida a la de la bizcochada.

marro (de *marrar*) *s. m., Méx.* Mazo.

marrueco *s. m., Chil.* Bragueta.

marrulla *s. f., Col.* Marrullería.

marta (de *Marta*, hermana de Lázaro) *s. f., Chil.* Mujer o niña que vive en una congregación religiosa y ayuda a éstas en las tareas domésticas.

martajar *v. tr.* **1.** *Hond. y Méx.* Picar, quebrar el maíz en la piedra. **2.** *Hond. y Méx.* No saber una cosa que debió aprenderse de memoria.

martineta (quizá de *martinete*, martín pescador) *s. f., Zool., Amér. del S.* Perdiz de las pampas.

marucho *s. m.* **1.** *Zool., Chil.* Capón que crea la pollada. **2.** *fig., Chil.* Mozo que va montado en la yegua caponera.

maruga *s. f.* **1.** *Bot., Cub.* Planta leguminosa. **2.** *Mús., Cub.* Maracá, instrumento musical. **3.** *Cub.* Sonajero.

masaco *s. m., Gastr., Bol.* Amasijo de plátano asado, molido en mortero, con queso o picadillo de carne.

masato (voz caribe) *s. m.* **1.** *Gastr., Ec., Col. y Per.* Bebida fermentada de plátano, yuca o mandioca, y de maíz. **2.** *Gastr., Arg. y Col.* Dulce hecho con coco rallado, harina, maíz y azúcar. **3.** *Gastr., Per.* Mazamorra de plátano, yuca o boniato.

mascada *s. f.* **1.** *Chil.* Bocado o porción de comida que cabe de una vez en la boca. **2.** *Arg.* Mascadura, o porción de tabaco que se masca. **3.** *Méx.* Pañuelo de seda que se lleva en el bolsillo o puesto al cuello. **4.** *fig., Arg.* Utilidad, cosa que aprovecha. ‖ **LOC. dar una mascada a alguien** *fig. y fam., Amér. C.* Reprenderle, echarle la bronca.

mascadura *s. f.* **1.** *Gastr., Hond.* Pan o bollo que se toma con el café o chocolate. **2.** *P. Ric.* Pedazo de tabaco para mascar.

mascón *s. m., Hond.* Estropajo.

mascota (del fr. *mascotte*) *s. f., Méx.* Tela cuyo dibujo forma cuadros negros y blancos.

masi *s. f., Zool., Bol.* Especie de ardilla.

masita (dim. de *masa*) *s. f., Arg.* Pastel.

mata (de or. incierto, probablemente del lat. tardío *matta*, estera) *s. f.* **1.** *Bot.* Planta de tallo bajo, ramificado y leñoso, que vive varios años. **2.** *Méx.* Monte pequeño. **3.** *Ven.* Grupo de árboles en una llanura. ‖ **4. mata virgen** *Bot., Per.* Mimosa púdica.

matacallos (de *matar* y *callos*) *s. m., Bot., Chil. y Ec.* Planta semejante a la siempreviva, cuyas hojas se emplean para curar los callos.

matacán (de *matar* y *can*) *s. m.* **1.** *Ec.* Entre cazadores, cervato. **2.** *Hond.* Ternero grande y gordo.

mataco *s. m.* **1.** *Zool., Arg.* Especie de armadillo. **2.** *Etn., Arg.* Pueblo indígena de Argentina, Paraguay y Bolivia.

matadero *s. m., Chil.* En las riñas de gallos, el testuz de éstos.

matagallegos *s. m., Gastr., Cub.* Panatela muy empalagosa.

matagusano *s. m., Gastr., Guat. y Hond.* Conserva que se hace de corteza de naranja y miel de rapadura.

matahambre *s. m.* **1.** *Gastr., Cub.* Dulce de yuca, huevo y otros ingredientes. **2.** *Gastr., Cub.* Loncha de carne sacada de entre el cuero y el costillar de los animales vacunos.

matalotaje (de *matalote*) *s. f., Amér. del S.* Equipaje y provisiones que se llevan a lomo en los viajes por tierra.

matambre (de *matar* y *hambre*) *s. m.,* *Arg.* Matahambre.

matancero *s. m., Chil., Méx. y Per.* Matarife.

matanga *s. f., Méx.* Rebatida, juego infantil en el cual uno procura quitarle al otro un objeto que éste tiene en la mano, dándole un golpe en ella.

matapalo *s. m.* **1.** *Bot., Amér. del S.* Árbol anacardiáceo, que da caucho, y de cuya corteza se hacen sacos. **2.** *Bot., Ec. y Hond.* Planta parásita que mata a los árboles en que abunda.

mataperico *s. m., Ven.* Capirotazo.

mataperrear *v. intr., Per.* Travesear, proceder como un mataperros.

matapiojos *s. m., Zool., Col. y Chil.* Caballito del diablo.

matasano *s. m., Bot., Hond.* Planta rutácea de fruto comestible, pero de acción narcótica.

matasapo *s. m., Chil.* Juego de muchachos parecido al de la apatusca.

matasarna *s. m., Bot., Ec. y Per.* Árbol leguminoso cuya madera cocida se emplea para curar la sarna.

matasuegra *adj., Chil.* Se dice de la persona que da conversación y entretiene a la madre, para que el novio converse más libremente con la hija.

matasuelo *s. m., Chil.* Costalada.

matate *s. m., Hond.* Red en forma de bolsa.

matatudo, da *adj., Bol.* Hocicudo.

matatús *s. m., Hond.* Matanga.

matazón *s. f., Cub.* Matanza de animales para el abastecimiento de una población.

mate (del quichua *máti,* calabacita) *s. m.* **1.** *Bot.* Planta aquifoliácea, de hojas lampiñas, oblongas y aserradas, flores axilares, blancas, en ramilletes apretados y fruto en drupa roja. **2.** *Bot.* Calabaza que seca, vaciada y convenientemente abierta o cortada, sirve para muchos usos domésticos, especialmente para tomar el mate. **3.** *Chil. y Per.* Lo que cabe en una de estas calabazas. **4.** Jícara o vasija de mate, y también de coco o de otro fruto semejante. **5.** *Gastr.* Infusión de hojas de hierbas de Paraguay que en toda América del Sur se toma a manera de té, y se considera como estomacal, excitante y nutritiva. **6.** *Bot., Cub.* Bejuco de tallos trepadores.

matear[1] (de *mate*) *v. intr.* **1.** Tomar mate. **2.** *Chil.* Mezclar un líquido con otro.

matear[2] (de *jaque mate*) *v. tr., Chil.* Dar mate a alguien en el ajedrez.

matero, ra (de *mate*) *adj.* Aficionado a tomar mate. **GRA.** También s. m. y s. f.

matete (del guaraní *matéte,* conjunto de casas reciamente unidas) *s. m.* **1.** *Quím., Arg.* Mezcla de sustancias deshechas en un líquido formando una masa inconsistente. **2.** *Arg.* Reyerta, disputa.

mático *s. m., Bot., Amér. del S.* Planta piperácea, cuyas hojas contienen un aceite esencial aromático y balsámico.

mato *s. m., Zool., Ven.* Especie de lagarto que suele andar empinado.

matoco *s. m., fam., Chil.* El diablo, el demonio.

matrerear *v. intr., Arg.* Vagabundear, andar por los montes huyendo de la justicia.

matrero, ra (de or. incierto) *adj.* **1.** *Arg.* Se dice de la persona que anda por los montes huyendo de la justicia. **2.** *Ec., Col. y Hond.* Se dice del toro mañoso.

matrimonio (del lat. *matrimonium*) *s. m., fig., Gastr., P. Ric.* Plato que se hace de arroz blanco y habichuelas guisadas.

matrimoño *s. m., Ec.* Matrimonio.

matropa *s. f., Med., Hond.* Histerismo.

maturrango, ga *adj.* **1.** *fam., Arg.* Se dice del mal jinete. **2.** *Chil.* Se dice de la persona pesada y tosca en sus movimientos.

maturranguero, ra *adj., Cub.* Marrullero, tunante, pícaro.

maulear *v. intr., Chil.* Hacer maulas o fullerías en el juego.

maure *s. m., Col.* Chumbe.

mayal *s. m.* **1.** *Cub.* Lugar poblado de mayas. **2.** *Chil.* Bosque de mayas.

mayocol (de *mayor* y el maya *col,* milpa) *s. m., Méx.* Mayordomo, capataz.

mayordomo (del lat. *maior,* mayor, y *domus,* casa) *s. m., Per.* Criado, sirviente.

mayu *s. m., Bot., Chil.* Nombre que dan en Chile a varios arbustos y árboles, principalmente a la planta leguminosa denominada en botánica "Sophora macrocarpa", y también a un árbol de buena madera que se cría en la isla de Juan Fernández.

maza (del lat. vulg. *mattea*) *s. f.* **1.** *Chil.* Cubo de la rueda. **2.** *Cub.* Cada uno de los dos o tres cilindros horizontales de madera forrados de hierro que hay en los trapiches para exprimir la caña.

mazacote (de or. incierto, probablemente del ár. *mashaqûnya,* a través del ital. *marzacotto,* barniz para vidriar loza) *s. m., Gastr., Arg.* Pasta hecha de los residuos del azúcar que quedan adheridos al fondo y paredes de la caldera.

mazacuate (del azt. *mazatl,* venado, y *coatl,* culebra) *s. m.* **1.** *Zool., Hond.* Especie de boa que se dice atrae con su aliento a los animales para devorarlos. **2.** *Hond.* Cosa larga y gruesa.

mazamorra (de or. incierto, quizá alter. del ár. *baq samât,* galleta de barco, y éste del gr. *paxamádion,* bizcocho) *s. f.* **1.** *Gastr., Amér. del S.* Comida de harina de maíz con azúcar o miel hervida. **2.** *Gastr., Amér. del S.* Bizcocho estropeado. **3.** *Gastr., Amér. del S.* Galleta rota que se aprovecha para hacer la calandraca. **4.** *Gastr., Arg. y Ur.* Maíz partido y cocido que, después de frío, se come añadiéndole a veces leche y azúcar.

mazorca (de or. incierto) *s. f., fig., Chil.* Junta de personas que forman un gobierno despótico.

mazorquero *s. m., Chil.* Bandolero que forma parte de un gobierno despótico.

meada (de *mear*) *s. f.* **meada de araña** *Veter., Chil.* Enfermedad del ganado vacuno, especie de herpes.

meca *s. f., Chil.* Excremento o estiércol humano o de bestia.

mecapal (del náhuatl *mekapálli,* de *mékatl,* mecate, y *palli,* ancho) *s. m., Guat., Hond. y Méx.* Pedazo de cuero con dos cuerdas en los extremos que sirve para llevar carga a cuestas.

mecapalero, ra *s. m. y s. f., Guat., Hond. y Méx.* Cargador que usa el mecapal para cargar.

mecatazo *s. m., Hond. y Méx.* Latigazo, golpe dado con cuerda, bramante, etc.

mecate (del náhuatl *mékatl*) *s. m., Hond. y Méx.* Bramante, cordel de pita.

mecha (probablemente del fr. *mèche,* de or. incierto, tal vez de una base *mecca,* de or. prerromano) *s. f.* **1.** *Col., Per. y Ven.* Burla, broma, chanza. **2.** *Hond.* Contrariedad. **3.** *Chil.* Púa de vueltas en espiral de los taladros, barrenos, etc.

mechificar *v. intr., Ec., Per. y Ven.* Burlarse, mofarse.

mechonear *v. tr., Arg., Col. y Chil.* Mesar, desgreñar el cabello.

mechudo, da *adj., Chil. y Hond.* Mechoso.

meco, ca *adj., Zool., Méx.* Se dice de ciertos animales cuando tienen color bermejo con mezcla de negro.

medanal *s. m., Chil.* Terreno cenagoso de alguna extensión.

media (abrev. de *media calza*) *s. f.* Calcetín.

mediagua *s. f.* **1.** *Arq., Col. y Chil.* Tejado con declive en una sola dirección para la caída de las aguas. **2.** *Arq., Col. y Chil.* Edificio cuyo tejado está construido en esa forma.

mediano, na (del lat. *medianus,* del medio) *adj., Chil.* Mal usado por pequeño.

medicamentación *s. f., Chil.* Medicación.

medidor *s. m., Chil. y Per.* Contador de agua, electricidad, gas, etc.

medregal *s. m., Zool., Cub.* Pez acantopterigio, del que existen varias especies.

medriñaque (de or. desconocido) *s. m.* **1.** *Méx.* Tejido de fibras de abacá, burí, etc. que se usa en Europa y América para forrar y ahuecar los vestidos femeninos. **2.** *Méx. y Filip.* Especie de zagalejo corto.

meladora (de *melar*) *s. f., Cub.* La última paila en que se termina de cocer y purgar el guarapo.

melcochudo, da (de *melcocha* y *-udo*) *adj., Cub.* Se dice de toda sustancia blanda y correosa, como la melcocha.

melga *s. f.* **1.** *Col. y Chil.* Amelga. **2.** *Hond.* Parte pequeña de un trabajo no concluido.

melgar *v. tr., Chil.* Amelgar.

melificador (de *melificar* y *-dor*) *s. m., Chil.* Cajón de lata con tapa de vidrio, para extraer la miel de abeja separada de la cera.

melonada *s. f., Cub.* Torpeza, bellaquería.

melonzapote *s. m., Bot., Méx.* Nombre que dan en Jalisco a la papaya.

melosa *s. f., Bot., Chil.* Planta herbácea de la que se obtiene un aceite tan fino como el de oliva.

meltón *s. m., Cub.* Tejido burdo de lana empleado para hacer abrigos.

membrana (del lat. *membrana*) *s. f., Med., Chil.* Mal usado por difteria.

membrillada *s. f., Bot., Ec.* Membrillete.

membrillete *s. m., Bot., Per.* Planta silvestre de hoja parecida a la del membrillo.

memela *s. f., Gastr., Hond. y Méx.* Tortilla de masa de maíz con cuajada y panela más gruesa que la ordinaria y de forma ovalada, que se cuece con hojas frescas de plátano.

memorándum (del lat. *memorandum*, cosa que debe recordarse) *s. m.* **1.** *Chil.* En los bancos, certificado del depósito de dinero que dan al depositante. **2.** *Chil.* Papel con membrete. **3.** *Chil.* En los periódicos, sección en que se anuncian ciertos servicios públicos, como los de médicos, matronas, etc.

menequear *v. tr., Arg.* Mover o trasladar una cosa. **GRA.** También v. prnl.

menequeteo *s. m., Chil.* Meneo afectado y repetido.

mensal *adj., Col. y Méx.* Mengua.

menso, sa *adj., Méx.* Tonto, pesado.

menudencias (de *menudo* y *-encia*) *s. f. pl., Col. y Méx.* Menudillos o menudos de aves, reses, etc. Se usa también en algunas partes de España.

meocuil (del azt. *melt*, maguey, y *ocuilin*, gusano) *s. m., Zool., Méx.* Oruga que se cría en las pencas del maguey.

meque *s. m., Cub.* Golpe dado con la mano y especialmente con los nudillos.

mequiote (del azt. *melt*, maguey, y *quiotl*, quiote, tallo floral) *s. m., Bot., Méx.* Bohordo del mapuey.

merláchico, ca *adj., Méx.* Pálido, enfermo.

merolico, ca *s. m. y s. f.* **1.** *Méx.* Vendedor ambulante. **2.** *fig., Méx.* Charlatán, hablador.

merquén (del arauc. *medquéñ*, molido) *s. m., Gastr., Chil.* Ají con sal usado para condimentar la comida.

mesero, ra (de *mes*) *s. m. y s. f., Méx.* Camarero de restaurante.

mesino, na *adj., Hond.* Sietemesino.

mesón (del lat. *mansio, -onis*, con influjo del fr. *maison*) *s. m., Chil.* Mostrador de las cantinas.

mestizo (del lat. *mixticius*, de *mixtus*, mixto) *s. m., Chil.* Acemita.

metapaso *s. m., Col.* Cabrillas, juego infantil.

metelón, na *adj., Méx.* Entrometido.

metete *s. m. y s. f., Chil. y Cub.* Metemuertos, entrometido.

metido, da *adj., Chil. y Hond.* Se dice de la persona entrometida.

metlapil (del azt. *metlatl*, metate, y *pilli*, hijo, ayuda) *s. m., Méx.* Cilindro o rodillo con que se muele el maíz en el metate.

metraucán *s. m.* **1.** *Chil.* Bazofia. **2.** *Chil.* Mezcolanza, revoltijo.

meucar *v. intr., Chil.* Cabecear, dormitar.

meucón *s. m., Chil.* Cabezada.

mezcal (del náhuatl *mexcalli*) *s. m., Hond.* La fibra del mapuey preparada para hacer cabuya.

mezquinar *v. intr.* Escatimar.

mezquino, na (del ár. *miskîn*, pobre, desgraciado) *s. m., Col., Hond. y Méx.* Verruga.

micada (de *mico*) *s. f., Guat. y Hond.* Monada.

miche *s. m., Chil.* Juego infantil que consiste en hacer saltar con una bolita, fuera de un círculo señalado en el suelo, una moneda puesta sobre otra bolita.

mico, ca (voz caribe) *s. m. y s. f.* **mico capuchino** *Zool., Col.* Mono capuchino.

micoate (del azt. *mitl*, saeta, y *coatl*, culebra) *s. m., Zool., Méx.* Culebra que se arroja sobre su presa desde los árboles.

migajón *s. m., Chil.* Galladura del huevo.

miguelear *v. tr.* Enamorar, cortejar.

migueleño, ña *adj., Hond.* Descomedido, descortés.

mije (del azt. *mixitl*, hierba que turba el cerebro) *s. m.* **1.** *Bot., Cub.* Árbol mirtáceo, de fruto parecido al de la grosella. **2.** *Méx.* Tabaco ordinario.

milcao *s. m., Gastr., Chil.* Pan hecho de patatas ralladas.

mildo *s. m., Gastr.* Masa de avellanas tostadas y molida, a la que a veces se agrega miel.

miloguate (del azt. *milli*, sementera, y *cuaitl*, cabeza) *s. m., Bot., Méx.* Caña del maíz.

milonga *s. f., Mús., Arg.* Tonada popular sencilla y bailable, parecida a la saeta española, que se canta acompañada de guitarra.

milonguero, ra *s. m. y s. f., Arg.* Persona que entona milongas acompañando su canto con la guitarra.

milpa (del azt. *milli*, heredad, y *pan*,) *s. f., Amér. C. y Méx.* Maizal.

milpear (de *milpa*) *v. intr.* **1.** *Méx. y C. Ric.* Labrar la tierra para sembrar maíz. **2.** *Méx. y C. Ric.* Sembrar milpas, hacer maizales.

minga (del quichua *minc'ay*, alquilar gente) *s. f.* **1.** *Chil.* Mingaco. **2.** *Chil. y Per.* Chapuza que en día festivo hacen los peones a cambio de un poco de chicha, coca o aguardiente.

mingaco (del quichua *minc'ay*, alquilar para el trabajo) *s. m., Chil.* Reunión de amigos para hacer algún trabajo en común, a los cuales se obsequia con comida y bebida.

mingo *s. m.* **1.** *Cub.* Juego infantil jugado con bolitas. **2.** *Hond.* Objeto pequeño que ponen los niños como blanco para tirar piedras sobre él.

mingón, na *adj., Ven.* Se dice del niño muy mimado y consentido.

minguí *s. m., Gastr., Hond.* Chicha, bebida fermentada.

miñaque *s. m., fam., Chil.* Encaje o randa.

miñardí *s. m., Chil.* Especie de randa.

miomío *s. m., Bot., Arg.* Planta solanácea muy venenosa.

mioncillo *s. m., Chil.* Carne del animal en la parte inferior e interna del muslo.

mirotón *s. m., Chil.* Mirada rápida y con semblante airado generalmente.

mirranga *s. f., Col.* Mirra.

mirria *s. f., Col. y Méx.* Pizca, pedazo.

mirruña *s. f., Hond. y Méx.* Pedacito de una cosa.

misia *s. f., fam.* Tratamiento equivalente al de señora.

mistol *s. m., Bot., Arg. y Par.* Planta ramnácea, de ramas abundantes y espinosas y flores pequeñas, cuyo fruto, castaño y ovoide, se utiliza en la elaboración de arrope y otros alimentos y también con fines medicinales.

mita *s. f.* **1.** *Per.* Tributo que pagaban los indígenas de Perú durante la época colonial. **2.** *Bol.* Cosecha de la hoja de coca.

mitaca *s. f., Bol.* Cosecha en general.

mitote (del náhuatl *mitotl*) *s. m.* **1.** *Amér. del S.* Fiesta casera. **2.** *Méx.* Melindre, aspaviento. **3.** *Méx.* Bulla, pendencia, alboroto.

mitotero, ra *adj.* **1.** *fig.* Que hace mitotes o melindres. **2.** *fig.* Bullanguero, amigo de diversiones. **3.** *Méx.* Chismoso, enredador.

mitú (voz guaraní que significa 'plumaje negro') *s. m., Zool., Arg.* Ave gallinácea, de unos dos pies de longitud, copetuda y de color pardo amarillento.

mixta (del lat. *mixtus*) *s. f., Gastr., P. Ric.* En los bodegones, servicio de un solo plato hecho de arroz, habichuelas y carne.

mocezuelo *s. m., Méx. y Ven.* Convulsiones que suelen tener los recién nacidos.

mocha (de *mocho*) *s. f., Cub.* Utensilio de agricultor, especie de machete barrigón.

mochar (de *mocho*) *v. tr., Ur. y Arg.* Descornar, tronchar a serrucho las astas de los vacunos.

mochila (de *mochil*) *s. f., Méx.* Maleta, cofre pequeño.

mocho, cha *adj.* **1.** *fig., Chil.* Se dice del clérigo de órdenes menores. **2.** *Méx.* Conservador en la política.

mochongada *s. f., Méx.* Payasada.

mochongo *s. m., vulg., Méx.* Hazmerreír.

mocionar *v. tr., Hond.* Presentar una moción.

mococoa (del azt. *mo*, sé, y *cocoa*, dolor) *s. f., Col.* Murria, mal humor.

mocora *s. f., Bot., Ec.* Palma pequeña con cuyas hojas se tejen sombreros y hamacas.

modado, da *adj., Col.* Con los adverbios "bien" o "mal", que usa buenos o malos modales.

moderno, na (del lat. *modernus*, y éste de *modo*, hace un poco) *adj., fig., Hond.* Tardío, torpe en sus movimientos.

mogo[1] *s. m., Col. y Chil.* Moho.

mogo[2] *s. m., Cub.* Mogomogo.

mogolla *s. f.* **1.** *Col.* Moyuelo. **2.** *Arg. y Chil.* Acto de conseguir gratis un servicio o trabajo estimable.

mogollar *v. tr., Bol.* Trampear.

mogomogo *s. m., Gastr., Hond.* Plato elaborado a base de plátano verde, calabaza y otros frutos.

mogosiar *v. tr., fam., Col.* Enmohecer.

mogoso, sa *adj., fam., Col. y Chil.* Mohoso.

mohosearse (de *moho*) *v. prnl., Per. y Col.* Enmohecerse.

mojabobos *s. m., Hond.* Calabobos.

mojarra (quizá del ár. *mubárrab*, afilado) *s. f., Amér. del S.* Cuchillo ancho y corto.

mojinete (de or. incierto, probablemente der. de *mohino*, mulo) *s. m.* **1.** *Arg.* Frontón o remate triangular. **2.** *Arq., Chil.* Hastial de un edificio.

moldurera *s. f., Chil.* Juntera.

mole (del náhuatl *mulli*, salsa) *s. m.* **1.** *Gastr., Méx.* Salsa elaborada a base de chiles, ajonjolí y otros muchos ingredientes y especias. **2.** *Gastr., Méx.* Guiso de carne preparado con esta salsa. || **3. mole verde** *Gastr., Méx.* Salsa que se elabora con chiles y tomates verdes.

molejón *s. m., Cub.* Roca que sobresale en el mar.

moler (del lat. *molere*) *v. tr., Cub.* Exprimir la caña de azúcar en el trapiche.

molestoso, sa *adj., Amér. del S.* Que causa molestia.

molle (del quichua *múli*) *s. m.* **1.** *Bot., Chil.* Árbol anacardiáceo, de hojas coriáceas, flores en espigas axilares y frutos rojizos, cuya corteza y resina se utilizan como antiespasmódicas. **2.** *Bot., Bol., Ec. y Per.* Árbol anacardiáceo, cuyos frutos se emplean para fabricar una especie de chicha.

molo *s. m., Chil.* Malecón.

móloc *s. m., Gastr., Ec.* Puré de patatas.

mololoa *s. f., Hond.* Conversación ruidosa.

molote *s. m.* **1.** *Amér. C. y Cub.* Tumulto, escándalo. **2.** *Gastr., Méx.* Empanada rellena de sesos, papas, etc.

molotera *s. f., Cub. y Hond.* Molote, pelotera.

moma *s. m., Méx.* Gallina ciega, juego infantil. **GRA.** Se usa más el dim. "momita".

mona (de or. incierto) *s. f.* **1.** *Chil.* Maniquí para vestidos femeninos. **2.** *Hond.* Persona o cosa mala en su clase.

mondongo *s. m.* **1.** *fig., Guat.* Traje o adorno ridículo. **2.** *Gastr., Hond.* Guiso hecho del mondongo.

monear *v. intr.* **1.** *Chil.* Presumir, envanecerse al obrar. || *v. prnl.* **2.** *Hond.* Trabajar con tesón. **3.** *Hond.* Darse de golpes varias personas.

moni (del ingl. *money*, dinero) *s. m. fam.* Moneda, dinero.

monifato s. m., Ven. Joven presuntuoso.

monigote (de monagote, despect. de monaguillo) s. m. **1.** Bol., Chil. y Per. Seminarista. **2.** Bot., Cub. Boca de dragón.

monjita s. f. **1.** Zool., Arg. Avecilla que tiene blanco el pecho y negra la cabeza, de forma que parece llevar en ella una toca. **2.** Bot., Chil. Planta voluble, de flores grandes y amarillas.

mono, na adj. **1.** Col. Se dice del pelo rubio, y de la persona que lo tiene. ‖ s. m. **2.** Chil. Montón o pila en que se exponen las frutas u otras cosas en los mercados y tiendas.

montante s. m., Hond. Alboroto, motín.

montaña (del lat. vulg. montanea) s. f., Chil. y Per. Monte de árboles o arbustos.

monte (del lat. mons, montis) s. m., Méx. Hierba, pasto.

montera (de monte) s. f., Hond. Borrachera.

montón (de monte) s. m., Chil. Castillejo, juego infantil.

montonera (de montón) s. f. **1.** Col. Almiar. **2.** Amér. del S. En las guerras civiles, grupo o pelotón de gente a caballo que luchaba contra las tropas del gobierno.

montonero (de montón) s. m., Amér. del S. Guerrillero.

montubio, bia adj. **1.** Ec. y Per. Se dice del campesino de la costa. **GRA.** También s. m. y s. f. **2.** Montaraz, rústico.

montuca s. f., Hond. Tamal cuya masa es de maíz verde o elote.

montuno, na adj., Cub. y Ven. Rústico, montaraz, grosero.

moño (quizá de una raíz prerromana munn-, bulto, protuberancia) s. m. **1.** Chil. Copete del cabello. **2.** fig., Chil. Cima o cumbre de algunas cosas.

moñuelo s. m., Méx. Buñuelo.

moray s. m., Bot., Hond. Roble.

morcilla (de morcón) s. f., fam., Cub. Mentira.

morder (del lat. mordere) v. tr., Cub., Méx. y Ven. Estafar.

mordidura s. f., Méx. Mordedura.

morduyo s. m., Méx. Mordihuí.

morete s. m., Hond. y Méx. Moretón, cardenal.

moriche s. m., Zool., Amér. del S. Pájaro americano domesticable, de pluma negra y luciente y muy estimado por su canto.

moringa s. f. **1.** Cub. Coco, fantasma. **2.** Bot., Amér. del S. Ben, árbol.

morisco, ca adj., Chil. Se dice de la persona o animal que no engorda aunque se alimente bien.

morisqueta (del bret. moriscl, mueca) s. f., Chil., Per. y Ven. Visaje, mueca, mohín.

morlaco (del arag. y gasc. morlás) s. m., Amér. del S. Patacón, peso duro.

mormado, da adj., Méx. Amormado, que padece muermo.

moro, ra (del lat. maurus) adj., Hond. Se dice del caballo tordo.

morocho, cha (del quichua murúchu, cosa dura de comer, maíz muy duro) adj. **1.** fam. Se dice de la persona robusta y bien conservada. **2.** Arg. y Chil. Se dice de la persona de tez blanca y pelo negro. ‖ s. m. **3.** Ven. Gemelo, mellizo.

morocoto s. m., Zool., Ven. Nombre dado a un pez orbicular de colores brillantes.

morolo, la adj., Hond. Sencillo, de poca inteligencia.

morona s. f., Col. Borona, migaja de pan.

moronga s. f., Hond. y Méx. Morcilla.

morralla s. f., Méx. Dinero menudo.

morrocotudo, da (voz de importación americana, der. de morocota o morrocota, onza de oro de 20 pesos) adj. **1.** Col. Rico, acaudalado. **2.** Chil. Dicho de obras literarias o artísticas, falto de proporción y gracia. **3.** Méx. Grande, formidable.

morrongo, ga s. m. y s. f. **1.** fig., Méx. Criado. ‖ s. m. **2.** fig., Méx. Hoja de tabaco enrollada para fumar.

morronguear v. intr. **1.** Bol. Chupar o beber. **2.** Chil. Dormitar, transponerse.

morroñoso, sa adj. **1.** Guat. y Hond. Áspero, rugoso. **2.** Per. Débil, raquítico.

mortaja (quizá del fr. med. mortaige, var. del fr. mortaise) s. f., fig., Amér.

del S. Hoja de papel con que se lía el tabaco del cigarrillo.

mortandad (de *mortaldad*) *s. f., Hond.* Mal usado por res muerta en el campo y en estado de descomposición.

mortificarse (del lat. *mortificare*) *v. prnl., Méx.* Mal usado por avergonzarse.

mortiño *s. m., Bot., Ec.* Especie de arándano.

mortual *s. f., Hond.* Sucesión, bienes heredados.

morulla *s. f., Méx.* Morcilla.

moruro *s. m., Bot., Cub.* Especie de acacia cuya corteza sirve para curtir pieles.

mosco, ca (de *mosca*) *adj., Zool., Chil.* Se dice de la caballería de color muy negro y algún que otro pelo blanco entremezclado entre los negros.

moscorrofio *s. m., Col. y Hond.* Persona muy fea.

moscovia *s. f., Cub.* Piel entera de una res curtida hasta dejarla muy suave.

mosquero (del lat. *muscarium*) *s. m., Chil.* Hervidero, multitud de moscas.

mosquete (del ital. *moschetto*) *s. m., Méx.* Patio de teatro.

mota (de or. incierto) *s. f.* **1.** *fig., Chil.* Mechón corto de lana suelta y apelmazada. **2.** *fig., Ven.* Pelusa adherida a la simiente del algodonero.

motate *s. m., Bot., Hond.* Planta semejante al mapuey, cuyos frutos se emplean en la confección de la chicha y del vinagre.

mote[1] (del occit. y fr. *mot*, palabra) *s. m., Chil.* Equivocación, error.

mote[2] (del quichua *mut'i*, maíz cocido) *s. m., Gastr., Chil.* Guiso o postre de trigo triturado, después de haber sido cocido en lejía y deshollejado.

motear *v. intr., Per.* Comer mote.

motero, ra *adj.* **1.** *Chil.* Que vende mote. **GRA.** Se usa más como s. m. y s. f. **2.** *Chil.* Aficionado a comer mote. **3.** *Chil.* Relativo al mote.

motete (voz azteca) *s. m., C. Ric. y Hond.* Atado, envoltorio.

motivos (del lat. tardío *motivus*, relativo al movimiento) *s. m. pl., Chil.* Dengues o melindres.

moto, ta *adj., Hond.* Huérfano.

movido, da *adj.* **1.** *Chil.* Se dice del huevo de cáscara blanda e inconsistente. **2.** *Chil., Guat. y Hond.* Enteco, raquítico.

mozón, na *adj., Per.* Bromista, burlón.

mozonada *s. f., Per.* Broma, burla graciosa.

mozonear *v. intr., Per.* Hacer mozonadas.

mozote *s. m., Bot., Hond.* Hierbas cuyo fruto se utiliza contra la ictericia.

muay (voz guaraní) *s. m., Zool., Arg.* Insecto colorado más irritante que la cantárida europea.

mucamo, ma *s. m. y s. f., Arg., Chil., Per. y Ur.* Sirviente, criado.

mucepo *s. m., Hond.* Tristeza, decaimiento del ánimo.

muchacho (del ant. *mochacho*, y éste probablemente de *mocho*, esquilado, rapado) *s. m., Carp., Chil.* Cárcel en la que se comprimen dos piezas de madera encoladas.

muchi (voz onomatopéyica) *s. m., Chil.* Voz para llamar al gato.

muchigay *s. m., Col.* Gente o ganado menudo.

muchitanga *s. f., Per.* Populacho.

mucle *s. m., Med., Hond.* Enfermedad del recién nacido, por indigestársele la leche.

muco (voz quichua) *s. m., Gastr., Bol.* Maíz mascado que se hace fermentar para fabricar la chicha.

mucre *adj., Chil.* Acre, áspero, astringente.

múcura (voz caribe) *s. m.* **1.** *Ven.* Ánfora de barro para transportar y conservar agua. || *adj.* **2.** *Col.* Inhábil, tonto.

mucuy *s. m., Méx.* Tórtola.

mudada *s. f., Cub., Ec. y Hond.* Muda de ropa, o cambio de domicilio.

muday *s. m., Gastr., Chil.* Chicha de maíz o cebada.

mudenco, ca *adj., Hond.* Tartamudo.

muenda *s. f., Col.* Zurra, paliza.

muenga *s. f., Chil.* Molestia.

muengo, ga *adj., Cub.* Se dice de la persona o animal a quien le falta una oreja, o la tiene caída.

muérgano (de *órgano*) *s. m., Col.* Objeto inútil, antigualla.

muermo *s. m., Bot., Chil.* Nombre de un género de árboles de la familia de las rosáceas, de gran tamaño y de madera muy apreciada.

mujerengo *adj., C. Ric. y Hond.* Se dice del hombre afeminado.

mujerero, ra *adj., Chil., Hond. y Méx.* Mujeriego.

mula (del lat. *mula*) *s. f.* **1.** *Méx.* Cojín que usan los cargadores para no lastimarse. **2.** *Méx.* Muérgano, mercancía invendible.

mulato (de *mulo*) *s. m., Amér. del S.* Mineral de plata de color oscuro o verde cobrizo.

mulcar *v. tr., Chil.* Curar las vasijas de barro, untándolas de grasa y poniéndolas al fuego.

mullo *s. m., Ec.* Abalorio, cuenta de rosario o collar.

multiflor *s. f.* **1.** *Bot., Chil.* Planta de la familia de las rosáceas, con muchas flores en cada rama. **2.** *Bot., Chil.* Flor de esta planta.

mumuga *s. f., Hond.* Migajas o desperdicios del tabaco.

munición (del lat. *munitio, -onis*) *s. f., Hond.* Uniforme de soldado que consta de pantalón y camisa.

municionera *s. f., Arg., Col. y Chil.* Perdigonera.

municipal (del lat. *municipalis*) *adj., Chil.* Concejal.

munido, da (del lat. *munitus*, de *munire*, fortificar) *adj., Chil.* Defendido, fortificado.

muñequear *v. tr.* **1.** *Arg. y Par.* Mover influencia para obtener algo. ‖ *v. intr.* **2.** *Bot., Arg. y Chil.* Empezar a echar la muñequilla el maíz y plantas semejantes.

muñequilla *s. f., Bot., Chil.* Mazorca del maíz y plantas semejantes, cuando está tierna.

muño *s. m.* **1.** *Chil.* Bolsa de harina de trigo o maíz tostado que se lleva en los viajes largos para comerla con sal y ají. **2.** *Gastr., Chil.* Harinado frío, sazonado con sal y ají, que se da como desayuno a los trabajadores.

muralla (del ital. *muraglia*, pared, muralla) *s. f., Méx.* Casa de vecindad con una sola puerta a la calle.

murmurón, na *adj., Chil. y Ec.* Murmurador.

murque (voz araucana) *s. m., Gastr., Chil.* Harina tostada.

murro *s. m., Chil.* Mala cara, mohín de desagrado.

murtilla (dim. de *murta*) *s. f.* **1.** *Bot., Chil.* Arbusto frutal mirtáceo, de hojas ovaladas de pequeño tamaño, flores blancas y cuyas bayas, del tamaño de la cereza, son las frutas silvestres más estimadas del país. **2.** *Bot., Chil.* Fruto de este arbusto. **3.** *Gastr., Chil.* Licor fermentado que se hace con este fruto.

murucuyá (del guaraní *mburucuyá*) *s. f., Bot., Arg. y Ven.* Granadilla o pasionaria.

mustio, tia (del lat. vulg. *mustidus*) *adj., fig., Méx.* Hipócrita, falso.

musuco, ca *adj., Hond.* De pelo rizado y crespo.

mute (voz quichua) *s. m., Gastr., Col.* Maíz pelado y cocido con papas y otros ingredientes.

mutre *adj., Chil.* Se dice de la persona que pronuncia mal.

mutro, tra *adj., Chil.* Se dice del animal al que no le salen o no le crecen los cuernos.

mutún *s. m., Bol.* Especie de guaco semejante al pavo.

N n

naborí (voz indígena) *s. m. y s. f.* Naboría.

naboría (del araucoantillano) *s. f.* Repartimiento que se hacía al principio de la conquista, adjudicando cierto número de indígenas, en calidad de criados, para el servicio personal.

nacarigüe (voz indígena) *s. m., Gastr., Hond.* Potaje de carne y pinole.

nacarile *adv. neg., P. Ric.* Se usa para responder negativamente a una pregunta.

nacatamal (del azt. *nacatamalli*) *s. m., Gastr., Amér. C.* Tamal relleno de carne de cerdo.

nacatamalera (de *nacatamal*) *s. f., Amér. C.* La que hace y vende nacatamales.

nacatete (del náhuatl *nacatl*, carne) *s. m., Méx.* Pollo que aún no ha echado la pluma.

nacatón, na (del náhuatl *nacatl*, carne) *adj., Méx.* Se dice del pollo sin plumas.

nacazcol (voz indígena) *s. m., Amér. C.* Nacascolo.

nacencia (del lat. *nascentia*) *s. f., Cub.* Conjunto de animales de menos de un año.

nachole (voz indígena) *s. m., Gastr., Méx.* Bebida fermentada de zumo de tuna.

naco (del gall.-port. *naco, anaco*, pedazo) *s. m.* **1.** *Arg. y Bol.* Andullo de tabaco. **2.** *Gastr., Col.* Puré de patata.

nacuma (voz indígena) *s. f., Bot.* Palmera americana cuyas hojas se emplean en la fabricación de sombreros.

nafta (del lat. *naphtha*, y éste del gr. *náphtha*, especie de petróleo o asfalto, voz de or. persa) *s. f.* Gasolina.

nagua *adj., C. Ric.* Cobarde.

nagual (voz indígena) *s. m.* **1.** *Méx. y Amér. C.* Brujo, hechicero. **2.** *Hond.,*

Nic., Guat. y Méx. Animal que una persona tiene de compañero inseparable.

naguapate *s. m., Bot., Hond.* Planta de la familia de las crucíferas, cuyo cocimiento se usa contra las enfermedades venéreas. **3.** Mentira, engaño.

naguelear *v. intr.* **1.** *Méx.* Hurtar, mentir, andar de parranda. **2.** *Méx.* Desvelarse enamorando las mujeres.

nagualizar (de *nagual*) *v. intr.* Robar.

nagüeta *s. f., Amér. C.* Sobrefalda.

nahuo *s. m.* Mazorca de maíz.

naiboa (voz indígena) *s. f.* **1.** *Cub.* Jugo espeso de algunos vegetales al exprimirlos. **2.** *Ven.* Jugo venenoso de la yuca.

nal (afér. de *nacional*) *s. m., fam., Arg.* Peso, moneda.

nalca (voz mapuche) *s. f.* **1.** *Chil.* Pecíolo del pangue. **2.** *Bot., Chil.* Planta del pangue.

nalgón, na (de *nalga*) *adj., Hond. y Méx.* Nalgudo.

nalguear (de *nalga*) *v. tr., C. Ric. y Méx.* Dar nalgadas, golpear a alguien en las nalgas.

nalguiento, ta (de *nalga*) *adj., Per.* Nalgudo.

nambí (del guaraní *nambiyeroá*, apocado) *adj., Arg.* Se dice de la caballería que tiene las orejas caídas.

nambimba (voz indígena) *s. f., Méx.* Pozole muy espumoso, hecho de masa de maíz, miel, cacao y chile.

nambira (voz indígena) *s. f., Hond.* Mitad de una calabaza que, quitada la pulpa, sirve para usos domésticos.

nana¹ (voz infantil) *s. f.* **1.** *Méx.* Niñera. **2.** *Méx.* Nodriza. **2.** *Hond.* Madre.

nana² (del quichua *nánay*, dolor) *s. f.* **1.** *Arg. y Chil.* Pupa en los niños. ǁ *s. f. pl.* **2.** *Arg., Chil., Par. y Ur.* Dolencias sin importancia, especialmente las de la vejez.

nanacate (del náhuatl *nanacalt*) *s. m.*, *Méx.* Hongo, seta.

nanachas *adj. pl.*, *El Salv.* Se dice de dos cosas iguales o unidas, pareja.

nanacho, cha *adj.* Igual, parejo.

nanaya (voz indígena) *s. f.* Nanita.

nance *s. m.* **1.** *Bot.*, *Amér. C. y Méx.* Arbusto de fruto pequeño, sabroso y aromático. **2.** *Bot.*, *Amér. C. y Méx.* Fruto de este arbusto. **3.** *Bot.*, *C. Ric.*, Arbusto de la familia de las malpigiáceas, de fruto pequeño, de color amarillento y olor desagradable, con el que se fabrica una especie de chicha.

nancear (de *enancear*, de *enanzar*, avanzar) *v. intr.* **1.** *Hond.* Alcanzar. ‖ *v. tr.* **2.** *Amér. C.* Cosechar nances.

náncer *s. m.*, *Bot.*, *Cub.* Nance.

nanche *s. m.*, *Méx.* Nance.

nancite (de *nance*) *s. m.*, *Bot.*, *Amér. C.* Fruto del nance.

nango, ga *adj.* **1.** *Méx.* Forastero. **2.** *Méx.* Tonto, necio. **GRA.** También s. m. y s. f.

nanita *s. f.*, *Bot.* Abuela.

nanoya *s. f.*, *fam.*, *Guat.* Abuela.

narango *s. m.*, *Bot.*, *Amér. C.* Moringa, planta.

naranja (del ár. *narangá*, y éste del persa) *s. f.*, *Bot.*, *Méx.* Toronja.

naranjilla (dim. de *naranja*) *s. f.* **1.** *Bot.*, *Ec.* Planta de la familia de las solanáceas de fruto comestible. **2.** *Ec.* Fruto del naranjillo.

naranjillada (de *naranja*) *s. f.*, *Gastr.*, *Ec.* Bebida que se prepara con el jugo de la naranjilla.

naranjillo (de *naranjo*) *s. m.* **1.** *Bot.*, *Ec.* Planta de la familia de las solanáceas de fruto comestible. **2.** *Bot.*, *Chil.* Arbusto icacináceo, cuyas hojas se toman en infusión como las del mate.

narciso (del lat. *narcissus*, y éste del gr. *nárkissos*) *s. m.*, *Bot.*, *Hond.* Adelfa.

naricear (de *nariz*) *v. tr.*, *Per.* Olfatear algo.

narigada (de *nariz*) *s. f.*, *Chil. y Ec.* Polvo o pulgarada, porción de rapé.

narigón *s. m.*, *Cub.* Agujero hecho en el cabo de un tronco o viga para arrastrarlos.

narigonear *v. tr.*, *Cub.* Taladrar las narices, normalmente de una res vacuna.

nariguera *s. f.*, *Col. y Ec.* Narigón, argolla que se pone en el hocico de algunos animales.

narizudo, da (despect. de *nariz*) *adj.*, *fam.*, *Méx.* Narigudo.

narro, rra *adj.*, *Méx.* Sin pelo.

nata (de *natta*, var. del lat. tardío *matta*, manta) *s. f.*, *Min.* Escoria de la copelación.

nativismo *s. m.* Indigenismo.

natral (de *natri*) *s. m.*, *Chil.* Terreno poblado de natris.

natri (voz araucana) *s. m.*, *Bot.*, *Chil.* Arbusto de la familia de las solanáceas, leñoso, de hojas aovadas y flores blancas. El cocimiento de sus hojas se ha usado en medicina como febrífugo, y con su jugo, amargo, untan los pechos las mujeres para destetar a los niños.

naura *s. f.*, *Ven.* Fruto en cierne del maíz.

naurar (de *naura*) *v. intr.*, *Ven.* Empezar a fructificar el maíz.

nausiento, ta *adj.*, *Per.* Que se siente con náuseas.

nauyac *s. m.* Nauyaca.

nauyaca (del náhuatl *nahui*, cuatro, y *yacatl*, nariz) *s. f.*, *Zool.*, *Méx.* Serpiente grande y venenosa, cuyo nombre le viene de tener hendido el labio superior, dándole el aspecto de tener cuatro fosas nasales; también se le llama cuatro narices.

navajado, da *adj.*, *Méx.* Marrullero, taimado.

navajero, ra *adj.*, *fig.*, *Col.* Se aplica a la persona muy hábil en alguna cosa.

navarijo *s. m.*, *Rep. Dom.* Lugar donde sólo vive gente menuda o plebeya.

navegar (del lat. *navigare*) *v. intr.*, *Méx.* Barbarismo por pulsar.

nazareno, na (del lat. *Nazarenus*) *s. m.* **1.** *Bot.*, *Amér. del S.* Árbol americano de la familia de las ramnáceas, cuya madera, cocida en agua, da un tinte amarillo muy duradero, y por ser de grano fino con hermoso color morado, de vetas claras y oscuras, tiene gran estima en ebanistería. ‖ *s. f. pl.* **2.** *Amér. del S.* Tipo de espuelas de mayor tamaño que las comunes, de hierro o de plata, usadas por los gauchos, cuya característica más señalada fue el tamaño de la rodaja, de siete puntas, tomado el nombre de las siete espinas de la corona de Jesús.

neblinear (de *neblina*) *v. intr., Chil.* Lloviznar.

nebú (voz indígena) *s. m., Bot., Chil.* Avellano, árbol.

necear *v. intr.* Molestar, fastidiar a los demás.

necedad *s. f.* Molestia, incordio.

necio, cia *adj.* **1.** Quisquilloso, susceptible. **2.** Bobo, ridículo, molesto.

necuamel *s. m., Bot., Méx.* Especie de magüey.

nefato, ta *adj., Ven.* Atontado, despistado.

negociado *s. m., Chil., Arg., Bol., Ec., Per., Par. y Ur.* Negocio ilícito y escandaloso.

negrada *s. f.* **1.** *Cub.* Conjunto de esclavos de raza negra que constituían la dotación de una finca. **2.** *Cub.* Negrería.

negralla *s. f., Per.* Negrería.

negrería (de *negro*) *s. f., Per.* Conjunto de personas de raza negra y especialmente de las dedicadas al cultivo de las haciendas de Perú.

negrerío (de *negro*) *s. m., Per.* Negrería.

negrete (de *negro*) *s. m., Zool., Arg.* Raza de ovejunos.

negrillo *s. m.* **1.** *Zool., Arg.* Especie de jilguero. **2.** *Miner., Amér. del S.* Mena de plata cuprífera o mineral de hierro, de color muy oscuro.

negrito *s. m., Zool., Cub.* Pájaro negro con algunas plumas más blancas al borde de las alas, del tamaño del canario y de canto parecido al de éste.

negra, con la *loc., fig. y fam., Chil.* Sin dinero.

neja (del azt. *nexentic*, color ceniza) *s. f.* **1.** *Chil.* Nesga. **2.** *Méx.* Tortilla de color ceniza, por exceso de cal en el cocimiento del maíz.

nejayote (de *neja*) *s. m., Méx.* Agua amarillenta en que se ha cocido el maíz.

nejo, ja *adj.* Manchado, desaseado, sucio.

nena *s. f.* Muñeca.

neneque *s. m., Hond.* Persona muy débil que no puede valerse por sí misma.

nepe *s. m.* **1.** *Gastr., Ven.* Salvado de maíz tostado. **2.** Suciedad, porquería, inmundicia. **3.** Holgazanería, desidia, pereza.

nequén (var. de *henequén*) *s. m., Bot.* Nombre dominicano de la pita.

nevado *s. m.* Montaña cubierta de nieves perpetuas.

nevazón *s. m., Arg., Chil. y Ec.* Nevasca, temporal de nieve.

ngao (del *arauc. gadu*, unas raíces comestibles) *s. m., Bot., Chil.* Nombre vulgar de una planta de flores azules y bulbo comestible.

niango, ga *adj., Méx.* Entre charros, quisquilloso.

nicaragua (del país americano de este nombre) *adj., Col.* Se dice de la gallina de plumas muy negras y de carne poco estimada.

nieve (del lat. *nix, nivis*) *s. f., Cub., Méx. y P. Ric.* Polo, sorbete, helado.

nigua (del arauc. antillano) *s. f., Zool.* Insecto americano y africano parecido a la pulga, pero más pequeño y de trompa más larga. Las hembras fecundadas penetran bajo la piel de los animales y de las personas, principalmente en los pies, y allí depositan la cría, que ocasiona mucha picazón y úlceras graves.

nigüero *s. m.* Lugar donde hay muchas niguas.

nimio, mia (del lat. *nimius*) *adj.* Muy pequeño, diminuto.

ningunear *v. tr., Méx.* Menospreciar.

niño, ña (del lat. *ninnus*) *s. m.* **1.** *ant., Cub.* Tratamiento afectuoso que los sirvientes daban a sus amos. ‖ *s. m. y s. f.* **2.** Tratamiento que se da a personas de más consideración social.

niopo *s. m.* **1.** *Bot.* Especie de acacia de las márgenes del Orinoco. **2.** *Ven.* Polvo, rapé.

nipe (de *nipis*) *s. m., Cub. y Méx.* Nipis.

nipis (voz tagala) *s. m.* Tejido fino casi transparente y de color amarillento, fabricado con las fibras más tenues sacadas de los pecíolos de las hojas del abacá en Filipinas.

níquel (del al. *Nickel*, genio de las minas) *s. m.* **1.** *Numism., Cub. y P. Ric.* Moneda de este metal. **2.** *Ur.* Dinero. **3.** *fig., Ur.* Caudal, bienes.

niscome (del azt. *nestli*, ceniza, y de *fcomilt*, olla) *s. m., Méx.* Olla para cocer el maíz dispuesto para tortilla.

niscómil (del azt. *nestli*, ceniza, y de *fcomilt*, olla) *s. m., Méx.* Niscome.

níspero (del ant. *niéspero*, y éste del lat. vulg. *nespirum*, en lat. cl. *mespilum*) *s. m.* **1.** *Bot.* Zapote, chicozapote, árbol. **2.** Fruto de este árbol. **3.** *Bot., El Salv. y Nic.* Árbol de la familia de las sapotáceas, alto y de madera fina, con corteza suave y frutos de pulpa dulce y aromática.

niste (del náhuatl *nextli*, ceniza) *adj., Nic.* Del color de la ceniza.

nitaíno *s. m.* Persona de la nobleza en la cultura taína.

nixcomil *s. m., Méx.* Olla en que se prepara el maíz para tortillas.

nixqueza (del náhuatl *nextli*, ceniza, y *qutza*, conservar) *s. f., Hond.* Cernada.

nixquezar (del náhuatl *nextli*, ceniza, y *qutza*, conservar) *v. tr., Gastr., Hond.* Preparar el maíz para las tortillas, cociéndolo con ceniza.

nixtamal *s. m., Gastr., Amér. C. y Méx.* Maíz cocido con agua y ceniza, o con agua de cal, el cual queda dispuesto para ser lavado y molido hasta convertirlo en masa para hacer tortillas.

nixte *adj., Hond.* Pálido, de color ceniza.

nochecita *s. f., Amér. del S.* Crepúsculo vespertino.

nochero *s. m.* **1.** *Chil. y Ur.* Vigilante nocturno de un local, obra, etc. **2.** Velador, mesita de noche.

nochote *s. m., Gastr., Méx.* Bebida compuesta con el zumo de la tuna o nopal fermentado.

noli *s. m., Col.* Yesca que se obtiene de una clase de liquen.

nolí *s. m., Bot., Col.* Palma cuyo fruto da aceite.

noneco, ca *adj., Amér. C.* Tonto, simple.

nopal (del mexicano *nopalli*) *s. m., Bot.* Planta de la familia de las cactáceas, originaria de México, cuyo fruto es el higo chumbo.

nopalera *s. f.* Lugar lleno de nopales.

nopalito *s. m., Bot., Méx.* Hoja tierna del nopal que suele comerse guisada.

noque (del cat. *noc*, dornajo, cárcavo de molino, noque de curtidor, y éste del lat. vulg. *nancus*, ataúd, dornajo) *s. m.* **1.** Saco de cuero de distintos tamaños y formas, que se utiliza para guardar grasa o chicharrones. **2.** Tronco de árbol ahuecado.

norato, ta *adj.* Bobo, necio.

normar *v. intr.* Fijar normas.

nortino, na *adj., Chil. y Per.* Habitante de las provincias del norte del país. **GRA.** También s. m. y s. f.

nota *s. f.* Artículo periodístico.

noticioso *s. m.* Programa de radio o de televisión en que se transmiten noticias.

notijo *s. m., Bot.* Nombre vulgar de una planta de la familia de las lipericíneas.

notro (del arauc. *notru*, ciruelillo) *s. m., Bot., Chil.* Árbol de la familia de las proteáceas, de flores numerosas de un rojo vivo.

novedoso, sa (de *novedad* y *-oso*) *adj., Chil. y Arg.* Novelero.

noviero, ra *adj., Amér. C.* Que se enamora fácilmente.

novillo (del lat. *novellus, -a*, nuevo) *s. m., Chil. y Méx.* Ternero castrado.

novio (del lat. *novius*, de *novus*, nuevo) *s. m., Bot., Col., Ec. y Ven.* Planta geraniácea de flores rojas, muy común en los jardines. Hay varias especies, que se distinguen por el color de sus flores, que pueden ser rosadas, blancas y jaspeadas.

nublazón *s. m.* Nublado.

nuche *s. m.* **1.** *Biol., Col.* Larva que se introduce en la piel de los animales. **2.** *Zool., Arg. y Bol.* Especie de tábano.

nuco (del arauc. *nucu*, pájaro de mal agüero) *s. m., Zool., Chil.* Ave de rapiña, nocturna, especie de mochuelo.

nudillo (*dim.* de nudo) *s. m.* Planta de la familia de las gramíneas que se usa como pasto.

nudo (del latín *nodus*) *s. m.* Nudillo, articulación por donde se doblan los dedos.

nuil (voz araucana) *s. m., Bot.* Orquídea.

nunquitita *adv. t., fam., Chil.* Nunca, en sentido cariñoso.

nuño (del arauc. *nuyu*) *s. m., Bot., Chil.* Planta de la familia de las iridáceas, de raíces fibrosas y flores rosadas.

nuquipando, da *adj., Col.* Que tiene la nuca chata.

nurse (del ingl. *nurse*) *s. f., Amér. C. y Amér. del S.* Enfermera de un hospital o clínica.

nutriero, ra (de *nutria*) *adj., Arg. y Ur.* Se dice de la persona que se dedica a cazar nutrias y a comerciar con sus pieles.

ña *s. f., vulg.* Doña.

ñacaniná *s. f., Zool., Arg., Bol. y Par.* Víbora grande y venenosa que habita en el Chaco.

ñachi *s. m., Gastr.* Guiso elaborado con la sangre cruda de cordero.

ñaco *s. m., Gastr., Chil.* Gachas de maíz tostado con azúcar o miel.

ñacundá (voz guaraní) *s. f., Zool., Arg.* Nombre vulgar de un ave nocturna que habita en Argentina, de unos 20 cm de longitud y plumaje pardo.

ñacurutú (voz guaraní) *s. m., Zool., Arg., Par. y Ur.* Ave nocturna parecida a la lechuza, de color amarillento y grisáceo.

ñafitear *v. tr.* Robar.

ñafiteo *s. m.* Robo.

ñagual *s. m., Méx.* Rodete de hierba o tierra para asentar las ollas o cántaros.

ñame (de or. incierto) *s. m.* **1.** *Bot.* Planta herbácea de la familia de las dioscoreáceas, de tallos endebles, hojas grandes, flores pequeñas y verdosas, y raíz tuberculosa comestible. **2.** *Bot.* Raíz de esta planta. **3.** *fig., Ant., Col. y Ven.* Pie deforme.

ñancolahuén (del arauc. *ñaculahuen*) *s. m., Bot., Chil.* Planta de la familia de las lináceas de flores amarillas.

ñancu (del arauc. *ñamcu*) *s. m., vulg., Zool.* Aguilucho.

ñandú (voz guaraní) *s. m., Zool.* Ave corredora, parecida al avestruz, que se diferencia de ésta por tener tres dedos en cada pie y ser algo más pequeña y de plumaje gris.

ñandubay (voz guaraní) *s. m., Bot., Arg., Bol. y Par.* Árbol de la familia de las mimosáceas, de madera rojiza muy dura, utilizada para diversos fines.

ñandutí *s. m., Amér. del S.* Tejido muy fino que imita el de la telaraña. Se utiliza para toda clase de ropa blanca.

ñanga *s. m.* **1.** Fango. ‖ *s. f.* **2.** Pizca. **3.** *Bot., Ec.* Raíz del mangle.

ñango, ga *adj.* Desgarbado.

ñangotado, da *adj.* **1.** *P. Ric.* Servil, adulador. **GRA.** También s. m. y s. f. **2.** *P. Ric.* Alicaído, sin ambiciones. **GRA.** También s. m. y s. f.

ñangotarse *v. prnl.* **1.** *P. Ric.* Ponerse en cuclillas. **2.** *P. Ric.* Perder el ánimo. **3.** *P. Ric.* Humillarse.

ñangué *s. m., Bot., Cub.* Túnica de Cristo.

ñaña *s. f.* **1.** *Chil. y P. Ric.* Niñera. **2.** *Arg. y Chil.* Hermana mayor. **3.** *Col. y Chil.* Amiga preferida.

ñañigo, ga *adj., Cub.* Se decía del individuo afiliado antiguamente a una sociedad secreta formada por personas de raza negra. **GRA.** Se usa más como s. m.

ñaño, ña (del mismo or. que *ñoño*) *adj.* **1.** *Col. y Pan.* Mimado. **2.** *Col., Chil., Ec. y Per.* Unido por amistad íntima. ‖ *s. m.* **3.** *Arg. y Chil.* Hermano mayor.

ñapa (var. de *yapa*, del quichua *yápa*, aumento, añadidura) *s. f.* **1.** *Col., P. Ric., Rep. Dom. y Ur.* Añadidura. **2.** *Méx.* Robo.

ñapango, ga *adj., Col.* Mestizo. **GRA.** También s. m. y s. f.

ñapear *v. intr., Méx.* Robar.

ñapindá (voz guaraní) *s. m., Bot., Arg.* Planta de la familia de las mimosáceas, especie de zarza muy espinosa, con flores amarillentas.

ñapo *s. m., Chil.* Especie de mimbre con que se fabrican canastos.

ñarra *adj., Ec.* Se dice de las personas o cosas que son muy pequeñas.

ñaruso, sa *adj., Ec.* Se dice de la persona picada de viruelas. **GRA.** También s. m. y s. f.

ñato, ta *adj.* **1.** *fam.* Chato. ‖ *s. f.* **2.** Nariz.

ñeco *s. m., Ec.* Golpe que se da con el puño.

ñengo, ga *adj., Méx.* Se dice de la persona o animal débil o enclenque. **GRA.** También s. m. y s. f.

ñengue *adj., Méx.* Débil.

ñeque *adj.* **1.** *C. Ric., Hond. y Nic.* Fuerte. ‖ *s. m.* **2.** *Chil., Ec. y Per.* Puñetazo. **3.** *Per.* Valor, coraje.

ñequear *v. tr., Méx.* Golpear, dar puñetazos o ñeques.

ñervo *s. m., vulg., Méx.* Nervio.

ñervudo, da *adj., vulg., Méx.* Nervioso.

ñesgado *adj., Méx.* Jorobado.

ñica *s. f.* **1.** Excremento. **2.** Porción mínima de algo.

ñinquil *s. m., Bot., Chil.* Planta de la familia de las icacináceas, con determinadas aplicaciones medicinales.

ñique *s. m., Hond.* En el juego del trompo, golpe que se da a un trompo con el clavo de otro, con objeto de partirlo, arrancarle astillas o rayarlo.

ñisñil *s. m., Bot., Chil.* Planta de la familia de las tifáceas con cuyas hojas se fabrican canastos, esteras y asientos de sillas.

ñizca *s. f., Chil. y Per.* Pizca.

ñocha (voz araucana) *s. f., Bot., Chil.* Hierba de la familia de las bromeliáceas, cuyas hojas se utilizan para hacer sombreros, esteras y sillas.

ñoco, ca *adj., Col., P. Ric., Rep. Dom. y Ven.* Mutilado.

ñongo, ga *adj., Chil.* Perezoso.

ñongue *s. m., Bot.* Planta de la familia de las solanáceas, con determinadas aplicaciones medicinales.

ñonguera *s. f., Chil.* Flaqueza de espíritu.

ñoña *s. f., Chil. y Ec.* Estiércol.

ñor, ra *s. m. y s. f., vulg.* Abreviatura del tratamiento de señor y señora.

ñorbo *s. m., Bot., Ec. y Per.* Flor pequeña, utilizada para el adorno de las ventanas.

ñulñul *s. m., Zool., Chil.* Mamífero muy parecido a la nutria.

ñuñu *s. m., Bot., Chil.* Planta iridácea, cuyo fruto es comestible.

ñuto, ta (voz quichua) *adj.* **1.** *Ec.* Se dice de lo que está molido o pulverizado. ‖ *s. m.* **2.** *Per.* Añicos, trizas, polvo.

O

obiubi (voz indígena) *s. m., Zool., Ven.* Mono de color negro que duerme de día con la cabeza metida entre las piernas.

obrajería *s. f., Bol.* Depósito de maderas para la exportación.

oca (voz indígena) *s. f.* **1.** *Bot.* Planta anual de la familia de las oxalidáceas, de tallo herbáceo, hojas compuestas de tres hojuelas ovales, flores amarillas y raíz con tubérculos feculentos de color amarillo y sabor parecido al de la castaña; en Perú se comen cocidos. **2.** *Bot.* Raíz de esta planta.

ochavón, na (de *ochavo*) *adj., Cub.* Se aplica al mestizo nacido de blanco y cuarterona o de cuarterón y blanca.

ocosial *s. m., Per.* Terreno deprimido, húmedo y con alguna vegetación.

ocotal (de *ocote*) *s. m., Méx.* Sitio poblado de ocotes.

ocote (del azt. *ocotl*, tea) *s. m., Bot., Méx.* Especie de pino muy resinoso de cuya madera se hacen teas para alumbrarse.

ocotillo *s. m., Bot., Méx.* Arbusto cuya corteza tiene goma, resina y cera.

ocozoal (del náhuatl *o*, esa, y *coatl*, serpiente) *s. m., Zool., Méx.* Culebra de cascabel, de unos dos m de longitud, lomo pardo con manchas negruzcas y vientre amarillo y rojizo.

ocozol (del náhuatl *ocotl*, ocote, y *zotl*, sudor) *s. m., Bot.* Árbol americano hamamelidáceo, cuyo tronco y ramas exudan el liquidámbar.

ocuje (voz cubana) *s. m., Cub.* Calambuco.

ocumo (voz indígena) *s. m., Bot., Ven.* Planta de tallo corto, hojas triangulares, flores amarillas y rizoma casi esférico y muy feculento.

oficialismo *s. m.* **1.** Conjunto de personas que pertenecen a un gobierno.

2. Conjunto de ideologías o fuerzas políticas que apoyan al gobierno.

oficialista *adj.* Se aplica a la persona partidaria del oficialismo o perteneciente a él. **GRA.** También s. m. y s. f.

ojoche (voz indígena) *s. m., Bot., C. Ric.* Árbol de gran altura que se cubre de flores y cuyo fruto es muy apetecido por los animales.

ojota (del quichua *ushúta*) *s. f., Arg., Bol., Chil. y Per.* Calzado a manera de sandalia, de cuero o de filamento vegetal, usado por los campesinos.

olingo *s. m., Zool., Hond.* Mono aullador cuya voz es de gran potencia.

olleta *s. f., Gastr., Ven.* Guiso de maíz.

olluco *s. m., Bot., Per.* Planta de tubérculo comestible, también llamada melloco.

olomina *s. f., Zool., C. Ric.* Pececillo muy abundante en todos los ríos y arroyos; no es comestible.

olopopo *s. m., Zool., C. Ric.* Especie de mochuelo de gran tamaño, que abunda en la costa del Pacífico.

olote (del azt. *olote*) *s. m., Nic.* Zuro de la mazorca de maíz.

ombú (del guaraní *umbú*) *s. m., Amér. del S.* Árbol de la familia de las fitolacáceas, que se utiliza, al igual que sus hojas, en la fabricación del jabón.

onoto *s. m.* **1.** *Bot., Ven.* Bija, árbol. **2.** *Bot., Ven.* Fruto de este árbol.

opa (del quichua *upa*, bobo) *adj., Col. y Per.* Tonto, idiota.

opacar *v. tr.* Hacer opaco. **GRA.** También v. prnl.

ordeña (de *ordeñar*) *s. f., Nic.* Ordeño.

ordinación (del lat. *ordinatio, -onis*) *s. f., Arg.* Ordenanza, precepto.

oreja (del lat. *auricula*, dim. de *auris*) *s. m. y s. f., fig., El Salv.* Espía que trabaja para el gobierno.

orejear *v. tr.* **1.** *fig., Arg.* Descubrir poco a poco las cartas. **2.** *Col.* Sujetar los caballos por las orejas para comenzar a domarlos.

orejón *s. m.* Entre los antiguos peruanos, persona noble que llevaba horadadas las orejas y podía aspirar a los primeros puestos del imperio.

orfebre (del fr. *orfèvre*, y éste del lat. *auri faber*, artífice de oro) *s. m. y s. f., Col.* Persona que trabaja objetos artísticos de cobre u otros metales.

orillas (dim. romance del lat. *ora*, borde, orilla, costa) *s. f. pl., Arg. y Méx.* Arrabales de una ciudad.

orillero, ra (de *orilla*) *s. m. y s. f., Ven.* Persona que vive en los arrabales de la ciudad.

oroya (del quichua *urúya*) *s. f.* Cesta o cajón del andarivel.

otario, ria *adj., fam., Arg. y Ur.* Tonto, necio, fácil de embaucar.

otilar *v. intr., Arg.* Aullar el lobo.

otoba (voz indígena) *s. f., Bot.* Árbol de América tropical cuyo fruto es muy parecido a la nuez moscada.

ovejería *s. f.* **1.** *Amér. del S.* Ganado lanar y hacienda destinada al cuidado del mismo. **2.** *Chil.* Crianza de ovejas.

overo, ra (de or. incierto) *adj.* Se dice de las caballerías de color pío.

overol (del ingl. *verall*) *s. m.* Mono, traje de faena.

oyamel *s. m., Bot., Méx.* Especie de abeto de madera blanca, cuyo tronco produce la resina llamada aceite de abeto.

oyetón, na *adj., Per.* Bellaco, simplón, persona de pocas luces.

paca (del guaraní *paka*) *s. f.* **paca falsa** *Zool.* Parecida al guardatinajo pero algo menor.

pacarana (voz andina) *s. f., Zool.* Paca falsa.

pacay (del quichua *pákay*) *s. m.* **1.** *Bot., Amér. del S.* Guamo. **2.** *Bot., Amér. del S.* Fruto de este árbol.

pacaya *s. m., Bot., C. Ric. y Hond.* Palmera propia de montañas frías, cuyos cogollos se toman como legumbre.

pacayar *s. m., Per.* Plantío de pacayes.

pacha *s. f.* **1.** *Nic.* Biberón. **2.** *Nic.* Botella pequeña y aplanada que se usa para llevar licor.

pachacho, cha *adj., Chil.* Se dice de la persona o animal de piernas demasiado cortas.

pachaco, ca (de *pacho*) *adj., C. Ric.* Aplastado.

pachamanca *s. f., Gastr.* Carne que se asa entre piedras caldeadas, condimentada con ají, típica de América del Sur.

pacho, cha *adj., Nic. y Méx.* Flaco, aplastado.

pachocha *s. f.* **1.** *vulg., Chil.* Pachorra, flema, indolencia. **2.** *Gastr., Chil.* Especie de gazpacho consistente en pan mojado en agua, vinagre y sal que, una vez esponjado, se le añade aceite.

paco (del quichua *p'áco*, rojizo) *s. m., Miner.* Mineral de plata con ganga ferruginosa.

pacón *s. m., Bot., Hond.* Árbol cuyas raíces se emplean como jabón; produce unos frutos esféricos, negros y lustrosos con que juegan los muchachos.

pacú *s. m., Zool., Arg.* Pez de río, de gran tamaño y muy estimado por su carne.

pago (del lat. *pagus*) *s. m., Arg. y Per.* Lugar donde alguien ha nacido o está muy arraigado.

pahua (del azt. *pahuatl*, fruta) *s. f., Bot., Méx.* Fruto grande de una de las variedades del aguacate.

paico *s. m., Arg., Col., Chil. y Ec.* Pazote.

pailero, ra *s. m. y s. f., Col.* Persona que adoba pailas y sartenes.

pailón *s. m., Hond.* Hondonada de fondo redondeado.

paina *s. f., Arg.* Copo blanco formado por los abundantes pelos que cubren la semilla del palo borracho.

pajón (aum. de *paja*) *s. m., Bot., Cub.* Hierba gramínea, una especie de esparto fino sin la consistencia de éste, y de muy poco alimento para el ganado.

palancón, na *adj., Arg. y Bol.* Se dice de la persona o animal muy grandes o largos, o de piernas desproporcionadas.

palanquear *v. tr.* **1.** *Arg., Chil. y Ur.* Apalancar. **2.** *Arg., Chil. y Ur.* Mover, incitar a una persona o empresa para que haga una cosa.

palca *s. f.* **1.** *Bol.* Cruce de dos ríos o caminos. **2.** *Bol.* Horquilla formada por una rama.

palenquear *v. tr., Arg.* Atar a un potro con bozal y cabestro grueso para que se amanse.

palero (de *pala*) *s. m., Méx.* Jugador que en combinación con el banquero o tallador hace entrar a otros jugadores para timarlos.

paletero, ra (de *paleta*) *s. m. y s. f., Méx.* Persona que fabrica o vende paletas de dulce o helado.

palhuén *s. m., Bot., Chil.* Arbusto de la familia de las leguminosas, de menos de tres m y muy espinoso.

palla (de *pallar*) *s. f., poét., Chil.* Paya.

pallaco (del der. quichua *pallákui*, recoger para sí) *s. m., Min., Chil.* Mineral bueno que se recoge entre los escombros de una mina abandonada.

pallador, ra (de *palla*) *s. m. y s. f.,
Amér. del S.* Payador.

pallaquear (de *pallaco*) *v. tr., Per.* Pallar.

pallar *s. m., Per.* Especie de judía,
gruesa como un haba, casi redonda y
muy blanca.

pallas (del quichua *paclla*, campesino)
s. f., Per. Baile de los indígenas.

palmiche[1] (de *palma*) *s. m.* **1.** *Bot.*
Palma real. **2.** Fruto de este árbol. **3.**
Bot. Palma propia de grandes altitu-
des, de tronco muy delgado, cuya
madera, en astillas, sirve para alumbrar en la caza de pájaros nocturnos.

palmiche[2] *s. f., Cub.* Tela ligera para
trajes de verano.

palo (del lat. *palus*) *s. m.* **1. palo blanco** *Bot., Cub.* Árbol de corteza elástica y amarga. **2. palo borracho** *Bot.,
Arg.* Árbol de la famila de las bombáceas, de colores amarillo o rosáceo en
sus flores y semillas recubiertas de
abundantes pelos sedosos, utilizado
como adorno y con fines industriales.
3. palo caja *Bot., Cub.* Árbol silvestre
de Cuba, cuya madera de color anaranjado se usa mucho en carpintería.
4. palo cochino *Bot., Cub.* Árbol silvestre cubano, de fruto parecido a la
aceituna.

palomilla *s. f.* **1.** *fig. y fam., Chil.,
Hond., Méx. y Pan.* Plebe, vulgo,
pandilla de gente vagabunda. ǁ *s. m.
y s. f.* **2.** *Per.* Muchacho travieso, pi-
lluelo.

palpallén (voz araucana) *s. m., Bot.,
Chil.* Arbusto con hojas dentadas y flores de cabezuelas radiadas y amarillas.

palpi (del arauc. *pal-pud*) *s. m., Bot.,
Chil.* Arbusto de la familia de las escrofulariáceas, de hojas angostas, aserradas y flores amarillas, dispuestas
en forma de un tirso alargado. Es medicinal.

palqui (del arauc. *palki*) *s. m., Bot.* Arbusto americano de la familia de las
solanáceas, de olor fétido, con muchos tallos erguidos, hojas enteras y
flores en panojas con brácteas. Su cocimiento se emplea en Chile contra la
tiña.

pambil *s. m., Bot., Ec.* Palma más pequeña que la real, pero con tronco esbelto y follaje ancho.

pampear *v. intr., Amér. del S.* Recorrer la pampa.

panca (del quichua *pánkka*) *s. f.* Hoja
que cubre la mazorca del maíz.

panela (del fr. ant. *panele*) *s. f., Col. y
Hond.* Chancaca, azúcar mascabado
en panes prismáticos.

pangal (de *panque*) *s. m., Chil.* Terreno en que abundan los pangues.

pangue (del arauc. *panque*) *s. m.,
Bot., Chil.* Planta sin tallo, pero con
grandes hojas lobuladas, de más de
un m de largo. El rizoma se usa para
curtir el cuero.

panizo (del lat. *panicium*, der. de su
sin. del lat. cl. *panicum*) *s. m., Chil.*
Criadero de minerales.

panque *s. m., Bot., Chil.* Pangue.

pantalla (probablemente del cat., donde resultará de *ventalla*, pantalla de
lámpara, abanico, alterado por influjo
de *pàmpol*, pantalla de lámpara) *s. f.*
Instrumento para darse aire.

panucho *s. m., Gastr., Méx.* Tortilla de
maíz rellena con frijoles y carne de
cazón.

panuco (de *pan*) *s. m., Gastr., Chil.*
Puñado de harina tostada que se come a secas.

panudo (de *pan*) *adj., Cub.* Se aplica
al fruto de aguacate, cuando su carne
es consistente, que es como más se
aprecia.

panul (voz araucana) *s. m., Bot., Chil.*
Planta medicinal de la familia de las
umbelíferas.

pañil *s. m., Bot., Chil.* Árbol de la familia de las escrofulariáceas, de flores
amarillas, cuyas hojas se usan para la
curación de úlceras.

papachar *v. tr., Méx.* Hacer papachos.

papacho (del náhuatl *papatzoa*,
ablandar algo sobándolo) *s. m., Méx.*
Caricia, en especial la que se hace
con las manos.

papalote (del azt. *papalotl*, mariposa)
s. m., Méx. y Cub. Especie de cometa,
juguete.

papelón *s. m., Amér. del S.* Pan de azúcar sin refinar.

papilla *s. f., Bot., Per.* Papa purgante.

paporretear (de *paporreta*) *v. tr.* **1.** *desp., Per.* Aprender de memoria sin entender lo que se aprende o entendiéndolo a medias. **2.** *desp., Per.* Repetir algo sin entenderlo.

paraba *s. f., Zool., Bol.* Especie de papagayo.

paraca (del quichua *parákka*, especie de simún que levanta una lluvia de arena, der. de *pára*, lluvia) *s. f., Chil.* Brisa muy fuerte del Pacífico.

paradero *s. m., Cub. y Chil.* Apeadero de ferrocarril.

parado, da *adj.* **1.** *Amér. del S.* Derecho o en pie. **2.** *Chil. y P. Ric.* Orgulloso, engreído.

paraguatán *s. m., Bot., Amér. del S.* Árbol de la familia de las rubiáceas, propio de Venezuela, de buena madera y de cuya corteza se hace una tinta roja.

paraguayo *s. m.* **1.** *Cub.* Machete de hoja larga y recta. **2.** *Gastr., Bol.* Rosquete que se hace de azúcar, clavo y almidón.

páramo (del hispanolat. *paramus*) *s. m., fig. Col. y Ec.* Llovizna.

parapara *s. f., Bot., Ven.* Fruto del paraparo, negro y redondo.

paraparo *s. m., Bot., Ven.* Árbol de la familia de las sapindáceas, cuya corteza usa en Venezuela la gente pobre en vez de jabón.

paraulata *s. f., Zool., Ven.* Ave semejante al tordo pero de color más claro, muy estimada por su canto.

parcha (voz americana) *s. f., Bot.* Nombre genérico con que se conocen en América diversas plantas de la familia de las pasifloras.

pardo, da (del lat. *pardus*, gr. *párdos*, leopardo, o del gr. *párdalos*, probablemente nombre del gorrión, por el color oscuro de ambos animales) *adj., Cub. y P. Ric.* Mulato, nacido de padre de raza blanca y madre de raza negra, o viceversa. **GRA.** Se usa más como s. m. y s. f.

parejero, ra *adj.* **1.** *Arg.* Se dice del caballo de carrera y en general de todo caballo excelente y veloz. **GRA.** También s. m. **2.** *Ven.* Se dice de quien procura por ostentación andar siempre acompañado de alguna persona calificada e igualarse con ella.

parima *s. f., Zool., Arg.* Garza grande y de color violado.

parra (de or. incierto) *s. f., Bot., Amér. C.* Especie de bejuco que destila agua.

partidario *s. m., Amér. del S.* Persona que trabaja a partido en las minas.

pasadera (de *pasar*) *s. f., Col.* Acción de pasar repetidamente por un sitio.

pasaje *s. m.* **1.** *Amér. del S.* Billete o boleto de un viaje. **2.** *Amér. del S.* Pasaporte.

pascana (del quichua *paskána*) *s. f.* **1.** *Arg., Bol. y Per.* Etapa, descanso o parada en un viaje. **2.** *Ec.* Tambo, mesón.

pascar *v. intr., Bol.* Acampar.

paste (del náhuatl *páchtli*) *s. m.* **1.** *Bot., C. Ric. y Hond.* Planta de la familia de las cucurbitáceas, cuyo fruto contiene un tejido poroso usado como esponja. **2.** *Bot., C. Ric. y Hond.* Planta parásita que vive sobre los árboles.

pastear *v. tr., Per.* Espigar.

pastelón *s. m., Chil.* Loseta grande de cemento que se emplea en la pavimentación.

pasto (del lat. *pastus, -us*) *s. m., Méx.* Césped.

pastoso, sa (de *pasto*) *adj., Amér. del S.* Se dice del terreno que tiene buenos pastos.

patabán *s. m., Bot., Cub.* Árbol que da una madera dura y de color oscuro, usada para postes y otros usos. Es una variedad del mangle.

patagua (voz mapuche) *s. f., Bot., Chil.* Árbol de la familia de las tiliáceas, con tronco recto y liso, de flores blancas axilares, fruto esférico capsular y madera blanca, ligera y útil para carpintería.

patajú *s. m., Bot., Amér. del S.* Planta de tallo herbáceo con largas y anchas hojas que recogen y filtran en el tronco el agua de la lluvia, que mediante un pinchazo en la corteza puede beber el viajero.

patana *s. f., Bot., Cub.* Patanco.

patanco *s. m., Bot., Cub.* Planta silvestre, de color verde claro, espinosa; el pinchazo de sus púas es peligroso.

patao *s. m., Zool., Cub.* Pez de color plateado, comestible.

patasca *s. f.* **1.** *Gastr., Arg.* Guiso de cerdo cocido con maíz. **2.** *Per.* Disputa, tumulto.

patay *s. m., Amér. del S.* Pasta seca alimenticia hecha de algarroba molida.

pate *s. m., Bot., Hond.* Árbol corpulento, de corteza amarga y cáustica que se usa como medicamento.

pato (de la misma onomat. que ha dado *pata*, por alusión al andar pesado de este animal) *s. m.* **1.** *Cub.* Botella especial para recoger la orina de una persona encamada. **2.** *Cub., P. Ric. y Ven.* Hombre afeminado. **5.** *Arg.* Juego de fuerza y habilidad entre jinetes que han de disputarse la posesión de un pato metido en una bolsa. **3.** *Arg.* Competencia deportiva en la que dos equipos intentan introducir en un aro una pelota de seis asas llamada aro.

patota *s. f., Arg., Par., Per. y Ur.* Grupo de jóvenes que ocasionan disturbios en lugares públicos.

patotero, ra *adj.* **1.** *Arg., Par., Per. y Ur.* Propio de una patota. ‖ *s. m.* **2.** *Arg., Par., Per. y Ur.* Integrante de una patota.

paturro, ra *adj., Col.* Rechoncho, chaparro.

paují (voz quichua) *s. m., Zool.* Ave de Perú, gallinácea, doméstica, comestible, del tamaño de un pavo, de plumaje negro con manchas blancas en el vientre y en la extremidad de la cola; pico grande, con un tubérculo encima, de forma ovoide, casi tan grande como la cabeza del animal y duro como una piedra.

paulinia (de Simón *Paulli*, botánico danés del siglo XVII) *s. f., Bot., Amér. del S.* Arbusto de la familia de las sa-

pindáceas, con tallos sarmentosos, hojas persistentes, flores blancas y fruto capsular ovoide, con la semilla del tamaño de un guisante de color negro por fuera y almendra amarillenta, que después de tostada se usa para preparar una bebida refrescante y febrífuga.

pava (del lat. *pava*) *s. f., Arg.* Vasija de metal con tapa y pico, que se usa para calentar agua.

pavo (del lat. *pavus*, el pavo real) *s. m., fig.* Polizón.

paya *s. f., Poét., Chil.* Composición poética dialogada que los payadores improvisan y acompañan con la guitarra.

payacate *s. m., Méx.* Pañuelo grande, pañuelo de nariz.

payada *s. f.* **1.** *Amér. del S.* Canto del payador. ‖ **2. payada de contrapunto** *Amér. del S.* Certamen poético y musical de los payadores.

payador, ra *s. m. y s. f., Amér. del S.* Cantor popular que, acompañándose con la guitarra, improvisa canciones en competencia con otro como él.

payagua *s. m, Etn.* Indígena de Paraguay.

payar *v. intr., Arg. y Chil.* Cantar payadas.

peal (del lat. *pedea*, de *pes, pedis*, y *-ale*) *s. m.* Lazo que se echa a un animal para derribarlo.

pebete (probablemente del cat. *pevet*, pebetero, incensario, der. de *peu*, pie) *s. m. y s. f.* **1.** *Arg. y Ur.* Niño, chiquillo. ‖ *s. m.* **2.** *Bot., Méx.* Nombre indígena de una planta de la familia de las nictagináceas, congénere del dondiego de noche.

pechar *v. tr., Amér. del S.* Sablear, estafar.

pechiche *s. m., Bot., Ec.* Árbol que da una madera fina e incorruptible y una frutilla como la cereza, que se emplea para hacer dulce.

pechugón, na (de *pechuga*) *adj., Amér. del S.* Maleducado, sinvergüenza, gorrón.

pega (de *pegar*) *s. f.* **1.** *Col., Cub., Chil. y Per.* Trabajo, empleo. **2.** *Cub. y P.*

Ric. Liga para cazar pájaros. **3.** *Chil.* Período en que se transmiten las enfermedades contagiosas. **4.** *Chil.* Edad en que culminan los atractivos de una persona. **5.** *Chil.* Entretenimiento, jarana.

pegual (probablemente cruce de *pihuela* con *peal*) *s. m., Amér. del S.* Cincha con argollas para sujetar los animales cogidos con lazo o para transportar objetos.

pehuén (voz araucana) *s. m., Bot., Chil.* Araucaria.

pehuenche (de *pehuén*) *adj., Chil.* Se aplica al habitante de una parte de la cordillera de los Andes, generalmente como despectivo. **GRA.** También s. m. y s. f.

pejegallo (de *peje* y *gallo*) *s. m., Zool., Chil.* Pez de cuerpo redondeado, sin escamas, con una especie de cresta carnosa que le baja hasta la boca.

pejibaye *s. m., Bot., C. Ric.* Pijibay, especie de corojo.

pelarse (del lat. *pilare*, sacar el pelo) *v. prnl., Méx.* Huir precipitadamente.

pellín (del arauc. *pelliñ*, corazón duro de ciertos árboles) *s. m.* **1.** *Bot., Chil.* Especie de roble muy duro e incorrupto. **2.** *Chil.* Corazón o cerno de ese mismo árbol y de otros. **3.** *fig., Chil.* Persona o cosa muy fuerte y de gran resistencia.

pellón (del lat. *pellis*, piel) *s. m., Amér. del S.* Pelleja curtida o manta de lana a modo de caparazón que se usa sobre la silla de montar.

pelotear (de *pelota*) *v. tr., Amér. del S.* Pasar un río en la batea llamada pelota. **GRA.** También v. tr.

pelú (del arauc. *pulu*) *s. m., Bot., Chil.* Árbol leguminoso, de flores grandes, muy hermosas y de color dorado; legumbre con cuatro alas longitudinales denticuladas y madera dura y preciosa.

pensión (del lat. *pensio, -onis*) *s. f.* Pena, pesar.

peonía (del lat. *paeonian*, y éste del gr. *paionía*) *s. f., Bot., Amér. del S. y Cub.* Planta leguminosa, especie de bejuco trepador, medicinal, de flores pequeñas y semillas de color rojo vivo con un lunar negro, utilizadas para collares, pulseras y rosarios.

pepú *s. m., Bot., Cub.* Colonia, planta.

pequén (voz araucana) *s. m., Zool., Chil.* Ave rapaz diurna, del tamaño de un palomo, muy semejante a la lechuza. Habita en cuevas a campo raso, de las cuales despoja a algún roedor. Su graznido es lúgubre y muy frecuente.

perdiz (del lat. *perdix, -icis*) *s. f.* **perdiz cordillerana** *Zool., Chil.* Clase de perdiz muy distinta de la europea. No es comestible y vive en lo alto de la cordillera de los Andes.

peregrina *s. f., Bot., Cub.* Nombre de algunos arbustos euforbiáceos que dan flores rojas.

pericón *s. m., Arg.* Baile popular en cinco partes que ejercitan con acompañamiento de guitarras varias parejas en número par, y que suele acompañarse con pausas para que un bailarín diga una copla o un dicho, al que replica su compañero de pareja.

pericote *s. m., Zool., Amér. del S.* Rata grande del campo.

permaná *s. m., Bol.* Chicha cruceña de superior calidad.

pesgua *s. f., Bot., Ven.* Árbol semejante al madroño, cuyas hojas secas se usan para perfumar los templos esparciéndolas por el suelo, particularmente en Caracas.

pestillo (del hispanolat. vulg. *pestellus*, dim. de *pestulus*, alter. del lat. *pessulus*, cerrojo) *s. m., fig., P. Ric.* Novio, cortejador.

petaquita *s. f., Bot., Col.* Enredadera de flores rosadas.

petardo, ser un *loc., fig. y fam., Col.* Ser alguien causa de detención en una acción.

petiso, sa *adj.* **1.** *Amér. del S.* Pequeño, bajo, rechoncho. **2.** *Amér. del S.* Se dice del caballo de poca alzada. **3.** *Amér. del S.* Se dice de la persona joven que suele hacer toda clase de mandados o recados. **4.** *Zool., Amér. del S.* Se dice del caballo que en las estancias se usa para las comisiones y compras.

petizo, za (del port. *petito*, caballo de poca alzada) *adj.* **1.** *Arg., Bol., Chil., Par., Per. y Ur.* Pequeño, de baja estatura. ‖ *s. m.* **2.** *Arg., Chil., Par. y Ur.* Caballo de poca alzada. ‖ *s. m. y s. f.* **3.** *Arg., Bol., Chil., Par., Per. y Ur.* Persona de poca estatura. ‖ **4. petizo de los mandados** *Arg. y Ur.* Caballo que se usa en las estancias para las compras y recados. **5. petizo de los mandados** *Arg. y Ur.* Chico de los recados.

peto *s. m., Zool., Cub.* Pez comestible de gran tamaño, de color azul por el lomo y pálido por el vientre.

petra (del arauc. *putra*) *s. f., Bot., Chil.* Pitra, planta de la familia de las mirtáceas, de unos tres m de altura, con muchas ramas, hojas anchas, elípticas, y flores blancas, dispuestas en panículo a lo largo de las ramas. La baya es comestible y de sabor agradable. Sus hojas y corteza son medicinales y el polvo de ellas se usa en agricultura como insecticida y constituye una importante rama de comercio.

peuco (del arauc. *peuco*) *s. m., Zool., Chil.* Ave de rapiña, diurna, semejante al gavilán, aunque el color que más domina es el gris ceniciento. Se alimenta de pajarillos, palomas y aun de pollos de otras aves y reptiles.

peumo (del arauc. *pegu*) *s. m., Bot., Chil.* Árbol grande, lauráceo, de hoja siempre verde y medicinal, y fruto rojizo de pulpa comestible que es suave y blanca. Su madera dura se conserva bien debajo del agua.

pialar (de *peal*) *v. tr., Amér. del S.* Enlazar un animal por sus patas.

pica (de la onomat. *pic*) *s. f., P. Ric.* Ruleta instalada en los pabellones o quioscos construidos alrededor de la plaza pública para celebrar las fiestas.

picado, da *adj., fig.* Achispado, ebrio, calamocano.

picana (de *picar* y el suf. instrumental quichua *-na*) *s. f., Amér. del S.* Aguijada, vara para aguijar a los bueyes.

picanear *v. tr., Amér. del S.* Aguijar, picar a los bueyes con la aguijada.

pica y huye *s. f., Zool., Ven.* Insecto himenóptero, especie de hormiga muy pequeña, pero maligna, pues su picadura es dolorosa y produce calentura. En cuanto pica se va a todo correr, y de ahí su nombre.

picazuroba (del guaraní *pic*, paloma, y *azú*, grande, y *rob*, amarga, por el sabor de la carne) *s. f., Zool.* Ave de las gallináceas, semejante en el tamaño, forma y plumaje a la tórtola. Se encuentra en América desde Brasil hasta Estados Unidos.

pichagua *s. f., Bot., Ven.* Fruto del pichagüero.

pichagüero *s. m., Bot., Ven.* Especie de calabaza.

pichana (del quichua *pichána*, escoba, der. de *pichâni*, barrer) *s. f.* **1.** *Bot., Arg.* Nombre de varias plantas de la familia de las malváceas. **2.** *Arg.* Escoba rústica hecha con un manojo de ramitas de estas plantas.

pichanga *s. f., Col.* Escoba de barrer.

piche *s. m.* **1. piche de las pampas** *Zool., Amér. del S.* Nombre dado a una especie de armadillo. **2. piche peludo** *Zool., Amér. del S.* Quirquincho.

pichi (voz araucana) *s. m., Bot., Chil.* Arbusto de la familia de las solanáceas, medicinal, con hermosas flores blancas en el extremo de los ramos tiernos.

pichincha (del port. *pechincha*) *s. f., Arg.* Ganga, ocasión.

pichinchero, ra *adj., Arg.* Persona que busca pichinchas.

pichingo, ga *adj., Arg.* Muy pequeño.

pichoa *s. f., Bot., Chil.* Planta de la familia de las euforbiáceas, de raíz gruesa, que se usa como purgante.

pichuleador, ra *s. m. y s. f., fam., Arg.* Persona que pichulea.

pichulear *v. tr.* **1.** *Chil.* Engañar. **2.** *Arg. y Ur.* Buscar ventajas o ganacias pequeñas en cualquier negocio.

pico (del celta *beccus*, con influjo del v. *picar*) *s. m., Zool., Chil.* Crustáceo del género bálano de carne blanca y sabrosa.

picón, na (de *picar*) *adj.* **1.** Hablador, contestón. **2.** Quisquilloso, susceptible. **3.** Guasón, bromista.

picofeo (de *pico*) *s. m., Zool., Col.* Tucán, ave.

picuda (de *picudo*) *s. f., Zool., Cub.* Pez semejante a la aguja, de hocico largo y agudo, con manchas negras en los costados. Es comestible, pero suele causar ciguatera.

picudilla (de *picudillo*) *s. f., Zool., Cub.* Pez más pequeño que la picuda, comestible y muy estimado.

pidén (voz araucana) *s. m., Zool., Chil.* Ave parecida a la gallareta o foja española; es de color aceitunado por encima y rojizo por el vientre. Se alimenta de gusanos y vegetales. Es muy tímida y se domestica por su canto, que es melodioso.

pie (del lat. *pes, pedis*) *s. m.* **pie de fuerza** *Mil.* Tropas de un país.

pijibay *s. m., Bot., C. Ric. y Hond.* Variedad de corojo, de fruta amarilla de sabor muy dulce y de hojas que sirven para cubrir techos de edificio.

pijije *s. m., Zool., C. Ric., Guat. y El Salv.* Ave acuática de color acanelado, que vive en lugares pantanosos, gran cantora, sobre todo por la noche, y de carne comestible.

pijojo *s. m., Bot., Cub.* Árbol silvestre, de madera amarillenta, dura, pesada y de grano fino.

pilapila *s. f., Bot., Chil.* Planta malvácea, de tallo rastrero, ramoso y con nuevas raíces junto al pecíolo de cada hoja inferior. Se usa en medicina como atemperante de la sangre.

pilca *s. f., Amér. del S.* Tapia hecha con piedras y barro.

pilcha (del arauc. *pulcha*, arruga) *s. f.* **1.** *Arg., Chil. y Ur.* Prenda del recado de montar. **2.** *Arg., Chil. y Ur.* Prenda de vestir, originariamente pobre o en mal estado.

pilche (de *pichel*) *s. m., Per.* Jícara o vasija hecha de madera o de cáscara dura de un fruto.

pillopillo (del arauc. *pillupillu*) *s. m., Bot., Chil.* Árbol, especie de laurel, de forma piramidal y flores blanquecinas dioicas. Su corteza interior es purgante y vomitiva.

pilme (del arauc. *pulmi*) *s. m., Zool., Chil.* Coleóptero del género cantárido, negro, con los fémures rojos, muy pequeño, pero que causa mucho daño en las huertas.

pilo *s. m., Bot., Chil.* Arbusto que vive en sitios húmedos, de flores amarillas; su cáscara es un vomitivo muy enérgico.

pilpil *s. m., Bot., Chil.* Bejuco de hojas trifoliadas y flores blancas, que produce el cóguil.

pilpilén (voz araucana) *s. m., Zool., Chil.* Ave zancuda de pico rojo y largo que le sirve para abrir las valvas de los mariscos de que se alimenta.

pilucho, cha *adj., Chil.* Desnudo, sin ropa.

pilvén (de or. araucano) *s. m., Zool., Chil.* Pez de agua dulce, que tiene unos diez cm de largo y nada siempre en cardumen.

pimientilla *s. f., Bot., Hond.* Arbusto de la familia de las verbenáceas, que segrega la cera vegetal.

pimpina *s. f., Ven.* Botella de barro, de cuerpo esférico y cuello largo, que se usa para enfriar el agua.

pinacate (del náhuatl *pinacatl*) *s. m., Zool., Méx.* Escarabajo negruzco y hediondo que suele criarse en lugares húmedos.

pinatero *s. m., Zool., Cub.* Cao, ave.

pinche (de *pinchar*) *s. m., Zool., Col.* Mono parecido a los titis, provisto de larga cabellera blanca, con la cara negra, pelaje dorsal pardo y vientre y extremidades blancos.

pinedo (del lat. *pinetum*) *s. m., Amér. del S.* Pinar.

pingopingo *s. m., Bot., Chil.* Arbusto de la familia de las efedráceas, con ramas articuladas y hojas opuestas a manera de escamas, flores pequeñas, y por fruto unas nuececillas que, así como sus hojas, son diuréticas y depurativas.

pinol *s. m.* **1.** *C. Ric., Ec. y Guat.* Pinole. **2.** *Gastr., Guat. y Hond.* Especie de gofio hecho con harina de maíz tostado, a la que se añade cidrayota, cacao y azúcar.

pinolate *s. m., Guat.* Bebida de pinole, agua y azúcar.

pinole (del náhuatl *pinolli*) *s. m., Gastr., Méx.* Bebida hecha de maíz tostado y molido con azúcar y hielo.

pinolillo *s. m.* **1.** *Zool., Méx.* Insecto de color rojo y muy pequeño que parece polvo de pinole. **2.** *Hond.* Especie de pinole mezclado con cacao y chocolate, con lo que se hace una bebida refrescante.

pinuca *s. f., Zool., Chil.* Marisco comestible de piel gruesa, coriácea y arrugada.

piñal *s. m., Bot., Amér. del S. y Amér. C.* Plantío de piñas o ananás.

piolín *s. m.* **1.** *Amér. del S.* Cordel delgado de cáñamo, algodón u otra fibra. **2.** *Amér. del S.* Bolita de pelusa que se forma en las prendas de lana o algodón.

pionía (de la pronunciación vulgar de *peonía*) *s. f., Bot., Ven.* Semilla del bucare parecida a la alubia, más redonda, muy clara y de brillante y hermosísimo color encarnado con manchas pequeñas negras en ambos extremos, usada en Venezuela para collares.

pípila *s. f., Zool., Méx.* Hembra del guajolote.

pipiola *s. f., Zool., Méx.* Especie de abeja muy pequeña.

pique (de *picar*) *s. m.* **1.** *Chil.* Juego infantil que consiste en tirar monedas contra la pared hasta que una de ellas en el retroceso se acerque o toque a otra. **2.** *Arg.* Aceleración inicial.

piquera (de *pico*) *s. f., Cub.* Parada de carruajes de alquiler.

piquero *s. m., Zool., Chil. y Per.* Ave palmípeda, de pico recto y puntiagudo, que anda en grandes bandadas y se alimenta de peces.

piquillín *s. m.* **1.** *Bot., Arg. y Bol.* Árbol de la familia de las ramnáceas,

maderable, que da una frutilla con la cual se hace arrope. **2.** *Bot., Arg. y Bol.* Fruto comestible de esta planta.

pirca (del quichua *pírka*, pared) *s. f., Amér. del S.* Pared de piedra en seco.

pircar *v. tr., Amér. del S.* Cercar un paraje con pirca.

pirco (del arauc. *pídku*) *s. m., Gastr., Chil.* Guiso de fríjoles tiernos, maíz y calabaza.

pircún (voz araucana) *s. m., Bot., Chil.* Arbustillo de la familia de las fitolacáceas, muy conocido por su raíz en forma de nabo grueso, purgante y emética.

pirgüín (voz araucana) *s. m.* **1.** *Zool., Chil.* Especie de sanguijuela, que vive en los remansos de los ríos y aguas dulces estancadas y penetra en el hígado e intestinos del ganado, al que suele causar la muerte. **2.** *Med., Chil.* Enfermedad producida por este parásito.

pirón *s. m., Gastr., Arg.* Pasta de cazabe y caldo, que se suele comer con el puchero a guisa de pan.

pirquén *s. m., Min., Chil.* Sólo se emplea en las frases **dar a pirquén y trabajar al pirquén**, con aplicación a las minas, y quiere decir trabajar sin condiciones ni sistema determinado, sino en la forma que el operario quiera, pagando lo convenido al dueño de la mina.

pirquinear *v. intr., Min., Chil.* Trabajar al pirquén.

pirquinero, ra *s. m. y s. f., Min., Chil.* Persona que trabaja al pirquén.

pirulí (voz cubana) *s. m., Cub. y P. Ric.* Bombón acaramelado.

pisco *s. m.* **1.** *Chil. y Per.* Aguardiente superior de uva muy estimada, fabricado en Pisco, ciudad de Perú. **2.** *Chil. y Per.* Botija en que se exporta este aguardiente.

pitahaya *s. f., Bot., Per.* Planta de la familia de los cactos, trepadora y de hermosas flores blancas o encarnadas. Algunas dan fruta comestible.

pitajaña *s. f., Bot., Chil.* Planta americana, de tallos sin hojas que serpean ciñéndose a otras plantas, flores amarillas que se abren al anochecer y despiden un olor muy suave, como de vainilla, y se marchitan al salir el Sol.

pitao (del arauc. *pithau*, callo) *s. m., Bot., Chil.* Árbol siempre verde, con hojas oblongas, aovadas y grandes, flores blancas, dioicas, y fruto compuesto de cuatro drupas monospermas. Sus hojas son resolutivas y antihelmínticas.

pitar (de *pito*) *v. tr.* **1.** *Amér. del S.* Fumar, aspirar el humo del tabaco. **2.** *Chil.* Engañar a alguien.

pite (del quichua *piti*, cosa pequeña) *s. m.* **1.** *Col. y Ec.* Porción pequeña de una cosa. **2.** *Col.* Juego infantil que consiste en arrojar tejos o monedas contra una pared, pique. ‖ *s. m. pl.* **3.** *Col.* Entresijos del cordero.

pitihue (onomat. del canto del ave) *s. m., Zool., Chil.* Ave trepadora, variedad del pico, que habita en los bosques y matorrales y se alimenta de insectos.

pitillo (dim. de *pito*) *s. m., Bot., Cub.* Cañutillo, planta.

pitirre (voz onomatopéyica del canto de esta ave) *s. m., Zool., Cub. y P. Ric.* Pájaro insectívoro algo más pequeño que el gorrión, pero de cola más larga, con la parte superior gris, la inferior blanca y las alas y la cola pardas.

pitoitoy (voz onomatopéyica) *s. m., Zool., Amér. del S.* Ave zancuda de las costas que al echar a volar lanza el grito especial de que proviene su nombre; de plumaje compacto, oscuro por el lomo y blanco con manchas por el vientre, pico corto y tarsos altos.

pitra *s. f.* **1.** *Med., Chil.* Erupción de la piel. **2.** *Chil.* Petra.

piune (del arauc. *piune*, romerillo) *s. m., Bot., Chil.* Arbolete de hojas grandes, cubiertas de un vello rojizo por debajo y con racimos flojos de flores amarillas.

piuquén (del arauc. *piuqueñ*, pato grande) *s. m., Zool., Chil.* Especie de avutarda, que se domestica con facilidad y de carne muy estimada. De color blanco, menos la cabeza, que es cenicienta; la cola es corta y tiene 18 plumas blancas. Se alimenta de hierbas y no se reproduce hasta los dos años.

piure (del arauc. *piur*) *s. m., Zool., Chil.* Molusco comestible muy estimado, que vive en grupos.

piyama *s. f.* Pijama.

pizarrón *s. m.* Encerado, pizarra escolar.

pizote *s. m., Zool., Amér. C. y Méx.* Plantígrado domesticable de color pardo, semejante a la ardilla, pero mucho mayor y muy glotón.

plagiar (del lat. *plagiare*) *v. tr., Amér. del S.* Apoderarse de una persona para obtener rescate por su libertad.

plagio (del lat. *plagium*) *s. m.* Rapto de una persona para obtener un rescate.

platanero, ra *adj.* **1.** *Cub.* Se dice del viento huracanado que sin ser muy fuerte llega a derribar las matas de plátanos. **2.** *Col.* Se dice de la persona que cultiva plátanos o comercia con su fruto. **GRA.** También s. m. y s. f.

plena *s. f.* Canto y baile de Puerto Rico.

plumerilla *s. f., Bot., Arg.* Mimosa de flor roja.

poblano, na *adj., Amér. del S.* Lugareño, campesino.

pocho, cha *adj., fig., Méx.* Se aplica a los naturales del país enraizados en Estados Unidos.

pochote *s. m., Bot., C. Ric. y Hond.* Árbol silvestre de la familia de las malváceas, cuyo fruto encierra una materia como algodón, con que se rellenan almohadas.

podrido, da *adj., Arg. y Ur.* Se dice de un estado especial del gallo de riña adiestrado en exceso.

poguy *s. m., Bot., Chil.* Patata.

polco (voz quichua) *s. m., Amér. del S.* Cada una de las zapatillas tejidas de lana para los niños.

pollera (del lat. *pullaria*, t. f. de -*rius*, pollero) *s. f., Arg.* Falda externa femenina.

pollerón *s. m., Arg.* Falda de amazona.

pololear (de *pololo*) *v. tr.* **1.** Molestar, importunar. **2.** *Chil.* Galantear.

pololo (voz araucana) *s. m.* **1.** *Zool.*, *Chil.* Insecto coleóptero litófago que al volar zumba como el moscardón. **2.** *fig.*, *Chil.* Persona que sigue o pretende a una mujer.

polvillo *s. m.*, *Agr.* Enfermedad fúngica de los cereales.

polvorero, ra *adj.*, *Chil.* Polvorista, pirotécnico.

pomo (del lat. *pomum*) *s. m.* **1.** *Arg.* Recipiente cilíndrico de material flexible en que se expenden cosméticos, fármacos, etc. **2.** *Arg.* Juguete cilíndrico y flexible con el que se arroja agua en carnaval.

pomol *s. m.*, *Gastr.*, *Méx.* Tortilla de harina de maíz.

pompo, pa *adj.*, *Col.* Romo, sin filo.

pompón (del fr. *pompon*) *s. m.*, *Zool.*, *Cub.* Pez acantopterigio, comestible, de color gris y una faja más oscura en mitad del cuerpo.

ponasí *s. m.*, *Bot.*, *Cub.* Arbusto silvestre venenoso, de hojas puntiagudas y flores de color rojo oscuro. Se usa en medicina convenientemente preparado.

poncho *s. m.* **1.** *Amér. del S.* Especie de capote para montar a caballo, sin mangas, pero sujeto a los hombros, que ciñe y cae a lo largo del cuerpo. **2.** *Amér. del S.* Capote de monte. **3.** *Amér. del S.* Capote militar.

pondo *s. m.*, *Ec.* Tinaja.

ponqué *s. m.*, *Cub. y Ven.* Especie de torta.

popocho, cha *adj.*, *Col.* Repleto, harto.

popotal *s. m.*, *Méx.* Sitio en que se cría el popote.

popote (del náhuatl *popotl*) *s. m.*, *Méx.* Especie de paja para hacer escobas.

popusa *s. f.*, *Gastr.*, *Bol.*, *Guat. y El Salv.* Tortilla de maíz rellena de queso o de trozos de carne.

póquil (del arauc. *pocull*) *s. m.*, *Bot.*, *Chil.* Planta herbácea con flores hermafroditas que se emplean para teñir de amarillo.

porongo (del quichua *puruncu*) *s. m.* **1.** *Bot.* Planta de la familia de las cucurbitáceas, herbácea, anual, de hojas grandes y fruto blanco o amarillo que se emplea como recipiente para diversos usos. **2.** *Per.* Recipiente de hojalata con cuello estrecho que sirve para la venta de la leche. **3.** *Per.* Calabaza grande y alargada que sirve de depósito. **4.** *Arg.*, *Bol.*, *Chil.*, *Pan.*, *Per. y Ur.* Vasija de arcilla para guardar agua.

poronguero, ra *s. m. y s. f.*, *Per.* Persona que vende leche.

pororó (de or. guaraní) *s. m.*, *Amér. del S.* Rosetas de maíz.

pororoca *s. m.*, *Arg.* Macareo.

poroto (del quichua *purútu*) *s. m.* **1.** *Amér. del S.* Especie de alubia de muchas variedades. **2.** *Gastr.*, *Amér. del S.* Guiso que se hace con esta legumbre.

porra (del lat. *porrum*, puerro, por su forma) *s. f.*, *Méx.* Grupo de partidarios que en actos públicos muestran su apoyo o rechazo ruidosamente.

portañuela *s. f.*, *Cub.* Bragueta.

potoco, ca *adj.*, *Chil.* Rechoncho, bajo, gordo. **GRA.** También s. m. y s. f.

potorillo *s. m.*, *Bot.* Arbusto de vistosas flores encarnadas, de la región seca de la costa ecuatoriana.

potrero *s. m.*, *Amér. del S.* Finca rústica, cercada, destinada principalmente a la cría de ganado.

pozol *s. m.*, *Gastr.*, *C. Ric. y Cub.* Pozole.

pozole *s. m.* **1.** *Gastr.*, *Méx.* Guiso hecho de maíz tierno deshollejado, carne de cerdo y chile con mucho caldo. **2.** *Gastr.*, *Méx.* Bebida refrescante hecha de maíz morado y azúcar.

preciosura *s. f.*, *Arg. y Per.* Preciosidad, hermosura.

prenombrado, da *adj.*, *Arg. y Chil.* Precitado, susodicho o sobredicho.

prensero *s. m.*, *Col.* Cada uno de los individuos que en los ingenios de azúcar introducen la caña en los trapiches.

pringamoza *s. f.* **1.** *Bot.*, *Col.*, *Cub. y P. Ric.* Bejuco cubierto de una pelusa que produce en la piel gran picazón. **2.** *Bot.*, *Col. y Hond.* Especie de ortiga.

promesante *s. m. y s. f., Arg. y Chil.* Persona que cumple una promesa piadosa.

prudenciarse *v. prnl., Arg., Col., Cub., Méx. y P. Ric.* Reprimirse, moderarse.

pucha *s. f.* **1.** *Cub.* Ramillete. **2.** *Col.* Cuarta parte del cuartillo.

pucho (del quichua *púchu*, sobras o reliquias) *s. m.* **1.** *Amér. del S.* Punta, colilla de cigarro. **2.** *Arg., Col. y Hond.* Pizca, desperdicio, residuo. **3.** *Chil. y Ec.* El hijo menor de una familia. **GRA.** Se usa generalmente en diminutivo. **4.** *Arg.* Sobra o resto de algo.

puchuela (der. de *pucho*) *s. f., Ec.* Insignificancia.

puchusco, ca *s. m. y s. f., Chil.* El hijo menor de una familia.

pudú (voz araucana) *s. m., Zool., Chil.* Especie de ciervo de menor tamaño que el europeo.

pueblada *s. f., Amér. del S.* Tumulto, motín, gentío.

pueblero, ra *adj., Arg. y Ur.* Habitante de una ciudad o pueblo, para el campesino. **GRA.** También s. m. y s. f.

puercada *s. f., Amér. C. y Rep. Dom.* Porquería, acción indecorosa.

puerta (del lat. *porta*) *s. f.* **puerta cancel** *Arg. y Per.* Verja que sirve de separación entre el zaguán y el vestíbulo.

puesta (del lat. *posta, posita*, f. de *postus, positus*) *s. f., Arg.* Empate en las carreras de caballos.

puestero, ra *s. m. y s. f., Arg., Chil., Per. y Ur.* Persona que vive en una de las partes de una hacienda y que está encargada de cuidar los animales que en esta parte se crían.

pujar (del lat. *pulsare*) *v. intr., Per.* Despedir, rechazar. ‖ **LOC. pujar para adentro** *Amér. del S.* Aguantar sin chistar.

pulguera *s. f., C. Ric. y Ven.* Calabozo, cárcel preventiva.

pulguiento *adj.* Lleno de pulgas, pulgoso.

pulpería *s. f., Amér. del S.* Tienda donde se venden bebidas, comestibles, mercería, etc.

pulpero, ra (de *pulpería*) *s. m. y s. f., Amér. del S.* Persona que tiene o atiende una pulpería.

pulque (de or. incierto, quizá del náhuatl *puliuhki*, descompuesto) *s. m.* **1.** *Méx.* Bebida alcohólica, refrescante y de baja graduación, que se obtiene haciendo fermentar el aguamiel o jugo de la pita, maguey, mezcal y agave. ‖ **2. pulque curado** *Méx.* El que se mezcla con el jugo de alguna fruta.

puna (voz quichua) *s. f.* **1.** *Amér. del S.* Tierra alta próxima a la cordillera de los Andes. **2.** *Amér. del S.* Páramo, extensión grande de terreno raso y yermo. **3.** *Amér. del S.* Soroche, angustia que se sufre en ciertos lugares elevados.

punta (del lat. *puncta*) *s. f., Cub.* Hoja de tabaco, de exquisito aroma y superior calidad.

puntal *s. m., Amér. del S.* Refrigerio, tentempié.

puntear *v. tr., Arg., Chil. y Ur.* Levantar la tierra con la punta de la pala.

puntero (del lat. *punctarius*) *s. m., Dep., Arg. y Chil.* En algunos deportes, delantero.

punzada *s. f., Cub.* Necedad.

pupusa (del náhuatl *pupushaua*, hinchado) *s. f., Gastr., Hond.* Empanada de maíz y queso.

puquio *s. m., Amér. del S.* Manantial de agua, fuente.

pututo (de or. aimara) *s. m., Bol. y Per.* Instrumento hecho de cuerno de buey que los campesinos de los cerros tocan para llamar a reunión.

puya (del arauc. *puuya*) *s. f., Bot., Chil.* Nombre que se da a varias especies de plantas bromeliáceas medicinales. De una clase de ellas se obtiene la goma llamada de chagual.

puyar (de *puya*) *v. tr.* **1.** *Col., C. Ric., Guat., Hond., Nic., Méx. y Par.* Herir con la puya. **2.** *Col., Chil. y Pan.* Incitar.

puyo, ya *adj., Arg.* Se dice del poncho o capote basto de lana más corto que el ordinario. **GRA.** También s. m.

Q q

quebracho (de *quebrar* y *hacha*) *s. m.* **1.** *Bot.* Nombre común a varios árboles americanos, cuya corteza se ha empleado como la quina. **2.** *Bot.* Corteza de estos mismos árboles.

quebrazón *s. f., Amér. C., Chil., Col. y Méx.* Destrozo importante de objetos de vidrio o loza.

quelenquelén (del arauc. *clenclen*) *s. m., Bot., Chil.* Planta medicinal, de la familia de las poligaláceas, de flores pequeñas, rosadas y en racimos. Sus raíces se usan en diversas enfermedades de las vías digestivas.

quelite *s. m., C. Ric. y Méx.* Bledo.

queltehue (voz araucana) *s. m., Zool., Chil.* Ave zancuda, similar al frailecillo, cuyo hábitat natural son los campos húmedos, aunque puede encontrarse también en los jardines una vez domesticada.

quemí *s. m., Zool.* Especie de conejo ya extinguido, que habitó en Cuba.

quena (del quichua *kéna*) *s. f., Mús.* Instrumento musical, similar a la flauta, típico de América del Sur.

querendón, na *adj.* Se dice de la persona muy cariñosa.

querosín *s. m., Ec., Nic. y Pan.* Queroseno.

quesadilla *s. f., Gastr., Méx., Ec. y Hond.* Pan de maíz relleno de queso y azúcar, cocido en comal o frito en manteca.

quetro (del arauc. *quetho*, cosa desmochada) *s. m., Zool., Chil.* Pato muy grande, que se caracteriza por tener las alas sin plumas, de modo que no puede volar.

quetzal (del náhuatl *quetzalli*, hermosa pluma) *s. m., Guat.* Ave sagrada, emblema de su libertad nacional.

queule (del arauc. *queul*, una fruta) *s. m., Bot., Chil.* Árbol de hoja perenne y de gran altura, con fruto de color amarillo, del que se hace almíbar.

quiaca (voz araucana) *s. f., Bot., Chil.* Árbol de ramas largas y flexibles, flores pequeñas, blancas y dispuestas en corimbo terminal compuesto.

quibey (voz caribe) *s. m., Bot.* Planta herbácea, anual, de las Antillas, de hojas agudas y espinosas, con tallos tiernos y ramosos, flores blancas en embudo y fruto seco. Su jugo es lechoso, acre y cáustico.

quiebracajete *s. m.* **1.** *Bot., Guat.* Enredadera silvestre que, en el otoño, da flores de diversos colores. **2.** *Bot., Guat.* Flor de esta planta.

quijo (del aimará *kisu kala*) *s. m., Miner.* Cuarzo que en los filones sirve regularmente de matriz al mineral de oro o plata.

quijongo *s. m., Mús., C. Ric. y Nic.* Instrumento musical de cuerda que sirve de bajo o acompañante.

quila (del arauc. *cula*, caña) *s. f., Bot., Amér. del S.* Especie de bambú, más fuerte y de usos más variados que el malayo. Hay varias especies. Sus hojas perennes son buen pasto para el ganado, y de las semillas se hacen sopa y otros guisos.

quilco *s. m., Chil.* Capas grandes.

quillango *s. m., Arg.* Manta de pieles cosidas.

quillay (del arauc. *cúllay*, cierto árbol) *s. m., Bot., Arg. y Chil.* Árbol de la familia de las rosáceas, de gran tamaño, de cuya corteza, triturada y hervida en agua, se obtiene un líquido jabonoso.

quilmay (voz araucana) *s. m., Bot., Chil.* Planta trepadora de la familia de las apocináceas, que se distingue por sus lindas flores blancas como la camelia; su raíz es medicinal.

quilo (del arauc. *quelu*, colorado) *s. m.*
1. *Bot., Chil.* Arbusto de la familia de
las poligonáceas, de ramas trepadores, flores aglomeradas en racimo,
fruto azucarado comestible y del cual
se hace una chicha. En el campo se
emplean sus raíces como medicamen-
to. **2.** *Bot., Chil.* Fruto de este arbusto.

quilombo (de or. africano) *s. m.* **1.**
Bol. y Ven. Choza, cabaña campestre.
2. *Arg., Chil. y Per.* Burdel.

quilquil (del arauc. *culcul*, mata) *s.
m., Bot., Chil.* Helecho arbóreo de la
familia de las polipodiáceas. Su rizoma es comestible.

quiltro *s. m., Chil.* Perro gozque.

quimba *s. f., Arg., Chil. y Per.* Contoneo, garbo.

quimbámbaras *s. f. pl., Ant.* Quim-
bambas.

quimbombó *s. m., Cub.* Quingombó.

quin (del quichua *kiñu*, agujero) *s. m.*
1. *Col.* Quiñazo. **2.** *Col.* Agujero hecho con esta punta.

quina (del quichua *quinaquina*, corteza) *s. f.* **1.** *Bot. y Med.* Corteza del
quino, de aspecto variable según la
especie de árbol de que procede,
muy usada en medicina por sus propiedades febrífugas. La hay gris, roja
y amarilla, siendo esta última la más
estimada. ‖ **2. quina de la tierra**
Bot., Cub. Aguedita, árbol.

quinaquina (del quichua *quinaquina*)
s. f. Quina, corteza del quino.

quincha (voz quichua) *s. f.* **1.** *Amér.
del S.* Tejido o trama de junco con
que se refuerza un techo o pared de
paja, cañas, totora, etc. **2.** *Amér. del S.*
Pared hecha de cañas, varillas u otra
materia parecida, que suele recubrirse
de barro y se emplea en cercas, chozas, corrales, etc.

quinchamalí (voz araucana) *s. m.,
Bot., Chil.* Planta medicinal de la familia de las santaláceas. Los campesinos beben el jugo de sus flores, cocido o simplemente exprimido, para
curar contusiones y postemas.

quinchar *v. tr., Amér. del S.* Cubrir o
cercar un recinto con quinchas.

quinchihue *s. m., Bot., Amér. del S.*
Planta medicinal, anual, de color verde claro, olorosa y de flores blanquecinas.

quincho *s. m., Arg.* Construcción que
se utiliza como resguardo en comidas
al aire libre y que consiste generalmente en un techo de paja que se
apoya sobre columnas de madera.

quingos (voz quichua *kenkku*, torcido)
s. m., Col., Ec. y Per. Zigzag, rodeo.

quiniela *s. f.* **1.** *Arg., Par., Rep. Dom.
y Ur.* Juego que consiste en apostar a
la última o las últimas cifras de los
premios mayores de la lotería. ‖ *s. f.
pl.* **2.** *Arg., Par., Rep. Dom. y Ur.* Conjunto de estas apuestas.

quinielero, ra *s. m. y s. f.* **1.** *Arg.,
Par., Rep. Dom. y Ur.* Capitalista u or-
ganizador de quinielas. **2.** *Arg., Par.,
Rep. Dom. y Ur.* Persona que recibe o
realiza apuestas de quiniela.

quino (voz quichua) *s. m.* **1.** *Bot.* Árbol
americano, perteneciente a la familia
de las rubiáceas, y de cuya corteza se
extrae la quina. **2.** Zumo solidificado
que se extrae de varios vegetales y se
usa como astringente. **3.** Quina, corteza del quino.

quinoto (del ital. *chinotto*) *s. m.* **1.**
Bot., Arg. Arbusto de la familia de las
rutáceas, con frutos pequeños y de
color anaranjado, que se usan en la
elaboración de dulces y licores. **2.**
Bot., Arg. Fruto de este arbusto.

quintral (del arauc. *cauthal*) *s. m.* **1.**
Bot., Chil. Muérdago de flores rojas,
de cuyo fruto se extrae liga, y sirve
para teñir. **2.** *Bot., Chil.* Enfermedad
de las sandías y porotos.

quinua (del quichua *kínwa*) *s. f., Bot.,
Bol., Ec., Chil. y Col.* Planta de la familia de las quenopodiáceas, anual y
de hojas triangulares.

quipu (del quichua *quipu*, nudo) *s. m.,
Chil. y Per.* Cada uno de los ramales
de cuerdas anudadas, con que los
pueblos precolombinos de Perú for-
maban un sistema de signos para su-
plir la falta de escritura. **GRA.** Se usa
más en pl.

quique (del arauc. *quiqui*) *s. m., Zool.,
Arg. y Chil.* Especie de comadreja.

quirquincho (del quichua *kirkínchu*,
armadillo) *s. m., Zool.* Mamífero, especie de armadillo, cuyo carapacho
es utilizado para hacer charangos.

quisa *s. f.* **1.** *Bot., Méx.* Especie de pimienta. **2.** *Gastr., Bol.* Plátano maduro, pelado y tostado.

quisca (del quichua *quichca*, espina) *s.
f.* **1.** *Bot., Chil.* Quisco, árbol. **2.** *Chil.*
Espina larga y dura de este árbol.

quisco *s. m., Bot., Chil.* Especie de
cacto espinoso que crece en forma de
cirio cubierto de espinas y que alcanza más de 30 cm de largo.

quitasolillo *s. m.* **1.** *Bot., Cub.* Planta
de la familia de las umbelíferas, rastrera, que crecen en las orillas de los
arroyos. **2.** *Bot., Cub.* Especie de hongo comestible.

quitrín *s. m.* Carruaje abierto, usado
en diversos países de América, con
dos ruedas y una sola fila de asientos.

R r

rabanito, ta *s. m. y s. f.* Partidario de las ideas marxistas.

rabiche *s. f., Zool.* Especie de paloma que vuela en bandadas y construye su nido en los árboles.

rabimocho, cha (de *rabo* y *mocho*) *adj.* Rabón, animal que tiene el rabo muy corto o carece de él.

rabirrubia (de *rabo* y *rubio*) *s. f., Zool., Cub.* Pez de unos 25 cm de largo, con cola ahorquillada, rubia, ojos negros con un cerco rojo y plateado, con aletas moradas y una raya longitudinal amarilla. Se cría en el mar Caribe y su carne es muy apreciada.

rabiza *s. f.* Trencilla de correa que pende del extremo de la fusta.

rabo (del lat. *rapum*, nabo) *s. m.* **rabo de junco** *Zool.* Ave palmípeda americana, del tamaño de un mirlo, de plumaje verde con reflejos dorados en el lomo y vientre y alas amarillas.

rabona *s. f., Bol., Chil. y Per.* Mujer que acompañaba a los soldados en las marchas y en campaña.

racacha (del quichua *rakacha*) *s. f., Bot., Chil.* Planta bulbosa de raíz comestible.

radal (del arauc. *raral*, nogal silvestre) *s. m., Bot., Chil.* Árbol protáceo, de casi 16 m de altura, siempre verde, de hojas medicinales y bonita madera.

radiodifusora *s. f., Arg.* Radiodifusión, empresa.

radiola *s. f., Col. y Per.* Radiogramola.

radioteatro *s. m., Arg.* Radionovela.

ragú (del fr. *ragoût*) *s. m.* **1.** Sospecha fundada en conjeturas o indicios. **2.** Cebo que se ofrece al animal para engordarlo o atraerlo.

raimi *s. m.* Fiesta que los habitantes de Perú dedicaban al Sol en la época precolombina y que se celebraba tras el soslticio de verano.

rajón, na *adj., Amér. C. y Méx.* Fanfarrón.

rala *s. f.* Excremento de las aves.

ramada *s. f.* Cobertizo de ramas.

ramaleado, da *adj.* Se dice de lo que tiene rayas transversales en distinto color, como si le hubieran dado un ramalazo.

rambla (del ár. *rámla*, arenal) *s. f.* Muelle o andén que se levanta en los balnearios a la orilla del mar.

ramón *s. m., Bot., Cub.* Árbol silvestre de la familia de las ulmáceas, de corteza violácea, hojas alternas, ovales, lanceoladas, flor blanca y fruto en baya.

rana (del lat. *rana*) *s. f.* **1.** Pieza de hierro compuesta de dos trozos de riel en ángulo, que se emplea en los ferrocarriles para enlazar las vías. **2.** *Bot., Cub.* Árbol leguminoso, cuya madera es incorruptible y se emplea para obras submarinas.

rancagua *s. f., Bot., Chil.* Planta herbácea, de la familia de las compuestas, propia de los parajes húmedos.

rancanca *s. m., Zool., Amér. del S.* Género de las aves rapaces, falcónidas.

rancho (der. del v. *rancharse* o *ranchearse*, alojarse, del fr. *se ranger*, arreglarse, der. de *rang*, hilera, que procede del fránc. *hring*, círculo de gente) *s. m.* Granja donde se crían caballos y otros cuadrúpedos.

rango (del germ. *hring*, círculo) *s. m.* **1.** Situación social elevada. **2.** *C. Ric., Chil., Ec., P. Ric. y Sal.* Rumbo 1, esplendidez.

rangoso, sa *adj., Amér. del S. y Cub.* Rumboso, generoso.

rapingacho *s. m., Gastr., Per.* Tortilla de queso típica de Perú.

rara (voz onomatopéyica, quizá tomada del arauc.) *s. f., Zool., Chil.* Ave del tamaño de la codorniz, con el pico grueso y dentado. Se alimenta de plantas tiernas, por lo que es dañosa en las huertas y sembrados.

rarán (voz araucana) *s. m., Bot., Chil.* Árbol de la familia de las mirtáceas.

rari (del arauc. *rarin*) *s. m., Bot., Chil.* Arbusto que crece en las orillas de los arroyos y que es usado en la medicina casera.

rascabarriga (de *rascar* y *barriga*) *s. amb.* **1.** *Zool., Cub.* Árbol silvestre, de la familia de las solanáceas, que alcanza unos tres m de altura. Florece en abril, su fruto es amarillo, y sus ramas flexibles y fuertes. ‖ *s. f.* **2.** Rama flexible adecuada para fabricar látigos.

rascaso (del fr. *rascasse*) *s. m., Zool., Cub.* Pez del mar Caribe, especie de escorpena, de unos 30 cm de largo y de color gris con manchas negras.

rasmillar (de *rámila*) *v. tr., Arg. y Chil.* Hacer un pequeño rasguño.

raspa (de *raspar*) *s. f.* Reprimenda.

raspabuche (de *raspar* y *buche*) *s. m.* **1.** *fig. y fam.* Pan candeal y, por ext., el que se hace con harina gruesa. **2.** *fig. y fam., Gastr.* Dulce de masa áspera y poca azúcar.

raspaguacal *s. m.* Planta de hojas ásperas que sirven para pulir objetos de madera.

raspalengua (de *raspar* y *lengua*) *s. f., Bot., Cub.* Arbusto silvestre flacurtiáceo, de ramas cilíndricas, hojas grandes elípticas y muy ásperas y fruto en cápsula, de sabor dulce, que causa irritaciones en la lengua.

raspón *s. m., Col.* Sombrero de paja que usan los campesinos.

rasposo, sa *adj.* **1.** *Arg. y Ur.* Se dice de la prenda de vestir raída y también de la persona que la lleva. **2.** *Arg. y Ur.* Roñoso, mezquino.

rasqueta *s. f., Amér. del S. y Ant.* Almohaza.

rasquetear *v. tr., Amér. del S.* Almohazar.

rastacuero (del fr. *rastaquouère*) *s. m. y s. f.* Persona inculta, adinerada y engreída.

rastra (de *rastro*) *s. f.* Pieza de plata, con la que el gaucho sujetaba el tirador, formada por una chapa central labrada y monedas unidas a ésta por medio de cadenas.

rastrillada *s. f., Arg. y Ur.* Surco o huellas que dejan los cascos de animales sobre el terreno.

rastrillaje *s. m., Arg.* Acción y efecto de rastrillar o batir.

rastrillar *v. tr., Arg.* En operaciones militares o policiales, batir zonas de terreno para registrarlas.

rastrojal *s. m., Ec.* Hierba y arbustos que crecen en un terreno abandonado.

rata (del lat. *rata parte, rata ratione, pro rata*) *s. f., Col., Pan. y Per.* Porcentaje.

rata, hacerse la *loc., fig., Arg.* Faltar a clase.

ratania (voz indígena de América, procedente del Perú o del Brasil) *s. f.* **1.** *Bot.* Arbusto americano, de la familia de las poligaláceas, con tallos ramosos y rastreros, hojas elípticas, flores de cáliz blanquecino y corola carmesí; fruto capsular, seco, casi esférico y velludo, y raíz gruesa, leñosa, de corteza encarnada que se usa en medicina como astringente. **2.** *Bot.* Raíz de esta planta.

ratón (de *rato*) *s. m., C. Ric.* Músculo, biceps. **GRA.** Se usa en sentido despectivo.

ratona *s. f., Zool., Arg.* Ave de pequeño tamaño, con plumaje grisáceo. Es muy vivaz y se alimenta de insectos.

ratonera *s. f., Zool., Arg.* Pájaro de color pardo acanelado, que suele andar por los cercados.

raulí (del arauc. *ruylín*) *s. m., Bot., Chil.* Árbol de gran altura, de hojas caedizas, oblongas doblemente aserradas, pálidas en su cara interna y fruto muy erizado. Su madera se emplea mucho en la construcción.

rayador *s. m., Zool., Amér. del S.* Ave que tiene el pico muy aplanado y delgado y la mandíbula superior mucho más corta que la inferior. Debe su nombre a que cuando vuela sobre el mar parece que va rayando el agua que roza con su cuerpo.

rayero *s. m., fam., Arg.* Juez de raya.

razano, na *adj.* De raza, especialmente hablando de caballos.

real (del lat. *regalis*) *s. m.* **1.** *Numism.* Moneda de distintos metales y diferente valor. ‖ **2. real de minas** *Méx.* Pueblo que tiene muchas minas de plata.

realengo, ga *adj.* **1.** *Col., P. Ric. y Ven.* Poco aficionado al trabajo. **2.** *Méx., P. Ric. y Rep. Dom.* Que no tiene dueño.

realero *s. m., Arg., Par. y Ur.* Taxista.

realito *s. m., Zool., Hond.* Género de miriápodos americanos.

rebenque (del fr. *raban*, cabo que afirma la vela a la verga) *s. m.* **1.** *Amér. del S.* Látigo recio de jinete. **2.** *Amér. del S.* Cascarrabias, persona que se enfada con facilidad. ‖ **LOC. tener rebenque** Tener mal genio.

rebuscársela *loc., fam., Arg., Chil. y Par.* Encontrar la manera de superar las dificultades cotidianas.

rebusque *s. m.* **1.** *Arg. y Par.* Acción y efecto de rebuscársela. **2.** *Arg. y Par.* Solución ingeniosa para sortear una dificultad.

recado (de *recadar*, var. de *recaudar*) *s. m., Nic.* Picadillo para rellenar las empanadas.

recámara *s. f.* Alcoba.

recargarse *v. prnl., Méx.* Apoyarse.

recesar *v. intr.* **1.** *Bol., Cub., Méx., Nic. y Per.* Cesar una corporación en sus actividades durante un tiempo. ‖ *v. tr.* **2.** *Per.* Clausurar una cámara legislativa, una universidad, etc.

receso (del lat. *recessus*) *s. m.* **1.** Suspensión, cesación de las actividades de una corporación. **2.** Tiempo que dura dicha cesación.

reclame (del fr. *clamp*, y éste de or. germánico, probablemente del neerl. *klamp*, grapa, reclame) *s. f.* Publicidad general. **GRA.** También s. m. en Arg. y Ur.

recordar (del lat. *recordari*) *v. intr., Arg. y Méx.* Despertar la persona que está dormida. **GRA.** También v. prnl.

redoma (de or. desconocido) *s. f.* **1.** Farol grande colocado en las torres de los puertos para que su luz sirva de señal durante la noche. **2.** Arco que cierra una calle. **3.** Sitio espacioso dentro de un pueblo, plaza, etc.

redomón, na *adj., Amér. del S.* Se dice de la caballería no domada por completo.

reducidor, ra *s. m. y s. f., Arg., Col., Chil. y Per.* Persona que comercia con objetos robados.

reencauchadora *s. f., Col. y Per.* Instalación industrial para reencauchar llantas o cubiertas de automóviles.

reencauchar *v. tr., Col. y Per.* Recauchutar.

reencauche *s. m., Col. y Per.* Acción y efecto de reencauchar.

refacción (de *refección*) *s. f., Cub.* Gasto que origina al propietario el sostenimiento de una finca.

refaccionar *v. tr.* Restaurar o reparar.

referí (del ingl. *referee*) *s. m., Dep.* Árbitro de fútbol.

refundir (del lat. *refundere*) *v. tr., Amér. C. y Méx.* Extraviar una cosa.

refusilo (del lat. *focile*, de fuego) *s. m., Arg.* Relámpago.

regador (del lat. *rigator, -oris*) *s. m., Chil.* Unidad de medida variable para las aguas de riego.

regalía (del lat. *regalis*, regio) *s. f., Amér. C., Ant. y Col.* Obsequio que se hace a alguien.

regorgalla *s. f., Ven.* Especie de chanfaina.

regresar (de *regreso*) *v. tr.* Devolver algo a su poseedor.

reina (del lat. *regina*) *s. f.* **reina mora** *Arg.* Ave frigílida, de plumaje azul brillante y canto melodioso, que se domestica fácilmente.

reinita *s. f.* **1.** *Bot., Méx.* Nombre vulgar que recibe en México la maravilla, planta de la familia de las compuestas, de flores agrupadas en cabezuelas amarillas. **2.** *Zool., P. Ric.* Pájaro de cabeza negra con rayas blancas y amarillas en el pecho y la rabadilla.

rejego, ga *adj.* Terco.

rejo (de *reja*) *s. m.* **1.** Látigo. **2.** *Cub. y Ven.* Pedazo de cuero para atar el becerro a la vaca. **3.** *Ec.* Acción y efecto de ordeñar. **4.** *Ec.* Conjunto de vacas de ordeño.

relación (del lat. *relatio, -onis*) *s. f., Arg.* Copla que se canta en diversos bailes tradicionales.

relajante *adj., Chil.* Se dice de alimentos y bebidas muy dulces.

relajo *s. m.* **1.** *Cub., Méx. y P. Ric.* Acción deshonesta, inmoral. **2.** *Cub. y P. Ric.* Burla o escarnio que se hace de una persona o cosa.

relamido, da *adj.* Descarado, jactancioso.

relievar *v. tr.* **1.** *Col. y Per.* Hacer de relieve algo. **2.** *Col. y Per.* Exaltar una cosa.

rematador, ra *s. m. y s. f., Arg.* Persona encargada de una subasta pública.

rematar *v. tr., Arg., Bol., Chil. y Ur.* Comprar o vender en subasta pública.

remate *s. m., Arg.* Subasta.

remezón (de *remecer*) *s. m., Arg., Col., Ec. y Ven.* Terremoto ligero o sacudimiento breve de la tierra.

remisión (del lat. *remissio, -onis*) *s. f.* Factura provisional o albarán que se manda con una mercancía.

remojo *s. m., Col.* Acción de convidar para festejar un acontecimiento feliz.

remoler *v. tr.* **1.** *Guat. y Per.* Molestar. ‖ *v. intr.* **2.** *fig., Chil.* Andar en diversiones.

remolienda *s. f., Chil.* Juerga, diversión.

remonta *s. f., Col. y Ven.* Animal de repuesto que un jinete lleva para cambiarlo por el que monta.

remotidad *s. f., Amér. C.* Lejanía.

renca *s. f., Bot., Chil.* Nombre vulgar que se da a varias plantas con flores de cabezuelas amarillas.

renculillo *s. m.* **1.** *Cub.* Obstinación caprichosa. **2.** *Cub.* Incomodidad, enojo.

renegrido, da *s. m. y s. f., Arg.* Especie de tordo de color negro con tornasoles azulados.

renguear *v. intr., Arg., Col., Chil., Ec. y Per.* Renquear, ir tras de una mujer.

renilla *s. f.* **1.** *Bot.* Hierba portulácea medicinal, con flores vistosas, que se cría en la cordillera de los Andes. **2.** *Zool.* Género de polípedos antozoarios, que constituyen una colonia en forma de abanico y llevan los pólipos en la cara denominada ventral.

renquera *s. f.* Cojera.

repartición *s. f.* Referido a una organización administrativa, cada una de las dependencias que despacha una clase determinada de asuntos.

repartija *s. m., fam., Arg. y Chil.* Reparto desordenado. **GRA.** Se usa en sentido peyorativo.

repasador *s. m., Arg., Par. y Ur.* Paño de cocina.

repelar *v. tr., Méx.* Refunfuñar.

reperpero *s. m., P. Ric. y Rep. Dom.* Confusión, desorden.

repicar *v. tr., Hond.* Castigar.

replana *s. f., Per.* Jerga de delincuentes.

repo (del arauc. *repu*) *s. m.* **1.** *Bot.* Arbusto de la familia de las verbenáceas, especie de arrayán, con hojas opuestas o alternas y aovadas, flores solitarias moradas y drupas azules. **2.** *Chil.* Aparato de dos palitos con que los antiguos indígenas ludiendo uno con otro, hacían fuego.

reportar (del ingl. *report*) *v. tr.* Difundir una noticia.

reportear *v. tr.* **1.** Entrevistar un periodista a una persona. **2.** Hacer fotografías para un reportaje gráfico.

reposera *s. f., Arg. y Par.* Tumbona.

repostada *s. f., Amér. C. y Amér. del S.* Contestación fuera de tono, descortés y violenta.

repuntar *v. intr.* **1.** Volver a crecer las aguas de un río. **2.** Comenzar a manifestarse algo. **3.** *Amér. del S.* Aparecer alguien inesperadamente. **4.** *Arg.* Agrupar a las reses que se encuentran dispersas. **5.** *Arg.* Recuperar una persona una posición favorable.

requibeques *s. m. pl.* Rodeos innecesarios o formalidades nimias en que se pierde el tiempo en lugar de expresar claramente lo que se desea.

requintar *v. tr.* **1.** *Col.* Terciar la carga en una caballería. **2.** *Arg.* Levantar el ala del sombrero hacia arriba. **3.** *Amér. C., Col. y Méx.* Poner tirante una cuerda.

rere (voz araucana) *s. m., Zool., Chil.* Especie de pájaro carpintero.

res (probablemente del lat. *res,* cosa) *s. f.* Gallo muerto en la riña.

resaca (de *resacar*) *s. f.* **1.** *Cub.* Paliza. **2.** *Col.* Aguardiente de óptima calidad. **3.** *Arg.* Limo empleado como abono. **4.** *Arg.* Por ext., gente de baja clase social.

resbalosa *s. f., Zool., Arg.* Pez de la familia de los silúridos de cuerpo alargado, cilíndrico y resbaladizo.

resero *s. m., Arg. y Ur.* Arreador de reses.

reservación *s. f.* Reserva de localidades para un espectáculo.

reservorio (del fr. *réservoire*) *s. m.* Depósito, estanque.

resfriadera *s. f., Cub.* Depósito en que se pone a enfriar el guarapo, en los ingenios de caña.

resino *s. m.* **1.** *Bot., Chil.* Planta compuesta, arbolillo muy resinoso de hojas coriáceas, situadas en el extremo de las ramas. **2.** *Bot.* Planta de la familia de las melastomáceas, especie de micoa. **3.** *Quím.* Nombre que se da a la resina que tiene carácter de éter compuesto de un alcohol resistente.

resondrar *v. tr., Chil. y Per.* Dirigir injurias a una persona.

respingo *s. m.* Arruga en las faldas.

restear (de *resto*) *v. tr., Ven.* Apostar en un juego todo el dinero que le queda al jugador. **GRA.** También v. prnl. y en sentido fig.

resumidero *s. m., Col. y Chil.* Rezumadero, sumidero, alcantarillado.

resunta (del lat. *resumptus, -a,* resumido) *s. f., Col.* Resumen.

retacear *v. tr., fig.* Escatimar lo que se da a otro.

retama (del ár. *ratáma*) *s. f., Bot., Cub.* Árbol de la familia de las compuestas, de madera flexible y ligera.

retamilla *s. f., Bot., Méx.* Agracejo, planta.

retamo *s. m., Bot., Arg., Col. y Chil.* Árbol de la familia de las cigofiláceas, de seis a ocho metros de altura y medio de diámetro en el tronco, cuya madera es dura y tiene aplicaciones en tintorería.

retar (del lat. *reputare*) *v. tr., Chil.* Ofender a una persona de palabra u obra.

retemplar *v. tr., fig., Chil. y Per.* Comunicar más energía, reanimar. **GRA.** También v. prnl.

retén (de *retener*) *s. f., Col.* Puesto que sirve para controlar cualquier actividad.

reto *s. m., Bol. y Chil.* Insulto, injuria.

retobado, da *adj.* **1.** *Amér. C., Ec. y Méx.* Se dice de la persona que responde con malos modos. **2.** *Amér. C., Chil. y Ec.* Se aplica a la persona de carácter rebelde. **3.** *Arg., Chil. y Per.* Se dice de la persona taimada, redomada. **4.** *Chil.* Se dice del prisionero a quien se remite de un lugar a otro, bien asegurado con sus correspondientes reatas.

retobar (metát. de *rebotar*) *v. tr.* **1.** *Arg.* Forrar o cubrir con cuero particularmente las boleadoras y el cabo del rebenque. **2.** *Chil. y Per.* Envolver o forrar los fardos con cuero o con harpillera, encerado, etc. **3.** *Méx.* Responder airadamente. ‖ *v. prnl.* **4.** *Arg.* Enojarse, enfadarse con excesiva reserva. **5.** *Arg. y Ur.* Adoptar una actitud de reserva excesiva.

retobo *s. m.* **1.** *Col. y Hond.* Desecho, cosa inútil. **2.** *Arg. y Chil.* Acción y efecto de retobar. **3.** *Chil.* Harpillera o encerado con que se retoba. **4.** *Col.* Persona enjuta y apergaminada.

retorcijón *s. m., Col., Chil., Guat. y Rioja* Retortijón.

retranca (de *redro-,* detrás, y *tranca*) *s. f., Col. y Cub.* Galga, freno de un carruaje.

retranquero, ra *s. m. y s. f., Cub.* Persona que frena con la retranca.

retratería *s. f., Guat.* Taller del fotógrafo.

retrechero, ra adj. Tacaño, cicatero.

retribuir (del lat. *retribuere*) v. tr., *Arg.* Corresponder al favor o al obsequio que alguien recibe.

retrucar v. intr., *Arg., Per. y Ur.* Replicar, cuando se manda o dice algo.

retruque, de loc., *Chil.* De rechazo, de resultas.

revacadero s. m., *Cub.* Lugar donde en los potreros sestea el ganado vacuno.

revendón, na s. m. y s. f., *P. Ric.* Revendedor.

reventadero s. m., *Chil.* Paraje donde revientan las olas del mar.

reventado, da adj., fam., *Arg.* Se dice de la persona malintencionada.

reventazón s. f., *Arg.* Estribo, contrafuerte de una sierra.

reventón s. m. **1.** *Chil.* Manifestación repentina de una pasión, estallido. **2.** *Min., Arg. y Chil.* Filón metálico a flor de tierra, afloramiento. **3.** *Bol.* Gradería de peñascos en la ladera de un cerro.

reverbero s. m., *Arg., Cub., Ec. y Hond.* Cocinilla, infernillo.

reversa s. f. Marcha atrás de un vehículo automóvil.

reverso (del ital. *reverso*) s. m., *Col.* Marcha atrás en los automóviles.

revés (popular de *reverso*) s. m., *Zool., Cub.* Cierto gusano que ataca al tabaco.

revientacaballo s. m., *Bot., Cub.* Quibey, planta.

revirar v. tr., *Méx.* En algunos juegos, doblar la apuesta del contrario.

revirón, na adj. **1.** fam., *Cub.* Propenso a revirar o rebelarse. ‖ s. m. **2.** fam., *Cub.* Acción y efecto de revirar.

revisación s. f., *Arg.* Revisión.

revisada s. f., *Chil.* Revisión.

revolcado s. m., *Gastr., Guat.* Guiso compuesto de pan tostado, tomate, chile y otros condimentos.

revolear v. tr., *Arg.* Hacer girar a rodeabrazo una correa, lazo, etc., o ejecutar molinetes con cualquier objeto.

revoletear v. intr., *Col. y Chil.* Revolotear.

revolico s. m., *Cub.* Barullo, revoltillo, confusión.

revoltillo s. m., *Gastr., Cub.* Guisado a manera de pisto.

revolú s. m., *P. Ric.* Revoltijo, escándalo, motín.

revolvedor, ra adj., *Cub.* En los ingenios de azúcar, recipiente donde se revuelve y hace pasta el guarapo.

revuelo s. m. Salto que da el gallo en la pelea a su adversario asestándole el espolón y sin usar el pico.

rey (del lat. *rex, regis*) s. m. **rey de los zopilotes** Zool., *Amér. del S.* Ave catartoidea, propia de América del Sur, menor que el cóndor, con plumaje blanco y pardo, y el cuello y cabeza cubierto de piel amarilla y encarnada.

reyán s. m., *Bot., Méx.* Planta de la familia de las mirtáceas.

reyar v. intr., *P. Ric.* Salir en grupos para pedir el aguinaldo.

reyunar v. tr., *Arg.* Hacer en un animal la marca que indica pertenecer al estado, seccionándole la punta de una de las orejas, casi siempre la izquierda.

reyuno, na adj. **1.** *Arg.* Se dice del animal con una marca, distintivo de su pertenencia al estado. **2.** desus., *Numism., Chil.* Se decía de la moneda que llevaba la efigie del rey de España.

rezadora (del lat. *recitator, -oris*) s. f., *Ur.* Mujer que reza en los velatorios.

rezandero, ra adj., *Col., Hond., Méx. y Ven.* Rezador. **GRA.** También s. m. y s. f.

rezondrar v. intr., *Per.* Injuriar.

rezumbador s. m., *Cub.* Especie de trompa que zumba al girar.

riberano, na adj., *Chil., Ec. y Hond.* Ribereño. **GRA.** También s. m. y s. f.

ricota (del ital. *ricotta*) s. f., *Gastr., Arg.* Requesón.

riesgoso, sa adj. Peligroso, arriesgado, aventurado.

riflero s. m., *Arg. y Chil.* Soldado provisto de rifle.

rigüe s. m., *Gastr., Hond.* Tortilla de elote.

riguridad s. f., *Arg., Chil. y Sal.* Rigor.

rimú (voz araucana) s. m., *Bot., Chil.* Planta de la familia de las oxalidáceas, de flor amarilla, llamada también flor de la perdiz.

rinche, cha *adj., Chil.* Lleno hasta el borde.

rincón (del ár. vulg. *runkún*, esquina) *s. m., Arg. y Col.* Porción de tierra de una hacienda.

rinconada *s. f., Arg. y Col.* Porción de terreno, con límites naturales o artificiales, dentro de una hacienda.

ringla, en *loc. adv.* Perfectamente.

ringlete *s. m., Amér. del S.* Rehilete, molinete.

ringletear *v. intr., fam., Amér. del S.* Callejear, cascalear.

riñas *s. f., pl.* Peleas de gallos.

riñoso, ña *adj., ant.* Rencoroso.

rispar *v. intr., Hond.* Salir de estampida.

risquería *s. f., Chil.* Riscal, sitio en que abundan los riscos.

rito (de or. araucano) *s. m., Chil.* Manta gruesa de hilo burdo, retana.

roblón (de *roble*) *s. m., Col.* Teja que se coloca con la parte cóncava hacia abajo.

rocambor *s. m., Amér. del S.* Juego de naipes similar al tresillo.

rocería (de *rozar*) *s. m., Col.* Desmonte, derribo.

rochar *v. tr., Chil.* Sorprender a alguien en un delito.

rochela *s. f., Col. y Ven.* Bullicio, algazara.

roconola *s. m.* Gramófono que en los lugares públicos puede ponerse en marcha echando monedas por una ranura y seleccionando la canción.

rocoto (de or. quichua) *s. m., Bot., Amér. del S.* Planta y fruto de un ají grande de la familia de las solanáceas.

rodachina (de *rueda*) *s. f., Col.* Girándula.

rodado *s. m., Arg. y Chil.* Vehículo con ruedas.

rodador (del lat. *rotator, -oris*) *s. m.* Mosquito que cuando se llena de sangre rueda y cae como la sanguijuela.

rodajear *v. tr., El Salv., Guat. y Nic.* Partir algo en rodajas.

rodalán *s. m., Bot.* Planta de la familia de las oenoteráceas, con tallos rastre-

ros, flores grandes y blancas que se abren al caer el Sol.

rodear *v. tr.* Reunir el ganado mayor en un sitio determinado, arreándolo desde los distintos lugares en donde pace.

rodeo, parar *loc., fig., Arg. y Ur.* Reunir las reses para contarlas y separarlas según sus dueños o su destino.

rodillera *s. f., Rep. Dom.* Rodete para llevar sobre la cabeza un peso.

rolar (del lat. *rotulare*) *v. intr.* **1.** *Chil. y Per.* Alternar, relacionarse. **2.** Tratar, conversar con alguien.

rolo *s. m., Col. y Ven.* Rodillo de imprenta. ‖ **LOC. pasar el rolo** *fig. y fam., P. Ric.* Desaprobar, rechazar una cosa.

romancear *v. intr., Chil.* Perder el tiempo charlando, estar de palique.

romanilla *s. f., Ven.* Cancel corrido, a manera de celosía.

romerillo *s. m., Bot., Cub.* Planta silvestre que sirve de pasto al ganado.

rompenueces *s. m., Amér. C. y Amér. del S.* Cascanueces.

rompope *s. m., Gastr.* Bebida muy nutritiva hecha con aguardiente, leche, huevos, azúcar y canela.

roncador *s. m., Per.* Cohete grande.

roncadora *s. f., Bol. y Ec.* Espuela de rodaja muy grande, usada todavía por la gente de campo para montar a caballo.

roncear (de or. incierto, probablemente der. del ant. *ronce*, halago engañoso) *v. tr., Arg. y Chil.* Voltear, ronzar, mover una cosa pesada ladeándola con las manos o por medio de palancas.

ronco (del lat. *raucus*, influenciado por *roncar*) *s. m., Zool., Cub.* Cierto pez que abunda en el mar Caribe.

roncón *adj., Col. y Ven.* Que echa roncas, fanfarrón.

ronda (del ár. *rubt*, pl. de *râbita*) *s. f., Chil.* Juego del corro.

rondador *s. m., Ec.* Instrumento musical formado por una serie de canutos de carrizo de diversa longitud.

rondín *s. m., Bol. y Chil.* Individuo que vigila y ronda de noche.

ronrón (de or. onomatopéyico) *s. m.*
1. *Zool., Hond.* Especie de escarabajo pelotero. **2.** *Hond.* Bramadera, juguete.

roña (relacionado con el lat. tardío *are-
nea*, sarna) *s. m., Col.* Astucia, ardid
para no trabajar.

roñoso, sa *adj., Ec.* Áspero y sin pulimento.

ropón *s. m., Chil. y Col.* Amazona, traje que usan las mujeres para montar a
caballo.

rosa (del lat. *rosa*) *s. f.* **rosa francesa**
Bot., Cub. Adelfa.

rosado, da (del lat. *rosatus*) *adj., Col.*
Rabicán.

rosamaría *s. f., Bot., Méx.* Nombre
que recibe en México el cáñamo,
planta de la familia de las cabíneas,
que se utiliza como textil y como medicinal.

rosca (de or. incierto, quizá prerrom.)
s. f. **1.** *Chil.* Rodete para llevar bultos
en la cabeza. **2.** *Chil.* Pelea, bronca.
3. *Bol. y Col.* Grupo político o social
que obra en beneficio propio.

rosedal *s. m., Arg. y Ur.* Rosaleda.

rosero *s. m., Gastr., Ec.* Postre típico
del día del Corpus compuesto de almíbar, esencias con agua y trozos de
piña.

rosquear *v. tr., Chil.* Armar una pelea.

rosticería (del ital. *rosticceria*) *s. f.* Establecimiento donde se asan y ven-
den carnes.

rotería *s. f., Chil.* Conjunto de rotos,
plebe.

roto (del lat. *ruptus*) *s. m.* **1.** *Chil.* Individuo de la clase ínfima del pueblo.
2. *fam. y desp., Arg. y Per.* Apodo
con que se designa al chileno. **6.** *Ec.*
Mestizo de padre español y madre indígena. **3.** *Méx.* Petimetre del pueblo.

rotor *s. m.* Conjunto del mecanismo y
aspas giratorias que sirve de sustenta-
ción al autogiro y helicóptero.

rotoso, sa *adj., Arg. y Chil.* Roto, des-
harrapado.

rotuno, na *adj., Chil.* Propio del roto.

roza *s. f., Chil. y Ven.* Hierbas o matas
que se obtienen de rozar un campo.

rozado *s. m., Arg.* Terreno preparado
para el cultivo mediante el desmonte
y quema de la vegetación.

ruana (del cast. ant. *ruano*, y éste de
rúa, calle) *s. f., Col. y Ven.* Especie de
capote de monte o poncho.

rubiera *s. f.* **1.** *Ven.* Calaverada, travesura. **2.** *P. Ric.* Diversión, ira.

rubio, bia (del lat. *rubeus*) *adj.* Ebrio,
borracho.

rubro (del lat. *rubrus*) *s. m.* Rúbrica,
epígrafe o rótulo.

ruca[1] *s. f., Bot.* Planta silvestre de la familia de las crucíferas.

ruca[2] (de or. araucano) *s. f., Arg. y
Chil.* Choza.

ruco, ca *adj., Amér. C.* Viejo, inútil.
Aplicado especialmente a las caballerías, matalón.

rucre *s. m.* Terreno que se gana para el
cultivo roturando un cerro o tomán-
dolo de las márgenes de un río.

ruedo *s. m., Arg.* Suerte en el juego.

rufa *s. f., Per.* Traílla, instrumento agrícola para igualar los terrenos.

ruin (de *ruina*) *adj., Zool., Cub.* Se dice de la hembra de los animales,
cuando está en calor.

ruis *s. m.* Último hijo del matrimonio
cuando una madre, por su edad, ya
no puede tener más hijos.

ruiz *s. m., Zool., Guat.* Ave fringílida
americana.

rulenco, ca *adj., fig. y fam., Chil.* Hablando de animales domésticos, enclenque, desmedrado.

rulero *s. m., Arg. y Ur.* Rulo, cilindro
para formar bucles en el pelo.

ruleta (del fr. *roulette*, y éste de *rouler*,
rodar, del lat. *rotulare*) *s. f., Arg.* Cinta métrica que se enrolla dentro de
una cajita de cuero.

ruletero, ra *s. m. y s. f., Amér. C. y
Amér. del S.* Dueño o explotador de
una ruleta.

rulo[1] (de *rular*) *s. m., Arg., Bol. y Chil.*
Rizo de pelo.

rulo[2] (del arauc. *rulu*) *s. m., Chil.* Secano, tierra de labor sin riego.

ruma *s. f., Arg., Chil. y Per.* Montón, ri-
mero.

rumba *s. f., Cub. y P. Ric.* Juerga, baile desordenado, parranda.

rumbantela *s. f., Cub. y Méx.* Rumantela.

rumbar[1] (de *rumbo*) *v. intr., Col.* Hacer un ruido bronco y seguido.

rumbar[2] (de *rumbo*) *v. intr.* **1.** *Col. y Chil.* Tomar el rumbo, rumbear. **2.** *Col. y Hond.* Tirar, arrojar. **GRA.** También v. prnl.

rumbeador *s. m., Arg.* Baquiano, que rumbea.

rumbear[1] (de *rumbo*) *v. intr.* **1.** *Amér. del S.* Orientarse, tomar el rumbo. **2.** *Nic.* Hacer remiendos.

rumbear[2] *v. intr., Cub. y Per.* Andar de rumba o parranda.

rumbo[1] (del lat. *rhombus*, rombo) *s. m., Nic.* Remiendo.

rumbo[2] (de la onomat. *rumb*) *s. m., Zool., Col.* Pájaro mosca.

rumorar *v. intr.* Correr un rumor.

rumpiata *s. f., Bot., Chil.* Arbusto de la familia de las sapindáceas.

runa (de or. quichua) *s. f., Bot., Arg. y Bol.* Variedad de patata de cocción lenta.

rundún *s. m.* **1.** *Zool., Arg.* Pájaro mosca o colibrí. **2.** *Arg.* Juguete parecido a la bramadera.

rungo, ga *adj., Hond.* Se aplica a la persona pequeña, rechoncha.

rungue *s. m.* **1.** *Chil.* Manojo de palos para revolver el grano que se tuesta en la callana. ‖ *s. m. pl.* **2.** *Chil.* Troncos y tronchos despojados de sus hojas.

runrún (voz onomatopéyica) *s. m.* **1.** *Arg. y Chil.* Bramadera, juguete. **2.** *Zool., Chil.* Ave de plumaje negro con las remeras blancas que vive a orillas de los ríos y se alimenta de insectos.

rurrupata *s. f., Chil.* Nana, canto para arrullar a los niños.

rusia *s. f., Cub.* Cierto lienzo grueso y tosco, usado para catres, hamacas, etc.

rustir (del cat. *rostir*, asar) *v. tr., Ven.* Soportar con paciencia trabajos y penas.

rutucu *s. m.* Corte del cabello de los niños, que se celebra con una fiesta familiar.

S

sabaco *s. m., Zool., Cub.* Nombre que recibe un pez blanco amarillento con manchas moradas, que se cría en el mar Caribe.

sabacú *s. m., Zool., Arg.* Garza nocturna de ojos grandes y pico aplastado, que vive en las selvas del Chaco.

sabana, estar alguien en la *loc., fam., Ven.* Vivir en la abundancia.

sabanazo *s. m.* **1.** *Cub.* Sabana o pradera de reducida extensión. **2.** *Cub.* Infidelidad de la mujer.

sabanear *v. intr., Col. y Ven.* Recorrer la sabana donde se ha establecido un hato, para buscar y reunir el ganado, o para vigilarlo.

sabanera *s. f., Zool., Ven.* Especie de culebra que vive en las sabanas y limpia el terreno de sabandijas.

sabanero, ra *s. m. y s. f.* **1.** Persona encargada de sabanear. ‖ *s. m.* **2.** *Zool.* Pájaro, semejante al estornino y de carne muy apreciada, que vive en América del Norte y las Antillas.

sabanilla *s. f., Chil.* Tejido de lana muy fino que se usa en la cama, a manera de colcha.

sabañón *s. m., Bot., Cub.* Arbusto silvestre de flores blancas, de la familia de las bignoniáceas.

sabatina *s. f., Chil.* Zurra, felpa, pela de azotes.

sabichoso, sa *adj., Cub.* Se dice de la persona entendida en algo.

sabicú *s. m., Bot., Cub.* Árbol papilionáceo, con flores blancas o amarillas, legumbre aplanada y madera pesada y compacta de color rojizo.

sabinilla *s. f., Bot.* Arbusto rosáceo, cuya raíz se usa contra las enfermedades de las vías urinarias.

sabino, na *(de saber) s. m. y s. f.,* Persona aficionada a enterarse de lo que no le importa.

sable *(del al. säbel, a través del fr.) s. m., Zool., Cub.* Pez con forma de anguila, de color plateado brillante.

saboeja *s. f., Bot., Méx.* Planta venenosa de la familia de las colquicáceas.

sabroso, vivir de *loc.* Vivir a costa ajena.

sabrosón, na *adj.* **1.** Se dice de la persona muy habladora, de charla simpática. **2.** Se dice también de la persona murmuradora.

sabrosura *s. f., Cub., P. Ric. y Rep. Dom.* Dulzura, deleite.

sacabuche *(del fr. ant. saqueboute) s. m., Mús., Hond.* Instrumento parecido a la zambomba.

sacaclavos *s. m., Chil.* Desclavador.

sacadura *s. f., Chil.* Saca o sacamiento.

sacalagua *(de la fra. sacar el agua) s. m.* Mestizo de piel casi blanca.

sacasebo *s. m., Bot., Cub.* Planta herbácea silvestre, de la familia de las gramíneas, que sirve de pasto al ganado.

sacatinta *s. m., Bot., Amér. C.* Arbusto acantáceo, de cuyas hojas se extrae un tinte azul violeta, que los habitantes originarios de América Central usan para teñir sus hilos y tejidos.

sachacabra *s. m., Zool., Arg.* Nombre de una especie de ciervo.

sachacebil *s. m., Bot., Arg.* Árbol de la familia de las leguminosas, cuya madera se emplea en la construcción.

sachacol *(del pref. quichua sacha, que expresa parecido, y col) s. m., Bot., Bol.* Nombre de una planta de la familia de las euforbiáceas.

sachacuma *s. f., Bot., Arg.* Hierba aromática de las regiones andinas, que tiene propiedades medicinales y se usa como emenagogo.

sachaguasca *(del pref. quichua sacha, que expresa parecido, y el quichua wáskha, soga, cuerda utilizada para-*

liar) *s. f., Bot., Arg.* Planta enredadera bignoniácea, cuyos tallos se emplean como ataduras.

sachamistol *s. m., Bot., Arg.* Nombre de un árbol terebintáceo, cuya madera se usa en construcción.

sachapera (del pref. quichua *sacha*, que expresa parecido, y *pera*) *s. f., Bot.* Árbol espinoso de fruto dulce, característico del Chaco.

sacharrosa (del pref. quichua *sacha*, que expresa parecido, y *rosa*) *s. f., Bot.* Planta muy espinosa, cactácea, con la que se hacen setos vivos y cuyas hojas se emplean para hacer cataplasmas contra las quemaduras.

sachem *s. m., Hist.* Miembro del consejo de la nación entre los primeros pobladores de América del Norte.

saco, ponerse el *loc., fig., Méx.* Darse por aludido en una indirecta.

sacolevita *s. m., Col.* Chaqué.

sacristán (del bajo lat. *sacrista*) *s. m.* Sujeto entrometido.

sacristana *s. f.* Mujer que acostumbra a meterse donde no le llaman.

sacuanjoche (del náhuatl *zacuani*, amarillo, y *xochil*, flor) *s. m., Bot.* Planta americana de flores amarillas, conocida también como "cacalosúchil".

sacuara *s. f., Per.* Especie de caña delgada.

sacudón *s. m., Arg., Col. y Chil.* Sacudión, sacudida violenta.

saetía (del ár. *saitiyya*, con influjo del romance *saeta*) *s. f., Bot., Cub.* Planta gramínea, que sirve de pasto al ganado.

safacoca *s. f.* Zafacoca, baranda.

safado, da *adj.* Zafado, atrevido.

safio *s. m., Zool., Cub.* Pez parecido al congrio.

sagarrera *s. f., Col.* Pelotera, gresca.

sagú (del malayo *sagu*) *s. m.* **1.** *Bot., Amér. C.* Planta herbácea de la familia de las cannáceas, de tubérculo y raíz muy apreciados, porque se obtiene de ellos una fécula muy nutritiva. **2.** *Amér. C.* Fécula amilácea que se obtiene de la médula de la palmera del mismo nombre y de otras plantas, y se usa como alimento de muy fácil digestión. ‖ **3. sagú de la India** *Bot., Cub.* Planta de jardinería, de tallo grueso y carnoso, y hojas largas y delgadas, parecido a una palma pequeña.

saguaipé (de or. guaraní) *s. m., Zool., Arg., Bol., Par. y Ur.* Gusano parásito, que vive en el hígado de algunos animales y causa grandes estragos en el ganado lanar.

saguaro *s. m., Bot., Arg.* Planta cactácea, rolliza y erguida, en forma de candelabro.

sagüí *s. m., Zool., Arg.* Nombre dado a una especie de carayá o mono aullador pequeño y muy tímido.

sagüino *s. m., Zool.* Nombre que reciben diversos monos pertenecientes al género calitrix.

saguo *s. m., Bot., Col.* Nombre de un árbol americano de cuya fruta se extrae un hermoso color azul.

sahumado, da *adj., fam.* Ahumado, achispado.

sahumar (del lat. *suffumare*) *v. tr., Chil.* Dar a un objeto un baño de oro o de plata.

sai (del guaraní *sai*, habitante de los bosques) *s. m., Zool., Col.* Mono platirrino, de la familia de los cébidos, de unos 80 cm de longitud y pelaje pardo oscuro.

saibor (del ingl. *side-board*) *s. m.* Aparador donde se guarda lo necesario para el servicio de la mesa.

saimiri *s. m., Zool.* Nombre vulgar de un mono platirrino de unos 80 cm de longitud y pelaje negro y rojizo, con la parte posterior del cráneo muy abultada y extremidades posteriores alargadas. Vive en las orillas de los ríos de la Guayana.

sainete *s. m., fig. y fam., Arg.* Situación o acontecimiento grotesco o ridículo.

saíno (voz indígena americana) *s. m., Zool., Amér. del S.* Mamífero paquidermo de carne apreciada, sin cola y con una glándula en lo alto del lomo, por donde segrega un humor fétido.

sajumaya *s. f., Veter., Cub.* Enfermedad que ataca a los cerdos y que los ahoga.

sajuriana *s. f., Chil. y Per.* Baile antiguo que se baila entre dos, zapateando y escobillando el suelo.

saki *s. m., Zool.* Género de simios platirrinos cébidos, propios de las cuencas del Amazonas.

sal (del lat. *sal, salis*) *s. f., C. Ric., El Salv., Guat., Hond., Méx., Nic., Pan. y Rep. Dom.* Suceso infortunado.

saladería *s. f., Arg.* Industria de salar carnes.

salado, da *adj.* **1.** *C. Ric., Ec., Méx. y P. Ric.* Desgraciado, infortunado. **2.** *fig., Arg. y Chil.* Caro, costoso.

salamanca (por alusión a la creencia popular de que se enseñaba magia en esta ciudad) *s. f.* **1.** *Chil.* Cueva natural que hay en algunos cerros y donde se dice que las brujas practican sus hechicerías. **2.** *Chil.* Brujería, hechicería. **3.** *Zool., Arg.* Salamandra de cabeza chata, que ciertas culturas consideran como espíritu del Mal. **4.** *Filip.* Juego de manos.

salamanquita *s. f., Zool., Cub.* Nombre de una lagartija de pequeño tamaño, de color aceitunado.

salame (del ital. *salami*) *s. m.* **1.** *Gastr.* Salami. **2.** *Arg. y Par.* Persona de escaso entendimiento.

salamín *s. m.* **1.** *Gastr., Arg., Par. y Ur.* Salame delgado. **2.** *fig. y fam., Arg.* Persona de escaso entendimiento.

sálamo *s. m.* **1.** *Bot., El Salv.* Especie de boj americano. **2.** *Bot., C. Ric.* Arbusto ornamental, de la familia de las rubiáceas, de hojas opuestas y flores blancas con la corola acampanada.

salar *v. tr.* **1.** *Cub., Hond. y Per.* Desacreditar a alguien. **GRA.** También v. prnl. **2.** *C. Ric., Ec., Méx. y P. Ric.* Desgraciar, malograr. **GRA.** También v. prnl. **3.** *C. Ric.* Dar o causar mala suerte.

salcocho *s. m.* **1.** *Gastr.* Preparación de un alimento cociéndolo en agua y sal para después condimentarlo. **2.** *Cub.* Desperdicios de comida destinados a la ceba de cerdos.

saldanina *s. f., Farm.* Alcaloide que se extrae de un árbol de México y que se usa como anestésico local.

salir (del lat. *salire*, saltar) *v. intr.* **1.** *Col.* Armonizar una cosa con otra. **2.** *Col.* Ajustarse algo a un modelo.

salivadera *s. f., Arg. y Chil.* Escupidera.

salmonete (del fr. *surmulet*) *s. m., Zool., Cub.* Pez pequeño, comestible, de la familia de los múlidos, del cual se conocen cuatro especies.

salpicar (de *sal* y *picar*) *v. tr.* **1.** *Ec.* Azotar el viento o el agua una cosa. **2.** Abonar lo que se compra.

salpicón (de *salpicar*) *s. m.* **1.** *Gastr., Ec.* Bebida fría hecha con jugo de frutas. ‖ **2. salpicón de frutas** *Gastr., Col.* Refresco hecho con trozos de diferentes frutas en su jugo o en otro líquido.

salsa (del lat. *salsa*, salada) *s. f., fig., Chil.* Tunda, felpa. ‖ **LOC. dar la salsa** *fig. y fam., Arg.* Dar una paliza.

salsamentaría *s. f., Col.* Tienda donde se venden embutidos, carnes curadas, etc.

saltagatos *s. m., Zool., Col.* Saltamontes, insecto.

saltana (de *saltar*) *s. f., Arg.* Piedra o madera que se pone a trechos sobre la corriente de un río para atravesarlo.

saltanejoso, sa (de *sarteneja*) *adj., Col.* Se dice del terreno que tiene ligeras ondulaciones.

saltante *adj., Chil.* Sobresaliente, notable, visible.

saltapalo (de *saltar* y *palo*, por los movimientos de esta ave) *s. m., Zool., Méx.* Nombre vulgar de un pájaro tenuirrostro de México.

saltaperico (de *saltar* y *perico*) *s. m.* **1.** *Bot., Cub.* Hierba silvestre, de la familia de las acantáceas, con flores azules. Es perenne y propia de lugares húmedos. **2.** *Zool., Arg., Chil. y P. Ric.* Insecto elatérido, especie de cocuyo. **3.** Cohete estrepitoso y rastrero.

saltoatrás (de *salto* y *atrás*) *s. m.* Descendiente de mestizos, que muestra los caracteres de una sola raza originaria.

saltón, na *adj., Col. y Chil.* Sancochado, medio crudo.

saludes (de *salud*) *s. f. pl., Col., Ec., El Salv., Guat., Hond., Méx. y Nic.* Saludos, fórmula de salutación.

saluña *s. f., Zool., Bol.* Ave falcónida de vistoso plumaje.

salvadera (de *salvado*) *s. f.* **1.** *Bot., Cub.* Jabillo, árbol. **2.** *Col.* Arenilla.

salvaje (del cat. y occit. *salvatge*) *adj., Bot., Ec.* Planta bromeliácea, de la cual se saca crin vegetal.

salvia (del lat. *salvia*) *s. f., Bot., Arg.* Planta olorosa verbenácea, cuyas hojas se usan para infusiones estomacales.

salvilla (del lat. *servilia*, n. pl. de *servilis*) *s. f., Chil.* Angarillas, vinagreras.

salvilora *s. f., Bot., Arg.* Cierto arbusto de la familia de las loganiáceas.

samaruco *s. m., Chil.* Bolsa de cazador.

samatito *s. m., Bot., Méx.* Planta de la familia de las moráceas.

samba *s. m.* **1.** *Mús.* Canción y baile de Brasil. **2.** *Mús.* Danza carnavalesca originaria de África Central que se hizo popular en Brasil y Estados Unidos, y luego fue introducida en Europa.

sambeque *s. m., Cub.* Zambra, barullo.

sambí *s. m., Mús., Cub.* Instrumento musical de cuerda de origen africano.

sambo (del quichua *sambu*) *s. m., Bot., Ec.* Chilacayote, cidra acayote, especie de calabaza.

sambumbia *s. f.* **1.** *Gastr., Cub.* Bebida hecha de miel de caña, agua y ají. **2.** *Gastr., Méx.* Refresco hecho de piña, agua y azúcar. **3.** *fig., Col.* Mazamorra, cosa desmoronada.

sambumbiería *s. f., Cub. y Méx.* Lugar donde se hace sambumbia y tienda donde se vende.

samoprieto *s. m., Bot., Méx.* Árbol leguminoso, del cual se obtiene una goma que se usa como febrífugo.

samotana *s. f., C. Ric. y Hond.* Zambra, bulla, jaleo.

sampa *s. f., Bot., Arg.* Arbusto ramoso, que se cría en lugares salitrosos.

sampedrito *s. m., Zool., P. Ric.* Pájaro de plumaje verde, con el cuello y garganta de color rojo, y vientre gris.

samuhú *s. m., Bot., Arg.* Palo borracho rosado.

samuro *s. m.* **1.** *Zool., Col. y Ven.* Aura, zopilote. **2.** *Col. y Ven.* Gallo que no es castizo. **3.** *Col. y Ven.* Gallinaza,

excremento de gallina. **4.** *Bot., Ven.* Planta leguminosa medicinal.

sanaco, ca *adj., fam., Cub.* Sandio, mentecato.

sanalotodo *s. m., Bot., Arg.* Nombre de una planta perenne, de la familia de las malváceas, usada como forraje.

sananería *s. f., P. Ric.* Abobamiento.

sanano, na *adj., Cub. y P. Ric.* Corto de entendimiento.

sanate (del náhuatl *tzanatl*) *s. m., Zool.* Zanate.

sanchecia (del apellido del botánico español José *Sánchez*) *s. f., Bot., Per.* Cierta planta de la familia de las escrofulariáceas.

sanco (del quichua *sankhu*) *s. m.* **1.** *Gastr., Arg. y Chil.* Guiso hecho con harina tostada, de maíz o de trigo, preparado con grasa, sal, orégano y cebolla. **2.** *fig., Chil.* Lodo muy espeso.

sancochado *s. m.* **1.** *Gastr.* Nombre dado a una bebida especie de chicha. **2.** *Gastr.* Sancocho.

sancochar *v. tr.* Realizar definitivamente cualquier trabajo.

sancocho *s. m., Gastr.,* Cocido hecho con carne, yuca, plátano y otros ingredientes.

sandialahuén *s. m., Bot., Chil.* Planta de la famila de las verbenáceas, que se usa como aperitivo y diurético.

sandiego *s. m., Bot., Cub.* Planta amarantácea de jardín, con flores moradas y blancas.

sandunga (de or. incierto, quizá gitano) *s. f.* **1.** *Col., Chil. y P. Ric.* Jolgorio, parranda, bureo, jarana. **2.** *Mús., Méx.* Baile popular de Tehuantepec.

sandunguear *v. intr.* Andar en jaranas.

sandunguero, ra *adj.* Que es aficionado a ir de parranda.

sango *s. m., Arg. y Chil.* Sanco, especie de gachas.

sangradera *s. f.* Sangría de brazo.

sangre (del lat. *sanguis, -inis*) *s. f.* **1. sangre de atole** *Méx.* Se aplica a la persona que no se conmueve o afecta. **2. sangre ligera** Se dice de la persona simpática. **3. sangre pesada** Se dice de la persona antipática.

sangrigordo, da *adj., Col. y Méx.* Sangripesado.

sangriligero, ra *adj., fam., Col. y Méx.* Se dice de la persona simpática y agraciada.

sangripesado, da *adj., fam., Col. y Méx.* Se dice de la persona antipática y repugnante.

sanguaraña *s. f.* **1.** *Mús., Per.* Cierto baile popular parecido a la jota aragonesa. **2.** *Ec. y Per.* Circunloquio, rodeo de palabras. **GRA.** Se usa más en pl.

sanitario *s. m., Col.* Excusado, retrete. **GRA.** También adj.

sanjorge *s. m., Zool., Arg.* Insecto de color azul con abdomen rojo, destructor de langostas y otros insectos que perjudican a la agricultura.

sanjuán *s. m., Mús.* Danza aborigen parecida al yaraví incaico.

sanjuanito *s. m.* **1.** *Mús., Ec.* Baile popular de la Sierra y también música de dicho baile. **2.** *Zool., Col.* Nombre de un insecto coleóptero.

santalucía (de *Santa Lucía*, abogada de la vista) *s. f., Bot., Arg.* Mata de flores azules, de la cual se utiliza el mucílago del involucro para curar la oftalmia simple.

santanita (dim. de *Santa Ana*) *s. f., Zool., Cub.* Variedad de hormiga.

santarrita *s. f.* **1.** *Bot., Arg.* Planta salsolácea, de tallos trepadores y flores rosadas, amarillas y violáceas. **2.** *Bot., Cub.* Planta de la familia de las rubiáceas, de flores rojas en corimbo.

santería *s. f.* **1.** Tienda donde se venden objetos religiosos. **2.** *Cub.* Prácticas de brujería.

santero, ra (de *santo*) *s. m. y s. f., vulg., Cub.* Ayudante del ladrón que tiene por misión vigilar para que no sea descubierto.

santo (del lat. *sanctus*) *s. m., Chil.* Remiendo que se echa a la ropa.

santuario (del lat. *sanctuarium*) *s. m., fig., Col.* Tesoro enterrado.

sao (voz antillana) *s. m., Cub.* Sabana pequeña con algunos matorrales o grupos de árboles aislados.

sapallo *s. m., Amér. del S.* Zapallo.

sapán (del malayo *sápang*) *s. m., Bot., Amér. del S.* Árbol de la familia de las leguminosas.

sapaneco, ca *adj., Hond.* Rechoncho, bajo.

sapillo *s. m., Med., Cub. y Méx.* Especie de afta que padecen en la boca los niños de pecho.

sapo (de or. incierto) *s. m.* **1.** *Chil.* En las piedras preciosas, mancha que se observa en su interior. **2.** *Chil. y Méx.* Chiripa, acto casual. **3.** *Arg. y Chil.* Juego de la rana. **4.** *Cub.* Pez pequeño, de cabeza grande y boca muy hendida, que vive en las desembocaduras de los ríos. **5.** Pieza de hierro del cambio de las vías férreas. **6.** *vulg.* Mujer que ejerce la prostitución. | *fig. y fam.* Se aplica al que no se atreve a tomar una decisión por miedo infundado a un daño. **ser sapo de otro pozo** *fam., Arg.* Pertenecer a una clase social o laboral diferente.

saqui *s. m., Bot., Ec.* Especie de pita o agave.

saraguate *s. m., Zool., Amér. C.* Especie de mono.

saramaguyo *s. m., Zool., Cub.* Ave palmípeda de la familia de las colímbidas, de poca longitud, robusta, alas largas y agudas, y cola corta y redondeada.

sarambo *s. m.* Baile popular, hoy desusado, de movimientos más vivos que el guarapo.

sarandí *s. m., Bot., Arg.* Arbusto de la familia de las euforbiáceas, de ramas largas y flexibles, que se cría en las costas y riberas.

sarape *s. m., Méx.* Manta de lana tejida en forma de cordoncillo, de colores muy vivos, que generalmente tiene una abertura en el centro, para la cabeza, llevándola como capa contra el frío.

sarapia *s. f.* **1.** *Bot., Amér. del S.* Árbol leguminoso cuya madera se emplea en carpintería y su semilla para aromatizar el rapé y preservar la ropa de la polilla. **2.** *Bot., Amér. del S.* Fruto de este árbol.

saraquí *s. m., Bot., Ec.* Nombre de una planta de la familia de las gramíneas.

saraviado, da *adj., Col. y Ven.* Se dice del ave pintada, mosqueada.

sarazo, za *adj.* **1.** *Bot., Col., Cub., Méx. y Ven.* Se aplica al maíz que empieza a madurar. **2.** *P. Ric.* Se aplica al agua del coco maduro y, por ext., a todo el fruto.

sardina (del lat. *sardina*) *s. f.* **sardina austral** *Zool.* Sardina propia de Tierra de Fuego que, a veces, en la marea baja, cubre las playas.

sardinel (del cat. *sardinell*) *s. m., Col. y Per.* Escalón de la acera.

sariá (de or. guaraní) *s. f., Zool., Arg.* Chuña, ave.

sariama (de or. guaraní) *s. f., Zool., Arg.* Ave zancuda, de color rojo sucio, con un copete pequeño.

sariga *s. f., Zool., Per. y Bol.* Argaya.

sarruma *s. f.* Residuo de algunos manjares. **GRA.** Se usa más en pl.

sarteneja (de or. incierto, quizá del lat. *sartaginem*) *s. f.* **1.** *Ec. y Méx.* Grieta o hendidura que se forma con la sequía en un terreno arcilloso. **2.** *Ec. y Méx.* Huellas que deja el ganado en los terrenos enlodados.

sartenejal *s. m., Ec.* Parte de la sabana en que abundan las sartenejas y donde la vegetación es escasa.

sato, ta (del lat. *satus*, de *serere*, sembrar) *adj.* **1.** *Zool., Cub.* Se dice del perro pequeño vagabundo, de pelo corto y muy ladrador. **GRA.** También s. m. **2.** Se dice del ganado de poca altura. **3.** Incitante, lascivo. **4.** Descastado, que obra con mala intención.

saúco (del lat. *sabucus*) *s. m.* **1. saúco cimarrón** *Bot.* Planta araliácea, de un género afín al "Panax", que se presenta en forma de masas arbustivas de hojas digitadas. **2. saúco falso** *Bot., Chil.* Árbol de unos cinco m de altura, con hojas pecioladas, compuestas de cinco hojuelas lanceoladas, aserradas y umbelas compuestas de tres a cinco flores.

savintu *s. m., Bot., Per.* Planta mirtácea, congénere del guayabo.

savoeja *s. f., Bot., Méx.* Planta venenosa, de la familia de las liliáceas.

sayama *s. f., Zool., Ec.* Especie de culebra.

sayuela *s. f., Cub.* Especie de camisa femenina, larga, ajustada a la cintura y con medias mangas.

sebera *s. f., Cub.* Cartera de cuero que llevan los campesinos en la montura para echar sebo.

sebil *s. m., Bot., Arg.* Especie de mimosa cuya corteza se usa como curtiente.

sebiya *s. f., Zool., Cub.* Ave zancuda de plumaje rosado, patas negras y pico ensanchado en forma de espátula.

sebo (del lat. *sebum*) *s. m.* **1.** Regalo que da el padrino en los bautizos. **2.** *Bot., Cub.* Árbol de cuya semilla se obtiene una sustancia sebosa que se utiliza para hacer velas.

seboro *s. m., Zool., Bol.* Cangrejo de agua dulce.

seboruco *s. m., Geol., Cub.* Piedra rojiza, porosa, muy erizada, rocosa, que se extiende por lo general en las costas.

sebucán *s. m.* **1.** *Cub. y Ven.* Colador cilíndrico en el cual se aprensa o exprime la yuca rallada, en la preparación del cazabe. **2.** *Bot., P. Ric.* Nombre de una planta de estructura carnosa y un árbol de hojas brillantes. **3.** *Mús.* Baile popular de cintas trenzadas.

secador *s. m.* **1.** *Arg. y Chil.* Enjugador, aparato para secar y calentar la ropa. **2.** *El Salv. y Nic.* Paño para secar la vajilla.

secate *s. m., Bot., Cub.* Planta gramínea, que sirve de pasto a los animales.

sección (del lat. *sectio, -onis*) *s. f.* **1.** *Arg.* Cada una de las representaciones diarias de un programa teatral o cinematográfico. **2.** *Arg.* Cada una de las partes independientes que forman una representación teatral.

seco (del lat. *siccus*) *s. m., Chil.* Golpe dado en la cabeza.

secretaría *s. f.* Ministerio.

secretario (del lat. *secretarius*) *s. m.* Ministro.

secua *s. f., Bot., Cub. y Ven.* Planta cucurbitácea, de flores grandes en racimo.

secuela (del lat. *sequela*) *s. f., Der., Chil. y Méx.* Prosecución de una causa.

segundilla (de *segunda*) *s. f., Col.* Porción de alimento, refrigerio.

segundino *s. m., Gastr., Chil.* Cierta bebida mezclada con yema de huevo.

segundo (del lat. *secundus*) *s. m.* **1.** *Zool., Cub.* Pez acantopterigio, de cuerpo aplastado y de color blancuzco. **2.** *Zool., Cub.* Pez carángido de unos 25 cm de longitud, de color blanco en el vientre y pardo en el dorso.

seis (del lat. *sex*) *s. m., Mús., P. Ric.* Baile popular, especie de zapateado.

seje *s. m., Bot., Col. y Ven.* Árbol de la familia de las palmas, semejante al coco.

sello (del lat. *sigillum*) *s. m., Numism., Col., Chil. y Per.* Reverso de una moneda.

semana (del lat. *septimana*) *s. f.* **semana corrida** *Chil.* Semana completa para los efectos del pago a los obreros.

semblantear *v. tr.* Mirar a alguien cara a cara para penetrar sus intenciones. **GRA.** También v. intr.

sembradero *s. m., Col.* Haza, porción de tierra labrantía.

sembrío *s. m., Ec.* Sembrado.

semita *s. f., Gastr., Arg., Bol. y Ec.* Especie de bollo o galleta.

sencapuspu *s. m., Bot., Per.* Nombre vulgar de una planta ornamental, de la familia de las leguminosas, cuyas legumbres son comestibles.

sencillo (del lat. vulg. *singellus*, dim. de *singulus*, uno solo) *s. m., Chil.* Menudo, dinero suelto.

sentador, ra *adj., Chil.* Que sienta o cae bien, dicho de prendas de vestir.

sentar (del ant. *assentar*, del lat. vulg. *adsedentare*) *v. tr., Arg., Chil. y Ec.* Sofrenar bruscamente la cabalgadura haciendo que se apoye sobre los cuartos traseros.

sentazón *s. m., Miner., Chil.* En minería, derrumbamiento súbito de una labor.

sentido (de *sentir*) *s. m.* Sien.

sentón *s. m., Méx.* Sofrenada que se da al caballo.

seña (del lat. *signa*, pl. de *signum*) *s. f., Chil.* Los tres repiques de campana que se dan con algunos intervalos para llamar a misa o a una función de iglesia.

señala *s. f., Chil.* Señal o marca que se hace al ganado y que consiste en hacerle cortes en las orejas.

señalada *s. f.* **1.** *Arg.* Acción de señalar el ganado. **2.** *Arg.* Época en que se señala el ganado. **3.** *Arg.* Fiesta celebrada con este motivo.

señalero, ra *s. m. y s. f., Arg.* Responsable de una cabina de señalización ferroviaria.

señuelo (de *seña*) *s. m., Arg.* Grupo de cabestros para conducir el ganado.

separador, ra (del lat. *separator, -oris*) *adj.* Se dice de la máquina o parte de la máquina que, agregada a los aventadores de café, separa el triache del bueno.

sepe *s. m., Zool., Bol.* Comején, insecto.

sepultación *s. f., Chil.* Sepultura, acción y efecto de sepultar.

sequía *s. f., Col.* Sed.

serenar (del lat. *serenare*) *v. intr.* **1.** *Col.* Llover suavemente. || *v. prnl.* **2.** *Col. y Ven.* Exponerse al sereno.

serendenque *s. m.* Aire popular bailable.

serenero (de *sereno*) *s. m., Arg.* Pañuelo que, doblado por una de sus diagonales, se ponen las mujeres a la cabeza atándolo debajo de la barba.

serení (probablemente del cat. *serení*, humedad nocturna) *s. m., Bot., Cub.* Aleluya, planta.

sereno (del lat. *serenus*, tranquilo, despejado) *s. m., Mús., Ec.* Serenata, música nocturna y al aire libre para festejar una persona.

sericopelma *s. f., Zool.* Araña de gran tamaño que abunda en América tropical. Llega a alimentarse con pajarillos y culebras pequeñas.

seringa (del port. *seringa*) *s. f.* Goma elástica.

serrano, na *adj., Zool., Cub.* Se dice de varios peces pequeños, de 15 a 20 cm, pertenecientes a diferentes familias.

serrasuelo *s. m., Bot., P. Ric.* Árbol mirtáceo, de corteza agrietada y por fruto bayas globosas.

serruchar *v. tr., Arg., Chil. y P. Ric.* Aserrar con el serrucho.

serrucho (despect. de *sierra*, herramienta) *s. m., Zool., Cub.* Pez de cuerpo prolongado y con el rostro en forma de sierra muy cortante. ‖ **LOC. al serrucho** *Cub.* A medias, por mitad.

serventía (de *servir*) *s. f., Ast., Cub. y Méx.* Camino de herradura que pasa por terrenos de propiedad particular y que utilizan los habitantes de otras fincas.

servicial (de *servicio*) *s. m., Bol.* Criado, sirviente.

sesí *s. m., Zool., Cub.* Pez de unos 30 cm de longitud, muy parecido al pargo, pero con las aletas pectorales negras y la cola amarilla.

sesionar *v. intr., Arg., Chil., Ec. y Per.* Celebrar sesiones una corporación.

sesos, devanarse alguien los *loc., fig., Guat. y P. Ric.* Decir disparates.

setebos *s. m. pl., Mit.* Demonios de los patagones.

setí *s. m., Zool., P. Ric.* Pez pequeño, de unos 15 cm de longitud, de cola puntiaguda, que de noche lleva en la boca una pelotilla parecida a una esmeralda.

setico *s. f., Bot., Per.* Cierto árbol de la familia de las artocarpáceas.

seviche *s. m.* **1.** *Gastr., Ec., Pan. y Per.* Guiso que se hace con corvina fresca cocida con jugo de naranja agria. **2.** *Gastr., Ec., Pan. y Per.* Manjar de marisco o de pescado crudo con jugo de limón.

sevicia (del lat. *saevitia*) *s. f., Zool., Cub.* Nombre de un ave de río parecida a la garza.

sicote (palabra antillana de or. incierto, quizá del náhuatl *tzokuítlatl*, suciedad del cuerpo) *s. m., C. Ric., Cub., Méx. y Ven.* Cochambre del cuerpo humano, especialmente mezclada con el sudor.

sicu *s. m., Mús., Arg.* Siringa, instrumento musical.

sicuri *s. m.* **1.** *Arg.* Tañedor de sicu. **2.** *Arg.* Sicu.

siete (del lat. *septem*) *s. m., vulg., Arg. y Col.* Ano.

sietecolores *s. m., Zool., Chil., Ec. y Per.* Pájaro con las patas y pico negros y plumaje de varios colores, que habita en las orillas de las lagunas y construye su nido en las hojas de totora.

sietecuchillos *s. m., Zool., Arg.* Sietecolores.

sietecueros *s. m.* **1.** *Med., Col., Chil., Ec. y Hond.* Dureza que se forma en el talón del pie. **2.** *Med., Col., Chil., Ec. y Hond.* Panadizo de los dedos. **3.** *Bot., Col.* Árbol melastomatáceao, de unos seis m de altura, cuya corteza está formada por escamas que se desprenden continuamente.

siga *s. f., Chil.* Seguimiento.

sigua *s. f.* **1.** *Bot., Cub.* Árbol semejante al fresno. **2.** *Zool.* Especie de caracol o testáceo univalvo en forma cónica, que está pegado a los arrecifes marinos por su base.

siguapa *s. f., Zool., C. Ric. y Cub.* Ave de rapiña nocturna, especie de lechuza.

siguaraya *s. f., Bot., Cub.* Árbol silvestre, propio de los terrenos arenosos, cuyas hojas se emplean en medicina para curar enfermedades venéreas.

sijú *s. m., Zool.* Ave rapaz nocturna de las Antillas, parecida en su modo de vida al mochuelo.

silbador *s. m., Zool., Arg.* Pájaro dentirrostro, de la familia de los tiránidos, que es muy útil a la agricultura porque se alimenta de insectos.

silbatina *s. f., Arg., Chil. y Per.* Silba, rechifla.

silbón *s. m.* **silbón de cara blanca** *Zool., Arg.* Ganso enano de vida arborícola.

silgado, da *adj., Ec.* Enjuto, delgado.

silla (del lat. *sella*) *s. f.* **silla de manos** *Col., C. Ric. y Chil.* Silla de la reina.

silleta *s. f., Chil., Per. y Ven.* Silla, asiento.

sillón, na *adj., Arg. y Chil.* Ensillado, dicho de una caballería.

silo (de or. incierto, seguramente prerromana y emparentada con el vasc. *zilo, zulo*, agujero; probablemente provenga en definitiva del célt. *silon*, simiente) *s. m., Chil.* Alfalfa, trébol u otro pasto prensado que se guarda para alimento del ganado.

simaruba (del mismo or. que *simarruba*) *s. f., Bot., Arg., Col. y P. Ric.* Árbol corpulento de la familia de las simarubáceas.

simbol *s. m.* **1.** *Bot., Arg.* Gramínea de tallos largos y flexibles que se usan para hacer cestos. **2.** *fig.* Persona muy alta y delgada.

simbolar *s. m., Arg.* Lugar donde crece el simbol.

simonillo *s. m., Bot., Méx.* Planta de la familia de las compuestas.

simpa (de *cimba*) *s. f., Arg. y Per.* Trenza.

simulacro (del lat. *simulacrum*) *s. m., Ven.* Modelo, dechado.

sindicado, da *adj., Col., Ec. y Ven.* Se dice de la persona que ha infringido las leyes penales.

sinsonte (del náhuatl *zenzóntli*, cuatrocientos, abrev. de *zenzontlatólli*, cuatrocientas leguas) *s. m., Zool., Méx.* Pájaro americano semejante al mirlo, de canto muy variado y melodioso.

sinsontillo *s. m., Zool., Cub.* Pajaro dentirrostro de la familia de los sílvidos, de canto muy agradable. Es el más pequeño de la isla después del zumzún.

sínsoras *s. f. pl., P. Ric.* Lugar alejado.

sipo, pa *adj., Ec.* Picado de viruelas.

siquitraque *s. m., Cub., Méx. y P. Ric.* Triquitraque.

sirajo *s. m., Zool., Cub.* Pececillo de agua dulce de la familia de los góbidos, que se cría en la región oriental de la isla de Cuba.

sirimba *s. f., Cub.* Síncope, patatús, desmayo.

siringa¹ *s. f., poét., Mús.* Especie de zampoña, compuesta de varios tubos que forman escala musical y sujetos unos al lado de otros.

siringa² *s. f., Bot., Bol. y Per.* Nombre de árboles de la familia de las euforbiáceas, de cuyo tronco se extrae la goma elástica.

siringuero, ra *s. m. y s. f.* **1.** Persona que extrae la goma de las siringas. **2.**

Nombre que recibe la goma de las siringas. **3.** Lugar poblado de siringas.

siriri (de or. onomatopéyico) *s. m.* **1.** *Zool., Arg.* Nombre vulgar de diversos patos. **2.** *Zool., Arg.* Nombre vulgar de diversas aves como el benteveo, la tijereta, etc.

sisar (de *sisa*) *v. tr., Ec.* Pegar, adherir, especialmente fragmentos de cristal, loza, etc.

sisique (del náhuatl *xixi*, jugo urticante) *s. m.* **1.** *Gastr.* Alcohol de aguamiel de maguey. **2.** *Gastr.* Jugo de la penca de un maguey silvestre, asada y machacada.

sitar *v. tr., Ven.* Silbar para llamar a una persona.

sitiería *s. f.* Lugar donde hay próximos entre sí varios sitios o caserías.

sitio (de or. incierto, quizá alter. semiculta del lat. *situs*) *s. m.* Casería o hacienda pequeña de campo.

situacionismo *s. m.* Conjunto de los que ocupan el poder y cargos públicos y los utilizan en propio provecho.

situacionista *adj.* **1.** Perteneciente o relativo al situacionismo. ‖ *s. m. y s. f.* **2.** Partidario del situacionismo.

síu *s. m., Zool., Chil.* Pájaro muy semejante al jilguero.

siútico, ca *adj., fam., Chil.* Se aplica a la persona que presume de elegante y que imita los modales de las clases superiores.

siy (del guaraní *cïï*) *s. m., Zool., Arg.* Especie de papagayo, cuyo nombre proviene del sonido de su canto.

sobadero *s. m., Col.* Curandero que compone los huesos dislocados.

sobado *s. m., Gastr., C. Ric.* Especie de melcocha.

sobajar *v. tr., Arg., Ec. y Méx.* Humillar, abatir, rebajar.

sobajear *v. tr., Ec.* Sobar, manosear, sobajar.

sobar (de or. incierto, quizá contracc. del lat. vulg. *subagere*, amasar) *v. tr.* **1.** *Arg.* Dar masaje. **GRA.** También v. prnl. **2.** *Arg.* Fatigar en exceso al caballo. ‖ **LOC. sobar el lomo** *fig. y fam., Arg.* Adular a alguien para obtener algo de él. **sobar a alguien la mano** *fig. y fam.* Sobornarlo.

soberbiar *v. tr., Ec.* Despreciar, rechazar algo por orgullo.

soberna *s. f., Ec.* Sobernal, sobrecarga.

sobijo *s. m., Col.* Soba.

sobornales (de *soborno*) *s. m. pl., Chil.* Bultos sueltos que se cargan en vagones especiales de ferrocarril.

soborno (del lat. *supernus*, superior) *s. m., Arg., Bol. y Chil.* Sobornal, sobrecarga.

sobrado, da *adj.* **1.** *Chil.* Se usa con significación de ponderativo, tamaño colosal. ‖ *s. m.* **2.** *Arg.* Restos de una comida. **3.** Conjunto de anaqueles.

sobrancero, ra (de *sobrar*, estar de más) *adj., Cub.* Que sobra o excede.

sobrar (del lat. *superare*) *v. tr., Chil.* Dejar sobrante.

sobrebota *s. f., Amér. C.* Polaina de cuero curtido.

sobrecama *s. f., Zool., Ec.* Cierto ofidio, especie de boa.

sobrecoser *v. tr., Chil.* Sobrecargar una costura.

sobrecostilla *s. f., Arg. y Chil.* Jerguilla.

sobrepelo *s. m., Arg.* Sudadero.

sobrerrienda *s. f., Arg. y Chil.* Correas de que se vale el jinete para gobernar el caballo cuando no puede usar la rienda.

soca (del lat. *soccus*) *s. f.* **1.** Último retoño de la caña de azúcar. **2.** *Bol.* Brote que da el arroz después de la cosecha.

socapar *v. tr., Bol., Ec. y Méx.* Encubrir faltas ajenas.

socavonero *s. m., Chil.* Persona que beneficia una mina por el procedimiento de socavación.

soche *s. m.* **1.** *Zool., Col. y Ec.* Especie de ciervo llamado también loche. **2.** *Col. y Ec.* Piel curtida de ciervo o venado.

sochicahuite (del náhuatl *xochicualli*, flor comestible, y *cuahuitl*, árbol) *s. m.* **1.** *Bot.* Nombre genérico de todo árbol frutal y particularmente de los cultivados en huertos o jardines. **2.** *Bot.* Árbol borragináceo.

sochinacatle (del náhuatl *xochitl*, flor, y *nacaztli*, oreja) *s. m.* **1.** *Bot.* Flor aromática con forma de oreja. **2.** *Bot.* Árbol de la familia de las anonáceas que produce dicha flor.

sochipal (del náhuatl *xochitl*, flor, y *palli*, color) *s. m., Bot.* Planta ornamental de flores anaranjadas, de la familia de las compuestas, de cuyas hojas se extrae una materia colorante.

sochipizagua (del náhuatl *xochipitzahuac*, flor delgada) *s. m., Bot., Méx.* Nombre de una planta de la familia de las poligaláceas.

socol *s. f., Nic.* Acción y efecto de socolar.

socolar *v. tr.* **1.** *Ec., Hond. y Nic.* Desmontar, cortar las matas de un terreno. **2.** Trasquilar, cortar el pelo sin arte, y también esquilar a los animales.

socollón *s. m., Cub.* Sacudida violenta, estremecimiento.

soconto *s. m., Bot., Arg.* Planta rubiácea, que tiene aplicaciones tintóreas.

soconusco (nombre de una región mexicana) *s. m.* **1.** *Bot.* Cacao de excelente calidad, por alusión al que se produce en la región de este nombre. **2.** *Gastr.* Chocolate especial al que se le agregaban los llamados polvos de Soconusco o pinole.

socoyote *s. m., Méx.* Jocoyote.

socrocio (de or. incierto, quizá tomado del lat. *subcroceus*, amarillento) *s. m.* **1.** *Med.* Emplasto en que entra el azafrán. **2.** *Ec.* Especie de azucarillo ordinario.

socucha *s. f., Méx.* Sucucho.

socucho (de or. incierto, parece tomado de *zokotxo*, dim. del vasc. *zoko*, rincón) *s. m.* Chiribitil, tabuco.

sodero, ra *s. m. y s. f., Arg.* Persona que vende o reparte soda.

soga (del lat. tardío *soca*) *s. f., Arg.* Tira de cuero para atar las caballerías. ‖ **LOC. atar a soga** *Arg. y Ur.* Atar a un animal para que pueda pastar y no se escape.

soguear *v. tr.* **1.** *Ec.* Atar con soga un animal para que pueda pastar. **2.** *Col.* Burlarse de alguien.

solapa (de *solape*) *s. f.* Animal vacuno con una mancha en el lomo a semejanza de la pechera de la camisa que asoma entre las solapas.

solapear *v. tr., Col.* Sacudir a alguien asiéndole por las solapas.

solar (de *suelo*) *s. m., Cub.* Casa de vecindad.

soldadera *s. f.* Mujer de baja condición.

soldadillo *s. m., Bot., Méx.* Planta de la familia de las asclepiadáceas.

solera (del lat. *solaria*) *s. f.* **1.** *Chil.* Encintado de las aceras. **2.** *Méx.* Baldosa, ladrillo.

soliviar (del lat. *subleviare*, de *levis*) *v. tr., Arg.* Hurtar.

solivio *s. m., Zool., Cub.* Pájaro ictérido, parecido al mayo, del que sólo se diferencia en las manchas amarillas en las puntas de las alas.

¡sola vayas! (del lat. *solus*) *loc.* Expresión que se emplea a modo de conjuro para los sucesos de mal agüero.

soltador *s. m.* Persona encargada de soltar un gallo en la pelea y también la que le incita a pelear.

somatar *v. tr., Hond.* Dar una tunda, zurrar.

sombra (alter. del lat. *umbra* por influjo de *sol* y sus der.) *s. f.* **1.** *Arg., Chil. y Hond.* Falsilla. **2.** *vulg., Chil.* Sombrilla, quitasol. ‖ **3. sombra de toro** *Bot.* Arbusto propio de América tropical, que se utiliza para hacer infusiones estomacales y anticatarrales.

sombrera *s. f.* Sombrero de paño o paja que usan las mujeres del campo cuando montan a caballo.

sombrero, sacarse alguien el *loc.* Quitárselo.

sompopo *s. m.* **1.** *Zool., Hond.* Especie de hormiga amarilla. **2.** *Gastr., Ec.* Guiso de carne rehogada en manteca.

son (del lat. *sonus*) *s. m.* **1.** *Mús., Cub.* Ritmo musical popular de origen africano. **2.** *Mús., Cub.* Música de este baile.

sonajera *s. f., Chil.* Sonaja y sonajero.

sonar (del lat. *sonare*) *v. tr.* **1.** *vulg., Arg. y Ur.* Padecer una enfermedad mortal. **2.** *Arg., Chil. y Par.* Tener mal fin algo o alguien. **3.** *Chil.* Sufrir las consecuencias de un hecho. **GRA.** Se usa más como v. prnl. ‖ **LOC. hacer sonar** *fam., Chil.* Castigar con dureza. | *fam., Chil.* Ganar en una pelea.

soncle (del náhuatl *tzontli*, cuatrocientos) *s. m., Méx.* Medida de leña equivalente a cuatrocientos leños.

sonduro *s. m.* Cierto baile, especie de zapateado.

songa *s. f., Cub.* Disimulo, doblez.

sonsera *s. f., Arg.* Zoncera.

sonto, ta *adj., Guat. y Hond.* Tronzo.

sopaipilla *s. f., Gastr., Arg. y Chil.* Sopaipa.

sopar *v. tr.* **1.** Mojar la pluma en el tintero. **2.** Introducir una cosa en un líquido. ‖ *v. intr.* **3.** Entrometerse en una conversación.

sope *s. m., Gastr.* Especie de tortilla de maíz rebordeada que contiene varios manjares y que luego se sofríe por la parte inferior.

soplador *s. m., Ec.* Apuntador de un teatro.

soplete (dim. de *soplo*) *s. m. y s. f., Chil.* Estudiante que sopla o apunta a otro la lección.

soplillo *s. m.* **1.** *Zool., Cub.* Una especie de hormiga. **2.** *Chil.* Harina de trigo que se tuesta antes de madurar éste, y que se come de varias maneras.

soquete (del fr. *socquette*) *s. m., Arg., Chil., Par. y Ur.* Calcetín corto.

sorguicultor, ra (de *sorgo*) *s. m. y s. f., Col.* Persona que cultiva o negocia con el sorgo.

sorocharse *v. prnl.* **1.** *Amér. del S.* Sufrir del soroche. **2.** *Amér. del S.* Ruborizarse de calor o vergüenza.

soroche (del quichua *surúchi*) *s. m.* **1.** *Med., Amér. del S.* Angustia que se siente en las grandes alturas por disminución de la presión atmosférica. **2.** *Bol. y Chil.* Galena, sulfuro del plomo. **3.** Rubor, congestión del rostro.

sorocho, cha *adj., Bot.* Se dice del fruto que no está maduro.

sorpresivo, va *adj.* Que sorprende o se produce por sorpresa.

sortija (del lat. vulg. hispánico *sorticula*, de *sors, sortis*) *s. f., P. Ric.* Cada uno de los aros que en los carros refuerzan los cubos de las ruedas.

sosegate (del imperat. rioplatense de *sosegar*) *s. m., Arg. y Ur.* Reprimenda que se hace a alguien para que cese en una acción o no vuelva a repetirla.

sosgo *s. m., Bot., Méx.* Planta de la familia de las bombáceas.

sosquín *s. m.* Ángulo oblicuo en un edificio.

sota (del lat. *subtus*, debajo) *s. f.* **1.** *Bot., Ec.* Árbol corpulento, de madera muy dura que se emplea en las construcciones hidráulicas. ‖ *s. m.* **2.** *Chil.* Sobrestante.

sotacaballo *s. m., Bot., C. Ric.* Arbusto fitolacáceo, de ramas largas y flexibles.

sotacura (de *sota*, debajo de, y *cura*) *s. m., Arg., Col. y Chil.* Coadjutor, eclesiástico.

sote *s. m., Zool., Col. y Amér. C.* Nigua, insecto cuando es pequeño.

sotol *s. m., Bot., Méx.* Planta liliácea, con la que se prepara una bebida alcohólica del mismo nombre.

sotole *s. m., Bot., Méx.* Palma gruesa y basta que se emplea para construir chozas.

sotreta *adj.* **1.** *vulg., Arg.* Se dice de la persona, animal o cosa que tiene muchos defectos. **GRA.** También s. m. y s. f. **2.** *vulg., Arg.* Se aplica a la persona desmañada y holgazana. **GRA.** También s. m. y s. f.

sotuto *s. m., Zool., Bol.* Insecto díptero que deposita sus larvas en la piel del ser humano.

soyacal *s. m.* Capa rústica de hojas de palma que se emplea en ocasiones para guarecerse de la lluvia.

soyate (del náhuatl *zoyatl*) *s. m., Bot., Méx.* Especie de palma pequeña.

suampo (del ingl. *swamp*) *s. m., Hond.* Ciénaga.

suato, ta *adj., Méx.* Tonto, necio.

suba *s. f., Arg.* Subida de precio.

subte *s. m., Arg.* Subterráneo, tren.

subterráneo (del lat. *subterraneus*) *s. m.* **1.** *Arg.* Ferrocarril subterráneo. **2.**

Arg. Por ext., conjunto de instalaciones de dicho ferrocarril.

sucedido, da *adj., fam., Chil.* Ensuciado, sucio.

suche *adj.* **1.** *Ven.* Agrio, duro, áspero, sin madurar. ‖ *s. m.* **2.** *Ec. y Per.* Sitial. **3.** *desp., Chil.* Empleado de última categoría, subalterno. **4.** *Arg.* Barro o granito en la cara y, por ext., divieso.

súchel *s. m., Bot., Cub.* Súchil.

suchicopal (de *suche* y *copal*) *s. m., Bot., Méx.* Árbol del copal o incienso.

súchil (del náhuatl *xochitl*, flor) *s. m., Bot., Méx.* Árbol de la familia de las apocináceas, de buena madera, de flores blancas con listas encarnadas y aromáticas.

sucho, cha *adj.* Que ha perdido el movimiento del cuerpo o de algún miembro.

suco *s. m., Bol., Chil. y Ven.* Terreno fangoso.

sucucho *s. m.* Chiribitil, tabuco, rincón.

sucursal (del lat. *succursus*, apoyo, auxilio) *s. f.* **1.** *fig. y fam., Col.* Amante de un hombre casado. **2.** *fig. y fam., Col.* Casa donde vive la amante.

sucusumucu, a lo *loc. adv., Col., Cub. y P. Ric.* Chita callando, a la.

sudón, na *adj., Chil.* Sudoroso.

suedestada *s. f., Arg.* Sudestada, viento fuerte que sopla del sudeste.

suelazo *s. m., Chil. y Col.* Costalada, batacazo, porrazo.

suerte (del lat. *sors, sortis*) *s. f.* **1.** *Per.* Billete de lotería. **2.** *Arg.* Carne, en el juego de la taba.

suertero, ra *adj.* **1.** *Ec. y Hond.* Feliz, afortunado, dichoso. ‖ *s. m. y s. f.* **2.** *Per.* Vendedor ambulante de billetes de lotería.

sufragar (del lat. *suffragari*) *v. intr., Arg., Chil., Ec., Per. y Ven.* Dar el voto a un candidato.

suich (del ingl. *switch*) *s. m., Méx.* Interruptor.

suindá *s. m., Zool., Arg.* Cierta ave, especie de lechuza de color pardo claro.

suita *s. f., Bot., Hond.* Planta gramínea que se utiliza como forraje y para cubrir la techumbre de las casas rústicas.

suiza *s. f., Chil.* Juego de la comba.

sujo, ja *s. m. y s. f., desp., Arg. y Chil.* Sujeto, uno cualquiera.

sulfatillo *s. m., Bot., Hond.* Planta melastomatácea, de flores moradas, pequeñas y en panoja. Su cocimiento se usa como febrífugo.

suma (del lat. *summa*) *s. f., Der., Chil.* Extracto de las peticiones contenidas en los escritos presentados a la autoridad y que va al principio de esos documentos.

sumacara *s. m., Bot., Cub.* Vegetal silvestre cuyo fruto es parecido al ají amarillento.

suncho (del lat. *cingulum*) *s. m.* **1.** *Bot., Bol.* Arbusto de flores amarillas. **2.** *Bot., Arg. y Chil.* Arbusto del que se extrae un caústico muy eficaz empleado en veterinaria.

sunco, ca *adj., Chil.* Manco. **GRA.** También s. m. y s. f.

sundin *s. m., Mús., Arg.* Nombre de cierto baile popular.

sunsumpate *s. m., Bot., El Salv.* Nombre que reciben varias plantas de la familia de las compuestas empleadas como antivenéreas.

sunsún (voz onomatopéyica) *s. m., Zool., Cub.* Nombre que reciben los pájaros mosca o colibríes.

suple *s. m.* **1.** *Chil.* Suplemento, aditamento, añadido de un madero que quedó corto. **2.** *fig., Chil.* Anticipo sobre sueldos o jornales que se da al operario, peón o inquilino.

suplementero, ra *s. m. y s. f., Chil.* Vendedor ambulante de periódicos, papelero.

suprema (del lat. *suprema*) *s. f., Gastr.* Guiso de ave hecho con las mejores partes.

suquinay *s. m., Bot., Guat.* Arbusto tropical de flores aromáticas.

súrbana *s. f., Bot., Cub.* Nombre vulgar de una planta de la familia de las gramíneas, que sirve de alimento para el ganado.

surel *s. m., Zool., Arg.* Pez menor que el jurel, de cuerpo comprimido, verdoso, de costados plateados y dos espinas fuertes delante de la aleta ventral.

surero, ra *adj.* Perteneciente a las tierras del sur.

suri *s. m., Zool., Arg. y Bol.* Avestruz.

súrtuba *s. f., Bot., C. Ric.* Helecho gigante, cuya médula se come asada.

surubí (voz guaraní) *s. m., Zool., Arg. y Bol.* Pez de río de carne amarilla y compacta, muy sabrosa y sin espinas.

surucucú *s. m., Zool., Arg.* Serpiente crotálida, muy venenosa, que no tiene cascabel.

surumpe *s. m., Med., Per.* Inflamación de los ojos que pueden sufrir los habitantes de la región de los Andes por efecto de la reverberación del Sol en la nieve.

surupí (de or. guaraní) *s. m., Med., Bol.* Surumpe.

susoayá *s. m., Bot., Arg.* Planta de raíz fusiforme, con flores amarillas y moradas, que se emplea en cocimientos contra empachos y algunas fiebres.

suspenso (del lat. *suspensus*) *s. m.* Expectación impaciente por el desarrollo de una cosa.

suspensores *s. m. pl., Amér. del S.* Tirantes para suspender de los hombros el pantalón.

suspiro (del lat. *suspirium*) *s. m.* **1.** *Bot., Chil.* Trinitaria, planta. **2.** *Bot., Arg., Chil. y Bol.* Nombre que se da a distintas especies de enredaderas, de la familia de las convolvuláceas.

sute *adj.* **1.** *fam., Col. y Ven.* Enteco, canijo. ‖ *s. m.* **2.** *Zool., Col.* Lechón, gorrino.

T t

tabas (quizá del ár. *tâb*, taba) *s. f. pl.* Zapatos.

tabaco (del ár. *tabbâq* o *tubbâq*, nombre de varias hierbas medicinales, aplicado por los descubridores de América al actual tabaco) *s. m.* **1. tabaco cimarrón** Tabaco originario de Chile, denominado "Nicotina angustifolia". **2. tabaco del diablo** Tupa. **3. tabaco jorro** Tabaco que por su mala calidad no arde. **4. tabaco mabinga** Tabaco de mala calidad. ‖ **LOC. acabársele a alguien el tabaco** *Arg.* Quedarse sin recursos o sin dinero.

tabacón (de *tabaco*) *s. m., Bot., P. Ric.* Árbol solanáceo, de tronco grueso, del que se obtiene una madera resistente que sirve para la construcción.

tabaiba *s. f., Bot., P. Ric. y Cub.* Nombre de un árbol de 10 a 12 m de altura y de tronco casi recto, que crece en las costas.

tabanco (der. de *taberna* con suf. despectivo) *s. m., Amér. C.* Parte más alta de la casa, inmediatamente debajo del tejado.

tábano (del lat. *tabanus*) *s. m., Bot., Cub.* Planta malvácea, de tallos cortos y leñosos de los que se hacen mondadientes. Tiene propiedades diuréticas.

tabaquear *v. tr., fam.* Fumar tabaco.

tabaquería *s. f.* Taller donde se elaboran los cigarros puros.

tabaquillo *s. m., Bot., Arg.* Cierta hierba solanácea, de flor blanca.

tabear *v. intr.* **1.** *fig., Arg.* Estar de palique. **2.** *fig., Arg.* Jugar a la taba.

tabla (del lat. *tabula*) *s. f.* **1. tabla de capellada** La que se pone a los lados del piso de un andamio para protección del trabajador. **2. tabla de cinta** La que tiene media pulgada inglesa de espesor. **3. tabla de tillado** La que tiene una pulgada inglesa de espesor.

tablada (del lat. *tabulata*) *s. f., Arg. y Bol.* Lugar de las afueras de una población, donde se reconoce el ganado que se destina al matadero.

tableador, ra *s. m. y s. f., Chil.* Persona que tablea la masa cortando trozos y dándole forma de pan.

tablear *v. tr., Chil.* Dar forma plana a los trozos de masa para hacer pan.

tableta *s. f., Gastr., Arg.* Golosina compuesta de dos piezas de masa unidas con manjar blanco u otra clase de dulce.

tablón *s. m.* Tabla o faja de tierra dispuesta para la siembra.

tablonazo *s. m.* Engaño que se hace a alguien.

tabolango *s. m., Zool., Chil.* Insecto díptero que despide un olor fétido.

tabonuco *s. m., Bot., P. Ric.* Árbol corpulento, de cuyo tronco fluye una resina de olor alcanforado que se usa como incienso en las iglesias.

taborga *adj.* Se dice del café hervido en un tacho y sin colar.

tabuco (quizá del ár. *tabâq*, calabozo) *s. m.* Maleza, matorral.

taca *s. f., Zool., Chil.* Marisco comestible, de concha casi redonda.

tacacapa *s. f., Bot.* Especie de bejuco al que se atribuían virtudes curativas de las vías urinarias.

tacaco *s. m., Bot., C. Ric.* Planta trepadora, cucurbitácea, que produce un fruto que se come cocido como verdura.

tacán *adj.* Se dice de las personas caprichosas.

tacana (del quichua *takána*, mazo) *s. f.* Martillo, mano de mortero.

tacanear *v. tr.* Apisonar una cosa con un objeto contundente hasta dejarla aplastada o allanada.

tacar (de *taco*) *v. tr.* **1.** Atacar un arma de fuego. **2.** Dar tacazo en el billar. **3.** Apretar, rellenar. **4.** Hartarse, ahitarse.

tacatá (voz onomatopéyica) *s. m.* Trago grande de licor.

tacha *s. f., Ven.* Tacho.

tachería (de *tacho*) *s. f.* Hojalatería, arte de hacer objetos de hojalata.

tachero, ra (de *tacho*) *s. m. y s. f.* **1.** *Ant. y Chil.* Operario que maneja los tachos en la fabricación del azúcar. **2.** *Ant. y Chil.* Persona que hace o arregla tachos y otras vasijas de metal.

tachigual (del náhuatl *tlachihualli*, cosa hecha, obra) *s. m., Méx.* Cierto tejido de algodón.

tacho (del port. *tacho*, posible metát. de *chato*) *s. m.* **1.** *Arg. y Chil.* Vasija de metal, de fondo redondeado, que se usa para guisar. **2.** *Arg. y Chil.* Por ext., cualquier recipiente de metal, hojalata, etc. **3.** Paila grande en que se acaba de cocer el melado y se le da el punto de azúcar. **4.** *Arg., Bol., Chil., Par. y Per.* Recipiente para calentar agua y otros usos culinarios. **5.** *Arg., Ec. y Per.* Cubo de la basura. **6.** Hoja de lata. ‖ **LOC. hechar al tacho** Desengañar a una persona de una ilusión o una esperanza. **irse al tacho** Fracasar en un negocio. **pasar las penas del tacho** Sufrir mucho.

tachuela[1] (de *tacho*) *s. f., fig. y fam., Chil.* Tacuaco.

tachuela[2] (de *tacho*) *s. f.* **1.** *Col.* Especie de escudilla de metal que se usa para poner a calentar algunas cosas. **2.** *Ven.* Taza de metal que se tiene en el tinaje para beber agua.

taclía *s. f., Agr.* Instrumento agrícola consistente en un palo con puntas de metal o de piedra, propio para romper el terreno.

taco *s. m.* **1.** *Chil.* Atasco. **2.** *Amér. del S.* Tacón del calzado. **3.** *fig., Chil.* Persona pequeña, retaco. **4.** *Gastr., Méx.* Tortilla de maíz. ‖ *adj.* **5.** *Cub.* Currutaco, atildado, emperifollado. ‖ **LOC. darse taco** Darse importancia, alardear.

taconear *v. intr.* **1.** Ir de un sitio a otro para realizar una gestión. **2.** Rellenar algo con un taco para taponarlo.

tacotal *s. m.* **1.** *C. Ric.* Matorral espeso. **2.** *Hond.* Ciénaga, lodazal.

tacote (del náhuatl *tlacotl*, jara) *s. m., Bot.* Nombre común a muy diversas plantas, principalmente de la familia de las compuestas.

tacuache *s. m.* **1.** *Zool., Cub. y Méx.* Mamífero marsupial de color gris, de cola larga y flexible. **2.** *Zool., Méx.* Especie de avispa.

tacuacín (del náhuatl *tlacuatzin*) *s. m., Zool., Amér. C. y Méx.* Mamífero nocturno trepador parecido a la zorra.

tacuaco, ca *s. m. y s. f.* **1.** *Chil.* Retaco, persona rechoncha. ‖ *adj.* **2.** Se dice del animal que tiene las patas cortas.

tacuapí *s. m., Bot., Arg.* Nombre dado a una caña hueca y ligera que crece hasta medir unos diez m de altura y ocho o diez cm de diámetro en los bosques del territorio nacional de Misiones.

tacuara (del guaraní *taqua*) *s. f.* **1.** *Bot., Arg. y Chil.* Guadua, planta gramínea, especie de bambú gigante de cañas largas y muy resistentes. **2.** *Zool., Bol. y Arg.* Pájaro de plumaje poco vistoso pero de canto hermoso, cuyo nombre científico es "troglodytes platensis".

tacuaral *s. m., Arg. y Chil.* Terreno poblado de tacuaras.

tacurú (voz guaraní) *s. m.* **1.** *Zool., Arg. y Par.* Especie de hormiga pequeña. **2.** *Arg. y Par.* Cada uno de los montículos de tierra arcillosa que se encuentran en gran abundancia en los terrenos anegadizos del Chaco.

tafia *s. f., Arg., Bol. y Ven.* Aguardiente de caña.

tagne (del arauc. *thage*) *s. m., Zool., Chil.* Género de aves zancudas de la familia de las ardeidas, garza.

tagua (voz araucana) *s. f.* **1.** *Zool., Chil.* Ave, especie de fulica, que habita en las lagunas. **2.** *Bot., Chil.* Semilla de una palma americana de la cual se extrae el marfil vegetal. ‖ **LOC. hacer taguas** *fig.* Zambullirse en el agua.

taguar *v. tr.* Recoger tagua o marfil vegetal.

taima (del gall. y port. *teima*, y éste del lat. *thema*) *s. f., Chil.* Obstinación de una persona que se da por agraviada y, aferrándose a su idea, no habla ni obedece.

taimado, da (del port. *taimado*) *adj.*, *Chil*. Se dice de la persona obstinada en una idea.

taimarse *v. prnl.*, *Chil*. Amorrarse, obstinarse.

taíno, na (voz araucana) *adj.* De color castaño.

taita (del lat. *tata*, padre) *s. m.* **1.** *Ven*. Tratamiento que se da al padre o jefe de familia. **2.** *Arg. y Chil*. Se aplica como voz infantil a personas que merecen respeto. **3.** *Arg*. Entre los gauchos, matón.

tajá *s. f.*, *Zool.*, *Cub*. Especie de pájaro carpintero.

tajada (de *tajar*) *s. f.*, *Chil*. Tajo, corte dado con un cuchillo.

tajamar (de *taja* y *mar*) *s. m.* **1.** *Chil*. Malecón, dique. **2.** *Arg*. Embalse de agua. **3.** *Arg*. Zanjón en la ribera de los ríos para menguar el efecto de las crecidas.

tajibo (del guaraní *tayí*) *s. m.*, *Bot.*, *Arg*. Tayuya, planta cucurbitácea.

tala[1] *s. f.*, *Chil*. Acción de pacer el ganado la hierba que no se alcanza a cortar con la hoz.

tala[2] *s. f.*, *Bot.*, *Arg*. Árbol ulmáceao, cuya raíz sirve para teñir y cuyas hojas, en infusión, tienen virtudes medicinales.

talacho (del náhuatl *tlalli*, tierra, y el cast. *hacha*) *s. m.*, *Méx*. Azada para labrar la tierra.

talaje (de *talar*) *s. m.* **1.** *Chil*. Acción de pacer los ganados la hierba en los campos y precio que por esto se paga. **2.** *Chil*. Campo donde sólo quedan las raíces de las hierbas por haber pastado allí los animales.

talamate (del náhuatl *tlatl* y *amatl*, amate) *s. m.* **1.** *Bot.*, *Méx*. Nombre de una planta medicinal. **2.** *Bot.*, *Méx*. Especie de amate silvestre del género ficus y de la familia de las moráceas, cuyas hojas sirven de emético.

talamoco *adj.* Albino, falto de pigmento.

talampatle (del náhuatl *tlalamatl*, amate, y *patli*, medicamento) *s. m.*, *Bot*. Hierba que se emplea para curar los abscesos y las quemaduras.

talar *s. m.* Bosque poblado de talas.

talayote *s. m.*, *Bot.*, *Méx*. Nombre de algunas plantas de la familia de las asclepiadáceas y sus frutos.

talchocote (del náhuatl *tlazocatl*) *s. m.*, *Bot.*, *Hond*. Árbol de gran altura que produce un fruto parecido a la aceituna, el cual se emplea como remedio contra la disentería.

talero (de *tala*) *s. m.*, *Arg. y Chil*. Especie de fusta o rebenque corto y grueso fabricado a base de tala u otra madera dura.

talgüen *s. m.*, *Bot.*, *Chil*. Nombre de un arbusto ramnáceo que da una madera fuerte e incorruptible.

talingo *s. m.* Persona de raza negra.

talisayo *adj.*, *Zool*. Se dice del gallo de pelea que tiene plumas amarillas en las alas y negras en el pecho, como el pájaro mayo, por lo que también recibe ese nombre.

taliste (del náhuatl *tla*, cosa, y *ictic*, hebrudo) *adj.* **1.** *Bot*. Se dice de la fruta que se vuelve hebruda y se endurece en el árbol a causa de una helada o del granizo. **2.** Se aplica a una cosa dura y correosa. ‖ *s. m.* **3.** *Bot.*, *Méx*. Nombre vulgar de una planta leguminosa silvestre de flores purpúreas.

talla *s. f.*, *Arg*. Charla, palique.

tallar (del lat. *taleare*, cortar ramas) *v. intr.*, *Chil*. Cortejar, hablar de amor un hombre y una mujer.

talle (del fr. *taille*, y éste del lat. *taliare*) *s. m.* Almilla interior sin mangas que usan las mujeres.

talleta *s. f.*, *Arg*. Especie de alfajor.

tallo (del lat. *thallus*, y éste del gr. *thalló*) *s. m.*, *Bot.*, *Col*. Bretón o col.

tallullo *s. m.* Tamal.

talonear (de *talón*) *v. intr.*, *Arg*. Incitar al jinete a la caballería picándole con el talón.

talonera *s. f.*, *Chil*. Pieza de cuero que se pone en el talón de la bota para asegurar la espuela.

talquina *s. f.* Engaño, deslealtad. ‖ **LOC. jugar a la talquina** *fam.* Abusar de la confianza de alguien.

taludin *s. m., Zool., Guat.* Reptil, especie de caimán.

tamagás *s. m., Zool., Amér. C.* Víbora muy venenosa.

tamal (del náhuatl *tamáli*) *s. m.* **1.** *Gastr.* Empanada de harina de maíz, envuelta en hojas de plátano o de mazorca del maíz. **2.** *fig.* Lío, embrollo, intriga. **3.** *fig.* Bulto grande, malformado que carga una persona.

tamalero, ra (de *tamal*) *s. m. y s. f.* Persona que hace o vende tamales.

tamango *s. m.* **1.** *Arg. y Chil.* Especie de abarca de cuero de oveja con que se envuelven los pies los viajeros cuando van a atravesar los Andes. **2.** *Arg.* Botín grande que usan los gauchos. **3.** *Arg.* Cualquier zapato.

tamangudo, da (de *tamango*) *adj., Arg. y Chil.* Se dice de la persona que usa tamangos demasiado grandes.

tamarugo *s. m., Bot.* Árbol leguminoso, parecido al algarrobo, de madera fuerte, ramas espinosas y flores pequeñas, que crece en La Pampa.

tambalisa *s. f., Bot., Cub.* Planta leguminosa de flores amarillas y hojas tomentosas.

tambar *v. tr.* Comer con precipitación.

tambarria *s. f.* **1.** *Col., Ec., Hond. y Per.* Holgorio, parranda. **2.** *desp.* Taberna o figón de ínfima clase. **3.** Acción de maltratar o acusar con insistencia.

tambero, ra *adj.* **1.** *Zool., Arg.* Se dice del ganado vacuno manso. **2.** *Amér. del S.* Perteneciente o relativo al tambo. ‖ *s. m. y s. f.* **3.** *Amér. del S.* Persona que tiene un tambo o está encargada de él.

tambo (del quichua *támpu*) *s. m.* **1.** *Bol., Col., Chil., Ec. y Per.* Venta, posada, parador. **2.** *Arg.* Cuadra de vacas.

tambocha *s. f., Zool., Col.* Hormiga de cabeza roja, muy venenosa.

tambor (del persa *tabîr*, pasando por el ár.) *s. m., Cub.* Tejido de yute parecido a la harpillera.

támbora *s. f., fam., Cub.* Mentira, bola.

tamborito *s. m., Mús., Pan.* Baile popular.

tambre *s. m., Col.* Máquina con la que se saca agua de los ríos para el riego.

tambú *s. m.* **1.** *Zool., Arg.* Nombre de la larva de cierto insecto que los campesinos comen frita. **2.** *Mús., Bras.* Tipo de tambor utilizado por la población de raza negra de Brasil.

tamillear *v. tr.* Raspar del tronco del árbol de la coca el musgo parásito que humedece y daña la hoja.

tamilleo *s. m.* Acción y efecto de tamillear.

tampil *s. m., Bot., Chil.* Nombre que se da en Chiloé, provincia de Chile, a una planta medicinal usada contra las inflamaciones y úlceras.

tamuga *s. f.* **1.** *Gastr.* Envoltorio de azúcar, plátano, achiote en tusa u hoja de maíz. **2.** Bolsa o morral.

tanate (del náhuatl *tanatli*) *s. m.* **1.** *C. Ric., Hond. y Méx.* Mochila, zurrón de cuero o de palma. **2.** *Amér. C.* Lío, fardo.

tanatear *v. tr.* Cargar en tanates.

tanatero *s. m.* Obrero que saca de las minas con un tanate los metales y los materiales procedentes de desmontes.

tancolote *s. m.* Cesto para transportar mercancías.

tanda (del lat. *tanta*, t. f. de *tantus*) *s. f.* **1.** Sección de una representación teatral. **2.** Broma, chanza y también escena cómica en el teatro. **3.** *Arg.* Resabio, vicio o mala costumbre.

tandear *v. intr.* Bromear, chancear.

tandeo *s. m.* Acción y efecto de tandear.

tandero, ra *s. m. y s. f., Chil.* Persona chancera.

tandista (de *tanda*, pieza de teatro) *adj.* Se dice del aficionado a las obras de teatro por tandas.

tanela *s. f., Gastr., C. Ric.* Pasta de hojaldre adobada con miel.

tanga *s. f.* Zurra, paliza.

tangalear *v. tr.* **1.** Retardar una cosa, demorarse en algo. **2.** Demorar, embrollar.

tangán *s. m., Ec.* Tablero cuadrado suspendido del techo por medio de una cuerda que permite subirlo o bajarlo a voluntad y que se utiliza para colocar en él comestibles.

tángana *s. f.* Embrollo, discusión, en especial cuando es multitudinaria.

tángano, na (del sin. *tango*) *adj.* Bajo, achaparrado.

tangará *s. m., Zool., Arg.* Nombre de un ave de la familia de los tráupidos parecida al tanagra, de pico grueso, cola no muy larga y plumaje con variados matices.

tango (posible voz onomatopéyica) *s. m., Mús., Hond.* Instrumento musical de percusión que usan los indígenas.

taninole *s. m., Gastr.* Alimento de camote cocido o tostado, o bien de calabaza con leche.

tano, na *adj., fam., Arg.* Aféresis de napolitano.

tanque (del ingl. *tank*) *s. m.* Estanque, depósito de agua.

tanquear (del ingl. *tank*) *v. tr.* Aprovisionar de gasolina el tanque de un vehículo.

tanta *s. f., Gastr., Per.* Pan de maíz, borona.

tanteada *s. f.* **1.** Acción mala e imprevista. **2.** Engaño. **3.** Doblez, procedimiento para burlar a una persona, después de haber explorado su carácter.

tañicatí *s. m., Zool.* Cariblanco, especie de pecarí.

tapa[1] (del gót. *tappa*) *s. f.* **1.** *Chil.* Tapón de una vasija. **2.** *Chil.* Pechera de la camisa.

tapa[2] (voz náhuatl) *s. f., Bot., Hond.* Estramonio, planta.

tapabalazo (de *tapa* y *balazo*) *s. m., Cub. y Méx.* Bragueta, portañuela.

tapabarro (de *tapa* y *barro*) *s. m., Chil.* Guardabarros, alero.

tapacamino (de *tapa* y *camino*) *s. m.* **1.** *Zool., Arg.* Ave, especie de chotacabras. **2.** *Bot., Cub.* Nombre vulgar de diferentes especies de plantas de la familia de las compuestas, que tiene la propiedad de invadir los caminos al poco de limpiarlos.

tapachiche *s. m., Zool., C. Ric.* Insecto, especie de langosta grande.

tapaculo (de *tapa* y *culo*) *s. m.* **1.** *Zool., Chil.* Pájaro pequeño, de color terroso, con una gran mancha blanca en el pecho que anida en cuevas abandonadas por los roedores. **2.** *Zool., Cub.* Pez parecido al lenguado.

tapado, da *adj.* **1.** *Arg. y Chil.* Se dice del animal sin mancha ni señal alguna en su capa. **GRA.** También s. m. **2.** Torpe, cerrado de inteligencia. ‖ *s. m.* **3.** *Gastr., Col. y Hond.* Comida de plátano y carne preparada por los indígenas. **4.** *Arg. y Chil.* Abrigo o capa de señora o de niño. **5.** *Arg.* Tesoro enterrado. **6.** Última pieza de los bailes que bailan las mujeres ya con el abrigo o el pañolón puesto. **7.** Presunto candidato a elecciones cuyo nombre se oculta hasta última hora.

tapadura *s. f.* Acción y efecto de empastar las muelas.

tapafunda (de *tapa* y *funda*) *s. f., Col.* Cubierta de la silla de montar.

tapalayote *s. m., Bot.* Planta de la familia de las solanáceas, especie de berenjena.

tapalcúa *s. m., Zool., Guat.* Nombre que se da a un género de batracios ápodos americanos.

tapalcuite (del náhuatl *tlalapalli*, color, y *cuáhuitl*, árbol) *s. m., Bot., Guat.* Árbol corpulento de tierra caliente.

tapallagua *s. f.* Temporal de lluvias y viento que dura muchos días.

tápalo (de *tapar*) *s. m., Méx.* Chal o mantón.

tapanca *s. f.* **1.** *Chil. y Ec.* Gualdrapa del caballo. **2.** *Chil. y Ec.* Asentaderas, posaderas.

tapanza *s. f.* **1.** *fig. y fam.* Acción de encubrir, admitiendo por bueno y válido lo que no lo es. **2.** *fig. y fam.* Acción y efecto de cubrir a alguien de insultos o dichos injuriosos.

tapaojo (de *tapa* y *ojo*) *s. m., Col. y Ven.* Quitapón, adorno que suele ponerse en la testera de las cabezas de algunos animales.

tapar *v. tr.* Empastar las muelas.

tapara *s. f. Ven.* Vasija que se hace con el fruto seco del tapara. ‖ **LOC. vaciar-**

se alguien como una tapara *fam.,*
Ven. Decir todo lo que se quiere.

taparo *s. m., Bot.* Árbol muy parecido
a la güira, de la cual se diferencia en
las hojas que son más anchas y el fruto alargado y acabado en punta.

tapate (del náhuatl *tlaplatl*) *s. m., Bot.,*
C. Ríc. Estramonio, planta solanácea.

tapaya *s. m., Zool.* Género de reptiles
saurios, de la familia de los iguánidos,
cuyas especies son propias de América meridional.

tapayagua *s. f., Hond. y Méx.* Llovizna,
na, lluvia muy menuda.

tapera (voz guaraní) *s. f.* **1.** Ruinas de
un pueblo. **2.** Habitación en ruinas y
abandonada.

tapesco (del náhuatl *tlapechtli*) *s. m.,*
Amér. C. y Méx. Especie de zarzo que
sirve de cama y otras veces, puesto en
alto, de vasar.

tapeste *s. m.* **1.** Zarzo o estera de cañas. **2.** Batea que las molenderas usan
para recibir la masa.

tapeteado, da *adj.* Caprichoso, terco.

tapetí *s. m., Zool., Arg.* Nombre que recibe un mamífero roedor parecido al conejo, de la familia de los lepóridos, que
habita en América Central y del Sur.

tapextle *s. m.* Andas pequeñas, propias para llevar a mano materiales de
construcción y otras cosas.

tapialar *v. tr., vulg.* Tapiar, cerrar con
tapias.

tapialera *s. f., vulg.* Molde en que se
hacen las tapias, tapial.

tapialero, ra *s. m. y s. f., vulg.* Tapia-
dor, oficial que hace tapias.

tapiero, ra *s. m. y s. f.* Obrero que hace tapias.

tapinga *s. f., Chil.* Cincha, correa o ba-
rriguera que sujeta el caballo de tiro a
las varas del carro, con el fin de que
éste no caiga para atrás.

tapiramo *s. m., Bot.* Judía roja con
manchas blancas.

tapisca (del azt. *tla*, cosa, y *pexcali*,
coger el maíz) *s. f., C. Ríc. y Hond.*
Recolección del maíz.

tapiscar *v. tr., C. Ríc. y Hond.* Desgranar la mazorca del maíz.

tapitis (voz guaraní) *s. m., Zool.,*
Amér. del S. Nombre que recibe una
liebre pequeña y de orejas cortas.

tapogonio *s. m., Bot.* Nombre vulgar
de una planta rubiácea.

tapón (del germ. *tappo*) *s. m.* Trampa
enrejillada para cazar pájaros.

taponaztlo *s. m., Mús., Méx.* Instrumento de percusión, consistente en
una caja sonora, hecha del tronco de
un árbol, que en una de sus caras laterales tiene una abertura con dos lá-
minas, sobre las cuales se golpea.

tápora *s. f., Zool.* Gallina copetuda o
moñuda.

tapucho, cha *adj., Chil.* Rabón, reculo.

tapujero, ra *s. m. y s. f.* Persona que
se dedica al contrabando.

taquear (de *taco*) *v. intr.* **1.** *Arg. y*
Chil. Taconear. **2.** *fam., Cub.* Vestir
con afectada elegancia. **3.** *fam., Cub.*
Enriquecerse. **4.** *fam., Cub.* Apretar el
taco de un arma de fuego.

taquería *s. f.* **1.** *Cub.* Desenfado, descaro. **2.** *Cub.* Elegancia en el vestir.

taquero, ra *s. m. y s. f., Chil.* Pocero
o fontanero que desatasca las alcan-
tarillas.

taquia *s. f.* Excremento de llama que se
suele usar en las mesetas de los Andes como combustible.

taquilla (de *taca*) *s. f., Chil.* Clavillo
pequeño, estaquilla que se usa en el
calzado.

taquiza *s. f.* Barra de hierro aguzada
por una punta y achaflanada por la
otra, del largo y grueso suficentes para
que pueda usarla una persona. Se emplea para remover piedras, cavar, etc.

tara *s. f.* **1.** *Zool., Ven.* Langostón. **2.**
Zool., Col. Especie de culebra vene-
nosa. **3.** *Bot., Chil. y Per.* Arbusto cuyos frutos y hojas sirven para teñir.

tarabilla (de or. incierto) *s. f., Arg.*
Bramadera, juguete.

tarabita (de or. incierto) *s. f.* **1.** *Amér.*
del S. Maroma por la cual corre la ces-
ta, en la que van personas o carga para atravesar un río. **2.** *Ec. y Per.* Andarivel para pasar ríos y hondonadas
que no tienen puente.

taramba s. f., Mús., Hond. Instrumento musical que consiste en un arco de madera con su cuerda de alambre, la cual se golpea con un palito.

taranta (del ital. taranta, y éste de Tarento, ciudad italiana) s. f. **1.** Zool., Arg. Tarántula. **2.** Hond. Desvanecimiento, aturdimiento. **3.** Arg., C. Ric. y Ec. Repente, locura, vena.

tarantín s. m. **1.** Amér. C. y Cub. Cachivache, trasto. **2.** Ven. Tenducha.

taranto, ta adj. **1.** Atarantado. **2.** Borracho.

tararases s. m. pl. Grupo de personas que vive al margen de la ley.

tararira (voz de or. tupí o guaraní) s. f., Zool., Arg. Pez de río de carne muy estimada.

tarasca (de or. incierto) s. f., C. Ric. y Chil. Boca grande.

tarascona s. f., Arg., Bol., Chil. y Ec. Tarascada, mordisco.

tarco s. m., Bot., Arg. Árbol saxifragáceo, de unos diez m de altura. Se usa como planta de adorno y su madera se utiliza para muebles.

tareco s. m., Cub., Ec. y Ven. Trasto, trebejo, cachivache.

tarefero, ra (del port. tarefa, tarea) s. m. y s. f. Persona que trabaja por tarea.

tarimaco s. m. Trasto despreciable.

tarimera s. f. Mujer que trae y lleva chismes o cuentos.

tarja (del fr. targe, y éste del germ. targa, escudo) s. f. **1.** C. Ric., Hond. y Méx. Tarjeta de visita. **2.** Cub. Entre agrimensores, medida de diez unidades.

tarjar (de tarja) v. tr., Chil. Tachar una palabra escrita.

taro s. m., Zool., Arg. Ave rapaz, tareche.

taropé (voz guaraní) s. m., Bot., Arg. y Par. Planta acuática de la familia de las ninfeáceas, especie de nenúfar.

tarquino, na adj., Zool. Se dice del animal vacuno de raza fina.

tarraja (de or. incierto) s. f., Ven. Tarja para llevar cuentas que se hace con una tira de cuero.

tarrajazo s. m. **1.** Desgracia imprevista, suceso desafortunado. **2.** Tajo o herida grande. **3.** Golpe o herida.

tarralí s. f., Bot., Col. Planta trepadora silvestre.

tarraya (del ár. tarraha, red) s. f., P. Ric. y Ven. Red redonda que se arroja a fuerza de brazo.

tarrayazo (de tarraya) s. m. **1.** Golpe o redada de la tarraya y en general redada. **2.** Golpe contundente.

tarro s. m. **1.** Cub. Asta o cuerno de algunos cuadrúpedos. **2.** fam., Chil. Sombrero de copa.

tarsana s. f., Bot., C. Ric., Ec. y Per. Corteza de un árbol, de la familia de las sapindáceas, que se usa para lavar.

tártara s. f., Bot. Nombre vulgar de una planta de la familia de las euforbiáceas, llamada en botánica "Jatropha multifida".

tarto, ta adj. Tartamudo.

taruga (Del quichua tarúka) s. f., Zool. Mamífero rumiante americano parecido al venado o ciervo, de pelaje rojo oscuro y orejas caídas, que vive en los Andes.

tarugo (de or. incierto, probablemente prerromano) s. m. **1.** Persona tramposa. **2.** fam. Adulador, servil. **3.** fam. Mozo que sirve en teatros y circos. **4.** fam. Atolondramiento, susto grande.

tarumá (voz guaraní) s. m., Bot., Arg. Árbol frondoso, maderable, que produce un fruto morado oleoso.

tasajear (de tasajo) v. tr. **1.** Guat. Atasajar, hacer tasajos. **2.** fig. y fam. Matar a una persona a machetazos o puñaladas.

tasajería s. f. Local donde se prepara o vende el tasajo.

tasajero, ra s. m. y s. f. Tasajería.

tasajo s. m. Persona alta y flaca.

tasata s. f., Bot., Ec. Árbol de madera dura y amarga.

tasca (de tascar, en port. tasca) s. f., Náut., Per. Olas revueltas y corrientes encontradas que hacen difícil el desembarque en las costas.

tascar (de or. incierto) v. tr., Ec. Romper con los dientes algún alimento duro.

tasi s. m. **1.** Bot., Arg. Enredadera silvestre de la familia de las asclepidáceas, de cuyo fruto se hace un dulce exquisito. **2.** *Bot., Arg.* Fruto de esta planta.

tasón *s. m.* **1.** *Ec.* Nido. **2.** *Ec.* Rodete para cargar pesos en la cabeza.

tasquear (de *tasca*) *v. intr.* Trabajar en la tasca.

tasquero, ra (de *tasca*) *s. m. y s. f., Per.* Persona dedicada a ayudar a desembarcar en las costas en que hay tascas.

tastazo *s. m.* Golpe que se da haciendo resbalar violentamente sobre la yema del pulgar el envés de la última falange de cualquier otro dedo.

tatabro *s. m., Zool., Col.* Cuadrúpedo montés parecido al cerdo.

tatagua *s. f., Zool., Cub.* Mariposa nocturna de gran tamaño.

tatapinol (del náhuatl *tata*, padre, y *pinol*, pinole) *s. m., Gastr., Hond.* Bebida dulce de pinol o pinole de maíz batido en frío.

tataré (voz guaraní) *s. m., Bot., Arg. y Par.* Árbol grande de la familia de las mimosáceas, de excelente madera amarilla y jaspeada que se utiliza en ebanistería y en construcción naval y de cuya corteza se extrae una materia tintórea.

tatascame *s. m., Bot., Amér. C.* Planta de la familia de las verbenáceas, de madera idónea para la construcción.

tatemar (del náhuatl *tla-tlematli*, poner en el fuego) *v. tr., Gastr., Méx.* Tostar ligeramente carnes, raíces o frutas.

tatetí *s. m., Arg.* Tres en raya, juego de niños.

tatole (del náhuatl *tlatollo*) *s. m., fam., Méx.* Convenio, conspiración.

tatolear (de *tatole*) *v. intr., fam., Méx.* Concertar, conspirar.

tatsán *s. m.* **1.** *Bot.* Árbol de fruto comestible de la familia de las lauráceas. **2.** *Bot.* Fruto de este árbol. **3.** *Bot.* Especie de aguacate.

tatú (voz guaraní) *s. m., Zool., Arg. y Chil.* Nombre dado a diversas especies de armadillos.

tatuca *s. f.* **1.** Jícara, vasija grande. **2.** *fig.* Cabeza.

tauca (del quichua *tauqa*, montón) *s. f.* **1.** *Chil.* Bolsa grande para guardar dinero. **2.** *Per. y Ec.* Cantidad de cosas agrupadas.

taucar (de *tauca*) *v. tr., Bol., Ec. y Per.* Colocar unas cosas sobre otras.

tauri *s. f., Bot., Per.* Planta leguminosa.

taya[1] *s. f., Zool., Col.* Nombre de una culebra americana muy venenosa.

taya[2] *s. f.* Amuleto de cazadores y pescadores.

tayá *s. f., Bot.* Patata o batata grande.

tayara *s. f., Bot.* Nombre vulgar de una planta aroidea denominada por los botánicos "Caladium bicolor".

tayu (voz araucana) *s. m., Bot., Chil.* Árbol de la familia de las compuestas, siempre verde, llamado tambien "palo santo".

tayuyá (del guaraní *tayuia*) *s. m., Bot., Arg.* Planta rastrera de la familia de las cucurbitáceas, parecida a la sandía, de raíz medicinal.

tazcal *s. m., Gastr.* Tortita de maíz y, por ext., el cesto o canasto en que se van colocando las tortitas al quitarlas del comal en que se cuecen.

tea (del lat. *teda*) *s. m.* **1.** *Bot., P. Ric.* Árbol de madera aromática y resinosa que se utiliza en astillas para hachones. ‖ *s. f.* **2.** *Bot., Cub.* Especie de palma.

teatina *s. f., Bot., Chil.* Planta gramínea cuya paja se usa para tejer sombreros.

tebenque *s. m., Bot., Cub.* Planta anual, de la familia de las compuestas, de flores amarillas aromáticas y que crece en las playas.

teca (del arauc. *thúca*) *s. f., Bot.* Cereal ya desaparecido, que cultivaban los araucanos en época precolombina. Era una especie de cebada.

tecacalote (del náhuatl *tetl*, piedra, y *cacalotl*, cáscara) *s. m., Min.* Especie de pizarra brillante que se encuentra en las vetas minerales.

tecajete (del náhuatl *tetl*, piedra, y *caxitl*, cuenco) *s. m.* Almirez de piedra que se usa para machacar el chile o las especias por medio de un muñón de piedra llamado tejolote.

tecali (de *Tecali*, ciudad de México) *s. m., Méx.* Alabastro oriental de colores muy vivos que se halla en Tecali, población del estado mexicano de Puebla.

techichi (del náhuatl *te-chichi*) *s. m., Zool., Méx.* Especie de perro mudo que abundaba en México antes de la conquista y que los primitivos habitantes utilizaban como alimento.

teclaciagata (del náhuatl *teucli*, señor, y *ciuatl*, mujer) *s. f., Teol.* La Madre de Dios.

tecle *adj.* Enclenque, trémulo.

teclear *v. intr., Chil.* Estar dando las boqueadas.

tecoate (del náhuatl *tetl*, fuego, y *coatl*, víbora) *s. f., Zool., Méx.* Serpiente venenosa cuya mordedura produce los mismos efectos de una quemadura.

tecol (del náhuatl *tle-ocuilin*) *s. m., Zool., Méx.* Gusano que se cría en el magüey.

tecolero, ra *s. m. y s. f.* **1.** Carbonero. **2.** Ayudante y mozo de establo.

tecolio *s. m., Gastr., Méx.* Bebida fermentada con tecoles o gusanos del magüey.

tecolochapo (del náhuatl *tecolotl* y *tzapotl*) *s. m., Bot.* Arbusto espinoso rubiáceo, de fruto comestible, llamado también "granjel".

tecolote (del náhuatl *ten-colotl*, labio torcido) *s. m.* **1.** *Zool., Guat., Hond. y Méx.* Búho, ave nocturna. **2.** *fam., Méx.* Policía nocturna.

tecolotear (de *tecolote*, búho) *v. tr.* **1.** *Hond. y Méx.* Correr aventuras nocturnas. **2.** *Cub.* Barajar los naipes en forma especial, echándoles uno a uno sobre la mesa formando varios montones.

tecomasuchil (del náhuatl *tecomatl*, tecomate, y *xóchitl*, flor) *s. m.* **1.** *Bot.* Flor amarilla muy olorosa que tiene forma de copa por lo que recibe el nombre de "copa de oro". **2.** *Bot.* Planta solanácea que produce dicha flor. **3.** *Bot.* Planta coclospermácea, de flor amarilla y fruto carnoso.

tecomate *s. m.* **1.** *Bot., Guat. y Méx.* Especie de calabaza de cuello estrecho y corteza dura, con la que se hacen vasijas. **2.** *Amér. C.* Cualquier vasija tosca formada con el pericarpio de algunos frutos, como los cocos, etc. **3.** *Méx.* Vasija de barro, a manera de taza honda.

teconete (del náhuatl *tetl*, piedra, y *copetl*, hijo) *s. m., Zool., Méx.* Nombre de una lagartija común llamada también "texincoyote".

tecorral *s. m., Méx.* Albarrada, pared de piedra seca.

tecuan (del náhuatl *te-cuani*, el que come algo) *s. m.* **1.** *Méx.* Nombre aplicado a cualquier clase de animal feroz. **2.** *Mit., Méx.* Animal fantástico. || *adj.* **3.** *Méx.* Voraz, tragón.

tecuanchichi (de *tecuan*, fiera, y el náhuatl *patli*, medicina) *s. m., Bot., Méx.* Planta epífita ornamental, de la familia de las orquidiáceas.

tecuanpatle (de *tecuan*, fiera, y el náhuatl *patli*, medicina) *s. m., Bot., Méx.* Bejuco venenoso cuya raíz machacada y mezclada con carne se usaba para matar a los animales carnívoros dañinos.

tecuitate (del náhuatl *tetl*, piedra, y *cuitlatl*, suciedad) *s. m., Bot., Méx.* Especie de musgo que se cría adherido a las piedras de los lagos, y que los antiguos habitantes de la zona comían secándolo y asándolo en forma de tortas.

tefe *s. m., Col. y Ec.* Tira o jirón de piel o de tela.

tegua (del náhuatl *tebuan*, el que acompaña a otros) *s. f.* **1.** *Méx.* Especie de bota de gamuza usada por los antiguos habitantes del norte de México. || *s. m.* **2.** *Col.* Curandero.

teguaje (del náhuatl *tetl*, silvestre, y *huaxin*, guaje) *s. m., Bot., Hond.* Planta de propiedades medicinales.

tegue *s. m., Bot., Ven.* Planta tuberosa de jugo lechoso.

tegüisote (del náhuatl *teo-icztl*, palma de Dios) *s. m.* **1.** *Bot., Méx.* Nombre de una planta autóctona. **2.** *Bot., Méx.* Planta liliácea de hojas espinosas.

tehuiztle (del náhuatl *te*, cosa dura, y *huiztli*, espina) *s. m., Bot.* Árbol de la familia de las sapindáceas, de espinas muy duras y semillas oleaginosas.

tejamanil *s. m., Cub., P. Ric. y Méx.* Tabla delgada que se coloca como teja en los techos de las casas.

tejedor, ra *adj., fig. y fam., Chil. y Per.* Intrigante, enredador.

tejer (del lat. *texere*) *v. tr., Chil.* Intrigar, planear algún asunto turbio.

tejocotal (de *tejocote*) *s. m., Bot., Méx.* Lugar poblado de tejocotes.

tejocote (del náhuatl *te-xocotl*, fruta ácida y dura) *s. m.* **1.** *Bot., Méx.* Planta rosácea de fruta amarilla, semejante a la ciruela. **2.** *Bot., Méx.* Fruto de esta planta, fresco o preparado.

tejocotero, ra *s. m. y s. f.* **1.** *Méx.* Persona que vende tejocotes. ‖ *s. f.* **2.** *Méx.* Lugar donde se guardan o almacenan los tejocotes.

tejolote *s. m., Méx.* Mano, piedra de mortero.

tejosuchil (del náhuatl *tetzontli*, piedra esponjosa, y *xochil*, flor) *s. m., Bot.* Arbustillo leguminoso, de flores purpúreas. Se la conoce con el nombre de "cabellos de ángel".

tejotlaze *s. m., Méx.* Tierra azul que reducida a polvo se emplea para decorar platos.

tejuino *s. m., Gastr.* Bebida alcohólica consistente en un atole hecho con una especie de cajeta o dulce de leche, de maíz nacido que se deja fermentar.

telele *s. m., Mús., Méx.* Baile popular mexicano.

telenque *adj.* **1.** *fam., Arg.* Bobo, memo. **2.** *fam., Chil.* Temblón, enclenque.

telepate *s. m., Zool., Hond.* Insecto áptero parásito muy molesto.

telera (del lat. *telum*, dardo) *s. f.* **1.** *Chil.* Pan grande que suelen comer los trabajadores. **2.** *Gastr., Cub.* Galleta delgada y cuadrilonga.

televidencia *s. f.* **1.** *Col.* Acto de ver imágenes por televisión. **2.** *Col.* Conjunto de televidentes.

temascal (del náhuatl *tema*, baño, y *alli*, casa) *s. m.* **1.** *Guat., Méx. y Nic.* Pieza o habitación cerrada en la que

los indígenas tomaban baños de vapor. **2.** *Guat., Méx. y Nic.* Lugar muy caliente.

temazate (del náhuatl *tetl*, cerro, y *maztl*, venado) *s. m., Zool., Méx.* Venado rojizo propio del sur de México.

tembetari (voz guaraní) *s. m., Bot., Arg.* Árbol rutáceo, espinoso, de color verdoso y fruto esférico con una o dos semillas, y cuya madera suele ser muy fina.

tembladera *s. f.* **1.** Tremedal. **2.** *Veter., Arg.* Enfermedad que ataca a los animales en ciertos parajes de los Andes.

tembladeral *s. m., Arg.* Tremedal.

tembladerilla *s. f.* **1.** *Bot., Chil.* Planta de la familia de las papilionáceas, que produce temblores en los animales que la comen. **2.** *Bot., Chil.* Planta umbelífera con tallos rastreros y umbelas sencillas.

temblor (de *temblar*) *s. m.* Terremoto de escasa intensidad.

temecate (del náhuatl *tetl*, piedra, y *cacatl*, soga) *s. m., Bot.* Bejuco cuyos tallos, sumamente duros, parecen ser de piedra. Vulgarmente recibe el nombre de "tripas de Judas" y "tumbavaqueros".

temezcuitate (del náhuatl *temetzilli*, plomo, y *cuitatl*, suciedad) *s. m.* En las minas y haciendas de beneficio, se llama así a la parte terrosa en polvo de los metales molidos.

temolín (voz náhuatl) *s. m., Zool., Méx.* Especie de escarabajo grande.

tempate *s. m., Bot., C. Ric. y Hond.* Piñon, planta euforbiácea medicinal.

temperado, da *adj.* Templado.

temperante (del lat. *temperans, -antis*) *adj., Amér. del S.* Que no bebe vino ni otras bebidas alcohólicas.

temperar (del lat. *temperare*) *v. intr., Col.* Cambiar de aires.

tempilole (del náhuatl *tentli*, labio, y *pilolli*, colgajo) *s. m., Méx.* Especie de bezote pequeño o piedrecita que se colgaban los indígenas del labio inferior.

templador *s. m.* **1.** *Col.* Persona que maneja los fondos en los trapiches y hace la panela. **2.** *Taur.* Jaula central que hay en las arenas de más de 80 m de diámetro para refugio del torero.

templar (del lat. *temperare*) *v. intr., Chil.* Enamorarse.

temu (voz araucana) *s. m., Bot., Chil.* Árbol mirtáceo, de madera muy dura y semillas amargas y semejantes al café.

tenamascal (de *tenamaste*) *s. m.* Terreno fragoso o quebradizo, donde hay muchas piedras volcánicas.

tenamaste (del azt. *tenamaxtli*) *s. m., Amér. C. y Méx.* Cada una de las tres piedras que forman el fogón y sobre las que se coloca la olla para cocinar.

tenanche (del náhuatl *tenantzin*, madre de alguien) *s. f.* Nombre que se daba a la mujer encargada del cuidado y aseo de los templos. Más tarde se hizo extensivo a personas de cualquier sexo.

tenca (del lat. *tinca*) *s. f.* **1.** *Zool., Arg. y Chil.* Pájaro, especie de alondra. **2.** *fig. y fam., Chil.* Mentira, filfa.

tencolote (voz náhuatl) *s. m.* Jaula grande que suele servir para transportar las aves de corral a los mercados.

tencuanete *s. m., Bot.* Arbusto euforbiáceo, de jugo lechoso.

tendal (de *tender*) *s. m.* **1.** *Arg.* Lugar cubierto en donde se esquila el ganado. **2.** *Arg., Chil. y Per.* Tendalera. **3.** *Chil.* Tienda en que se venden tejidos ordinarios, arreos, etc. **4.** *Cub. y Ec.* Espacio soleado donde se pone el café para que se seque al sol. **5.** *Ec.* Armazón o barbacoa usada en las haciendas para asolear las almendras de cacao. **6.** *Arg., Chil. y Ur.* Tendalada.

tendalada *s. f.* **1.** Conjunto de cosas o personas que por causas violentas han quedado por el suelo. **2.** *Chil.* Tenderete.

tendedor *s. m., Chil.* Tendedero.

tenebroso (del lat. *tenebrosus*) *s. m.* Persona que vive como tahur o rufián.

tenedor *s. m.* Marca que se hace en la oreja a los animales de una ganadería para distinguirlos.

tenexte (del náhuatl *tenextli*, cal, y *tetl*, piedra) *s. m.* Roca de la que se hace la cal o yacimiento calizo.

tenextlacote (del náhuatl *tenextli*, cal, y *tlacotl*, talco) *s. m., Bot.* Planta medicinal cuyas hojas por debajo son blancas como la cal.

tengue *s. m., Bot., Cub.* Árbol oleguminoso, parecido a la acacia, de madera dura, compacta y rojiza.

tenida (de *tener* sobre el fr. *tenue*) *s. f., Chil.* Traje completo.

teniste *s. m., Zool., Méx.* Nombre de un pájaro insectívoro nocturno.

teníu *s. m., Bot., Chil.* Árbol de la familia de las saxifrágaceas, de madera medicinal, también usada en construcciones.

tentenelaire (de *tente en el aire*) *s. m. y s. f.* **1.** Descendiente de jíbaro y albarazada o de albarazado y jíbara. **2.** *Zool., Arg.* Colibrí, pájaro.

tenzonsochil (del náhuatl *tenzontli*, barbas, y *xochitl*, flor) *s. m., Bot.* Arbusto de flores purpúreas llamado también "cabellos de ángel" y "pembotano.".

teocinte *s. m., Bot., Guat. y C. Ric.* Planta gramínea, especie de maíz, que se aprovecha para forraje.

teocomite (del náhuatl *Teotl*, dios, y *comitl*, olla) *s. m., Bot.* Nombre vulgar de una biznaga de forma casi esférica, cuyas espinas se usaban para los sacrificios.

teocote (del náhuatl *Teotl*, dios, y *ocotl*, ocote) *s. m., Bot., Méx.* Planta conífera mexicana llamada científicamente "pinus teocote".

teocotillo *s. m., Bot., Méx.* Planta espinosa de la familia de las fuqueráceas.

teocuil (del náhuatl *tetl*, fuego, y *ocuilin*, gusano) *s. m., Zool.* Especie de cantárida empleada como remedio contra la lepra.

teomel (del náhuatl *teotl*, dios, y *metl*, magüey) *s. m., Bot., Méx.* Especie de magüey muy fino.

tepache *s. m.* **1.** *Gastr., Méx.* Bebida que se hace con pulque, agua, piña y clavo. **2.** *Méx.* Elaboración y venta clandestina de aguardiente.

tepame *s. m., Bot.* Nombre común de diversas clases de acacias, especialmente las que tienen sus espinas en forma de cuernos.

tepatle *s. m., Bot.* Cierta hierba cuya raíz glutinosa, saponífera, se empleaba como remedio para las fracturas de huesos.

tepecintle (del náhuatl *tepetl*, cerro, y *cintli*, mazorca) *s. m., Bot.* Hierba medicinal, purgante, que tiene el aspecto de una espiga de maíz silvestre. Se la llama también "maíz montuno".

tepecopal (del náhuatl *tepetl*, cerro, y *copalli*, copal) *s. m.* **1.** *Bot.* Goma o resina de un árbol de copal que crece en los cerros. **2.** *Bot.* Copal silvestre, árbol resinoso de las burseráceas.

tepecuilote (del náhuatl *tepetl*, cerro, y *acuillot*, mosqueta) *s. m., Bot.* Planta conocida con el nombre de "jazmín de la India".

tepehua (del náhuatl *tepehut*, esparcir) *s. f., Zool.* Especie de hormiga arriera que ataca a las colmenas y a ciertos animales perjudiciales, por lo que que se la deja entrar en las casas.

tepemechín (del náhuatl *tepetl*, cerro, y *michín*, pez) *s. m., Zool., C. Ric. y Hond.* Pez de río, de carne muy estimada, que se encuentra en la parte alta de las cuencas, allí donde hay cascadas.

tepescuincle *s. m., Zool., C. Ric. y El Salv.* Tepezcuinte.

tepezcuinte *s. m., Zool., C. Ric. y Méx.* Paca, mamífero.

tepú (voz araucana) *s. m., Bot., Chil.* Árbol mirtáceo, de buena madera, que crece formando selvas enmarañadas.

tequila *s. m., Gastr., Méx.* Bebida semejante a la ginebra que se destila de una especie de magüey.

tequio (voz náhuatl) *s. m.* **1.** *fig., C. Ric. y Guat.* Molestia, daño, perjuicio. **2.** Porción de mineral que forma el destajo de un barretero.

tercena (de *atarazana*, depósito) *s. f., Ec.* Carnicería, puesto en que se vende carne.

tercianiento, ta *adj.* Que padece de tercianas, tercianario.

tercio (del lat. *tertius*) *s. m.* **1.** *Col. y Ven.* Persona no nombrada, individuo. **2.** *Rep. Dom.* Yunta de bueyes que está situada entre la guía y el tronco.

terciopelo (de *tercio*, tercero, y *pelo*) *s. m., Bot., Chil.* Planta de la familia de las bignoniáceas con hojuelas dentadas, que se cultiva en los jardines.

terco, ca (de or. incierto) *adj., Ec.* Despegado, desamorado, desabrido.

tereque *s. m., P. Ric. y Ven.* Trasto, trebejo.

tereré (del guaraní *tereré*) *s. m., Gastr., Par.* Bebida hecha con la infusión en agua fría de la hierba mate.

teresiano, na *adj., Chil.* Se dice de la hermana de votos simples, perteneciente a un instituto religioso que tiene por patrona a Santa Teresa.

terminista *s. m. y s. f., Chil.* Persona que se expresa con términos rebuscados.

ternada *s. f., Chil. y Per.* Traje de chaqueta, chaleco y pantalón.

terneraje *s. m., Chil. y Méx.* Reunión o conjunto de terneros.

ternerón (de *tierno*) *s. m., fam., Chil.* Niño zangolotino.

ternilla (de *tierna*) *s. f., Chil.* Especie de bozal que se pone a los terneros para impedir que mamen.

terno (del lat. *ternus*) *s. m.* **1.** *Cub. y P. Ric.* Aderezo de joyas compuesto de pendientes, collar y alfiler. ‖ **2. terno sastre** *Ec. y Per.* Traje femenino con falda y chaqueta.

terotero *s. m., Zool., Arg.* Tero.

terquedad *s. f., Ec.* Despego, desvío, desabrimiento.

terral (de *tierra*) *s. m.* Nube de polvo que se levanta del suelo a impulsos del viento o por otra causa.

terrear *v. intr.* **1.** Lamer el ganado la tierra salitrosa. **2.** Andar arrastrando los pies.

terreno, na (del lat. *terrenus*) *s. m.* **terreno de migajón** El que se compone de tierra vegetal y es muy fértil.

terrero (del lat. *terrarius*) *adj.* **1.** *P. Ric.* Se dice de la casa de un solo piso. ‖ *s. m.* **2.** *Hond. y Nic.* Terreno salitroso que el ganado lame para comer la sal.

territorio (del lat. *territorium*) *s. m.* **territorio nacional** *Arg.* Demarcación sujeta al mando de un gobernador.

tertel *s. m., Chil.* Capa de tierra muy dura que se encuentra debajo del subsuelo.

tertulia (de or. incierto) *s. f., Arg.* Butaca, localidad de un teatro.

tertuliar *v. intr., Arg., Col., Chil. y P. Ric.* Estar de tertulia, conversar.

teruteru (voz onomatopéyica) *s. m., Zool., Amér. del S.* Ave del orden de las zancudas que anda en bandadas y alborota mucho con sus chillidos.

teshuate *s. m., Bot.* Nombre común a diversas plantas, de la familia de las melastomáceas, que producen pequeños frutos de color azul oscuro llamados capulincillos.

testarear *v. intr.* Cabecear las caballerías y también toparse, darse de cabezadas las personas.

teste (del lat. *testis*) *s. m., Arg.* Grano de consistencia coriácea que sale en los dedos de las manos.

testerilla (de *testera*, frente) *adj., Arg.* Se dice de la caballería que tiene una mancha horizontal blanca u overa en la frente.

tetechal *s. m.* Lugar donde abundan los tetechos u órganos.

tetecho *s. m., Bot.* Planta de la familia de las cactáceas conocida con el nombre de "órgano".

tetelque (del náhuatl *tetelquic*, cosa áspera al gusto) *s. m., Bot.* Fruto desabrido y astringente.

tetera (de *té*) *s. f., Cub., Méx. y P. Ric.* Tetilla, especie de pezón.

tetero *s. m., Col.* Biberón.

tetilla *s. f., Bot., Chil.* Hierba de la familia de las saxifragáceas, de hojas muy acuosas con virtudes medicinales.

tetlate (del náhuatl *te*, alguien, y *tlatia*, quemar) *s. m., Bot.* Árbol resinoso de la familia de las burceráceas. Se conoce también con los nombres de "palo copal" y "copal chino".

tetonio *s. m., Zool. y Geol.* Primate del Eoceno americano, cuyo nombre científico es "Tetonius".

texcalamate (del náhuatl *texcalli*, piedra basáltica, y *amatl*, amate) *s. m., Bot.* Especie de amate que crece entre los texcales o pedregales del cerro.

teyolote (del náhuatl *te-yolotli*, de *tetl*, piedra, y *yoloti*, corazón) *s. m.* **1.** Ripio o escote. **2.** Materiales que utilizan los albañiles para rellenar los tersticios de piedras grandes.

teyú (voz guaraní) *s. m., Zool., Arg., Par. y Ur.* Especie de lagarto de unos 45 cm de longitud, de dorso verde con dos líneas amarillas a los lados y manchas oscuras.

tezacpatle (del náhuatl *tetzahuitl*, esparto) *s. m., Bot.* Arbustillo quebradizo de flores amarillas, cuyas hojas tomadas en infusión se empleaban como antirreumático.

tezgui (del náhuatl *tezqui*, molendera) *s. f.* Mujer indígena que generalmente era empleada como molendera o en otras faenas duras.

tezmolcoate (del náhuatl *tetzmolli*, encina verde, y *coatl*, culebra) *s. m., Bot.* Especie de encina fagácea.

thage (voz araucana) *s. m., Zool., Chil.* Pelícano.

tiaca *s. f., Bot., Chil.* Árbol de la familia de las saxifragáceas, cuyas ramas flexibles sirven de zunchos para toneles.

tianguez (del náhuatl *tianquiztli*) *s. m., Méx.* Tianguis.

tianguis (del náhuatl *tianquiztli*) *s. m., Méx.* Mercado, plaza.

tiatina *s. f., Chil.* Avena loca.

tibe *s. m.* **1.** *Col.* Corindón, piedra preciosa. **2.** *Cub.* Especie de esquisto que se usa para afilar instrumentos.

tibiarse (del lat. *tepidare*) *v. prnl.* Irritarse, acalorarse.

tibiera (de *tibio*) *s. f., fam.* Cosa molesta o fastidiosa.

tibio, bia (del lat. *tepidus*) *adj.* Colérico, enojado.

tibisí *s. m., Bot., Cub.* Especie de carrizo silvestre.

tibisial *s. m., Bot., Cub.* Terreno o lugar donde hay muchos tibisíes.

tibor (de or. incierto) *s. m.* **1.** *Cub.* Orinal. **2.** *Méx.* Jícara.

ticholo *s. m.* **1.** *Gastr., Arg.* Panecillo de dulce de guayaba. **2.** *Arg.* Ladrillo más pequeño que el común.

tienda (del lat. *tenda*, de *tendere*, tender) *s. f., Arg., Cub., Chil. y Ven.* Por antonom., aquella en que se venden tejidos, pero nunca comestibles.

tiento (de *tentar*) *s. m., Arg. y Chil.* Tira delgada de cuero sin curtir.

tierno, na (del lat. *tener, -era, -erum*) *adj.* **1.** *Bot., Chil. y Ec.* Se dice de las hortalizas que no han llegado a sazón. ‖ *s. m. y s. f.* **2.** *Guat. y Nic.* Niño o niña recién nacidos. **3.** *Nic.* Niño o niña de menos edad entre los miembros de una familia.

tiesto (del lat. *testu*) *s. m. Chil.* Vasija, en general.

tigra *s. f.* **1.** *Zool.* Tigre hembra. **2.** *Zool.* Jaguar hembra.

tigre (del lat. *tigris*, y éste del gr. *tígris*) *s. m.* **1.** Jaguar. **2.** *Zool., Ec.* Pájaro de mayor tamaño que una gallina, de plumaje parecido a la piel del tigre.

tigrillo *s. m., Zool., Amér. C., Ec. y Ven.* Mamífero carnívoro, especie de zorro.

tigüilote *s. m., Bot., Amér. C.* Árbol cuya madera se usa en tintorería.

tijeral *s. m., Chil.* Tijera de la cubierta de un edificio.

tijereta *s. f., Zool., Amér. del S.* Nombre de algunas aves palmípedas.

tijeretear *v. tr., fig.* Criticar, murmurar.

tilbe *s. m., Arg.* Trampa para pescar usada por los indígenas.

tilcoate (del náhuatl *tlitic*, cosa negra, y *coatl*, serpiente) *s. m., Zool.* Especie de boa acuática de color negro.

tiliche (voz onomatopéyica) *s. m., Amér. C. y Méx.* Baratija, cachivache, bujería.

tilichería *s. f., Amér. C.* Buhonería, tienda ambulante de chucherías y baratijas.

tilichero, ra *s. m. y s. f., Amér. C.* Buhonero, vendedor de baratijas o tiliches.

tilín, en un *loc., fig. y fam., Col., Chil. y Ven.* Tris, en un.

tilingo, ga *adj., Arg.* Insustancial, ligero, que habla muchas tonterías.

tilma (del náhuatl *tilmatli*) *s. f., Méx.* Manta de algodón que llevan los campesinos a modo de capa.

tilo (del ant. fr. *til*, y éste del lat. *tilia*) *s. m., Bot., Col.* Yema floral del maíz.

tiltil *s. m., Chil.* Pila o montón de paja que se deja a campo raso para dar a los animales en invierno.

timba *s. f.* **1.** *Filip.* Cubo para sacar agua del pozo. **2.** *Guat., Hond. y Méx.* Barriga, vientre.

timbal (del lat. *tympanum*, y este del gr. *tympanon*) *s. m.* **1.** Trozo de tela u otra cosa colgada de la cometa para enredar la del contrario en el ataque. ‖ *s. m. pl.* **2.** Valentía, arrojo, y también pocos escrúpulos.

timbiriche *s. m.* **1.** *Bot., Méx.* Árbol de la familia de las rubiáceas, de fruto comestible. **2.** *Gastr., Méx.* Bebida refrescante que se hace de esta panta. **3.** *Méx.* Tenducho o cantina de mal aspecto. **4.** *Méx.* Juego que consiste en unir puestos contiguos con reatas para formar cuadros.

timbó (de or. guaraní) *s. m.* **1.** *Bot., Arg. y Par.* Árbol leguminoso muy corpulento, cuya madera sirve para hacer canoas. **2.** *Mit., Arg. y Par.* Animal fantástico que figura en algunas leyendas americanas.

timbre (del fr. *timbre*) *s. m., Amér. C. y Méx.* Sello postal.

timón (del lat. *temo, -onis*) *s. m.* Contrapeso o tiento de los acróbatas.

tina (del lat. *tina*) *s. f., Chil.* Maceta para plantas de adorno.

tinacal *s. m.* Lugar destinado a los tinacos del pulque.

tinacalero, ra *s. m. y s. f.* Persona encargada de cuidar y atender las faenas de la producción de pulque.

tinaco *s. m.* Depósito donde se almacena el agua en las casas, situado cerca de la azotea.

tinajero *s. m., Cub., Murc., P. Ric. y Ven.* Armario en que se pone la piedra de filtrar el agua potable, la tinaja y el cántaro que la recibe.

tinajita *s. f., Bot., Amér. C.* Planta de la familia de las hernandiáceas. Recibe este nombre por la forma del fruto que está protegido por el tálamo.

tinamú *s. m., Zool., Amér. del S.* Nombre común a diversas aves gallináceas.

tinca *s. f.* **1.** Asalto, irrupción inesperada de varias personas en un lugar con ánimo de divertirse. **2.** Presentimineto de algo. **3.** Juego del boliche. **4.** *Zool.* Género de peces fisóstomos de la familia de los ciprínidos, con aleta dorsal corta y sin espinas óseas. Entre sus especies se encuentra la tenca.

tincanque *s. m., Chil.* Papirotazo.

tincar (del quichua *tinkáni*) *v. tr.* **1.** *Chil.* Dar un capirotazo a una bola. ‖ *v. intr.* **2.** *Chil.* Tener un presentimiento.

tincazo (de *tincar*) *s. m., Arg. y Ec.* Capirotazo, golpe dado en la cabeza.

tinco, ca (de *tincar*) *adj., Arg.* Se dice del animal vacuno que se roza las patas al andar.

tindío *s. m., Zool., Per.* Ave acuática parecida a la gaviota.

tingazo *s. m., Ec.* Golpe dado con la mano.

tinglado (der. de *tinglar*) *s. m.* **1.** *Cub.* Tablado en ligero declive donde cae la miel que purgan los panes de azúcar. **2.** *Zool., Cub.* Nombre de una especie de tortuga poco común, con el caparazón revestido de piel sin escamas.

tinglar *v. tr., Chil.* Traslapar.

tinterillada *s. f., Arg. y Chil.* Trapisonda, acción propia de un tinterillo.

tinterillo *s. m., Arg., Chil. y Méx.* Abogado de secano, leguleyo o curial que pretende actuar de abogado sin serlo.

tinticaco *s. m., Bot., Arg.* Nombre de un arbusto de madera olorosa, que produce una sustancia tintórea.

tinto, ta (del lat. *tinctus*, p. p. de *tingere*, teñir) *adj.* **1.** *Bot. y Gastr.* Se dice de la uva que tiene negro el zumo y del vino que de ella se obtiene. **2.** *C. Ric. y Hond.* Rojo oscuro. ‖ *s. m.* **3.** *Gastr., Col.* Infusión de café.

tintorera *s. f., Zool.* Hembra del tiburón.

tío (del lat. *thius*, y éste del gr. *theîos*) *s. m., Arg.* Tratamiento afectuoso que se daba a los ancianos de raza negra.

tipa (de or. quichua) *s. f.* **1.** *Bot., Amér. del S.* Árbol de la familia de las leguminosas, muy alto, de madera dura y amarillenta, que se emplea en ebanistería. **2.** *Arg.* Cesto de mimbre, hoja de palma, paja u otra materia, y sin tapa.

tiperrita (del ingl. *typewriter*) *s. f., Cub.* Anglicismo por mecanógrafa.

tipia *s. f., Bot., Chil.* Arbusto del norte de Chile, cuya denominación científica es "proustia tipia".

típico, ca (del lat. *tipicus*, y éste del gr. *typikós*) *adj., Mús.* Se dice de la orquesta entre cuyos instrumentos figura el bandoneón. **GRA.** También s. f.

tipiya *s. m., Bot., Arg.* Árbol de la familia de las leguminosas, llamado también "carnaval".

tipo (del lat. *typus*, y éste del gr. *typos*) *s. m., Bot., Ec.* Poleo, planta.

tipoi (del guaraní *tipoî*) *s. m., Arg., Bol. y Par.* Túnica suelta de lienzo o algodón que usaban las mujeres en las misiones del Paraná y Uruguay, y que siguen usando las campesinas de las regiones guaraníticas.

tipoy *s. m., Arg. y Par.* Tipoi.

tique[1] (del arauc. *tuque*) *s. m., Bot., Chil.* Árbol de la familia de las euforbiáceas, con hojas cubiertas de escamitas de lustre metálico. Su fruto es semejante a la aceituna.

tique[2] (del ingl. *ticket*) *s. m., Amér. C., Col., Per., Rep. Dom. y Ven.* Billete, boleto.

tiqui *s. m., Chil.* Voz que se usa repetida para llamar a las gallinas.

tiras (de *tirar*) *s. f. pl.* **1.** *desp., Chil.* Trapos, ropas de vestir. ‖ *s. f.* **2.** Fiesta que se celebra el martes de Carnaval. **3.** Agente de policía.

tiradera *s. f.* **1.** *Cub.* Sufra, correón. **2.** *Chil.* Cinta o cordón con que las mujeres se sujetan las faldas a la cintura.

tiradero *s. m.* Cantidad de cosas tiradas por el suelo.

tirador *s. m., Arg.* Cinturón ancho que usado por los gauchos.

tiraje *s. m., Arg., Chil., Méx. y Nic.* Tiro de las chimeneas.

tiranta *s. f., Col.* Tirante de armadura.

tirantear *v. tr.* **1.** Tirar y alargar el hilo de la cometa para que ésta tome vuelo y remonte. **2.** Estirar. **3.** *fig. y fam.* Tratar a las personas alternativamente con rigor y suavidad.

tiratira *s. f.* **1.** *Zool., Chil.* Ave zancuda de la familia de las carádridas, especie de hematópodo. Tiene el pico largo, cola corta y dedos gruesos. **2.** *Zool., Chil.* Ligamento cervical de la res vacuna. **3.** *Chil.* Cosa difícil de masticar.

tirigüillo *s. m.* Eje desnudo de los granos de palma que los campesinos usan para barrer.

tirisuya *s. f., Mús., Per.* Chirimía, instrumento musical de viento de notas chillonas.

tiro, al *loc., Col., C. Ric., Chil., Ec. y Per.* En el acto, de inmediato.

tismiche (del náhuatl *tizatl*, tiza, y *michin*, pescado) *s. m., Zool., Méx.* Pescado blanco de agua dulce de la región de Papaloapán, en México.

tiste (del náhuatl *textli*, cosa molida) *s. m., Gastr., Amér. C. y Méx.* Especie de pinole o bebida refrescante que se prepara con harina de maíz tostado, cacao, achiote y azúcar.

titear (de la onomat. *ti*) *v. tr., Arg.* Burlarse de alguien, tomarle el pelo.

titeo *s. m., Arg.* Acción y efecto de titear.

titundia *s. f., Mús., Cub.* Baile popular antiguo.

tíu (del quichua *thiu*, arena) *s. m., Zool.* Nombre vulgar de un pájaro, especie de hornero.

tiuque *s. m.* **1.** *Zool., Arg. y Chil.* Ave de rapiña. **2.** *fig. y fam., Chil.* Persona ratera.

tizcocle *s. m., Bot.* Árbol de la familia de las lauráceas que da un fruto parecido al mango, cuya pulpa se come cocida.

tiznarse (de *tizonar*) *v. prnl., Arg.* Embriagarse, emborracharse.

tlaco *s. m.* **1.** *Numism., Méx.* Octava parte del real columnario. **2.** *Numism., Méx.* Moneda usada en el s. XIX.

tlacocote (del náhuatl *tlácotl*, varejón, y *ocotl*, ocote) *s. m., Bot.* Árbol resinoso, maderero, de la familia de las pináceas.

tlacopatle (del náhuatl *tlácotl*, varejón, y *patli*, medicamento) *s. m., Bot.* Nombre común a diversas plantas medicinales cuya raíz es usada como antiespasmódico.

tlacosuchil (del náhuatl *tlácotl*, varejón, y *xochitl*, flor) *s. m., Bot.* Arbustillo de flores rojas, de la familia de las rubiáceas, de virtudes hemostáticas.

tlacuache *s. m., Zool., Méx.* Zarigüeya.

tlapalería *s. f., Méx.* Tienda en que se venden colores, aceites y útiles para pintar.

tlascal (del náhuatl *tla*, cosa, y *ixcalli*, cocido) *s. m., Gastr., Méx.* Torta de maíz.

tlazol *s. m., Bot., Méx.* Punta de la caña de maíz o de azúcar que sirve de forraje.

tlepatle (del náhuatl *tle*, fuego, y *patli*, medicamento) *s. m., Bot.* Planta herbácea medicinal, de hojas cáusticas con virtudes curativas diversas.

tobiano, na *adj., Zool., Arg. y Chil.* Se dice del caballo o yegua de cierta casta que tiene la capa de dos colores a grandes manchas.

tocada (de *tocar*) *s. f., Chil.* En las riñas de gallos, golpe fuerte que da un gallo a otro sin producirle sangre.

tocatoca *s. f., Chil.* Juego de muchachos en que se tiran unos a otros una pelota.

tocay *s. m., Zool., Col.* Especie de mono aullador.

toche *s. m., Zool., Col. y Ven.* Pájaro conirrostro de plumaje amarillo y negro azulado.

tocho, cha (de or. incierto) *adj., Chil.* Se dice del gallo que tiene cortado uno o ambos espolones, y de la persona que tiene cortada la punta de uno o varios dedos.

tocino (probablemente der. del celtolat. *tucca*, jugo mantecoso) *s. m.* **1.** *Bot., Cub.* Arbusto trepador leguminoso. **2.** *Cub.* Azote.

toco (del quichua) *s. m.* **1.** *Per.* Hornacina rectangular de mucho uso en la arquitectura incaica. **2.** *Bot., Arg.* Nombre de una especie de cedro americano.

tocón, na (de or. incierto) *adj., Col.* Rabón, reculo.

tocororo (voz onomatopéyica) *s. m., Zool., Cub.* Ave trepadora de hermosos y variados colores, que vive en los bosques de la isla de Cuba.

tocotín *s. m.* **1.** *Mús., Méx.* Antigua danza popular y canto que la acompaña. **2.** *Mús., Méx.* Copla que se canta con la música del tocotín. **3.** *Méx.* Teatrillo en que se representaban escenas de títeres y bufonadas.

tocotoco *s. m., Zool., Ven.* Pelícano, ave.

tocte *s. m., Bot., Ec. y Per.* Árbol de la familia de las juglandáceas que da una madera fina, parecida al nogal.

tocuyo (de or. incierto, probablemente del nombre de la ciudad y puerto de Venezuela *Tocuyo*, donde se fabrican paños) *s. m., Amér. del S.* Tela burda de algodón.

tofo (del lat. *tofus*, toba) *s. m., Chil.* Arcilla blanca refractaria.

tojosita *s. f., Zool., Cub.* Ave, especie de paloma silvestre.

tola[1] (del quichua *tola*) *s. f., Ec.* Túmulo precolombino con dos caras.

tola[2] (voz aimará) *s. f.* **1.** *Amér. del S.* Nombre de diferentes arbustos de la familia de las compuestas, que crecen en las laderas andinas. ‖ **2. tola blanca** *Bot., Chil.* Planta de hojas blanquecinas cuyos troncos viejos se descascaran quedando colgados en grandes jirones.

toldería *s. f., Arg. y Chil.* Campamento formado por toldos o cabañas de indígenas.

toldillo *s. m., Col.* Mosquitero.

toldo (del germ. a través del fr. ant. y dialect. *tialt, taud*, tolda de barco) *s. m., Arg. y Chil.* Cabaña o tienda de los indígenas hecha de pieles y ramas.

toletazo *s. m., Ec.* Golpe dado con un tolete.

tolete (del fr. *tolet*) *s. m.* **1.** *Amér. C., Col., Cub. y Ven.* Garrote corto. ‖ *adj.*

2. *Cub.* Torpe, tardo de entendimiento. **GRA.** También s. m. y s. f.

tolinga *s. f.* La muerte.

tolla *s. f., Cub.* Artesa para dar de beber a los animales.

toloache (del náhuatl *toloa*, cabecear, y la desinencia *tfin*) *s. m., Bot.* Nombre común a varias especies de plantas cuyos efectos narcóticos las hacía muy estimadas y reverenciadas.

toma *s. f.* **1.** *Col.* Acequia, cauce. **2.** *Chil.* Presa, muro para desviar el agua de un cauce. **3.** Cantidad de licor que se bebe de una vez.

tomacorriente *s. m.* **1.** Toma de la corriente eléctrica. **2.** *Arg.* Enchufe.

tomador, ra *adj., Arg. y Chil.* Bebedor, aficionado a la bebida.

tomaticán *s. m., Gastr., Chil.* Guiso o salsa de tomate con patatas, cebolla y otras verduras.

tomatillo *s. m., Bot., Chil.* Arbusto solanáceo, con flores violáceas en corimbo y fruto amarillo o rojo.

tomeguín *s. m., Zool., Cub.* Pájaro pequeño, de plumaje verdoso y con una gola amarilla, perteneciente a la familia de los fringílidos.

tomero *s. m., Chil.* Presero, guarda de una presa.

tomoyo *s. m., Zool., Chil.* Nombre de un pez de la familia de los blénidos.

tonada *s. f., Arg. y Chil.* Tonillo.

tondero *s. m., Per.* Baile popular, propio de la costa.

tonga *s. f.* **1.** *Cub.* Pila o conjunto de cosas apiladas en orden. **2.** *Arg. y Col.* Tanda, tarea.

tongo *s. f., Chil.* Sombrero de hongo.

tontito *s. m., Zool., Chil.* Chotacabras, ave.

tonto, ta (voz de or. expresivo) *s. m.* **1.** *Col., C. Ric. y Chil.* Juego de naipes, llamado en España juego de la mona. **2.** *Chil.* Boleadoras.

topador, ra *adj.* **1.** *Arg.* Pala mecánica acoplada a un tractor, que se emplea en tareas de desmonte. **2.** *Arg.* Por ext., el tractor mismo.

topamiento *s. m., Arg.* Ceremonia de amistad que se celebra en carnaval.

topar (voz de or. onomatopéyico) *v. tr.* Echar a pelear los gallos a modo de prueba o ensayo.

topatopa *s. f., Bot., Chil. y Per.* Cierta planta de la familia de las escrofulariáceas.

topeadura *s. f., Chil.* Diversión de los guasos que consiste en empujar un jinete a otro para desalojarlo de su puesto. **GRA**. Se usa más en pl.

topear *v. tr., Chil.* Empujar un jinete a otro para desalojarlo de su puesto.

topilcín *s. m., Méx.* Sumo sacerdote de los mexicanos, cuya autoridad se extendía a todo lo concerniente a la religión.

topinambur *s. m., Bot., Arg. y Bol.* Planta forrajera con unos tubérculos comestibles parecidos a la patata.

topo[1] *s. m., Amér. del S.* Medida itineraria de legua y media de longitud usada por los indígenas.

topo[2] (del quichua *túpu,* prendedor) *s. m., Arg., Chil. y Per.* Alfiler grande con que las mujeres indígenas se prenden el mantón.

topocho, cha *adj., Ven.* Se dice de la persona o animal bajo y grueso.

topón *s. m., Col.* Topetón, topetazo.

toqui *s. m.* **1.** *Chil.* Entre los antiguos araucanos, jefe del estado en tiempo de guerra. **2.** *Chil.* Hacha de piedra, atributo de la dignidad de toqui. **3.** *Zool., Chil.* Nombre de un pez que se encuentra a veces en grandes cardúmenes, en la bahía de Talcahuano.

toquilla (dim. de *toca*) *s. f., Bol. y Ec.* Paja muy fina de cierta palmera, con que se hacen los sombreros de Jipijapa.

torcaza *s. f., Zool.* Paloma torcaz.

torcedor, ra *s. m. y s. f., Cub.* Persona que tiene por oficio torcer tabaco.

torcido, da *adj., Guat.* Desdichado, desgraciado.

tordo (del lat. *turdus*) *s. m., Amér. C., Arg. y Chil.* Estornino.

torear *v. tr.* **1.** *Arg. y Bol.* Ladrar un perro repetidamente. **2.** *fig., Arg.* Provocar a alguien con palabras hirientes.

torería *s. f., Cub., Ec. y Guat.* Travesura, calaverada.

torito *s. m.* **1.** *Zool., Chil.* Fiofío, pájaro. **2.** *Chil.* Sombrajo de forma cónica. **3.** *Zool., Arg. y Per.* Especie de escarabajo con un cuernecito en la frente. **4.** *Bot., Ec.* Cierta variedad de orquídea. **5.** *Zool., Cub.* Especie de pez cofre que tiene dos espinas a manera de cuernos.

tormentera *s. f.* Aposento situado bajo la escalera de una casa como refugio contra las tormentas.

tornachile *s. m., Méx.* Pimiento gordo.

tornillo *s. m., Bot., Amér. C. y Ven.* Planta de la familia de las esterculiáceas de flores rojas.

toro (del lat. *taurus*) *s. m., Zool., Cub.* Pez parecido al cofre.

toroboche *s. m., Bot., Bol.* Palo borracho.

torocaá (de *toro* y el guaraní *caá,* hierba) *s. m., Bot., Arg.* Nombre que se da en el Río de la Plata a una planta aromática de la familia de las labiadas, semejante al tabaco, con propiedades antisépticas.

torre (del lat. *turris*) *s. f.* **1.** *Cub. y P. Ric.* Chimenea de una fábrica. || *s. f. pl.* **2.** *Chil.* Juego que consiste en defender unos puestos llamados torres, que el bando contrario ataca tratando de hacer avanzar una pelota.

torreja *s. f.* **1.** Torrija. **2.** *Chil.* Rodaja de cualquier fruta.

torrentoso, sa *adj., Chil.* Se dice del caudal de agua que corre a manera de torrente.

tórsalo *s. m., Zool., Amér. C.* Gusano parásito que se desarrolla bajo la piel, produciendo dolor e inflamación.

torta (de or. incierto) *s. f., Gastr., Arg., Chil. y Ur.* Pastel grande, de forma redonda, con relleno dulce.

tortear *v. tr., Gastr., Guat.* Hacer tortillas.

tortilla *s. f.* **1.** *Gastr., Amér. C., Ant. y Méx.* Alimento hecho de masa de maíz cocida en agua con cal, en forma circular y plana, para acompañar a la comida. **2.** *Gastr., Chil.* Torta de masa en harina cocida al rescoldo. || **3. tortilla de harina** *Gastr., Méx.* Alimento de forma circular, hecho con harina de trigo.

tortillería *s. f., Guat. y Méx.* Casa donde se hacen o venden tortillas.

tortillero, ra *s. m. y s. f., Chil.* Persona que hace o vende tortillas.

toruno *s. m., Zool., Chil.* Buey que ha sido castrado después de los tres años.

torzal *s. m., Arg. y Chil.* Lazo hecho con una trenza de cuero.

tósalo *s. m., Zool.* Tórsalo.

tosedera *s. f., Col.* Tos continuada.

tostado *s. m., Gastr., Ec.* Maíz tostado.

tostar (del lat. vulg. *tostare*) *v. tr., fig., Arg. y Chil.* Zurrar, vapulear.

tostón (de *tostar*) *s. m., Bot., Cub.* Planta de la familia de las nictagináceas, con florecillas moradas.

totazo *s. m.* **1.** *Cub.* Coscorrón, golpe en la cabeza que se recibe al tropezar contra un objeto. **2.** *Cub.* Reventón.

totí (voz caribe) *s. m., Zool., Cub.* Cierto pájaro de plumaje muy negro que se alimenta de insectos.

totolate *s. m., Zool., C. Ric.* Piojillo de las aves, particularmente de la gallina.

totoloque *s. m., Méx.* Juego de los antiguos mexicanos, parecido al del tejo.

totolote *s. m.* **1.** *Bot.* Frutillo ácido comestible, producido por la planta del mismo nombre. **2.** *Bot.* Planta de la familia de las euforbiáceas.

totoposte (del mexicano *totopoch*, bien tostado) *s. m., Gastr., Amér. C. y Méx.* Torta o rosquilla de harina de maíz muy tostada.

totora (del quichua *totóra*, especie de espadaña) *s. f., Bot., Amér. del S.* Especie de anea o espadaña adecuada para techos de ranchos y embarcaciones.

totoral *s. m., Amér. del S.* Paraje poblado de totoras.

totorero *s. m., Zool., Chil.* Pájaro que vive en los pajonales de las vegas. Construye con hojas de totora un nido de forma cónica.

totuma (del caribe *tutum*, calabaza) *s. f.* **1.** *Bot., Cub. y P. Ric.* Fruto del totumo o güira. **2.** *Cub. y P. Ric.* Vasija hecha con ese fruto.

totumo *s. m., Bot., Per.* Güira, árbol.

traba (del lat. *trabs, -abis*, viga) *s. f., Chil.* Tabla o palo que se ata a los cuernos de una res vacuna para impedir que entre en sitios donde pueda hacer daño.

trabador *s. m., Chil.* Triscador.

trabajador *s. m., Zool., Chil.* Totorero, pájaro.

trabajoso, sa *adj.* **1.** *Col.* Poco complaciente, exigente, desconfiado. **2.** *Chil.* Molesto, enfadoso. **3.** *Arg.* Remolón, manero, remiso.

trabarse (de *trabs, -is*, viga) *v. prnl.* Obstaculizársele a alguien la lengua en la pronunciación de alguna palabra.

trácala *s. f., Méx. y P. Ric.* Trampa, engaño.

tracalada *s. f.* Matracalada.

tracalero, ra (de *trácala*) *adj., Méx.* Tramposo. **GRA.** También s. m. y s. f.

tragallón, na *adj., Chil.* Tragón. **GRA.** También s. m. y s. f.

tragavenado *s. m., Zool., Col. y Ven.* Serpiente no venenosa que ataca, para alimentarse, al venado y a otros cuadrúpedos corpulentos.

trago *s. m.* **1.** *Col.* Copa de licor. **2.** *Col.* Por ext., bebida alcohólica.

traje (del port. *traje*) *s. m., Ec.* Máscara, enmascarado.

trajinar (del cat. *traginar*, y éste del lat. vulg. *traginare*, de *trahere*, arrastrar) *v. tr.* **1.** Hurgar, registrar. **2.** Fastidiar a alguien.

tralhuén *s. m., Bot., Chil.* Arbusto espinoso de la familia de las ramnáceas.

tramil *adj., Chil.* Se dice de la persona a quien le flaquean las piernas.

tramitología *s. f., Col.* Ciencia de resolver o facilitar los trámites.

tramitomanía *s. f., Col.* Empleo exagerado de trámites.

tramojo (de or. incierto, quizá del lat. vulg. *trama*, cadena del tejido) *s. m., Amér. C. y Col.* Especie de trangallo, trabanco.

trampero *s. m., Chil.* Armadijo para cazar pájaros.

tranca (palabra patrimonial de or. incierto, probablemente céltico) *s. f.* **1.**

fam. Borrachera. **2.** *fam.* Puerta tosca de un cercado o vallado.

trancar *v. tr., Chil.* Estreñir, astringir. **GRA.** También v. prnl.

tranquera *s. f.* Talanquera o puerta rústica de un cercado.

transar *v. intr.* **1.** *Arg., Chil. y P. Ric.* Ceder, transir, avenirse. **2.** *Arg., Chil. y P. Ric.* Comerciar.

trape (del arauc. *thapel*) *s. m., Chil.* Cuerda de lana.

trapeador *s. m., Chil.* Estropajo, aljofifa.

trapear *v. tr., Chil., Ec., Méx. y Per.* Limpiar el piso de la casa con un trapo o estropajo.

trapelacucha *s. f., Chil.* Collar de varias sartas de cuentas de plata y con una cruz o patena, que usan las mujeres araucanas.

trapiche (voz mozárabe der. del lat. *trapetus*, molino de aceite) *s. m., Arg. y Chil.* Molino para pulverizar minerales.

trapo (del lat. tardío *drappus*) *s. m., Chil.* Tela, tejido.

traquear *v. tr., Arg.* Recorrer o frecuentar las gentes, los animales o los vehículos un camino o lugar.

trarigüe (del arauc. *tharin*, atar) *s. m., Chil.* Faja o cinturón de lana que usan los hombres y mujeres indígenas.

trarilongo (del arucano *tharin*, atar) *s. m., Chil.* Cinta con que los habitantes de ciertos pueblos indígenas se ceñían la cabeza y el cabello.

traro (del arauc. *tharu*) *s. m., Zool., Chil.* Ave de rapiña, de color blanquecino, salpicado de negro, con una especie de corona de plumas negras en la cabeza.

trasbocar (de *tras* y *boca*) *v. tr., Arg. y Col.* Vomitar, arrojar.

trasminante *adj., Chil.* Se dice del frío intenso, penetrante.

traspatio *s. m., Per.* Patio interior.

traspilastra *s. f., Arg.* Contrapilastra.

trasporte *s. m., Mús., P. Ric.* Instrumento musical de cinco cuerdas, mayor que la guitarra.

trastabillón *s. m., Arg., C. Ric. y Chil.* Tropezón.

traste *s. m., fam., Chil.* Trasero, asentaderas.

trasvasijar *v. tr., Chil.* Trasvasar, trasegar.

trasvasijo *s. m., Chil.* Trasiego de un líquido.

tratable (del lat. *tractabilis*) *adj., Chil.* Transitable.

tratativa *s. f., Arg. y Per.* Preliminares de una negociación. **GRA.** Se usa más en pl.

tratero, ra *s. m. y s. f., Chil.* Persona que trabaja a destajo.

trauco *s. m.* **1.** *Mit.* Personaje mítico de aspecto repugnante, con el rostro vuelto hacia la espalda. Su mirada tiene poderes maléficos. **2.** *Mit.* Personaje mítico, especie de duende del bosque, de virtudes contrarias al anterior.

traumén *s. m., Bot., Chil.* Especie de saúco de hojas color verde claro.

trauque (del arauc. *thavcúun*) *s. m. y s. f.* Persona con quien se tienen relaciones de comercio o intercambio de mercaderías.

travesaño *s. m., Cub.* Traviesa de la vía férrea.

travesía *s. f.* **1.** *Arg.* Región vasta, desierta y sin agua. **2.** *Chil.* Viento del oeste que sopla del mar.

trebo *s. m., Bot., Chil.* Nombre que recibe un arbusto de la familia de las ramnáceas, espinoso, empleado para formar setos vivos.

trebolar *s. m., Amér. del S.* Terreno cubierto de trébol.

trelaca *s. f., Veter.* Enfermedad nerviosa de los animales bovinos que les hace trelacarse.

trelacarse *v. prnl.* **1.** Montar a horcajadas sobre el caballo sin montura o detrás de la montura, en las ancas. **2.** Ponerse de barriga en el suelo con las piernas y los brazos encogidos.

tremís (del lat. *tremissis*) *s. m.* **1.** *Numism., Cub.* Antigua moneda de Castilla. **2.** *Numism., Cub.* Antigua moneda romana que valía la tercera parte de un sólido de oro.

trepadera *s. f., Cub.* Juego de cuerdas que forman dos estribos y un cinto, del que se valen los guajiros para subir a las palmeras.

trepidar (del lat. *trepidare*) *v. intr.,* *Chil.* Vacilar en una decisión.

trepual *s. m., Bot., Arg.* Nombre de un árbol de la familia de las mirtáceas cuya madera se usa en ebanistería.

tresillero, ra *s. m. y s. f., Col.* Tresillista.

trevu (voz arucana) *s. m., Bot., Chil.* Arbusto de la familia de las ramnáceas, espinoso, de fruto en drupa y corteza medicinal.

tricahue (del arauc. *thucau*) *s. m., Zool., Chil.* Especie de loro o papagayo grande, de color verde.

tricota (de *tricot*) *s. f.* Prenda de abrigo, especie de jersey de lana, con mangas y cuello alto.

trile (del arauc. *thili*) *s. m., Zool., Chil.* Pájaro negro con una mancha amarilla en el ala, parecido al tordo.

trilla *s. f., fig. y fam., Chil.* Tunda, pateadura.

trillo (del lat. *tribulum*) *s. m., C. Ric., Cub. y P. Ric.* Senda, vereda.

trinca (de *trincar*) *s. f., Chil.* Juego del hoyuelo.

trincar (de or. incierto, quizá del fr. *tingler*, unir las tablas de un buque) *v. tr., Amér. C. y Méx.* Oprimir, apretar una cosa.

trinche *s. m.* **1.** *Col. y Ec.* Trinchante. ‖ *adj.* **2.** *Chil. y Ec.* Trinchero, dicho del sitio donde se trincha.

trinitaria (del lat. *trinitas, -atis*) *s. f., Bot., P. Ric.* Planta trepadora espinosa.

trinque (del ingl. *drink*, bebida) *s. m., Gastr.* Aguardiente, y por ext., cualquier bebida alcohólica.

tripoca *s. f., Chil.* Especie de pato silvestre.

tripular (del lat. *interpolare*) *v. tr., Chil.* Mezclar líquidos.

tripulina *s. f., Arg. y Chil.* Confusión de voces.

trique[1] (voz onomatopéyica) *s. m.* **1.** *Chil.* Bebida refrescante que se hace con cebada tostada y triturada. **2.** *Col. y Cub.* Juego de tres en raya.

trique[2] (voz araucana) *s. m., Bot., Chil.* Planta de la familia de las iridáceas, cuyo rizoma se usa como purgante.

trisar *v. tr., Chil.* Rajar levemente el cristal y la loza. **GRA.** También v. prnl.

tritre *s. m., Zool., Chil.* Pez común, de la familia de los cupleidos, parecido al arenque.

triunfo (del lat. *triumphus*) *s. m., Arg. y Per.* Cierta danza popular.

troja *s. f.* Troj.

trompear *v. tr.* Dar trompadas.

trompiza *s. f., Amér. del S.* Riña, pelea a puñetazos.

trompo *s. m., Chil.* Instrumento de forma cónica, que se usa para abocardar cañerías.

troncha *s. f.* **1.** *Amér. del S.* Porción de algo. **2.** *fig., Per.* Ganga.

troncho, cha (del lat. *trunculus*, trozo de tronco) *adj., Arg.* Tronco truncado, mutilado.

tronco (del lat. *truncus*, talado, sin ramas) *s. m., Ec.* Troncho, tallo.

tropa (del fr. *troupe*, der. regresivo de *troupeau*, bandada de animales o de gente) *s. f.* **1.** *Amér. del S.* Recua de ganado. **2.** *Arg. y Ur.* Manada de ganado que se conduce de un punto a otro. **3.** *Arg.* Cáfila de carretas dedicadas al tráfico.

tropero, ra *s. m. y s. f., Arg. y Chil.* Conductor de ganado.

tropilla *s. f.* **1.** *Arg.* Manada de caballos guiados por una madrina. **2.** *Chil.* Manada de guanacos o vicuñas.

trova *s. f., fig. y fam., Cub.* Filfa, mentira.

troya *s. f.* **1.** Pelea, lucha de trompos. **2.** Juego del boliche.

trúa *s. f.* Borrachera.

trucha *s. f., Amér. C.* Puesto o tiendecita ambulante.

truco *s. m.* **1.** *Arg.* Truque, juego de cartas. **2.** *Chil.* Puñada, trompada.

trueques *s. m. pl.* Vuelta sobrante que el vendedor devuelve al comprador que ha entregado en pago una cantidad superior al precio.

trumao (del arauc. *thumaugh*) *s. m., Chil.* Tierra arenisca de rocas volcánicas.

trumulco *s. m., Zool., Chil.* Cierto caracol que vive enterrado en la arena.

trun *s. m., Bot., Chil.* Fruto espinoso de algunas plantas, que se adhiere al pelo o a la lana, como los cadillos.

trutruca (voz araucana) *s. f., Mús.* Nombre de un instrumento musical de viento, formado por colihues ahuecados y un cuerno, de tres a cuatro metros de largo.

tuatúa *s. f., Bot.* Árbol americano de la familia de las euforbiáceas, con hojas moradas, parecidas a las de la vid, y fruto del tamaño de la aceituna.

túbano (quizá del taíno de Santo Domingo) *s. m., Ant.* Cigarro.

tubiano *adj., Ur.* Se dice del caballo que tiene el pelaje de dos colores en grandes manchas.

tubo (del lat. *tubus*) *s. m.* Teléfono.

tucinte *s. m., Bot., Hond.* Planta gramínea, de hojas grandes.

tuco[1] (del quichua *tucu*, brillante) *s. m.* **1.** *Zool., Arg.* Insecto parecido al cocuyo, pero que tiene en el abdomen los órganos con que emite la luz. **2.** *Zool., Per.* Especie de búho.

tuco[2] *s. m., Gastr., Arg. y Ur.* Salsa de tomate con cebolla, orégano, perejil, etc., con la que se condimentan diversos platos.

tuco, ca (voz onomatopéyica) *adj.* **1.** *Bot., Ec. y P. Ric.* Manco o inútil de una mano o de algún dedo. ‖ *s. m.* **2.** *Amér. C. y Ec.* Trozo, tucón, muñón.

tucúquere *s. m., Zool., Chil.* Búho de gran tamaño.

tucura (del port. brasileño *tucura*) *s. f., Zool., Arg. y Par.* Insecto ortóptero sedentario que causa grandes calamidades en los pastos y cultivos.

tucurpilla *s. f., Zool., Ec.* Especie de tórtola pequeña.

tucuso *s. m., Zool., Ven.* Chupaflor, especie de colibrí.

tucutuco *s. m., Zool., Arg.* Mamífero roedor semejante al topo, que habita en galerías construidas en terrenos arenosos.

tucutuzal *s. m.* Terreno en el que abundan las cuevas de los tucutucos.

tuerce *s. m., Guat.* Hecho infortunado.

tuero (del lat. *torus*) *s. m., Guat.* Juego del escondite.

tufoso, sa *adj., El Salv. y Nic.* Se aplica a la persona soberbia y engreída.

tugar *s. m., Chil.* Juego de niños que consiste en buscar un objeto escondido guiándose por algunas indicaciones que da el que lo escondió.

tui (voz guaraní) *s. m., Zool., Arg.* Loro pequeño, de color verde claro, con una mancha anaranjada y azul en la cabeza.

tulasúchil (de *tolin* y *xochitl*, flor) *s. m., Bot.* Arbusto medicinal, de flores amarillas, de la familia de las bignoniáceas.

tule (del náhuatl *tollin*) *s. m.* **1.** *Bot., Méx.* Junco o espadaña, cuyas hojas se emplean para hacer petates, sombreros y otros objetos de cestería fina. **2.** *Méx.* Sombrero viejo y estropeado.

tulpa (del quichua *tullpa*, fogón) *s. f., Col., Ec. y Per.* En el lenguaje rural, cada una de las tres piedras del hogar.

tumba (de *tumbar*) *s. f.* **1.** *Cub.* Corta, tala de árboles. **2.** *Arg. y Chil.* Tajada de carne que se saca de la olla. **3.** *Arg. y Chil.* Tumbo, vaivén violento. **4.** *Arg. y Chil.* Voltereta en el aire.

tumbado *s. m., Ec.* Cielo raso de las habitaciones.

tumbar (de la voz imitativa *¡tum!*, que expresa el ruido de un objeto que cae dando tumbos) *v. tr., Cub.* Talar árboles o cortar plantas.

tumbo (del gr. *tymbos*, túmulo) *s. m., Bot., Ec. y Per.* Nombre vulgar de la pasifora o pasionaria, y también de su fruto.

tun *s. m.* **1.** *Mús., Guat.* Tambor que usan los indígenas. **2.** *Mús., Guat.* Antiguo baile de los quichés.

tunco *s. m., Hond. y Méx.* Puerco, cerdo.

tunduque *s. m., Zool., Chil.* Especie de ratón grande.

tungo *s. m., Chil.* Cerviz, especialmente del animal vacuno.

tunjo (de or. chibcha) *s. m., Col.* Ídolo chibcha, generalmente de oro, fabricado por los indígenas y encontrado en sus sepulturas.

tuntunita *s. f., fam., Col.* Repetición fastidiosa.

tupa (de or. mapuche) *s. f., Bot., Chil.* Planta de la familia de las lobeliáceas, con flores grandes de color de grana.

tupí *s. m., fam.* Establecimiento en que se sirve café y otras bebidas.

tupición *s. f.* **1.** *Bol.* Lugar intrincado de un bosque. **2.** *Chil.* Abundancia, gran cantidad de cosas. **3.** Confusión, turbación.

tupo (del arauc. *tupu*) *s. m., Ec.* Alfiler de plata que usan las indígenas mapuches como prendedor del chamal o del rebozo.

turbinto (de *terebinto*) *s. m., Bot., Amér. del S.* Árbol de la familia de las anacardiáceas, que da buena trementina y con sus bayas se hace una bebida muy agradable.

turca (del arauc. *thurcu*) *s. f., Zool., Chil.* Pájaro conirrostro de plumaje pardo rojizo.

ture *s. m., Mús., Col.* Nombre de un instrumento musical precolombino, especie de trompeta hecha de bambú, de sonidos semejantes a los del oboe.

turmequé *s. m., Col.* Juego de origen precolombino, consistente en lanzar tejos e introducirlos en bocines colocados a ras del suelo.

turnar (del fr. *tourner*, y éste del lat. *tornare*) *v. tr., Méx.* Refiriéndose a la administración, remitir una comunicación, expediente, etc, a otro departamento, funcionario, tribunal, etc.

turra *s. f., Col.* Chito, juego.

turubí *s. m., Bot., Arg.* Planta aromática, de raíz tuberculosa que tiene propiedades de emenagogo.

turupial *s. m., Zool., Ven.* Trupial, pájaro.

tusa *s. f.* **1.** *Amér. del S. y Cub.* Zuro, raspa de la mazorca después de desgranada. **2.** *Amér. C. y Cub.* Espata de la mazorca del maíz. **3.** *Chil.* Barbas de la mazorca del maíz. **4.** *Chil.* Crines del caballo. **5.** *Col.* Hoyo de viruela. **6.** *Amér. C. y Cub.* Prostituta.

tusar (de *tuso*, p. p. ant. de *tundir*) *v. tr.* **1.** Atusar. **2.** *Arg.* Trasquilar.

tusca *s. f., Bot., Arg.* Arbusto espinoso, especie de acacia.

tuse *s. m., Arg.* Acción y efecto de tusar.

tuso, sa (de *tuso*, p. p. ant. de *tundir*) *adj.* **1.** *Col.* Picado de viruelas, picoso. **2.** *P. Ric.* Rabón, sin rabo o con el rabo corto.

tutacusillo *s. m., Zool., Per. y Ec.* Nombre de un mono platirrino que vive en las selvas de la región del Napo, entre Perú y Ecuador.

tutú (voz onomatopéyica) *s. m., Zool., Arg.* Cierta ave de rapiña.

tutumo *s. m., Bot.* Árbol tropical de la familia de las bignoniáceas, de cuyo fruto hacen vasijas los campesinos.

tutumpote *s. m., Rep. Dom.* Persona que tiene toda la autoridad.

tuturuto, ta (voz onomatopéyica) *adj., Col., Ec. y Ven.* Turulato, lelo.

tuyango *s. m., Zool.* Ave ciconiforme, muy semejante a la cigüeña europea, que a menudo se ve en las lagunas y charcas próximas a los ranchos.

U u

uácari *s. m., Zool., Amér. del S.* Mono platirrino, de la familia de los cébidos, que vive en los países septentrionales de América del Sur.

ubajay *s. m.* **1.** *Bot., Arg.* Árbol de la familia de las mirtáceas, de ramaje abundante y fruto comestible algo ácido. **2.** *Bot., Arg.* Fruto de este árbol.

ubí *s. m., Bot., Cub.* Planta de la familia de las vitáceas, especie de bejuco del cual se hacen canastas.

ubicar (del lat. *ubi*, en donde) *v. tr.* **1.** *Arg. y Chil.* Situar o instalar en determinado espacio o lugar. **2.** *Arg. y Chil.* Designar los partidos políticos a sus candidatos para las elecciones.

uchú (voz quichua) *s. m., Bot., Per.* Guindilla americana.

ucle *s. m., Bot., Arg.* Árbol de la familia de las cactáceas, de fruto comestible.

ucumari *s. m., Zool., Amér. del S.* Úrsido propio de América del Sur, con bandas blancas alrededor de los ojos, que vive en bosques y se alimenta de frutos y hojas tiernas de ciertas palmeras.

ucutuco (del quichua *ucutucu*, de *ucu*, debajo, y *tucu*, agujero) *s. m., Zool., Arg.* Nombre de un roedor de la familia de los múridos, muy parecido al topo europeo, pero de mayor tamaño.

ugre *s. m., Bot., C. Ric.* Árbol bixáceo, de tronco blanquecino y frutos esféricos con aguijones.

ulcoate (del náhuatl *ul, -coatl*, de *ulli*, caucho, y *coatl*, serpiente) *s. m., Zool., Méx.* Nombre de una serpiente muy venenosa.

ulive (del arauc. *úlive*) *s. m., Zool.* Halcón, ave rapaz diurna de la familia de las falcónidas.

ullú *s. m., Bot., Per.* Planta celastrácea, que se emplea como sucedánea del mate.

ulluco (del quichua *ullúcu*) *s. m., Bot., Bol., Ec. y Per.* Planta de la familia de las quenopodiáceas que produce un tubérculo comestible semejante a la patata.

ulmén *s. m., Chil.* Entre los araucanos, persona rica e influyente.

ulpo *s. m., Gastr., Chil. y Per.* Especie de bebida hecha con harina tostada, agua fría y azúcar.

ultimar *v. tr.* Dar muerte a alguien.

umbralado *s. m., Amér. del S.* Umbral.

unaú *s. m., Zool., Amér. del S.* Mamífero xenartro del grupo de los perezosos. Con frecuencia tiene el pelo plagado de unas algas micróscopicas parásitas que lo colorean de verde, haciendo que se confunda con la vegetación que lo rodea.

unicamarista *adj., Polít.* Se dice del régimen parlamentario que consta de una sola cámara legislativa.

unto (del lat. *unctum*, de *ungere*, untar) *s. m., Chil.* Betún para el calzado.

uña[1] (del lat. *ungula*) *s. f.* **LOC. no tener uñas para guitarrero** *fig. y fam., Arg., Par. y Ur.* Carecer una persona de la habilidad necesaria para llevar a cabo un negocio.

uña[2] (del arauc. *úña*) *s. f., Zool., Chil.* Nombre de una araña venenosa.

uñar *v. tr.* Robar, hurtar.

uñate *s. m., Mús.* Especie de dedal de carey que usan los tocadores de guitarra y otros intrumentos de cuerda.

uñi *s. m., Bot., Chil.* Arbusto de la familia de las mirtáceas, con flores rojizas y por fruto una baya comestible.

uñoperquén (voz araucana) *s. m., Bot., Chil.* Planta herbácea, de la familia de las campanuláceas, que crece en terrenos pedregosos y tiene aplicaciones medicinales.

ura *s. f., Zool., Arg.* Gusano que se cría en las heridas.

urape *s. m., Bot., Ven.* Arbusto leguminoso con flores blancas, que se usa para formar setos vivos.

urpila *s. f., Zool., Arg.* Paloma pequeña.

urque *s. m., Bot., Chil.* Papa de mala calidad.

urraca (del ant. n. p. f. *Urraca*, de or. incierto) *s. f., Zool.* Ave parecida al arrendajo.

urú *s. m., Zool., Arg.* Ave de plumaje pardo, de unos 20 cm de largo, que se asemeja a la perdiz.

urubitinga *s. f., Zool., Amér. del S.* Nombre vulgar con que se designan las especies de un género de aves rapaces falcónidas, de alas cortas y cola larga, semejantes a los busardos.

urubú *s. m., Zool.* Especie de buitre grande americano.

urucú *s. m., Bot., Arg. y Méx.* Bija.

urunday *s. m., Bot., Arg.* Árbol de la familia de las terebintáceas. Su madera, de color rojo oscuro, es de gran calidad y se emplea en la construcción de buques y muebles.

urundel *s. m., Bot., Arg.* Árbol de la familia de las terebintáceas, variedad del urunday.

urutaú (del guaraní *urutaú*) *s. m., Zool., Arg., Par. y Ur.* Ave nocturna, especie de lechuza de gran tamaño, cola larga y pico triangular, que habita en montes y selvas.

usina (del fr. *usine*, fábrica) *s. f.* **1.** *Arg., Bol., Col., Chil., Nic., Par. y Ur.* Instalación industrial importante, en especial la destinada a producción de energía. **2.** *Arg., Bol., Col., Chil., Nic., Par. y Ur.* Estación de tranvía. || **3. usina de rumores** *Arg.* Medio que difunde información no confirmada y tendenciosa.

uslero *s. m., Chil. y Vall.* Palo cilíndrico de madera que se utiliza en la cocina para extender la masa de harina.

usupuca (de or. quichua) *s. f., Zool., Arg.* Garrapata amarillenta con una pinta roja, cuya picadura produce una comezón insoportable.

usuta (de or. quichua) *s. m., Arg., Bol. y Chil.* Ojota, especie de sandalia.

uta (de or. quichua) *s. f., Med., Per.* Enfermedad de úlceras faciales muy común en las quebradas hondas de Perú.

utcus *s. m., Bot., Per.* Nombre vulgar de una planta de la familia de las verbenáceas.

uturunco (voz aimara) *s. m.* **1.** *Zool., Arg.* Yaguar. **2.** *Mit., Arg.* Animal folclórico, representado por un lagarto bicéfalo.

uveral *s. m.* Lugar donde abundan los árboles uveros.

uvero *s. m., Bot., Amér. C. y Ant.* Árbol silvestre de la familia de las poligonáceas, muy frondoso, cuyo fruto es la uva de playa.

uvilla *s. f., Bot., Chil.* Especie de grosella.

uvillo *s. m., Bot., Chil.* Arbusto trepador de la familia de las fitolacáceas, con flores blancas o rosadas, en racimos.

uvita *s. f., Bot., Arg.* Nombre del fruto de una planta trepadora silvestre, blanco, dulce y jugoso, con forma de uva alargada.

V v

vacabuey *s. m., Bot., Cub.* Árbol silvestre que crece en terrenos pantanosos, de fruto comestible y madera apreciada para la construcción.

vacaje *s. m., Arg.* Vacada.

vacaraí (de *vaca* y el guaraní *ra'y*, cría) *s. m., Zool., Par.* Ternero nonato, extraído del vientre de la madre en el momento de matarla.

vacaray *s. m., Zool., Arg. y Ur.* Vacaraí.

vacilada *s. f.* Juerga, francachela.

vacilar (del lat. *vacillare*) *v. intr.* **1.** Encontrarse una persona casi borracha. **2.** Gastar una broma a alguien.

vacilón, na (de *vacilar,* divertirse) *adj.* **1.** Se dice de la persona parrandera y juerguista. **GRA.** También s. m. y s. f. **2.** Se dice de la persona medio ebria. **GRA.** También s. m. y s. f.

vago (del lat. *vacuus*) *s. f.* Mujer pública.

vagra *s. f., Náut., Arg.* Listón flexible de madera que se coloca sobre las ligazones del buque para mantenerlas en la posición conveniente.

váguido *s. m., desus.* Vaguido.

vaguido (de *vaguear*) *s. m., p. us.* Vahído.

vailahuen (voz arucana) *s. m., Bot., Chil.* Nombre de un arbusto que se usa para curar las llagas de los animales.

vaina (del lat. *vagina*) *s. f.* **1.** *Col. y C. Ric.* Cosa fastidiosa. **2.** *Hond.* Jareta hecha en la ropa, por donde se puede pasar una cinta. **¡qué vaina!** Exclamación con que se denota fastidio o contrariedad. **salirse alguien con la vaina** *fig.* Mostrarse impaciente, perder los estribos.

vainillón *s. m.* **1.** *Bot.* Fruto de vainilla. **2.** *Bot.* Planta de la familia de las orquidáceas, cuyos frutos producen un perfume semejante al de la vainilla, pero de calidad inferior.

valdivia *s. f., Zool., Ec.* Pájaro del orden de los trepadores de canto triste que el vulgo considera de mal agüero.

valdiviano *s. m., Gastr., Chil.* Guiso hecho con cecina, ajos, cebolla frita y pimienta. Suele servirse con huevos fritos.

valedura *s. f.* **1.** *Cub.* Barato, regalo en dinero que hace la persona que gana en el juego a la que pierde o a la que mira. **2.** *Méx.* Privanza de que goza una persona con otra.

valijera *s. f.* Parte del vehículo que sirve para llevar el equipaje.

valla (del lat. *valla,* pl. de *vallum,* estacada) *s. f.* Reñidero de gallos.

valona *s. f., Col., Ec. y Ven.* Crines convenientemente recortadas que cubren el cuello de mulos y asnos.

valonar *v. tr., Col. y Ec.* Esquilar una caballería.

valse *s. m.* Vals.

vandalaje *s. m.* **1.** Conjunto o reunión de bandidos. **2.** Vandalismo.

vaquear *v. tr., Arg.* Practicar la caza del ganado salvaje.

vaquería *s. f., Arg.* Batida del campo para la caza del ganado salvaje.

vaquero, ra *s. m. y s. f.* **1.** Muchacho o muchacha que falta a las clases. ‖ *s. m.* **2.** Ajuar de mantillas para bautizar a los niños.

vaqueta *s. m., fam.* Persona informal y trapacera.

vaquilla *s. f., Zool., Chil.* Ternera de año y medio a dos años.

vaquillona *s. f., Zool., Arg. y Chil.* Ternera de dos a tres años.

vara (del lat. *vara,* travesaño) *s. f.* **1.** **vara de premio** *Col.* Palo untado de jabón o grasa, cucaña. **2. vara de San José** *Bot.* Denominación que se da a una planta de la familia de las malváceas, de flores grandes en forma de espiga. **3. vara de San José** *Bot.* Planta compuesta, especie de solidago.

varado, da *adj.* Se dice de la persona que no tiene recursos económicos.

varal *s. m., Arg.* Armazón de varales que en los saladeros sirve para tender al sol y al aire la carne de la que se hizo el tasajo.

varar *v. intr.* Quedarse un vehículo detenido por una avería. **GRA.** También v. prnl.

varayoc *s. m.* En las comunidades indígenas, persona que manda más de lo que le corresponde.

varazón *s. f.* **1.** Banco de peces. **2.** Restos que el mar arroja después de la bravazón.

varear *v. tr.* **1.** *Arg.* Ejercitar al caballo de competición para conservar su forma física. **2.** *Arg.* Lanzar un caballo al galope.

varejón *s. m., Amér. del S.* Verdasca.

varí *s. m.* **1.** *Zool., Chil. y Per.* Ave de rapiña diurna, de plumaje gris. **2.** *Chil. y Per.* Columna vertebral.

varilla *s. f., Bot., Chil.* Arbusto, variedad de palhuén.

varillar *s. m., Chil.* Paraje en que abundan las varillas.

varillero, ra *adj.* **1.** Se dice del caballo adiestrado para la carrera. ‖ *s. m. y s. f.* **2.** Persona que presume de valiente. ‖ *s. m.* **3.** Buhonero.

varita *s. f.* **varita de San José** *Bot., Hond.* Malva real.

vástago (quizá del lat. tardío *bastum*, palo) *s. m., Bot., C. Ric. y Ven.* Tallo del plátano.

vastaguera *s. f., Col.* Terreno plantado de plátanos.

vedija (del lat. *viticula*, zarcillo) *s. f.* Espiral que forma el humo del tabaco.

vedoque *s. m., Med.* Cicatriz que queda en el vientre, después de cortado y seco el cordón umbilical.

veedor *s. m.* **1.** *Cub.* Guarda rural. **2.** *Chil.* Persona que inspecciona el desarrollo de una carrera de caballos.

vega (de la voz prerrománica *baika*, der. de *ibai*, río) *s. f.* **1.** *Cub.* Terreno sembrado de tabaco. **2.** *Chil.* Terreno muy húmedo.

vegoso, sa (de *vega*) *adj., Chil.* Se dice del terreno que se conserva siempre húmedo.

vejigón *s. m., Veter.* Ántrax sintomático, enfermedad del ganado.

vela, aguantar la (de *velar*) *loc., fig., Cub.* Tener que aguantar excesivamente a una persona.

velador (de *velar*) *s. m.* **1.** *Chil.* Mesa de noche. **2.** *Arg., Méx. y Ur.* Lámpara portátil que suele tenerse en la mesita de noche. **3.** *Méx.* Luz débil encendida en una vasija de aceite.

velón *s. m., Chil. y Per.* Aumentativo de vela, cirio.

velorio (de *velar*) *s. m., fig. y fam.* Tertulia desanimada y poco concurrida.

venadear *v. tr.* Cazar venados, y también matar a una persona en despoblado.

venadero *adj., Col. y Ec.* Se dice del perro que se utiliza en la caza de venados.

vendaje (de *venda*) *s. m., Col., C. Ric., Ec. y Per.* Yapa o adehala.

venduta *s. f., Cub.* Verdulería, tienda pequeña de frutas y verduras.

venta (del lat. *vendita*, pl. de *venditum*) *s. f., Chil.* Puesto en que durante las fiestas se venden comestibles y bebidas.

ventajear *v. tr.* **1.** *Arg., Col., Guat. y Ur.* Obtener ventaja. **2.** *Arg., Col., Guat. y Ur.* Sacar ventaja mediante procedimientos poco honestos.

ventajero, ra *adj., Chil.* Ganguero.

vera *s. f., Bot.* Árbol americano, de la familia de las cigofiláceas, parecido al guayaco, con madera de color rojizo oscuro.

veralca *s. f., Chil.* Piel de guanaco que se usa como alfombra o manta de cama.

verdolaguilla *s. f., Bot., Cub.* Planta rastrera, de la familia de las amarantáceas, parecida a la verdolaga pero de hojas más pequeñas. Se cultiva en los jardines.

vereda (del bajo lat. *vereda*, camino) *s. f.* **1.** *Amér. del S.* Acera de las calles.

2. *Col.* Sección administrativa de un municipio o parroquia.

vergajo *s. m., Bot., Cub.* Nombre de una planta de la familia de las connaráceas, llamada también matanegro.

verija (del lat. *virilia*, de *viril*) *s. f., Chil.* Ijada.

verraco (del lat. *verres*) *s. m.* **1.** *Col.* Carnero padre, morueco. **2.** *Cub.* Cerdo que se hace montaraz. **3.** *Bot., Cub.* Nombre de una planta de la familia de las euforbiáceas, llamada también "clavelina de laguna".

verrugato (de *verruga*) *s. m., Zool., Cub.* Pez del mar Caribe, parecido al ronco.

vertiente *s. f., Chil.* Manantial, fuente.

vespasiana *s. f., Arg. y Chil.* Galicismo por urinario, mingitorio.

vespertina (del lat. *vespertinus*) *s. f., Col.* Función teatral o cinematográfica que se celebra por la tarde.

veta (del lat. *vitta*, a través del cat. *veta*, cinta) *s. f.* **1.** Emanación de gases en los terrenos metalíferos. **2.** Cinta de hilo o algodón.

vetazo *s. m., Ec.* Latigazo.

vía, estar en la (del lat. *via*, camino) *loc.*, Encontrarse en una situación de desamparo y pobreza.

viajero, ra *s. m. y s. f.* **1.** *Chil.* Viajante de comercio. ‖ *s. m.* **2.** *Chil.* Criado de una chacra encargado de ir a caballo a hacer los mandados.

vianda (del fr. *viande*, y éste del lat. vulg. *vivenda*) *s. f., Gastr., Cub.* Frutos y tubérculos comestibles que se suelen poner cocidos o fritos en la mesa. **GRA.** Se usa más en pl.

víbora (del lat. *vipera*) *s. f., Bot., Cub.* Planta de la familia de las crasuláceas, de flores colgantes.

viborán *s. m., Bot., Amér. C.* Planta asclepiadácea, de floles encarnadas con estambres amarillos.

viborear *v. intr.* **1.** Imitar el movimiento ondulante de las serpientes. ‖ *v. tr.* **2.** Marcar los naipes para conocerlos.

viborilla *s. f., Zool., Ven.* Anfibio estegocéfalo que se encuentra en Venezuela y las Guayanas. Vive siempre en el agua y es vivíparo.

vicaria (del lat. *vicarius*, der. de *vicis*, vez) *s. f., Bot., Cub.* Planta de la familia de las apocináceas, que se cultiva en los jardines, de flores blancas o rosadas y el centro carmín.

vichear (del port. *vigiar*) *v. tr., Arg. y Ur.* Espiar, avizorar, acechar.

victoria (del lat. *victoria*) *s. f.* **1.** Tela fuerte de algodón usada para zapatos. ‖ **2.** **victoria regia** *Bot., Amér. del S.* Planta de la familia de las ninfáceas, de grandes dimensiones, con hojas anchas y redondas y grandes flores blancas con centro rojo. Crece en aguas tranquilas.

vida (del lat. *vita*) *s. f.* **vida capulina** *Méx.* Vida regalada y sin preocupaciones.

vidalita *s. f., Mús., Arg.* Canción popular, por lo general amorosa y de carácter triste.

vidorria *s. f.* **1.** *fam. y desp., Col. y Ven.* Vida, modo de vivir. **2.** *Arg.* Vidorra.

vidriera *s. f.* **1.** *Cub.* Puesto en el interior de los cafés o en los soportales, donde se vende tabaco, cerillas, etc. **2.** *Bot., Arg.* Arbusto que crece en los terrenos salitrosos y que se desgaja fácilmente.

vidriero, ra (del lat. *vitriarius*) *s. m. y s. f., Cub.* Dueño de una vidriera o puesto de tabaco, cerillas, papel, etc.

viejo, ja (del lat. *vetulus*) *s. m.* **1.** *Cub.* Voz de cariño que se aplica a los padres y a otras personas. ‖ *s. f.* **2.** *Chil.* Buscapiés, cohete.

vilote *adj., Arg.* Cobarde, pusilánime.

vinagrera *s. f.* **1.** *Med., Amér. del S.* Acedía de estómago. **2.** *Bot., Cub.* Planta silvestre de la familia de las oxalidáceas, inodora, propia de lugares húmedos.

vinagrillo *s. m., Bot., Arg. y Chil.* Cierta planta de la familia de las oxalidáceas, cuyos tallos segregan un jugo ácido.

vinal *s. m., Bot., Arg.* Especie de algarrobo arborescente.

vincha (del quichua *wíncha*) *s. f.*, *Arg., Bol., Chil., Ec., Per. y Ur.* Apretador, cinta o pañuelo con que se ciñe la cabeza para sujetar el pelo.

vinchuca (del quichua, probablemente de *wihchúkukk*, que cae arrojado) *s. f.* **1.** *Zool., Arg., Chil., Per. y Ur.* Insecto nocturno, especie de chinche, de la familia de los redúvidos. Es huésped intermediario y transmisor del "Trypanosoma cruzi", causante de la enfermedad de Chagas. **2.** *fig., Chil.* Rehilete, flechilla.

viñal *s. m., Arg.* Viñedo.

viñatero, ra *s. m. y s. f., Arg. y Per.* Viñador, que cultiva las viñas.

violín, embolsar el *loc., fig. y fam., Arg. y Ven.* Quedar corrido y salir con el rabo entre las piernas.

viracocha (del quichua *huirakocha*, dios de la mitología incaica) *s. m., Per. y Chil.* Nombre que los antiguos peruanos y chilenos daban a los españoles conquistadores.

viraró *s. m., Bot., Arg. y Ur.* Planta de la familia de las bignoniáceas.

viravira (del quichua *huira-huira*, muy gordo) *s. f., Bot., Arg. y Chil.* Planta de la familia de las compuestas, con hojas lanceoladas y flores en cabezuela, que se usa como vulneraria y febrífuga.

viringo, ga *adj., Col.* Desnudo, sin ropa.

virtud (del lat. *virtus, -utis*) *s. f.* Órgano sexual femenino.

viruta (de or. incierto, probablemente der. del occit. *viróutà*, enrollar) *s. f.* **1.** Hilos metálicos, delgados y ásperos, para fregar pavimentos. ‖ *s. f. pl.* **2.** *Gastr.* Especie de galleta dulce y fina que, una vez cocida, queda enrollada en forma de espiral.

visa (del fr. *visa*) *s. amb.* Visado.

visco (del lat. *viscum*) *s. m., Bot., Arg.* Árbol leguminoso, de buena madera, cuya corteza se usa como curtiente.

visera (de *visar*) *s. f., Cub.* Anteojera de las guarniciones de las caballerías.

visitadora *s. f., Hond. y Ven.* Ayuda, lavativa, jeringa.

vistear *v. intr., Arg.* Simular una pelea a cuchillo para mostrar valentía o destreza.

vitela (del lat. *vitella*, dim. de *vitula*, a través del ital. *vitella*, ternera) *s. f., Col.* Estampa que representa una imagen sagrada.

viudita *s. f., Zool., Arg.* Ave de plumaje blanco, con borde negro en las alas y en la punta de la cola.

viudo (del lat. *viduus*) *s. m., Gastr.* Guiso de pescado y plátano envuelto en hojas, y también olla o puchero, cocido al vapor.

vivar *v. tr., Amér. del S.* Vitorear, aclamar con vivas a una persona.

vivijagua *s. f., Ant.* Bibijagua.

viviña *s. f., Zool., Ec.* Nombre de una avecilla trepadora de plumaje muy vistoso.

vizcacha (del quichua *wiskácha*) *s. f., Zool., Arg., Bol., Chil. y Per.* Roedor de la familia de los lagostómidos, parecido a la liebre y con cola larga.

volado *s. m., Arg.* Volante de un vestido.

volador (del lat. *volator, -oris*) *s. m., P. Ric.* Juguete infantil que consite en una varilla en cuyo extremo se coloca una estrella de papel que el viento hace girar.

volante (del lat. *volans, -antis*) *s. m., Ant.* Coche que se usa en las Antillas, con varas muy largas y ruedas grandes.

volantín *s. m., Arg., Cub., Chil. y P. Ric.* Cometa pequeña, juguete.

volatín (del ant. *buratín*, volatinero, alterado por influjo del sin. *volteador*; *buratín* se tomó del ital. *burattino*, títere, de or. incierto) *s. m., Bot., Cub.* Planta de la familia de las caparidáceas, de flores amarillas, llamada también "volatines".

volcán (del port. *volcão*, y éste del lat. *Vulcanus*, dios del fuego) *s. m., Hond. y P. Ric.* Montón.

volcanada *s. f., Chil.* Bocanada de aire, también tufarada de olor.

volqueta *s. f., Col. y Ec.* Volquete.

voltario, ria *adj.* **1.** *Chil.* Se dice de la persona caprichosa, obstinada. **2.** *Chil.* Acicalado, peripuesto.

volteada *s. f., Arg.* Acción que consiste en apartar una porción de ganado, corriéndolo con el caballo.

voltearse *v. prnl.* Chaquetear, cambiar de ideas.

volvedor, ra *adj., Arg. y Col.* Se dice de la caballería que se vuelve a la querencia.

vomitel *s. m., Bot., Cub.* Árbol borragináceo, que produce buena madera.

voqui (voz araucana) *s. m.* **1.** *Bot.* Toda planta cuyos tallos flexibles pueden servir como cordeles. **2.** Cordel hecho con estas plantas. **3.** *Bot., Chil.* Nombre vulgar de una planta apocinácea, de tallos flexibles y trepadores.

vori *s. m., Zool., Chil.* Pequeño ratón de campo, con cola en forma de trompeta.

vos (del lat. *vos*) *pron. pers., Arg.* Forma de la segunda persona de singular que cumple la función de sujeto, vocativo y término de complemento.

votri (voz araucana) *s. m., Bot., Chil.* Planta trepadora de hojas ovaladas, muy carnosas, y flores que tienen la corola formando un tubo muy abultado.

vuta (voz aruacana) *s. m.* Jefe del aquelarre, de aspecto terrible, que según la creencia popular, sale en las grandes festividades de su cueva acompañado de los demás brujos.

yaacabó *s. m., Zool., Amér. del S.* Pájaro insectívoro con pico y uñas fuertes, de lomo pardo, pecho rojizo y vientre blanquecino con rayas transversales más oscuras.

yaba *s. f., Bot., Cub.* Árbol silvestre leguminoso, de la familia de las papilionáceas con flores menudas violáceas.

yabuna *s. f., Bot., Cub.* Hierba gramínea que abunda en las sabanas.

yabunal *s. f., Cub.* Terreno donde abunda la yabuna.

yacaré (voz guaraní) *s. m., Zool., Amér. del S.* Caimán.

yacio *s. m., Bot.* Árbol de la familia de las euforbiáceas, de cuyo tronco se obtiene goma elástica.

yagruma *s. f.* **1.** *Bot., Cub.* Nombre común a dos árboles silvestres de distintas familias que se distinguen respectivamente con las denominaciones de yagruma hembra y yagruma macho. ‖ **2. yagruma hembra** *Bot., Cub.* Árbol de la familia de las moráceas, de hojas grandes y flores amarillas en racimo, que posee propiedades medicinales. **3. yagruma macho** *Bot., Cub.* Árbol araliáceo, de hojas pecioladas y flores blancas en umbela.

yagrumo *s. m., Bot., P. Ric. y Ven.* Yagruma hembra. ‖ **LOC. ser alguien como las hojas del yagrumo** *P. Ric.* Ser falso, tener dos caras.

yagua (del taíno de Santo Domingo) *s. f.* **1.** *Bot., Col., Méx. y Ven.* Palma que sirve de hortaliza, y con la cual se techan chozas y se hacen cestos y sombreros. **2.** *Bot., Col., Méx., Per. y Ven.* Tejido fibroso que rodea la parte más tierna y elevada de la palma.

yagual (del náhuatl *yahualli*) *s. m., Amér. C. y Méx.* Rodete para llevar pesos sobre la cabeza.

yaguané (del guaraní *yaguané*) *adj.* **1.** *Zool., Arg.* Se dice del ganado que tiene el pescuezo y los costillares de color diferente al resto del cuerpo. **GRA.** También *s. m.* ‖ *s. m.* **2.** *Zool.* Mofeta.

yaguar (del guaraní *yaguar*) *s. m., Zool.* Jaguar.

yaguareté (del guaraní *yaguar*, jaguar, y *eté*, verdadero) *s. m., Arg., Per. y Ur.* Jaguar.

yaguasa *s. f., Zool., Cub. y Hond.* Ave palmípeda de pequeño tamaño, parecida al pato salvaje.

yaguré *s. m., Zool.* Mofeta.

yaichihue *s. m., Bot.* Planta de la familia de las bromeliáceas.

yaicuaje (voz caribe) *s. m., Bot., Cub.* Árbol de la familia de las sapindáceas, con flores blancas en racimo.

yaití (voz caribe) *s. m., Bot., Cub.* Árbol de la familia de las euforbiáceas, de madera dura, usada para fabricar vigas y horcones.

yal *s. m., Zool., Chil.* Pájaro pequeño, de plumaje gris y pico amarillo.

yamao *s. m., Bot., Cub.* Árbol de la familia de las meliáceas. Sus hojas tienen folíolos oblongos y sirven de pasto al ganado.

yambo (del sánscr. *jambu*) *s. m., Bot.* Árbol grande de la familia de las mirtáceas muy cultivado en las Antillas y cuyo fruto es la pomarrosa.

yana *s. f., Bot., Cub.* Árbol combretáceo, cuya madera es muy dura y se emplea en la construcción.

yanacón *s. m., Per.* Yanacona, indígena aparcero.

yanacona (voz quichua) *adj.* **1.** Se dice del indígena que estaba al servicio personal de los españoles en ciertos países de América del Sur. **GRA.** También *s. m. y s. f.* ‖ *s. m. y s. f.* **2.** *Bol. y*

Per. Indígena que es aparcero en el cultivo de una tierra.

yanilla *s. f., Bot., Cub.* Árbol silvestre, simalubáceo, que crece a orillas del mar y en lugares pantanosos.

yapa (voz quichua) *s. f.* **1.** *Arg., Chil., Ec. y Per.* Añadidura, adehala, refacción. **2.** *Min.* Azogue que en las minas argentíferas de América se añade al mineral para facilitar el término de su trabajo en el buitrón. ‖ **LOC. de yapa** *Amér. del S.* Por añadidura; gratuitamente, sin motivo.

yapar *v. tr., Arg., Bol., Ec. y Per.* Añadir la yapa.

yapú (voz guaraní) *s. m., Zool., Arg.* Especie de tordo, notable por su canto y por la facilidad con que imita a las otras aves.

yáquil *s. m., Bot., Chil.* Arbusto espinoso de la familia de las ramnáceas, cuyas raíces se usan como jabón para lavar tejidos de lana.

yarará *s. m., Zool., Arg.* Serpiente muy venenosa, que puede alcanzar hasta un metro de longitud.

yaraví (voz quichua) *s. m., Mús.* Canción de carácter dulce y melancólico que entonan los indígenas de algunos países de América.

yare (voz caribe) *s. m.* **1.** Jugo venenoso que se extrae de la yuca amarga. **2.** *Gastr., Ven.* Masa de yuca dulce con la que se hace el cazabe.

yarey *s. m., Bot., Cub.* Planta de la familia de las palmas, de cuyas hojas se extrae una fibra usada para tejer sombreros.

yataí (voz guaraní) *s. m., Bot., Arg., Par. y Ur.* Palmera cuyo fruto se usa para la fabricación de aguardiente y la fibra de las hojas, para tejer sombreros.

yaya *s. f.* **1.** *Bot., Cub.* Árbol de la familia de las anonáceas, de madera flexible y fuerte, que se usa para hacer bastones, horcones, etc. **2.** *Zool., Per.* Insecto, especie de ácaro.

yeco *s. m., Zool., Chil.* Cuervo marino.

yegua (del lat. *equa*) *s. f.* **1.** *Amér. C.* Colilla de cigarro. ‖ *adj.* **2.** Enorme, muy grande.

yerbal *s. m., Arg., Par. y Ur.* Plantación de yerba mate.

yerbatal *s. m., Arg.* Yerbal.

yerbatero, ra *adj.* **1.** Se dice del curandero o del médico que receta principalmente hierbas. **GRA.** También s. m. y s. f. **2.** *Arg., Par. y Ur.* Perteneciente o relatativo a la yerba mate. ‖ *s. m. y s. f.* **3.** *Chil., Col., Ec., Per. y P. Ric.* Vendedor de hierbas o de forraje. **4.** *Arg., Par. y Ur.* Persona que se dedica al cultivo, industrialización o comercio de la yerba mate.

yerbazo *s. m., Col.* Pócima perjudicial para la salud, que a veces dan los yerbateros.

yerbera *s. f., Arg. y Par.* Vasija utilizada para guardar yerba mate.

yerbero, ra *adj., Méx.* Yerbatero. **GRA.** También s. m. y s. f.

yerbuno *s. m., Ec.* Conjunto de hierbas que se crían en los prados.

yerna *s. f., Col., P. Ric. y Rep. Dom.* Nuera.

yérsey *s. m.* **1.** Jersey. **2.** Tejido fino de punto.

yeta (del ital. *iettatura*) *s. f., Arg., Méx., Par. y Ur.* Mala fortuna, desgracia.

yetatore (del ital. *iettatore*) *s. m. y s. f., Arg., Par. y Ur.* Persona que trae desgracia.

yol *s. m., Chil.* Especie de árguenas de cuero usadas para el acarreo de frutos durante la recolección.

yolillo *s. m., Bot., C. Ric.* Palmera pequeña que da un fruto parecido al del corojo.

yos *s. m., Bot., C. Ric.* Planta de la familia de las euforbiáceas que segrega un jugo lechoso y cáustico, el cual se emplea como liga para cazar pájaros.

yuca (voz haitiana) *s. f.* **1.** *Bot.* Planta americana de la familia de las liliáceas, con hojas ensiformes, flores blancas y glotosas y gruesa raíz, de la que se obtiene harina alimenticia. **2.** *Bot.* Nombre vulgar de algunas especies de mandioca.

yucal *s. m.* Terreno plantado de yuca.

yunga (voz quichua) *adj.* **1.** Natural de los valles cálidos que hay a ambos lados de los Andes. **GRA.** También s. m. y s. f. ‖ *s. m.* **2.** *Ling., Per.* Antigua lengua del norte y centro de la costa peruana. ‖ *s. m. pl.* **3.** *Per.* Valles cálidos que hay a ambos lados de los Andes.

yuquerí *s. m., Bot., Arg.* Planta de la familia de las mimosáceas, con fruto parecido a la zarzamora.

yuquero, ra *s. m. y s. f., Col.* Persona que cultiva yuca o comercia con ella.

yuquilla *s. f.* **1.** *Bot., Cub.* Sagú, planta. **2.** *Bot., Ven.* Planta acantácea.

yuraguano *s. m., Cub.* Miraguano.

yuré *s. f., Zool., C. Ric.* Paloma silvestre más pequeña que la común.

yuruma *s. f., Bot., Ven.* Médula de una palma con la que ciertos pueblos indígenas elaboran una especie de pan.

yuyero, ra *adj., Arg.* Se dice de la persona aficionada a tomar hierbas medicinales.

yuyo (del quichua *yúyu*) *s. m.* **1.** *Arg. y Chil.* Yerbajo, hierba inútil o perjudicial. **2.** *Bot., Chil.* Jaramago, planta. ‖ *s. m. pl.* **3.** *Gastr., Per.* Hierbas tiernas y comestibles.

Z

zacatal *s. m., Amér. C. y Méx.* Pastizal.

zacate (del náhuatl *çácatl*, especie de gramínea) *s. m.* **1.** *Fil., Amér. C. y Méx.* Hierba, pasto, forraje. **2.** *Méx.* Estropajo.

zacateca *s. m., Cub.* Muñidor de entierros que acompaña los cadáveres vestido de librea.

zacatón (de *zacate*) *s. m.* **1.** *Bot., Amér. C. y Méx.* Hierba alta de pasto. **2.** *Bot., Méx.* Planta con cuya raíz se fabrican cepillos para fregar.

zafacoca *s. f.* Contienda, riña.

zafacón *s. m., P. Ric. y Rep. Dom.* Recipiente de hoja de lata usado en las casas para recoger la basura.

zafadura *s. f.* Dislocación, luxación.

zafarse (del ár. *zlah*, desapareció, a través del port.) *v. prnl.* **1.** Trastornarse. **2.** Dislocarse un hueso.

zagual (de or. incierto) *s. m.* Remo corto con palo redondo y pala de forma acorazonada.

zainoso, sa *adj., Chil.* Zaino, traidor.

zamacueca (de or. incierto, quizá alter. de *zambapalo* por cruce con *zamacuco*, tonto) *s. f., Chil.* Cueca.

zamarros *s. m. pl., Col., Ec. y Ven.* Zahones que se usan para montar a caballo.

zamarronear *v. tr., Chil.* Zamarrear.

zamba *s. f.* **1.** *Mús.* Baile popular de Argentina. **2.** *Mús.* Música y canto de este baile.

zambaigo, ga *adj., Méx.* Se dice del hijo de padre chino y madre india, o al revés. **GRA.** También s. m. y s. f.

zambardo *s. m.* **1.** *Chil.* Persona torpe, que causa destrozos. **2.** *Arg.* Suerte en el juego. **3.** *Arg.* Torpeza, avería.

zambo, ba (de or. incierto, probablemente del lat. vulg. *strambus*, bizco, de forma irregular) *adj.* Se dice del hijo de madre de raza negra y padre de raza india, o al revés. **GRA.** También s. m. y s. f.

zambullón *s. m., Amér. del S.* Zambullida.

zamuro (voz indígena de Venezuela) *s. m., Zool., Col. y Ven.* Zopilote.

zanate *s. m., Zool., C. Ric., Hond. y Méx.* Pájaro dentirrostro de plumaje negro, que se alimenta de semillas.

zancón, na (de *zanca*) *adj., Col., Guat., Méx. y Ven.* Se dice del traje demasiado corto.

zancudo *s. m., Zool.* Mosquito.

zanja (de or. incierto) *s. f.* Surco producido por el agua corriente.

zapallo (voz quichua) *s. m.* **1.** *Bot., Amér. del S.* Güira. **2.** *Bot., Amér. del S.* Cierta calabaza comestible. **3.** *fig. y fam., Arg. y Chil.* Chiripa, fortuna inesperada.

zapata *s. f.* **1.** *Arq., Cub.* Zócalo de fábrica en que se apoya una pared. **2.** *Chil.* Telera del arado.

zapatón *s. m., Col. y Chil.* Chanclo, zapato de goma.

zapatudo, da *adj., Cub.* Correoso.

zapote (del náhuatl *tzápotl*) *s. m.* **1.** *Bot.* Árbol sapotáceo, de unos diez metros de altura, con hojas alternas y fruto comestible de carne amarilla oscura. **2.** *Bot.* Fruto de este árbol.

zapoyol (comp. del náhuatl *tzápotl* y *yóllotl*, corazón de fruta seca) *s. m., Bot., C. Ric. y Hond.* Hueso del zapote.

zapoyolito *s. m., Zool., Amér. C.* Ave trepadora, especie de perico pequeño.

zaragate (der. de *zalagarda*) *s. m., Amér. C., Méx., Per. y Ven.* Persona despreciable.

zaragutear *v. intr., Ven.* Vagabundear.

zaramullo *s. m., Ven.* Zascandil.

zaranda (de or. incierto, quizá voz onomatopéyica) *s. f., Ven.* Trompo hueco que zumba al girar.

zarandearse *v. prnl., Per., P. Ric. y Ven.* Contonearse.

zarazo, za *adj., Bot.* Se aplica al fruto que todavía no está maduro.

zarigüeya (del guaraní *sarigweya*) *s. f., Zool.* Mamífero marsupial de América, nocturno y omnívoro.

zarpear *v. tr., Amér. C. y Méx.* Salpicar de barro.

zigzag (del fr. *zigzag*, y éste probablemente del al. *zickzack*, comp. de dos var. de *zacke*, punta, diente) *s. m., Chil. y Bol.* Planta de la familia de las irídeas de flores olorosas.

ziranda *s. f., Méx.* Higuera.

zócalo (del lat. *socculus*, de *soccus*, zueco) *s. m., Méx.* Plaza más importante de una ciudad.

zompopo *s. m., Zool., Amér. C.* Hormiga de cabeza grande.

zoncera *s. f.* Simpleza, tontería.

zonchiche *s. m., Zool., C. Ric., Hond. y Nic.* Cierto buitre con la cabeza roja e implume.

zonda (de *Zonda*, nombre de un valle de la provincia de San Juan) *s. m., Arg. y Bol.* Viento, cálido y seco.

zonificación *s. f., Col.* Acción y efecto de zonificar.

zonificar *v. tr., Col.* Dividir un terreno en zonas.

zontle *s. m., Méx.* Unidad empleada para medir leña y equivalente a 400 leños divididos en 20 bultos de 20 leños cada uno.

zope *s. m., Zool., C. Ric.* Aura, gallinaza.

zopilote (del náhuatl *tzopílotl*) *s. m., Zool., Amér. C. y Méx.* Aura, gallinaza.

zorrillo *s. m., Zool., Guat., Hond. y Méx.* Mofeta, mamífero.

zorrino *s. m., Zool., Arg. y Bol.* Mofeta, mamífero carnívoro de aspecto similar a la comadreja.

zorzala *s. f., Zool., Chil.* Hembra del zorzal.

zorzalear *v. tr., Chil.* Sablear, sacar dinero a alguien fingiendo un apuro; abusar de la buena fe de alguien.

zucurco *s. m., Bot., Chil.* Planta umbelífera, con hojas casi siempre espinosas, flores amarillas y fruto con cuatro alas.

zueca *s. f., Chil.* Zueco, madreña.

zumaque (del ár. *summâq*) *s. m.* **zumaque venenoso** *Bot.* Planta terebintácea de América del Norte, provista de tallo trepador radicante, hojas de tres foliolos lobulados y flores dioicas.

zumba *s. f., Col., Chil., Méx. y P. Ric.* Tunda, zurra.

zumbador *s. m., Col.* Zumba o bramadera, juguete.

zumbarse (voz onomatopéyica) *v. prnl., Cub.* Marcharse, desaparecer, irse con rapidez o en secreto.

zumel (de or. araucano) *s. m., Chil.* Calzado que usan los araucanos parecido a las botas de potro. **GRA.** Se usa más en pl.

zuncuya *s. f., Bot., Hond.* Cierta fruta de sabor agridulce.

zunteco *s. m., Zool., Hond.* Especie de avispa negra.

zunzún *s. m., Zool., Cub.* Pajarillo, especie de colibrí.

zurdear *v. intr.* Hacer con la mano izquierda lo que se suele hacer con la derecha.

zurubí *s. m., Zool., Arg.* Pez de agua dulce, especie de bagre, sin escamas.